圖解

楊士隆、曾淑萍 編著

自序

近年來，犯罪問題持續在全球及社會各個角落持續發生，造成民眾生命與財產之巨大傷害與損失。根據聯合國毒品和犯罪問題辦公室（UNODC）的《2023年全球殺人研究》，2021年因殺人案死亡的人數比武裝衝突和恐怖主義加起來還要多，全球平均每小時有52名受害者被殺害。2019年至2021年間，全球每年平均約有44萬人因殺人而死亡。此外，全球毒品報告（World Drug Report, 2024）亦指出2022年間，全球任何毒品的過去一年使用者的估計數量增加到2.92億，過去10年間成長20%；在台灣犯罪問題雖有緩解，但近年亦發生台北捷運殺人事件、華山分屍案、「台版柬埔寨」囚禁58人奪3命案及各類性侵、毒品交易與施用致死等案件造成各界極端不安與恐慌。

前述犯罪問題亟待深入研究，以瞭解犯罪成因，並研擬對策因應。為此，作者二人，彙整國內外犯罪學最新研究文獻與科學研究心得編寫「圖解犯罪學」一書，詳細介紹犯罪學的理論及各類型犯罪之類型、成因與防治對策外，主要鑑於市面並無此書之圖解版，為彌補此缺憾，並提供給一般讀者及民眾較容易閱讀之便利，故彙整新近文獻編寫，期以增加民眾對犯罪學之認識與瞭解。

本圖解書涵蓋犯罪學之相關理論與發展，並就各犯罪類型包括傳統與非傳統暴力犯罪、新興毒品、竊盜、詐欺、白領、網路等犯罪類型之特性與犯罪模式以圖解的方式說明，並於最後之刑事司法回應加以介紹供讀者參考。

本圖解犯罪學一書於2023年2月出版，2024年10月再次修訂，特別感謝五南圖書楊董事長榮川之支持及劉靜芬副總編輯提供之寶貴建議，研究助理許俊龍及簡翊庭、彭士哲之協助功不可沒，惟圖解書首次編寫，限於篇幅，難免臚列之內容有遺珠之憾，且校勘訂誤，或有缺漏。書中有未竟完備之處，仍祈犯罪防治先進予以指教。

楊士隆、曾淑萍

謹誌於國立中正大學犯罪防治學系暨研究所
國立中正大學犯罪研究中心
2024年10月

I

本書目錄

自序

 第1章 犯罪學之意涵與發展

UNIT 1-1 犯罪與犯罪學之意涵　002
法律上的定義
社會上的定義

UNIT 1-2 犯罪學之研究範疇、目的與價值　004
犯罪學之意義
犯罪學研究之目的
犯罪學研究之價值

UNIT 1-3 犯罪學之起源發展 (一)　006
18 世紀之古典犯罪學派
19 世紀之犯罪實證學派

UNIT 1-4 犯罪學之起源發展 (二)　008

 第2章 犯罪學之研究方法與衡量

UNIT 2-1 犯罪之研究方法　012
調查研究法
實驗法
縱貫型研究
觀察研究
質性個案研究
評估研究

UNIT 2-2 獲取犯罪統計之方法　014
官方犯罪統計
自陳報告調查
犯罪被害調查

本書目錄

第 3 章　犯罪生物學理論

UNIT 3-1　腦部功能失常、營養分不均衡與犯罪　018
腦部功能失常與犯罪
營養分不均衡與犯罪

UNIT 3-2　智能不足與犯罪 (一)　020
智能不足之定義
智能不足之分類

UNIT 3-3　智能不足與犯罪 (二)　022
智能不足與犯罪之關聯

UNIT 3-4　智能不足與犯罪 (三)　024
智能不足犯罪者之防治

第 4 章　犯罪心理學理論

UNIT 4-1　反社會人格與犯罪 (一)　028
反社會人格之意涵

UNIT 4-2　反社會人格與犯罪 (二)　030
反社會人格之特徵

UNIT 4-3　反社會人格與犯罪 (三)　032
反社會人格之防治

UNIT 4-4　行為主義與學習 (一)　034
制約學習理論
差別增強理論
社會學習理論

UNIT 4-5　行為主義與學習 (二)　036

UNIT 4-6　認知與道德發展 (一)　038
自我安慰
切除斬斷

UNIT 4-7 認知與道德發展 (二) 040

自恃特權

權力取向

虛情假意或情緒補償

UNIT 4-8 認知與道德發展 (三) 042

過度樂觀

認知怠惰

半途而廢

UNIT 4-9 認知與道德發展 (四) 044

UNIT 4-10 犯罪心理學對犯罪防治之貢獻 046

第 5 章 精神疾病與犯罪

UNIT 5-1 思覺失調症與犯罪 (一) 050

意涵

UNIT 5-2 思覺失調症與犯罪 (二) 052

症狀

類型

UNIT 5-3 思覺失調症與犯罪 (三) 054

思覺失調症與犯罪之關聯

思覺失調症之處遇

UNIT 5-4 情緒異常與犯罪 (一) 056

情緒異常之分類與症狀

UNIT 5-5 情緒異常與犯罪 (二) 058

情緒異常與犯罪之關聯

情緒異常患者之處遇

本書目錄

第 **6** 章　犯罪社會學理論

UNIT 6-1 社會結構學派 (一)　062
文化偏差理論

UNIT 6-2 社會結構學派 (二)　064
無規範理論

UNIT 6-3 社會結構學派 (三)　066
緊張理論

UNIT 6-4 社會結構學派 (四)　068

UNIT 6-5 社會過程學派 (一)　070
社會學習理論

UNIT 6-6 社會過程學派 (二)　072
社會疏離理論
社會關懷理論
控制理論

UNIT 6-7 社會衝突學派 (一)　074
早期衝突理論
多元化衝突理論

UNIT 6-8 社會衝突學派 (二)　076

UNIT 6-9 社會衝突學派 (三)　078
激進派衝突理論

UNIT 6-10 標籤理論　080

UNIT 6-11 犯罪被害理論　082
生活方式暴露理論
日常活動被害理論

第 **7** 章 時間發展之理論

UNIT 7-1 生活週期觀點 (一)   086
互動理論

UNIT 7-2 生活週期觀點 (二)   088
逐級年齡理論

UNIT 7-3 潛伏特質觀點   090
一般性犯罪理論
差別壓迫理論

UNIT 7-4 軌跡理論   092
早、晚或從未開始
不同的犯罪路徑
青少年限定犯罪者及慢性犯罪者
生命歷程持續犯罪者

第 **8** 章 犯罪理論整合

UNIT 8-1 犯罪理論整合之意涵及動力   096
意涵
動力

UNIT 8-2 犯罪理論整合之途徑及範例   098
途徑（類型）
範例

UNIT 8-3 犯罪理論整合之困境   100

UNIT 8-4 犯罪理論整合之方向   102
概念上之整合
理論之精心敘述與發展
小型或中型層級整合

本書目錄

第 **9** 章 傳統暴力犯罪

UNIT 9-1 擄人勒贖犯罪 106
擄人勒贖犯罪之型態
擄人勒贖之犯案歷程與犯罪模式

UNIT 9-2 人質與綁匪之特殊心理症候群 108
倫敦症候群
斯德哥爾摩症候群

UNIT 9-3 擄人勒贖犯罪之防制 (一) 110
被害預防方面
遭遇被害之應變方面
行政機關回應方面

UNIT 9-4 擄人勒贖犯罪之防制 (二) 112
警政機關應變方面

UNIT 9-5 殺人犯罪 (一) 114
殺人犯罪之動機
殺人犯罪之類型

UNIT 9-6 殺人犯罪 (二) 116

UNIT 9-7 殺人犯罪 (三) 118
殺人犯之心理與人格特性

UNIT 9-8 殺人犯罪 (四) 120
殺人犯與被害者之關聯

UNIT 9-9 殺人犯罪之成因分析 (一) 122
生物因素
心理因素

UNIT 9-10 殺人犯罪之成因分析 (二) 124
行為互動因素
社會結構因素
暴力副文化與不良友伴，團體接觸因素

UNIT 9–11　殺人犯罪破案之因素　126

UNIT 9–12　殺人犯罪之防治 (一)　128

UNIT 9–13　殺人犯罪之防治 (二)　130

UNIT 9–14　強制性交犯罪　132
定義
對被害者之影響
強制性交犯罪之型態

UNIT 9–15　強制性交犯罪之類型及成因　134
類型
成因

UNIT 9–16　強制性交之防治 (一)　136
性攻擊行為之一般預防措施

UNIT 9–17　強制性交之防治 (二)　138
性攻擊行為之處遇
性攻擊行為之再犯預防

UNIT 9–18　縱火犯罪　140
意涵
特徵
類型

UNIT 9–19　縱火犯罪之動機及特性　142
縱火犯罪之動機
縱火犯罪者之特性

UNIT 9–20　縱火犯罪之防治　144
預防
處遇

本書目錄

 第 **10** 章 非傳統暴力犯罪

UNIT _10-1_ 恐怖主義 (一) 148
定義
特性

UNIT _10-2_ 恐怖主義 (二) 150
類型
與一般犯罪之差異
防制

UNIT _10-3_ 孤狼恐怖分子暴力攻擊 (一) 152
定義
特性
犯罪特徵

UNIT _10-4_ 孤狼恐怖分子暴力攻擊 (二) 154
動機
激進化過程

UNIT _10-5_ 孤狼恐怖分子暴力攻擊 (三) 156
防制對策

UNIT _10-6_ 暴力激進化 (一) 158
意涵
發展

UNIT _10-7_ 暴力激進化 (二) 160
成因
因應
防制

第 **11** 章 財產性犯罪

UNIT _11-1_ 竊盜犯罪 164

竊盜及其集團之特性
竊盜犯之目標物選擇

UNIT 11-2　竊盜及其集團之江湖規矩　166

UNIT 11-3　竊盜犯之刑罰認知及竊盜犯罪之防制　168
竊盜犯之刑罰認知
竊盜犯罪之防制

UNIT 11-4　詐欺犯罪　170
定義
型態
特徵
犯罪手法之流程

UNIT 11-5　詐欺犯罪之防制　172
法律懲罰與執法嚇阻作為
政府與民間強化預防宣導與監督管理

第12章　無被害者犯罪

UNIT 12-1　無被害者犯罪之意涵與特性　176
無被害者犯罪之意涵
無被害者犯罪之特性

UNIT 12-2　無被害者犯罪類型 —— 藥物濫用　178
藥物濫用之定義
藥物濫用之成因
藥物濫用與犯罪之關聯

UNIT 12-3　無被害者犯罪類型 —— 賭博　180
賭博之類型
賭博之成因
賭博行為之預防

UNIT 12-4　無被害者犯罪類型 —— 賣淫　182

賣淫之意涵

從事色情（賣淫）之相關動機因素

賣淫行為之預防與控制

UNIT 12-5　無被害者犯罪之除罪化　184

除罪化之意義與理論依據

支持無被害者犯罪除罪化之理由

第**13**章　藥物濫用與毒品犯罪

UNIT 13-1　藥物濫用之分類及成癮歷程與特徵　188

分類

成癮之歷程

成癮之特徵

UNIT 13-2　新興影響精神物質之意涵與類型（一）　190

意涵

類型

UNIT 13-3　新興影響精神物質之意涵與類型（二）　192

UNIT 13-4　藥物濫用對犯罪與暴力之影響　194

心理藥物模式

經濟動機模式

組織系統模式

UNIT 13-5　藥物濫用之防治　196

第**14**章　少年犯罪

UNIT 14-1　少年犯罪之意涵及特性　200

少年犯罪之意涵

少年犯罪之特性

UNIT _14-2_　少年犯之心因性類型　202

UNIT _14-3_　少年犯罪之成因分析 (一)　204
生物（生理）學理論
心理學理論

UNIT _14-4_　少年犯罪之成因分析 (二)　206
社會學理論
整合理論

UNIT _14-5_　少年犯罪之成因分析 (三)　208
被害理論
危機樹理論

UNIT _14-6_　少年犯罪之防治 (一)　210
少年犯罪預防工作之具體做法

UNIT _14-7_　少年犯罪之防治 (二)　212
少年司法業務之改進

第15章　白領犯罪

UNIT _15-1_　白領犯罪之意涵與特性　216
意涵
特性

UNIT _15-2_　白領犯罪之影響與損害　218
直接經濟損害
間接經濟損害
肉體傷害（受傷或死亡）
其他損害

UNIT _15-3_　白領犯罪之類型 (一)　220
白領詐騙

白領騙子

UNIT 15-4 白領犯罪之類型 (二) 222
白領剝削
白領的權力兜售
白領貪污與職員詐欺
客戶詐欺
公司犯罪

UNIT 15-5 白領犯罪之成因與防制 224
成因
防制

第**16**章 網路犯罪

UNIT 16-1 網路犯罪之背景與發展 228
第一代網路犯罪
第二代網路犯罪
第三代網路犯罪
第四代網路犯罪

UNIT 16-2 網路犯罪之特徵與損害 230
網路犯罪之特徵
網路犯罪之損害

UNIT 16-3 網路犯罪之類型 232
網路竊盜
網路偏差行為
網路破壞行為
網路戰爭

UNIT 16-4 網路犯罪之防制對策 234
網路犯罪防制之挑戰
網路犯罪防制之對策

第 17 章　犯罪預防

UNIT 17-1　犯罪預防之意涵及犯罪成本　238
犯罪預防之意涵
犯罪之成本

UNIT 17-2　犯罪預防之模式 (一)　240
目標導向之公共衛生三級犯罪預防模式
犯罪過程取向之犯罪預防模式

UNIT 17-3　犯罪預防之模式 (二)　242
依犯罪成因分類的預防模式
克拉克的犯罪預防模式

UNIT 17-4　犯罪預防之模式 (三)　244
情境犯罪預防

UNIT 17-5　犯罪預防之模式 (四)　246
古典與實證犯罪預防之整合模式

第 18 章　犯罪嚇阻

UNIT 18-1　嚇阻之理論基礎與基本要素　250
嚇阻之理論基礎 —— 理性抉擇
嚇阻之基本要素

UNIT 18-2　犯罪嚇阻之策略與檢視　252
嚇阻主義之策略
犯罪嚇阻之檢視

UNIT 18-3　嚇阻主義之應用　254
立法
警察
法院
犯罪矯正

死刑

第19章 犯罪矯正

UNIT 19-1　犯罪矯正之哲學：功利懲罰模式　258
內涵
面臨之質疑與挑戰

UNIT 19-2　犯罪矯正之哲學：矯治模式　260
內涵
面臨之質疑與挑戰

UNIT 19-3　犯罪矯正之哲學：正義模式　262
內涵
面臨之質疑與挑戰

UNIT 19-4　犯罪矯正管理模式：德州控制模式 (一)　264
沿革與發展
特徵與要素

UNIT 19-5　犯罪矯正管理模式：德州控制模式 (二)　266
面臨之挑戰

UNIT 19-6　犯罪矯正管理模式：密西根責任模式　268
沿革與發展
特徵與要素
危機

UNIT 19-7　犯罪矯正管理模式：加州共識模式　270
沿革與發展
特徵與要素
缺失

UNIT 19-8　暴力犯之處遇：處遇課程　272
必修課程
輔助課程

特殊課程

UNIT 19–9　暴力犯之處遇：復歸準備　274
修復式司法
家庭連結
預防復發

UNIT 19–10　毒品犯之處遇　276

UNIT 19–11　長刑期受刑人之處遇　280
適應問題
處遇對策

UNIT 19–12　女性受刑人之處遇　282
面臨之困境
處遇對策

第20章　修復式司法

UNIT 20–1　修復式司法之意涵與目標　284
起源
定義
目標
應報式司法與修復式司法

UNIT 20–2　修復式司法之理論基礎　286
羞辱烙印
明恥整合

UNIT 20–3　修復式司法之類型　288

UNIT 20–4　修復式司法之效能與面臨之挑戰　290
修復式司法的優點
修復式司法之問題與挑戰

第 **21** 章　再犯預測與再犯風險評估

UNIT 21-1　早期再犯預測之內涵與發展　294
再犯預測之意涵
再犯預測之發展與相關研究

UNIT 21-2　犯罪行為之風險因素　296
個人風險因素
家庭風險因素
社區風險因素
社會風險因素

UNIT 21-3　犯罪行為再犯之靜態與動態因素　298
靜態因素
動態因素

UNIT 21-4　再犯風險評估工具之效能　300
風險評估工具
再犯預測

參考文獻　302

犯罪學之意涵與發展

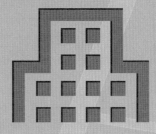

●●●●●●●●●●●●●●●●●●●●●●●● 章節體系架構

UNIT *1-1*　犯罪與犯罪學之意涵

UNIT *1-2*　犯罪學之研究範疇、目的與價值

UNIT *1-3*　犯罪學之起源發展（一）

UNIT *1-4*　犯罪學之起源發展（二）

UNIT 1-1
犯罪與犯罪學之意涵

犯罪之意涵與範圍，根據時間、空間、社會結構、政治體系、倫理道德及價值觀等之不同而會有所變化。因此，「犯罪」一詞本身即具有複合性及相對性，無法明確訂定出適用於所有情況的定義。儘管如此，為進行犯罪研究，瞭解犯罪之意涵仍有其必要；以下將自法律及社會兩方面出發，嘗試探討犯罪之意義。

(一) 法律上的定義

就法律定義而言，「犯罪」即指法律上加以制裁之不法行為；然而，不法行為未必皆為犯罪，而必須違反刑法規範，且受刑罰之制裁，才得以納入犯罪的範疇。舉例而言，即便某人從事不法行為，但若其屬無責任能力人，或具有違法阻卻事由時，其行為也無法被稱為犯罪。另外，亦有學者自純法律角度對犯罪進行探討，認為犯罪乃藐視法律之行為，是對法律之否定，而法律藉由刑罰懲處犯罪行為，可視為對「對法律否定（犯罪）」之再否定，從而確立法律之絕對效力及權威性。

在犯罪學研究中，古典學派（Classical School of Criminology）之學者較傾向採用法律定義來說明犯罪。他們認為唯有從刑法觀點才能確定犯罪之意義，亦僅有刑法才能區分犯罪及非犯罪行為。

(二)社會上的定義

除法律上的定義以外，美國犯罪學家及社會學家亦由社會公益的角度，嘗試定出獨立於刑法規範以外的犯罪定義，因而提出「偏差行為」的概念。該定義認為犯罪本質上是一種社會偏差行為（Social Deviant Behavior），它與社會普遍認可的規範相衝突、侵害社會整體公益，因而為社會所否定及制裁；因此，犯罪是具「反社會性」（Anti-Social）及「無社會適應性」（Asocial）的行為。狹義而言，偏差行為可以指法律上意義的犯罪；廣義而言，則指社會上意義之犯罪，可包含酗酒、吸食迷幻藥物及自殺等違反法律規範以外之行為。

與古典學派相比，實證學派（Positive School of Criminology）之學者較傾向以社會觀點來定義犯罪。他們認為基於科學目的進行之犯罪研究，不應侷限於法律上之意涵，而應將所有反社會行為均納入犯罪研究範疇；尤有甚者，更認為只要非社會所期待之行為，即可稱為犯罪。

犯罪學之意涵

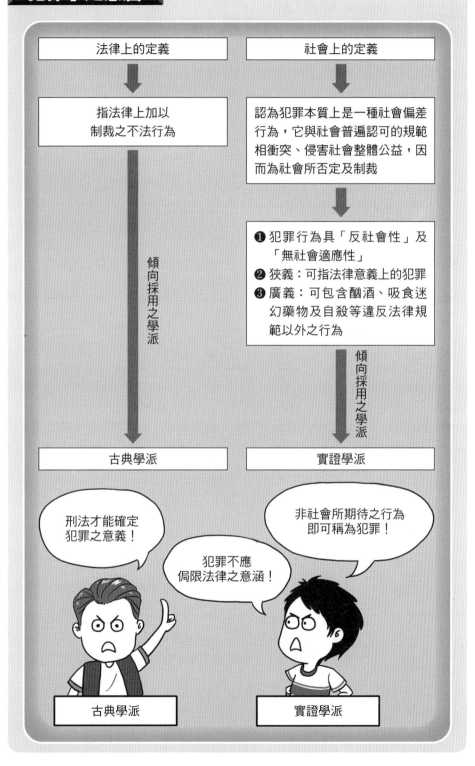

法律上的定義

指法律上加以制裁之不法行為

傾向採用之學派

古典學派

刑法才能確定犯罪之意義！

古典學派

社會上的定義

認為犯罪本質上是一種社會偏差行為，它與社會普遍認可的規範相衝突、侵害社會整體公益，因而為社會所否定及制裁

❶ 犯罪行為具「反社會性」及「無社會適應性」
❷ 狹義：可指法律意義上的犯罪
❸ 廣義：可包含酗酒、吸食迷幻藥物及自殺等違反法律規範以外之行為

傾向採用之學派

實證學派

非社會所期待之行為即可稱為犯罪！

犯罪不應侷限法律之意涵！

實證學派

UNIT 1-2
犯罪學之研究範疇、目的與價值

圖解犯罪學

(一) 犯罪學之意義

犯罪學家曼海姆（Hermann Mannheim）認為犯罪學的狹義定義係指犯罪之研究，廣義定義則應將刑罰學及其他犯罪預防措施一同納入討論範疇；而蘇哲蘭（Sutherland）則指出犯罪學可分為三方面問題之探討，即刑法之立法（法社會學）、法律之破壞（犯罪原因）與對法律破壞之反應（刑罰學／犯罪矯治）。

簡而言之，犯罪學可視為「研究犯罪現象及犯罪發生原因之科學」，其核心概念乃是運用科學的方法，結合不同領域之學科及體系，針對犯罪現象進行系統性、可驗證性的研究，包含法學、醫學、宗教、科學、教育、社會工作、社會倫理及公共行政等領域，可說是一「科際整合」的學科。除此之外，社會秩序、犯罪原因及犯罪防治（包含刑罰學、監獄學、犯罪偵查學或警察制度等），亦是犯罪學家所關心的內容。

(二) 犯罪學研究之目的

❶ **衡量犯罪行為**

犯罪學家衡量犯罪行為之目的，主要為了瞭解每年犯罪發生之數量、犯罪型態、發生地點、犯罪人特質以及瞭解其他與犯罪有關之社會因素。一方面可供刑事司法機關擬定犯罪防治策略及規劃相關資源；另一方面，也可協助犯罪學家瞭解當前犯罪行為之樣態、性質與原因。

❷ **瞭解犯罪行為**

犯罪學家研究犯罪學是為了瞭解犯罪行為之性質，以求探討犯罪發生之根本原因。

❸ **控制犯罪行為**

根據前述目的，犯罪學家對犯罪行為及其原因有一定認識後，便可提出犯罪防治之對策，從而控制並降低犯罪行為之發生。

(三) 犯罪學研究之價值

❶ 犯罪學之研究由龍氏犯罪人類學派進至犯罪心理學研究及犯罪社會學派，一直演變到今天強調科際整合及犯罪多元性之理論，已使得當前犯罪學之研究敢大膽地接觸整個犯罪問題。

❷ 犯罪學的研究已積極地負起改進刑罰之責任，並進一步提供刑事立法及刑事司法參考。

❸ 犯罪學之研究，能以其實證的研究成果，建立犯罪理論體系，以期對於犯罪的各種現象與各種類型的犯罪型態，做理論上的解釋與說明。

❹ 對現行法律制度及社會制度加以研究，提出改革意見。

❺ 對犯罪預防的措施提出適當建議。

❻ 對罪犯處遇的方法加以研究評估，而提出最經濟、最有效且合乎人道處遇方法之建議。

❼ 對無可矯治之習慣加以研究。

❽ 從事犯罪預測方面之研究而達到預防犯罪之實益。

❾ 從事被害者學方面之研究，以提出減少被害傾向預防犯罪之建議。

犯罪學之意義

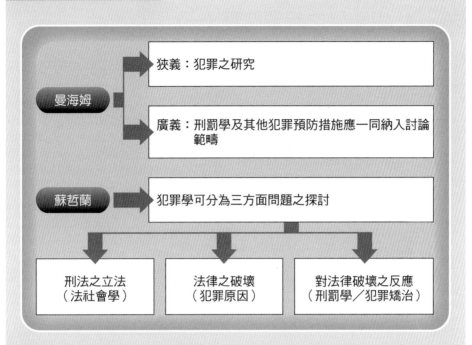

曼海姆
- 狹義：犯罪之研究
- 廣義：刑罰學及其他犯罪預防措施應一同納入討論範疇

蘇哲蘭
- 犯罪學可分為三方面問題之探討
  - 刑法之立法（法社會學）
  - 法律之破壞（犯罪原因）
  - 對法律破壞之反應（刑罰學／犯罪矯治）

犯罪學研究之目的

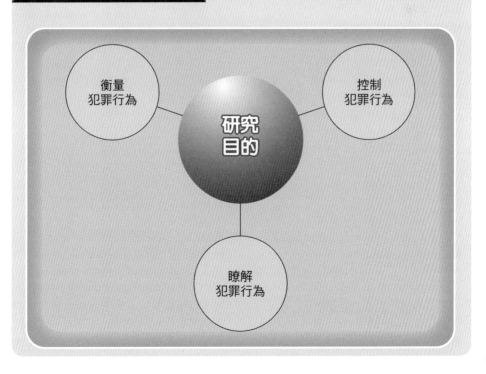

研究目的
- 衡量犯罪行為
- 控制犯罪行為
- 瞭解犯罪行為

第 1 章 犯罪學之意涵與發展

UNIT 1-3
犯罪學之起源發展（一）

犯罪學之起源發展可分為 18 世紀之古典學派及 19 世紀之實證學派。

(一) 18 世紀之古典犯罪學派

古典犯罪學派以貝加利亞及邊沁等人為代表，其發展背景為 18 世紀人道主義盛行之時，該學派格外強調人與法結構之關係研究，並認為刑法之目的主要為謀取大多數人之幸福。

❶ 古典學派的理論基礎

① 人類本質上是享樂主義且功利主義，會追求快樂極大化及痛苦最小化。

② 每個人均具有辨別是非的能力及自由意志，可以選擇自己要從事哪種行為，並從而趨樂避苦，人們之所以犯罪，乃因犯罪之快樂大於痛苦所致。

③ 從刑事司法的觀點，古典學派主張應藉由刑罰給予犯罪人痛苦，如此刑罰的痛苦將與犯罪之快樂相互抵銷，便能嚇阻人們犯罪。

❷ 古典學派強調的重點

① 由法律的觀點探討犯罪的定義。

② 強調刑法應採嚴格解釋。

③ 強調法律之前人人平等。

④ 人類的本性在追求自我滿足，如犯罪人只為追求自我滿足而犯罪，則應對其行為負道義上之責任。

⑤ 必須運用刑罰才能達到威嚇犯罪人之效果。

⑥ 主張每種犯罪均應有固定之刑罰，亦即針對某種犯罪而予以某種刑罰。

⑦ 主張罪刑均衡原則，認為刑罰必須與犯罪輕重成正比，方足以表彰正義。

❸ 古典學派之目的

① 保護犯罪人免遭受國家過於嚴厲或任意之刑罰。

② 倡導建立現代化之監獄。

③ 革新法律制度。

❹ 古典學派之成就

① 強調個人自由意志及犯罪意圖，主張消除報仇動機，改採取罪刑法定及罪刑均衡原則。

② 古典（新古典學派，Neo-Classical School of Criminology）學派之「自由意志論」及「道德責任論」逐漸擴充修改，而認為某些無辨別是非能力、無能力選擇自己行為者，不應被列入處罰的範圍。

❺ 古典學派之缺點

純粹古典學派忽略個別差異，不問初犯、累犯，也不問犯罪動機，也未考慮犯罪人之背景與環境因素，只要犯相同的罪名則應接受相同的刑罰，則是其受到批評的地方。

(二) 19 世紀之犯罪實證學派

此學派是由義大利精神醫學家龍布羅梭於 1876 年創立，主張法事實之觀察與發現必須根據實際證據，反對古典學派之自由意志、道義責任及犯罪意圖；並提倡犯罪原因之探討、對犯罪人進行人道主義之處遇，並針對非刑罰之治療進行研究。該學派主要包含龍布羅梭及其學生費利及加羅法洛，後世稱其為「犯罪學三聖」或「義大利學派」。

❶ 龍布羅梭： 被尊稱為犯罪學之父，他認為犯罪人之所以犯罪，乃因其個人某些特殊生理因素所致，也是首位採用科學方法研究犯罪之犯罪學者。

龍布羅梭認為，犯罪者較同時期的非犯罪者，是一種較退化、原始和野蠻的人類，他們無法適應當代社會的情況，因而易於犯罪。他將這種現象稱為「隔代遺傳」或「祖型再現」（Atavistic），稱這類人為「生來犯罪人」（Born Criminals），他們容易陷入嚴重的犯罪行為，並終生都將與犯罪為伍。除了生來犯罪人，他亦提出其他四種類型的犯罪人：精神病犯罪人、激情犯罪人、習慣犯罪人及偶發犯罪人。

犯罪學之起源發展

```
                              ┌──> 18 世紀之古典學派
            犯罪學之起源發展 ──┤
                              └──> 19 世紀之實證學派
```

18 世紀之古典學派

```
          ┌──> 以貝加利亞及邊沁等人為代表
  古典
  學派 ───┼──> 強調人與法結構之關係研究
          └──> 刑法之目的為謀取多數人之幸福
```

理論基礎	❶ 人類會追求快樂極大化及痛苦最小化。 ❷ 人們之所以犯罪，乃因犯罪之快樂大於痛苦所致。 ❸ 藉由刑罰給予犯罪人痛苦，使刑罰的痛苦與犯罪之快樂相互抵銷，便能嚇阻人們犯罪。
強調重點	❶ 由法律的觀點探討犯罪的定義。 ❷ 刑法應採嚴格解釋。 ❸ 法律之前人人平等。 ❹ 如犯罪人只為追求自我滿足而犯罪，則應對其行為負道義上之責任。 ❺ 必須運用刑罰才能達到威嚇犯罪人之效果。 ❻ 主張每種犯罪均應有固定之刑罰。 ❼ 主張罪刑均衡原則。
目的	❶ 保護犯罪人免遭受國家過於嚴厲或任意之刑罰。 ❷ 倡導建立現代化之監獄。 ❸ 革新法律制度。
成就	❶ 強調個人自由意志及犯罪意圖，主張消除報仇動機，改採取罪刑法定及罪刑均衡原則。 ❷ 認為某些無辨別是非能力、無能力選擇自己行為者，不應被列入處罰的範圍（新古典學派）。
缺點	忽略個別差異，不問初犯、累犯，也不問犯罪動機，也未考慮犯罪人之背景與環境因素，只要犯相同的罪名則應接受相同的刑罰，則是其受到批評的地方。

UNIT 1-4
犯罪學之起源發展（二）

以後世的觀點來看，龍布羅梭之論點顯然過於簡略，隨著各種科學領域的發展，已有許多證據駁斥了他的主張，且他未設計控制組，在研究方法上備受批評。但他堅持使用科學方法對犯罪人進行客觀及系統化的研究，對犯罪學領域的影響非常深遠。

❷ 費利：其提出犯罪多元性的觀點，認為犯罪原因可分為個人或人類學方面之原因、生理原因及社會原因，而人的行為皆由其內在與外在的一切因素所共同決定，反對古典學派自由意志及道義責任之觀點。

此外，費利亦強調「犯罪飽和原則」，認為所有社會在犯罪方面均會達到飽和點（Saturation Point），因為任一社會具有一定人的因素（如性別、年齡、職業等）、一定的自然因素（如民族、氣候、溼度等）及一定的社會因素（如人口、移民、風俗習慣等），則必會產生一定量之犯罪。而他在犯罪預防方面的貢獻，如：提倡生育控制、結婚與離婚之自由、增設街燈並提高亮度、武器製造之控制、設立大眾儲蓄銀行、興建平價勞工住宅等犯罪預防策略，亦獲得相當的關注。

❸ 加羅法洛：提出「自然犯罪」一詞，認為這類犯罪為普世認定之犯罪，為所有社會及民族所共同認定的犯罪行為，例如殺人、強暴等暴力性的犯罪。自然犯罪是危害社會之不道德行為，其違反人類兩種共同的道義情緒，亦即違反誠實及憐憫之犯罪行為。

此外，加羅法洛認為懲罰的目的在於淘汰不能適應社會生活之犯罪人，他提出以下三種淘汰方式：死刑、部分淘汰及強迫隔離，並認為這可滿足公眾對懲罰犯罪人之需要、足以構成對犯罪人嚇阻效果，且對其後代亦有淘汰作用，是有用的公共政策工具。

❹ 犯罪實證學派之貢獻

① 龍布羅梭在 1872 年至 1876 年之間，對犯罪學之研究，開闢一條嶄新大道。

② 主張從社會的觀點探討犯罪之定義。

③ 反對犯罪行為之發生係個人自由意志而起，而強調犯罪係由於無法控制之外在因素所引起。

④ 激起犯罪學家對犯罪人及犯罪原因之研究：犯罪實證學派首先倡議犯罪人之分類，以及運用科學方法研究犯罪人，闡明犯罪發生原因，並針對其犯罪原因而予以適當之處遇。

⑤ 犯罪學實證學派之研究結論左右美國犯罪學界之思想，因為實證學派獲得美國生物學界、精神醫學界、心理學界、社會學界、人類學界等支持，而導致犯罪學家集中全力研究個別犯罪人之人格、體型特徵、智力、家庭背景、鄰里關係及其所屬之社團等。

⑥ 刑事司法界之更生重建模式，亦是實證學派研究結果之產物。

⑦ 實證學派強調個別犯罪人之研究及個別處遇（Individual Treatment）運用心理學、社會學及精神醫學等研究犯罪之原因，犯罪人之性行、家庭背景、社會背景、犯罪經過及其身心狀況等來改正及協助犯罪人重建，適應自由社會生活。

⑧ 發展出一套觀護制度、假釋制度、少年法庭、不定期刑、心理治療、兒童輔導、就業訓練計畫及社區處遇工作等。

⑨ 處遇（Treatment）及更生重建（Rehabilitation）之概念，取代刑罰而成為現代刑法之目的。

⑩ 強調刑罰或處遇應適合犯罪人，而非犯罪。即一個人接受審判，並非依照其犯罪之嚴重性，而應針對那些促成其犯罪的情況聚合因素來處理。

❶ 犯罪學之父

❷ 犯罪乃因犯罪人個人特殊生理因素所致 → 首位採用科學方法研究犯罪之犯罪學者

❸ 犯罪人是一種較退化、原始和野蠻的人類 →「隔代遺傳」、「祖型再現」、「生來犯罪人」

❹ 其他犯罪人類型：

① 精神病犯罪人（Insane Criminal）

② 激情犯罪人（Criminal by Passion）

③ 習慣犯罪人（Habitual Criminal）

④ 偶發犯罪人（Occasional Criminal）

龍布羅梭

❶ 提出「犯罪多元性理論」（Theory of Multiple Causation）

❷ 強調「犯罪飽和原則」（Law of Criminal Saturation）

❸ 貢獻：提倡生育控制、結婚與離婚之自由、增設街燈並提高亮度、武器製造之控制、設立大眾儲蓄銀行、興建平價勞工住宅等犯罪預防策略

費利

❶ 提出「自然犯罪」（Natural Crime）一詞

❷ 懲罰的目的在於淘汰不能適應社會生活之犯罪人

❸ 淘汰方式：

① 死刑

② 部分淘汰

③ 強迫隔離

加羅法洛

第 2 章
犯罪學之研究
方法與衡量

● 章節體系架構 ▼

UNIT **2-1**　　犯罪之研究方法

UNIT **2-2**　　獲取犯罪統計之方法

UNIT **2-1**
犯罪之研究方法

犯罪學之研究方法與其他社會科學研究相似，有許多不同的研究法可供援用。一般而言，研究人員會依據其研究問題，選取適當的研究方法；最常用於犯罪學研究之研究方法羅列如下。

(一) 調查研究法

調查研究法是社會科學研究中最常見的資料蒐集方法之一。根據蒐集資料的方法，又可區分為以下兩種：

❶ **直接調查**：指研究者直接向被調查者獲取第一手資料的調查方法，即使記錄方式有受訪者本人填答，或訪員代為填答的差異，但實際資料均由受訪者親自表示意見，故稱為直接調查。

❷ **間接調查**：所蒐集之資料已經形式化或存在著，但其形式未必符合研究者需求，故由研究者加以採擷利用，稱為間接調查。

(二) 實驗法

實驗法是自然科學慣用的研究方法，主要透過在情境中控制干擾變項，並透過實驗組之進行，再與另一組控制組相比較後，發現並確定現象變化的因果關係。

(三) 縱貫型研究

縱貫型研究，或稱長期性研究、同生群研究或追蹤研究，是指針對一群類似特質的研究對象，追蹤他們一段時間，並觀察或記錄其在不同時間點之變化，俾瞭解犯罪重要相關因素之研究方法。縱貫型研究也是近年來愈發普遍應用於社會科學領域的研究方法，主要探討人們生命週期的發展趨勢，及重大生活事件對之造成的影響。相對於橫斷型研究，縱貫型研究將時間變項納入研究考量，有助於研究者觀察事件發生的先後順序、瞭解變項間相互影響的情形，是極具價值的研究方法。

(四) 觀察研究

觀察研究是研究人類行為最直接的方法之一，指在自然或控制的情境下，依據研究目的，對研究客體的行為與現象進行系統性的觀察及記錄，以進行客觀解釋的研究方法。

(五) 質性個案研究

質性研究與量化研究相對，主要目的是用以深入瞭解人類行為及其理由，比起量化研究，更著重於小且集中的樣本，以瞭解關於特定研究客體的資訊，其中較常用於犯罪學研究的一種質性研究方法即為個案研究。個案研究係指針對單一或少量個案及其行為的具體資料之研究，能夠記錄個案之感受、犯罪過程及團體互動情形，較能夠深入瞭解犯罪者及其集體作案之動機、過程、文化、態度及價值觀等，是犯罪學研究中重要的研究方法。

(六) 評估研究

評估研究是起源較晚的一種社會科學研究方法，比起前述著重探索未知的研究方法，評估研究的主要目的在於依據其特殊目標、結果或標準，衡量某一方案之效果，屬於社會科學「應用研究」的範疇。新近研究方法之內容與應用，可參閱楊士隆等合著之《刑事司法與犯罪學研究方法》一書。

犯罪之研究方法

調查研究法	直接調查	❶ 訪問調查：由訪員親自面對受訪者，當面訪問以蒐集所需要之資料。 ❷ 集體調查：由訪員召集一群受訪者集中在一起，由訪員提問或發放問卷，藉此向受訪者蒐集所需資料。 ❸ 郵寄問卷調查：研究者將所需蒐集的資料製成問卷，利用郵寄方式寄給受訪者，填答完成後再寄回給研究者。 ❹ 電話訪談調查：由訪員透過電話向受訪者提問，再由訪員逐題記錄。 ❺ 網路調查：使用網路平台製作及發放問卷，研究者直接透過網路獲取受訪者資料，省去郵寄費用及時間，是近年常被使用的資料蒐集方法。
	間接調查	例如自文獻及檔案、日記及年鑑、統計資料與報表等來源所蒐集到的資料，均屬間接調查。
實驗法		儘管在社會科學領域，基於環境操控的困難及研究倫理議題，研究者難以如自然科學般於實驗室中嚴格控制所有變項，在偏差行為與犯罪問題研究上，會採用於生活情境中進行之田野實驗作為研究方法，以瞭解各變項間之因果關係。
縱貫型研究		在犯罪學領域中，最重要的縱貫型研究莫過於格魯克夫婦追蹤美國麻州少年輔育院多年的研究；以及沃夫岡教授對 1945 年美國費城出生之近萬名青少年追蹤至 18 歲，從而發現常習犯罪者的研究。
觀察研究		依據研究者的觀察立場及方式不同可區分為各種不同的類型。其中，「參與觀察」又稱為「局內觀察」，要求研究者實際參與在團體之中觀察並蒐集資料，是人類學者較偏好的研究方法之一。在犯罪學研究中，參與幫派以研究幫派問題，或參與從娼女性生活以瞭解相關資訊，是採用參與觀察的研究案例。另外，「不參與觀察」則是較常採用的觀察法，係指研究者以局外人的立場，針對研究客體（如犯罪人）加以觀察研究蒐集資料。
質性個案研究		最著名的個案研究，如美國著名犯罪學家 Shaw 對芝加哥偏差少年生活史之研究。
評估研究		係為瞭解應用成效而生，因此格外注重方案的概念化、設計、執行及效用，除檢視其成本與效益是否相符外，也重視方案實施之困難與挑戰，以將有限資源做最佳利用，是目前廣為使用的重要研究方法之一。

UNIT **2-2**
獲取犯罪統計之方法

測量是一切科學的基礎，為瞭解真實犯罪現況，以作統計、分析及研擬對策之用，獲取正確犯罪統計自有其必要性。目前犯罪統計主要來自三種來源，以下分別詳述之。

(一) 官方犯罪統計

一般而言，官方犯罪統計泛指由警察、法院及犯罪矯正機構所蒐集、保存有關犯罪之資訊。以我國為例，主要官方資料來源為內政部警政署刑事警察局之《中華民國刑案統計》及法務部犯罪研究中心之《犯罪狀況及其分析》。官方犯罪統計資料豐富完備為其他來源所不能及，因此一直是最常被利用的資料之一。然而，官方統計也存在犯罪黑數（Dark Figure of Crime）的問題；另外，警察機關執法與記錄方式、警方對犯罪定義的認定改變、警察機關爭取績效而扭曲紀錄、警察專業化和效率的提高、執法方式寬嚴的改變（如：掃黑專案）、電腦儀器的使用、教育及訓練的提高等，均會影響官方資料的變化。

(二) 自陳報告調查

由於前述官方統計資料的限制，犯罪學家也努力尋找其他犯罪資料來源，以彌補官方資料的不足，從而更瞭解犯罪的全貌，而其中一種被廣泛使用的方式，即為自陳報告調查（Self-Reported Surveys）。自陳報告調查一般透過問卷或訪談的形式，直接詢問當事人在過去特定時間內，其從事偏差與犯罪行為之程度，以減少犯罪黑數的問題，並提供有關犯罪者的獨特資訊。自陳報告調查經常被用於青少年偏差行為及物質使用等犯罪類型之資料蒐集，因為青少年的問卷調查較成人容易，也因為是接受國民義務教育的階段，他們都得上學，對青少年實施調查較容易獲得對某區域內青少年偏差及犯罪行為評估之樣態。

雖然自陳報告調查能在短時間內獲取大量資料，但也有以下限制，如：作答者虛偽或不願誠實作答、記憶衰退或缺席（選樣之流失，來自曠課者、退學者或中輟者）、傾向詮釋犯罪情節較輕之青少年偏差行為、無法深入探討白領犯罪。

(三) 犯罪被害調查

除自陳報告調查外，研究者尚使用犯罪被害調查來協助補足犯罪黑數的資料。犯罪被害調查即是詢問受訪者在過去特定時間內，其遭受犯罪被害經驗的資料蒐集方法，一方面衡量犯罪行為的數量與本質，並藉此瞭解被害的特性及導致被害的相關因素等。以美國為例，司法部自 1973 年起，每年以家庭為單位、在全國針對 12 歲以上民眾進行的全國犯罪被害調查（National Crime Victimization Survey, NCVS），便是重要的犯罪被害資料來源。

犯罪被害調查可衡量官方未登錄之偏差與犯罪行為，但與自陳報告調查相似，仍會面臨效度的挑戰，包括：因被害者誤解導致誇大通報，或因羞恥、害怕惹上麻煩或記憶衰退而減少通報等；資料來自被害者對犯罪事件之解釋，故僅能作為一種對可能已發生犯罪之估計；以及調查之犯罪類型有限，其無法蒐集關於無被害者犯罪（如物質使用、賭博）或者被害者已不存在之犯罪（如殺人）資料。

犯罪統計的三種主要來源

官方犯罪統計

內政部警政署刑事警察局	法務部犯罪研究中心
《中華民國刑案統計》	《犯罪狀況及其分析》

❶ 由警察、法院及犯罪矯正機構所蒐集、保存有關犯罪之資訊。
❷ 資料豐富完備，是最常被利用的資料之一。
❸ 存在犯罪黑數的問題。

自陳報告調查

❶ 透過問卷或訪談的形式，直接詢問當事人在過去特定時間內，其從事偏差與犯罪行為之程度。
❷ 經常被用於青少年偏差行為及物質使用等犯罪類型之資料蒐集。
❸ 可能面臨之挑戰及限制：
　① 作答者虛偽或不願誠實作答；
　② 記憶衰退或缺席；
　③ 傾向詮釋犯罪情節較輕之青少年偏差行為；
　④ 無法深入探討白領犯罪。

犯罪被害調查

❶ 詢問受訪者在過去特定時間內，其遭受犯罪被害經驗的資料蒐集方法。
❷ 可能面臨之挑戰及限制：
　① 因被害者誤解導致誇大通報，或因羞恥、害怕惹上麻煩或記憶衰退而減少通報；
　② 資料來自被害者對犯罪事件之解釋，故僅能作為一種對可能已發生犯罪之估計；
　③ 無法蒐集關於無被害者犯罪（如物質使用、賭博）或被害者已不存在之犯罪（如殺人）資料。

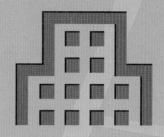

第**3**章

犯罪生物學理論

●●●●●●●●●●●●●●●●●●●●●●●● ● 章節體系架構 ▼

UNIT *3-1*　　腦部功能失常、營養分不均衡與犯罪

UNIT *3-2*　　智能不足與犯罪（一）

UNIT *3-3*　　智能不足與犯罪（二）

UNIT *3-4*　　智能不足與犯罪（三）

UNIT **3-1**
腦部功能失常、營養分不均衡與犯罪

圖解犯罪學

(一) 腦部功能失常與犯罪

人體腦部遭受傷害引起腦部功能失常的現象，亦可能與犯罪行為有關。其立論主要是腦部受傷極可能導致腦機能不平衡，造成生化上之異常、情緒失控與性格劇變，而衍生暴力行為。

❶ 輕微的腦功能失常

輕微的腦功能失常（Minimal Brain Dysfunction, MBD）與犯罪相關的主要癥結在於腦的結構。輕微的腦功能失常會引發不能適應之行為，而擾亂個人之生活方式；嚴重的情況則會導致反社會行為發生、腦控制機能的不平衡和生化上之異常。輕微的腦功能失常亦包括一些異常之行為型態，諸如：難語症、視力方面問題、過分活躍、注意力不能集中、脾氣暴躁，以及侵略攻擊性之行為。

❷ 過度活躍

過度活躍（Hyperactivity），又稱注意力缺乏過動疾患（Attention Deficit Hyperactivity Disorder, ADHD），罹患此症者極易分心，無法保持安靜，呈現不安，過度活躍，並伴隨著低自尊、學習困難與反社會行為。

❸ 腦波異常

研究指出與腦波異常（EEG Abnormality）有關之偏差行為，包括：不良之衝動控制、社會適應差、敵意、暴躁之脾氣等，成人若具有較低之腦波將呈現敵意、刻薄、易怒、不守法和衝動性行為等。精神病患若有腦波異常現象，則可能呈現攻擊性和間歇性的憤怒。此種情形促使暴力行為之發生更臻於可能，但是研究者仍難以腦波異常為犯罪主因下結論。

(二) 營養分不均衡與犯罪

人身生化上之不均衡，亦可能由不適當之飲食所促成。根據文獻之記載，少年及成年犯罪人具有如下營養分不均衡情形，包括：維他命缺乏症、高、低血醣症等，其與偏差行為具有某種程度之關聯。茲分述如下：

❶ 維他命缺乏症

基本上，倘人體缺乏維他命，極易呈現生理、心理與行為困擾之問題。研究指出，缺乏維他命 B3，容易造成少年過度活躍，而有抽菸、喝酒、逃學、逃家、破壞公物、打架等偏差行為出現。如果這種情形在 25 歲之前未能予以適當之治療，則可能導致更嚴重精神疾病。

❷ 高血醣症

人體倘飲用過多之咖啡、糖或其他碳水化合物，容易影響知覺與行為，並降低自我控制力。學者 B. C. D'Asaro 等（1975）之研究即發現，犯罪人比非犯罪人食用更多之咖啡與糖；Lonsdale 與 Shamberger 亦發現偏差行為少年食用過多高醣之速食垃圾食物。

❸ 低血醣症

當血液之醣分，低於腦正常有效運作功能所需之標準時，即發生低血醣症之問題。低血醣症患者之症狀包括：易怒、焦慮、沮喪、痛苦嚎哭、頭痛、困惑。關於與低血醣有關的性犯罪、殺人等攻擊行為，亦有研究指出其受刑人有較高之低血醣症。

腦部功能失常與犯罪

輕微的腦功能失常 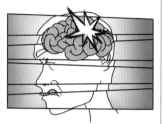	有時會間斷地發生狂暴激怒；有時會引發毆打妻子、虐待小孩、自殺、侵略攻擊性行為，以及其他沒有目的、動機之謀殺行為。然這種病患如果沒有發病，則能保持溫馨、健全與快樂之人格。
過度活躍 	學者比較罹患 ADHD 與無 ADHD 少年指出，有 ADHD 者，其有較高之違法行為。研究進一步指出，過度活躍症本身在與其他行為症候之互動下，更易衍生偏差與犯罪行為。例如：Lambert 之研究即發現，兒童期有過度活躍情形，在同時具有攻擊性之導引下，極易衍生犯罪行為。
腦波異常 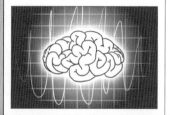	與 EEG 有關之偏差行為，包括：不良之衝動控制、社會適應差、敵意、暴躁之脾氣等，成人若具有較低之腦波將呈現敵意、刻薄、易怒、不守法和衝動性行為等。

★

腦波基本上反應出大腦皮層神經細胞的活動。據研究指出，腦波之異常（正常振動約為每次 0.5-30 Hertz）可能與個人某些偏差行為有關。1940 年代早期研究指出，在犯罪人團體中，大約有 25-50% 呈現腦波異常現象；相對的，一般正常人口中約僅有 5-20%。對於暴力犯而言，其間之差異更大，例如：學者 Williams 曾隨機抽樣 335 位暴力少年犯，然後再將這些少年犯區分成習慣暴力犯和偶發暴力犯進行調查，研究結果發現習慣暴力犯中有 65% 是屬腦波異常，而偶發暴力犯中只有 24% 有腦波異常。這些研究大致發現犯罪人呈現腦波活動遲緩之現象，尤其出現在少年犯身上更是頻繁。但部分研究則發現犯罪人腦波速度過快，超乎尋常。

UNIT **3-2**
智能不足與犯罪（一）

在犯罪學研究中，智能不足（Mental Retardation）與犯罪之關聯一再被提及，尤其部分智能不足者極易造成縱火罪與從事性犯罪，引起民眾極大恐慌。

(一) 智能不足之定義

美國精神醫學會（APA）出版的《精神異常診斷與統計手冊》第五版（DSM-5）認定智能不足，又稱智能發展障礙症，為一種在發展階段中發生的障礙症。智能不足之認定，下列三項準則皆須符合：

❶ 智力功能缺損：智力功能是否缺損，須經由臨床評估及個別準則化智力測驗加以確認。

❷ 適應功能缺損：以個人在獨立與擔當社會責任方面能否發展為準則。若無法得到持續支持，適應功能之缺損會造成個人在多重環境中的日常活動功能受到限制，無法達到該年齡層之適應能力。

❸ 智力與適應功能缺損在發展期間發生（台灣精神醫學會譯，2014）。

此外，根據美國智力和發育障礙協會（American Association on Mental Deficiency, AAMD）之定義，智能不足係指一般的智力功能顯著的低於平均數，同時存有行為適應之缺陷，並且發生於成長階段。從這些定義觀之，智力低並非智能不足唯一之評斷標準，患者必須在行為適應上有遲緩、適應不良之情形且在 18 歲之前發生，始能稱智能不足。18 歲以後發生者，一般應考慮其是否罹患痴呆症，屬器質性心智異常之一種。

(二) 智能不足之分類

DSM-5 之分類，將智能不足之嚴重程度依據個案在概念、社會及實務領域之表現分為輕度、中度、重度與極重度四類（台灣精神醫學會譯，2014）。

❶ **輕度智能不足**

智商在 50-55 到大約 70 之間，占智能不足人口之 80-85%，約在學齡前 3-4 歲方可確定，此類係屬可教育的。在學齡前兒童階段，可能與同儕沒有顯著差異，在學齡兒童與成人階段則會有學業技巧之困難。其社交與溝通技巧稍差，與正常發展之同齡者相比，較不成熟，但仍與正常兒童無太大區分。他們的詞彙非常有限且發音不佳。雖然其學習走路和說話較延遲，但他們的感覺動作並無太大受損。至成人時，通常能夠發展充分的社交和職業技巧，可扶持他們某些方面的自立。但是他們終生都需要被引導和社會支持。

❷ **中度智能不足**

智商在 35-40 到 50-55 之間，約占智能不足人口之 12%，即使在所有發展階段，其個人概念能力顯著落後於同儕，在教育上仍屬可訓練的。中度智能不足者在家裡經過照顧，可被訓練獲得簡單的溝通技巧，但複雜度遠不及同儕，且對於課業教導的反應很差，其學業發展往往侷限於小學程度。在最好的環境下，學校教育可提供他們獲得職業和社交技巧，使他們成人以後能夠於他人的監督下在庇護工廠工作。

智能不足之認定

智力功能缺損

適應功能缺損

智力與適應功能缺損在發展期間發生

智力低並非智能不足唯一的評斷標準，患者必須在行為適應上有遲緩、適應不良的情形且在 18 歲之前發生，始能稱智能不足。

智能不足之分類

分類	行為狀態	工作與生活
❶ 輕度智能不足 （智商在 50～55 到大約 70 之間）	他們的詞彙非常有限且發音不佳，學習走路和說話較延遲。	至成人時，通常能發展充分的社交和職業技巧，在引導下，可扶持他們某些方面的自立。
❷ 中度智能不足 （智商在 35～40 到 50～55 之間）	個人概念能力顯著落後於同儕，在教育上仍屬可訓練的，學業發展往往侷限於小學程度。	學校教育可提供他們獲得職業和社交技巧，使他們成人後能於他人的監督下在庇護工廠工作。
❸ 重度智能不足 （智商在 20～25 到 35～40 之間）	幾乎不瞭解書寫文字或有關數字、時間與金錢等概念。言語可能以字詞為主，有時甚至只是單音節。	無法發展職業技巧，唯有在高度保護的環境下，或可從事簡單的工作，例如：將東西放進容器裡。
❹ 極重度智能不足 （智商在 20 或 25 以下）	對於言語或手勢符號之溝通瞭解非常有限；長大成人後，在所有日常活動、健康與安全層面仍必須依賴他人。	一生幾乎都必須完全依賴他人一天 24 小時的照顧和監督。

UNIT **3-3** 智能不足與犯罪（二）

圖解犯罪學

❸ 重度智能不足

智商在 20-25 到 35-40 之間，約占智能不足人口的 3-4%，幾乎不瞭解書寫文字或有關數字、時間與金錢等概念。在學齡前，可發現嚴重之運動發展遲滯，語言能力亦差。在兒童後期，可以學會簡單的說話技巧，但口語的字彙與文法非常有限，言語可能以字詞為主，有時候甚至只是單音節。他們無法發展職業技巧，唯有在高度保護的環境下他們或可從事簡單的工作，例如：將東西放進容器裡。

❹ 極重度智能不足

智商在 20 或 25 以下，約占智能不足人口的 1-2%。極重度智能不足兒童在學齡之前只發展出極少感覺動作的能力，對於言語或手勢符號之溝通瞭解非常有限；長大成人後，在所有日常活動、健康與安全層面仍必須依賴他人。一生幾乎都必須完全依賴他人一天 24小時的照顧和監督。

(三) 智能不足與犯罪之關聯

❶ 犯罪人之智力研究

英國醫生 Goring 早期研究 3,000 名犯罪人後，發現其大多為低度智商者，但其後之研究乃逐漸駁斥此項觀點。例如：Woodward 之研究顯示，犯罪人之平均智商大約僅低於正常人口的 8 個百分點，亦即 IQ 92 比 IQ 100。洪宜芳以瑞文氏圖形推理測驗對少年暴力犯 167名、少年非暴力犯 106 名及一般少年171 名進行施測後發現，未曾犯罪少年在非語文智力上的得分（44.36 分）較暴力少年犯（41.84 分）及非暴力少年犯（41.57 分）為高。學者 Denkowski之研究則指出，僅約有 2.5% 的犯罪人有智能不足現象（IQ 小於 70）。雖然犯罪人中低智商者並沒有吾人想像中得多，然值得注意的是，1960 至 1970 年代之研究一再證實智商與犯罪間確實存有相關。例如：美國學者 Hirschi 對西雅圖青少年犯罪的研究即發現，智商與少年自陳報告非行存有統計上之顯著相關，即使在加入人種及社經地位之影響後亦同。類似的，由學者 West 及Farrington 在倫敦所進行之一項縱貫型追蹤研究再次證實智商較低之男孩，其將來再犯之比率更高。Hirschi 及Hindelang 因而認為低智商為瞭解青少年犯罪發展之重要因素。

❷ 智能不足者與犯罪種類之關聯

根據學者 Hollin 之彙整文獻，智能不足所從事之犯罪類型以性犯罪及竊盜居多。例如：學者 Walker 比較 305 名心智有缺陷之犯罪者及其他類型之犯罪人，一年以後，發現心智缺陷之犯罪者在性攻擊犯罪項目上比其他類型之犯罪人高了六倍。Shapiro 亦在其樣本中發現心智有缺陷之犯罪人，大約有 35%觸犯了性犯罪。Robertson 在對 300 名心智有缺陷之犯罪人追蹤，則發現觸犯竊盜罪者占最高比率，其次為性犯罪。

然而亦有研究指出性犯罪及縱火犯罪為智能不足犯罪類型之大宗。然值得注意的是智能不足是否為前項犯罪之主因則不明確，強化國內本土實證研究似有其必要。

智能不足與犯罪之關聯

| Woodward 的研究 | → | 犯罪人之平均智商大約僅低於正常人口的 8 個百分點。 |

| 洪宜芳 的研究 | → | 未曾犯罪少年在非語文智力上的得分較暴力少年犯及非暴力少年犯為高。 |

| Denkowski 的研究 | → | 僅約有 2.5% 的犯罪人有智能不足現象（IQ 小於 70）。 |

美國學者 Hirschi 對西雅圖青少年犯罪的研究即發現，智商與少年自陳報告非行存有統計上之顯著相關，即使在加入人種及社經地位之影響後亦同。類似的，由學者 West 及 Farrington 在倫敦所進行之一項縱貫型追蹤研究再次證實智商較低之男孩，其將來再犯之比率更高。

★智能不足之生物因素

❶ 遺傳染色體因素：例如：在體染色體方面，由於在第 21 對染色體增加，即可能造成唐氏症，兒童即成為蒙古兒。此外，在第 23 對性染色體方面（只限於女性），倘呈現一個 X 情形，則形成 Turner's 症候群，導致成長遲滯及缺乏第二副性徵。

❷ 感染與中毒因素：例如：懷孕之婦女倘得梅毒或德國麻疹，則胎兒極可能造成腦部受損。而毒氣的媒介，如：一氧化碳及鉛等，均可能在胎兒成長期間造成其腦部之傷害。此外，母體懷孕期間飲用過多酒精或服用某特定藥物，則可能造成胎兒形成先天的畸型。

❸ 早產與生理之傷害：早產兒體重過輕（少於 5 磅），極可能出現腦神經異常與智能不足現象。幼兒出生時之受創、腦部缺氧，亦可能導致智能不足現象。

❹ 電離輻射：近年來，部分人士注意到大量放射線照射對幼兒腦部組織之不良影響。有害之放射線包括診療期間之高能量 X 光照射等，但名單上已涵蓋核電廠核能外洩及核子武器之試爆。

❺ 營養不良及其他生物因素：在母體懷孕期間，營養不良、缺乏蛋白質和其他營養分，可能對胎兒造成腦部傷害，影響智力之發展。

　　此外，有些案例顯示智能不足亦與其他生物因素有關，例如：腦瘤之發生極可能直接影響腦部組織或造成頭蓋骨過大的壓力，而傷及腦部。在某些情況下，重度或極重度智能不足者，其成因是無法確定的，但其大腦病變之症狀均相當的明顯。

UNIT **3-4**
智能不足與犯罪（三）

圖解犯罪學

❸ 女性智能不足者之性侵犯罪被害

　　楊士隆等人曾以 12 名女性智能不足者性侵害之犯罪受刑人進行訪談，瞭解對智障者性侵害犯罪之犯罪動機、手法、目標之選擇、犯罪情境、歷程與案發後之感想等。研究結果發現多以熟識者性侵害為主，製造有利的犯罪情境，另發現近半數受訪者先察覺被害者的智能不足而引發其犯罪動機，因人力監督保護不足，中午或下午時段呈易遭受性侵害，最後並對智能不足者之性侵害防治提出諸多建議，如強化其監督保護機制等。

❹ 智能不足者犯罪之因素

　　雖然智能不足者之犯罪類型有所侷限，然其可能衍生之犯罪，如縱火、性犯罪、竊盜等對一般民眾之生命、財產安全亦構成鉅大威脅，亟待正視。根據馬傳鎮綜合動機心理學與社會學之觀點，智能不足者之所以可能犯罪之主因為：① 其判斷力較低，無法預見犯罪行為的不良後果；② 他們對於慾念（如：食慾、性慾、占有慾等）缺乏抑制能力，對情緒也不善控制，因而易由細微動機轉為衝動性的行為，如：放火、傷害或違反社會規範之性行為；③ 他們缺乏對職業與新事物的適應能力，因而在生存競爭中立於不利的地位，成為社會的落伍者，使其採取反社會行為，力謀補救；④ 由於其學習能力、社交能力與語言能力太低劣，易受他人輕視、虐待，使其心懷恨與不平，因而付諸以不正當的報復行為；⑤ 有些智能不足者伴有性格異常的特質，易於發生反社會行為。

(四) 智能不足犯罪者之防治

　　依據前述智能不足之成因分析，「預防重於治療」之理念，對智能不足犯罪者之防治而言甚為重要，茲從預防及控制生物遺傳負因和減少剝奪幼童正常學習與發展之環境二層面，說明防治對策。

❶ 預防及控制生物遺傳負因

　　生物遺傳之缺陷，往往為促成智能不足之重要因素，因此，如何預防及控制滋生乃成為防治之重點，具體之努力措施包括：① 強化心理衛生教育，做好預防之工作；② 提供懷孕婦女及嬰幼兒妥適之醫療保健服務，尤其應針對高危險群之孕婦進行羊膜穿刺檢查，及早診斷，減少遺傳疾病之發生。

❷ 減少剝奪幼童正常學習與發展之環境

　　家庭貧困，缺乏妥適醫療照顧及適當之社會刺激，常為促成智能不足發生之因素。故如何剷除這些幼童成長負因，並提供良好之社區成長環境及妥適之醫療、教育服務，則為防治智能不足犯罪者之重點。

　　另外，經由法治教育之教學內涵，幫助智能不足者瞭解社會規範，不僅有助於預防智能不足者之犯罪行為，亦有助於協助智能不足者順利適應社會生活。

　　至於有關智能不足犯罪者之矯治，非一般監禁所能妥適因應。必要時宜成立專業之處遇部門，提供適合智能不足犯罪人特殊需求之訓練，如：語言病理學、聽覺學及語言發展等，並發展輔助其回歸社會之服務，如：強化生活知能與職業訓練以減少未來適應之困難。

智能不足者可能犯罪之主因（馬傳鎮，1983）

放我出去玩啦！

為什麼會犯罪

❶ 判斷力較低，無法預見犯罪行為的不良後果。

❷ 對慾望缺乏抑制能力，對情緒也不善控制。

❸ 缺乏對職業與新事物的適應能力，因而在生存競爭中立於不利的地位，成為社會的落伍者，使其採取反社會行為，力謀補救。

❹ 由於學習能力、社交能力與語言能力太低劣，易受他人輕視、虐待，使其心懷怨恨與不平，因而付諸以不正當的報復行為。

❺ 有些智能不足者伴有性格異常的特質，易於發生反社會行為。

智能不足犯罪者之防治

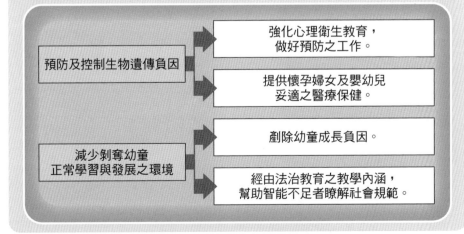

預防及控制生物遺傳負因 → 強化心理衛生教育，做好預防之工作。

→ 提供懷孕婦女及嬰幼兒妥適之醫療保健。

減少剝奪幼童正常學習與發展之環境 → 剷除幼童成長負因。

→ 經由法治教育之教學內涵，幫助智能不足者瞭解社會規範。

第 4 章

犯罪心理學理論

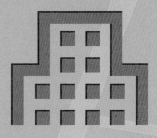

●●●●●●●●●●●●●●●●●●●●●●●● 章節體系架構

UNIT **4-1**　　反社會人格與犯罪（一）

UNIT **4-2**　　反社會人格與犯罪（二）

UNIT **4-3**　　反社會人格與犯罪（三）

UNIT **4-4**　　行為主義與學習（一）

UNIT **4-5**　　行為主義與學習（二）

UNIT **4-6**　　認知與道德發展（一）

UNIT **4-7**　　認知與道德發展（二）

UNIT **4-8**　　認知與道德發展（三）

UNIT **4-9**　　認知與道德發展（四）

UNIT **4-10**　　犯罪心理學對犯罪防治之貢獻

UNIT **4-1**
反社會人格與犯罪（一）

反社會人格係人格違常類型中，與犯罪之發生極具密切關係者（詳 DSM-IV 及 IV-TR），其最顯著之特點為缺乏道德，反社會性強。根據一項流行病學調查，在美國男性中，其盛行率為 3.4-4.9%，女性則少於 0.7%，然在監獄中犯罪人屬於反社會人格者，根據估算約占 10-30% 之間，近年 Fazel 及 Danesh 回顧 62 項研究調查 23,000 名受刑人，發現 47% 之男性受刑人及 21% 之女性受刑人屬反社會人格障礙（Antisocial Personality Disorder），其為犯罪心理學研究不可或缺的一項。

(一) 反社會人格之意涵

引用 DSM-IV 之認定標準說明，臚列反社會人格之意涵如下：

❶ 至少現年 18 歲或以上。

❷ 15 歲開始，對他人權益不尊重或侵犯的廣泛模式，表現下列各項中三項或以上：

① 不能符合社會一般規範對守法的要求，表現於一再作出導致逮捕的行為。

② 狡詐虛偽，表現於一再說謊、使用化名、或為自己的利益或娛樂而欺騙愚弄他人。

③ 做事衝動或不能事先計畫。

④ 易怒且好攻擊，表現於一再打架或攻擊他人身體。

⑤ 行事魯莽，無視自己或他人的安全。

⑥ 經久的無責任感，表現於一再無法維持經久的工作或信守財務上的義務。

⑦ 缺乏良心自責，表現於對傷害、虐待他人或偷竊他人財物覺得無所謂或將其合理化。

❸ 有證據顯示個案 15 歲以前為品行疾患的患者：在 15 歲之前，至少有下列三項不負責任與反社會行為：

① 攻擊他人及動物：Ⓐ 常欺凌、威脅、或恐嚇他人；Ⓑ 常引發打架；Ⓒ 曾使用能造成他人嚴重身體傷害的武器（如：棍棒、磚塊、敲破的玻璃瓶、刀、槍械）；Ⓓ 曾對他人的身體殘忍；Ⓔ 曾對動物的身體殘忍；Ⓕ 曾直接面對受害者而偷竊（如：從背後勒頸搶劫、扒竊、強奪、持械搶劫）；Ⓖ 曾強迫他人與自己發生性關係。

② 破壞財產：Ⓐ 曾故意縱火以意圖造成嚴重損害；Ⓑ 曾故意毀損他人財產（縱火除外）。

③ 詐欺或偷竊：Ⓐ 曾侵入他人住宅、建物、或汽車；Ⓑ 經常說謊以獲取財物或利益或逃避義務（意即欺詐他人）；Ⓒ 曾在未面對受害者的狀況下偷竊價值不菲物件（如：非破壞闖入狀況下進入商店偷竊；偽造）。

④ 嚴重違反規範：Ⓐ 經常不顧父母禁止而夜間在外遊蕩，在 13 歲之前即開始；Ⓑ 住在父母家或監護人家時，至少兩次逃家在外過夜（或僅一次，但相當長時期未返家）；Ⓒ 常逃學，在 13 歲之前即開始。

❹ 反社會行為之發作不是來自分裂症或躁鬱症。

在美國精神醫學會《精神異常診斷與統計手冊》修訂版（DSM IV-TR, 2000）中，反社會人格被界定為人格障礙中具戲劇性與背離常理之 B 群，其在 15 歲開始，對他人權益不尊重或具有侵犯的廣泛模式，15 歲以前多具有品行疾患，同時目前至少為 18 歲或以上，診斷標準變化不大。

反社會人格意涵

	至少現年 18 歲或以上	
自 15 歲開始，對他人權益不尊重或侵犯，且表現右列各項中三項（或三項以上）。	❶ 一再做出導致逮捕的行為。	
	❷ 狡詐虛偽、一再說謊。	
	❸ 做事衝動、不會事先規劃。	
	❹ 易怒且好攻擊。	
	❺ 行事魯莽，無視自己或他人的安全。	
	❻ 無責任感。	
	❼ 缺乏良心自責。	

反社會人格個案 15 歲前可能的行為

毀損他人財產或縱火

攻擊他人及動物

喂！給我站住！

詐欺或偷竊

蹺家或逃學

★反社會人格之沿革與發展

根據學者 Rabin 之記述，大約在兩百年以前，法國著名之心理醫師 Pinel 在臨床上遭遇了一件非常特殊、在當時無法歸類之案例，其將之命名為「缺乏譫妄之狂躁」（Manie Sans Delire）。其後之醫生亦遭遇類似情形。1904 年，Kreplin 進一步使用「心理病態人格」（Psychopathic Persönlichkeit），而由施耐德以其為名發表專書後，其名詞始獲得進一步確定。美國精神醫學會在 1952 年制定「精神異常診斷與統計手冊」（DSM-I）時，將此項名詞更以「社會病態人格」（Sociopathid Personality）之分類術語。

1968 年，美國精神醫學會在修訂「精神異常診斷與統計手冊」（DSM-II）時，再度揚棄了「社會病態人格」及「心理病態人格」之專有名詞，而以「反社會人格」（Antisocial Personality）代之。1980 年、1987 年之修正版對於有關反社會人格之概念並未做重大改變。但在 1980 年代之修訂版本中特別規定，其認定年齡須在 18 歲以上，且在 15 歲以前即至少出現反社會行為，沿用迄今。

UNIT **4-2**
反社會人格與犯罪（二）

圖解犯罪學

(二) 反社會人格之特徵

反社會人格之特徵為何？英國學者 Craft 曾指出反社會人格具有二大主要之特徵：

❶ 無法愛人及接納他人的愛。

❷ 行為具衝動性，無延緩需求的能力。

相類似的，美國學者 McCord 及 McCord 在所著《心理病態人格者》（The Psychopath）中，亦認為其具有：

❶ 反社會性。

❷ 高度衝動性。

❸ 攻擊性。

❹ 行為由無法控制之欲求所發動。

❺ 缺乏罪疚感。

❻ 缺乏愛人之機制等。

參考學者 Rabin 及 Carson 等之描述，反社會人格主要之特徵如下：

❶ 超我功能不張，缺乏道德良心與罪疚感

反社會人格者曾被學者 Pritchard 診斷為道德發狂（moral insanity）或道德遲緩（moral imbecility），雖然其在智力的發展與正常人無太大區別，但在道德良心之發展顯然具有嚴重缺陷。在從事非法活動之同時，並不感覺緊張與焦慮，事後亦缺乏罪疚感，毫無悔意。

❷ 情感欠缺成熟 —— 以自我為中心及具有高度衝動性

反社會人格者之情感狀態與幼童之追求快樂行為型態甚為類似，其雖然在身體外表之發展上趨於成熟，但在情緒上是欠缺成熟的，完全以自我為中心，且具高度衝動性，挫折忍受力低，無法延緩需求。

換句話說，反社會人格者係現時取向的，完全活在眼前的快樂與慾念當中，對未來缺乏預見，故其經常更換工作，無法順利的獲取成就。學者 Lewis 等人之研究更發現，其因生活之現時取向（here and now），故罹患酒癮（alcoholism）之情形甚為普遍。

❸ 反抗權威，無法從錯誤中記取教訓

反社會人格者之行為表現與當前社會法律規範格格不入，根本不當法律為一回事。其在成長的階段與教育或執法當局經常是對立的，但即使其走入犯罪生涯，反社會人格者仍無法達成職業犯罪者之境界。儘管因犯罪事件被捕，其行為好像是免疫似的，無法從錯誤中記取教訓，因而屢次犯罪，無藥可救。

❹ 無愛人及接納他人愛的能力，人際關係不良

反社會人格者由於缺乏同情心，行為不負責任，毫無悔意，以自我為中心，因此無法與他人建立親密關係，故人際關係不良。其具有冷漠、孤僻之特質，與他人相處僅係為自己尋求逸樂的對象，與他人共事則是為了某種特定犯行，無愛人及接納他人愛的能力。

反社會人格分類及其與犯罪之關聯

易受他人或環境影響	有習慣性神經質、神經衰弱
缺乏意志型 ⟷ 在一般罪犯、累犯及少年犯中均極普遍	無力型 ⟷ 與犯罪較無關係
離開監獄後，仍易受誘惑而再度犯罪	心情纖弱而無力

 ★反社會人格之成因分析

目前在學者持續不斷努力下，反社會人格之成因逐漸被揭露出來，但實證資料之支持仍待進一步提升。茲依 Carson 等及 Rabin 之綜合文獻，說明其成因。

■ 生物之因素

❶ 情感喚起之缺陷：研究顯示，反社會人格者大多具有情感喚起之缺陷。此種情形，使其在壓力情境中不會害怕與焦慮，並且在社會化過程中缺乏道德良心之發展。

❷ 追尋刺激：反社會人格者在生理上接受喚起之程度呈現低檔狀態，極可能藉刺激之追尋（如：脫逃、吸毒）以強化喚起程度，追求感官刺激。

❸ 認知功能之缺陷：反社會人格者往往注意力不集中，顯現認知功能之缺陷，此可能與遺傳或腦部受傷有關。

■ 家庭因素

❶ 早期喪失父母及情感之剝奪。

❷ 父母之拒絕與管教不一致。

❸ 錯誤之父母行為模式及家庭互動。

■ 社會文化因素

社會文化環境呈現社會規範失調與解組、不良之同儕行為模式，以及反社會敵對狀態、社會疏離等，極易促使個人無法發展道德、良心，缺乏對他人之同情，形成具破壞性之反社會行為型態。在前述家庭負因，如：父母之感情剝奪、拒絕、錯誤之行為模式下，極易促使子女對他人產生不信任感，產生敵意，形成反社會人格。

UNIT **4-3**
反社會人格與犯罪（三）

❺ **虛偽多詐，極易剝削人，並合理化其行為**

反社會人格者常以迷人之外表、言態，欺詐他人，從中獲利；倘被識破，即虛偽因應之。由於瞭解他人之需求與弱點，故經常剝削他人，毫無悔意。從事非法活動後，常找藉口或歸罪他人，合理化其行為。

(三) 反社會人格之防治

反社會人格者之處遇與矯治面臨相當的難題，關鍵在於其無法信任他人，瞭解他人之感受並從錯誤中記取教訓，因此往往在預後上顯得極度的糟。更令人感到頭痛的是，反社會人格者並不認為自己是錯誤的，因而缺乏自我改變的動機，甚至拒絕改變，使得處遇之契機無法開啟。因此，有關反社會人格者之防治工作，以發生前之預防最為重要，次而尋求較具成效之處遇方案因應。

在預防工作上，宜避免各項家庭與社會環境負因之形成，強化家庭功能（如：親職教育）與社會文化環境之建設，發揮正面教育功能，建立祥和社會，使兒童有一優良之成長環境。在處遇上，則應廣泛應用初具成效之行為療法（behavior therapy）、團體療法（group therapy）、環境療法（milieu therapy）及治療性之社群（therapeutic community）等，以減少其對社會之侵害。

綜合言之，反社會人格之防治應著重於預防之工作而非事後處遇之進行，傳統監禁懲罰之方式只帶來更多副作用，並無法達成其矯治之目標。在尋找更妥適、具成效方案之同時，初級犯罪預防之推行是防治工作不可或缺之要務。

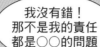

反社會人格者習慣歸罪他人

> 我沒有錯！那不是我的責任都是○○的問題

> 反社會人格者缺乏道德感，通常不認為自己有錯，因而往往拒絕改變。

著重預防而非事後處遇或懲罰

> 我不信任你！

> 反社會人格者無法信任他人、瞭解他人感受或記取教訓。因為缺乏改變動機，所以防治上以預防最為重要。

預防

❶ 避免各項家庭與社會環境負因之形成，強化家庭功能。
❷ 發揮正面教育功能，建立祥和社會，使兒童有一優良之成長環境。

處遇

❶ 行為療法（Behavior Therapy）
❷ 團體療法（Group Therapy）
❸ 環境療法（Milieu Therapy）
❹ 治療性之社群（Therapeutic Community）

UNIT **4-4**
行為主義與學習（一）

圖解犯罪學

(一) 制約學習理論

心理學者 Skinner 提出之操作制約學習理論（operant learning theory），對於行為主義之成長具有鉅大貢獻。

基本上，此項理論強調行為樣態係由外界環境（刺激）所塑造，如果有機體與環境發生互動，造成有機體行為的增加，此種過程叫做增強或報償，因為此增強會更加強化行為；如果有機體與環境發生互動，而造成有機體行為之減少，此種過程即為懲罰，懲罰乃用來削弱其行為，使其不再發生。

根據 Skinner 之見解，增強可區分成正面增強與反面增強二部分。正面增強係指行為產生了酬賞之結果；反面增強則為行為本身避免了嫌惡之結果。與此相類似的，懲罰亦可區分成正面懲罰及負面懲罰兩部分。正面懲罰係指行為結果是嫌惡的；負面懲罰指行為導致喜歡標的之排除。

(二) 差別增強理論

犯罪學者 Jeffrey 以制約學習之原理將 Sutherland 之差別接觸理論重新整合。基本上其主張犯罪行為，是經由學習而來，並且藉制約行為，予以維持。制約的行為不僅包括親密接觸之學習，同時亦涉及與環境之互動。制約行為的核心為增強作用。換句話說，行為必須被強化後始可能被個人所接受。以犯罪活動為例，此類行為的發生常因被強化的結果，例如：一個小孩很可能偷了糖果，並在品嚐後發現非常好吃，假如他沒被逮住並接受懲罰，下次即很可能再犯；此效果乃是一種正面的增加作用。個人被制約的歷史恰可解釋犯罪之不同。換句話說，生長於高犯罪區域之二個人很可能具有不同的制約過程，其中一個人很可能在偷竊後逃而無蹤，另一個人很可能被逮住並加以懲罰；逃離者很可能被該食物之甜美或者其他人稱讚其勇敢而強化偷竊行為；被逮住者很可能在被處罰後而放棄偷竊行為。

(三) 社會學習理論

社會學習理論對於瞭解犯罪行為之貢獻，分別由心理學者 Bandura 與社會學者 Akers 所提及。Bandura 以人類之攻擊行為為其研究重心。其指出，解釋攻擊行為之理論至少應嘗試回答「攻擊行為之型態如何被發展成」、「哪些內容促使人們以攻擊行為呈現」及「攻擊行為出現後其如何被支撐維繫」。茲分別說明之：

❶ 攻擊行為之取得

Bandura 認為攻擊行為並非天生的，而係學習而來。學習之來源包括：生物因素、觀察學習與直接經驗之學習。

① 生物因素：攻擊行為受神經生理機制之影響，影響包括：反應之型態與學習之速度等。

② 觀察學習：透過觀察學習即可獲取大量綜合之行為型態。此種學習基本上受四個相互關聯之次級過程所支配，包括：注意過程、記憶過程、運動產生過程、刺激與動機之過程。目前攻擊行為之型態主要從下列三個來源而來：Ａ 家庭成員之強化；Ｂ 人們所處次級文化之影響；Ｃ 大眾傳播媒體所提供之表徵仿同影響。

Bandura 指出，許多研究顯示暴力電視節目對於觀眾至少產生四項影響：Ａ 電視中的暴力鏡頭直接傳授攻擊行為的類型；Ｂ 改變了人們對攻擊行為方面的抑制；Ｃ 它使人們對暴力行為失去敏感的反應並且習以為常；Ｄ 電視節目中的暴力鏡頭塑造人們錯誤之現實意向——認為是生活之常模。

③ 直接經驗的學習：攻擊行為亦可透過自身之經驗而形成，主要是透過認知之過程，而決定何種行為（含攻擊行為）為恰當。

制約學習理論的增強與懲罰

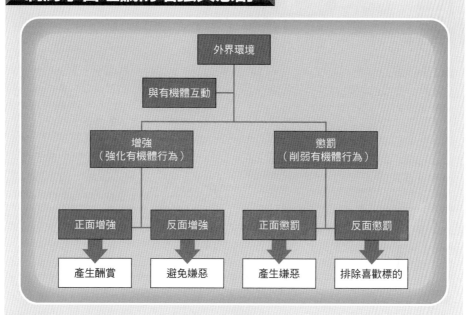

外界環境

與有機體互動

增強
（強化有機體行為）

懲罰
（削弱有機體行為）

正面增強	反面增強	正面懲罰	反面懲罰
產生酬賞	避免嫌惡	產生嫌惡	排除喜歡標的

差別增強理論的制約效果

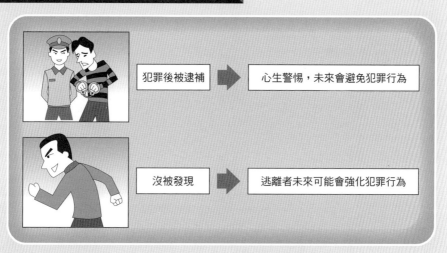

犯罪後被逮補　➡　心生警惕，未來會避免犯罪行為

沒被發現　➡　逃離者未來可能會強化犯罪行為

社會學習理論 —— 取得攻擊行為

生物因素	攻擊行為受神經生理機制之影響
觀察學習	透過觀察學習即可獲取大量綜合之行為型態
直接經驗的學習	攻擊行為亦可透過自身之經驗而形成

UNIT **4-5**
行為主義與學習（二）

❷ 攻擊行為之激起

攻擊行為之被激起因素，主要包括：

① 嫌惡的教唆者（aversive instigators）：當身體遭受攻擊、言語侮辱、生活條件不利之變化或行動目標受阻時，即可能呈現攻擊行為。

② 正面效果之引誘（incentive instigators）：當人們預期行為將產生正面、有利之效果時，亦可能產生攻擊行為。

③ 楷模之教唆者（modeling instigators）：看過他人表現攻擊行為之人，比沒有看到過的人更容易採取攻擊行為，其理由包括：暗示、抑制解除、攻擊情緒喚醒及助長攻擊行為等。

④ 教導性之教唆者（instructional instigators）：透過社會化之過程，個體接受法定權威之指導，而呈現攻擊行為。學者 Snow 指出：「當你回顧漫長而黑暗的人類歷史時，你將發現，在服從的名義下所犯駭人聽聞的罪行遠比在反抗的名義下所犯的罪行來得多。」

⑤ 妄想之教唆者（delusional instigators）：當個體不能有效的與現實生活經驗相連結，而被幻覺的力量所操縱時，可能因而表現攻擊行為。

❸ 攻擊行為之持續與強化

攻擊行為一旦發生後，下列因素可強化其暴行之持續：

① 外在增強（external reinforcement）：例如：有形之報酬、社會與身分地位酬賞、減少負面之效果等，均為促使行為增強之重要因素。

② 懲罰之結果（punishing consequences）：攻擊行為之強化與否，一方面受社會法律之約束，同時亦與個人自我譴責有關。而懲罰之結果，則傳達出攻擊行為是否安全之訊息，而影響行為之進行。

③ 替代性增強（vicarious reinforcement）：觀察到之結果往往與實際體驗之結果相類似。基本上，若個體觀察到某種行為似乎得到了酬賞，那麼他也會學習該行為；若他觀察到某種行為的表現似乎受到懲罰，就會抑制該行為。

此外，艾克斯（Akers）之社會學習理論為當前犯罪學理論中最常被引用者。此項理論之源起，可回溯至其與 Burgess 將制約學習原理融入差別接觸理論中，構成差別接觸－增強理論，經艾克斯重新命名為社會學習理論，以對偏差與犯罪行為做詮釋。此理論基本上植基於以下四個核心概念來詮釋犯罪行為：❶ 差別接觸（differential association）；❷ 定義（definitions）；❸ 差別增強（differential reinforcement）；❹ 仿同（imitation）。犯罪行為之發生係一複雜之互動與回饋學習之結果。

習得犯罪行為主要在那些具有強化個人行為作用的團體中較易發生。以社會學習觀點為例，控制個人生活之增強團體，對個人行為有巨大的影響力；換句話說，個人的家庭、朋友、學校、宗教皆很可能強化個人的某些行為。例如：倘家庭是個人誠實行為最大的支柱與強化體，則這個人將受其影響而顯現誠實的特質；但是，如係為了朋友而從事偷竊行為，則這項非法活動將經由對友誼的需求而被增強；故端視哪一個團體控制了這些強化體而定。其次，無論是提供了快樂（如：父母之情愛）或者痛楚之來臨（如：友伴的離棄），假使父母之情愛比友伴的喪失更加的被強化，那麼誠實的行為即可能被增強，而小孩即不太可能從事偷竊行為，除非飢餓強化了偷竊行為。值得一提的是，行為強化物可能包括金錢、性的需求與物質的擁有等，而不僅侷限於人際之強化者。雖然如此，人際之強化者仍最具影響力。

社會學習理論 —— 激起攻擊行為的因素

艾克斯的社會學習理論

控制個人行為強化之團體

（家庭、學校、宗教、朋友……）

行為強化物

（金錢、性、物質、人際關係……）

❶ 若家庭是個人誠實行為的強化體，個人會顯現誠實特質。
❷ 對人際關係需求較強者，容易受朋友行為（善或惡）影響。
❸ 哪個團體控制強化物，就能對個人行為造成較大影響。
❹ 習得犯罪行為，主要在那些具有強化個人行為作用的團體中，較易發生。
❺ 誠實家庭中的小孩不太可能從事偷竊行為，除非飢餓強化了偷竊行為。

UNIT **4-6**
認知與道德發展（一）

圖解犯罪學

認知與道德發展之觀點亦為瞭解犯罪人心理之重要向度。基本上，「認知」（cognition）涉及記憶、想像、智力與推理等概念。學者 Yochelson 及 Samenow 之研究，發現許多犯罪人具有「犯罪思考型態」（criminal thinking patterns），為認知與犯罪之連結關係提供更為重要之佐證。其研究係從轉介至醫院做精神鑑定之成年男性犯罪人訪談而得，認為犯罪人具有：不合乎邏輯、短視、錯誤、不健康之人生價值感等偏誤之認知型態。學者羅斯及費比諾（Ross & Fabiano, 1985）之研究亦指出犯罪人具有至少 52 種獨特之思考型態，包括：凝固之思想、分離、片斷；未能注意及他人之需求；缺乏時間感；不負責任之決策；認為自己是受害者等。

學者 Walters 進一步建構出八類犯罪人思考型態，頗具參考價值，扼要敘述如下：

(一) 自我安慰

自我安慰的思考型態所指的是，犯罪者企圖把自己從事犯罪行為之責任歸到外在環境的不公平與不適當之條件上，而將自己本身所應負之責任排除在外。自我安慰的技巧常會以幾種形式呈現出來。Yochelson 及 Samenow 指出一種較為普遍的形式即「受害者的想法」。所指之意是，犯罪者會利用自我安慰的技巧，設法去減輕犯罪行為所帶來的罪惡感與焦慮狀態；在其內心裡抱持著一種「受害者」的心態，藉此來表達其所表現出來的行為並非自己所控制的，實在是在毫無選擇的情況下逼不得已做出來的，他們其實是這個現實社會環境下的受害者。

另外一種形式則是「淡化」的技巧，意思是：盡可能地輕視自己所造成的傷害或是忽略自己行為所可能帶來的負面影響。舉例來說：濫用藥物者可能會選擇性地接收訊息，像是堅信某些研究的結果顯示出該藥物並不會對人體造成長期性的傷害。

第三種形式則為「常態化」個人的行為。一個失風被捕的偷車少年可能會以其周遭所有的朋友都在從事此行為來作為藉口，並認為他和他的朋友們唯一不同的地方僅在於自己不幸被抓到而已。

(二) 切除斬斷

切除斬斷的意思是：犯罪者常會利用各種方法來消除阻礙其從事犯罪行為的制止力。犯罪者常缺乏良好的自制力且容易被他人所動搖，此種情形即為切除斬斷。

用「向內爆裂」一詞來形容此種思考型態可能更為貼切，從一些研究中可以看出犯罪者常無法有效地去處理自身所遭受到的壓力與挫折，且常會替其家人、朋友帶來麻煩與困擾。因此，犯罪者很容易會依賴「內向爆裂」的方式來幫助其解除焦慮、害怕及其他妨礙自己去從事犯罪行為的制止力。「內向爆裂」通常可區分為內在的與外在的切除斬斷兩種型態。所謂的內在的切除斬斷型態包括了一句簡單的字句、視覺影像或是音樂戲曲等；而外在的切除斬斷型態則涵蓋酒精及藥物等。

犯罪者容易自我安慰或自圓其說

深入剖析

犯罪者藉由各種不同理由，把自己所應負起的責任歸諸於媒體、社會環境、政府機構，或他們早期的家庭教養環境等。且對自己的犯行常不知自我反省，甚至把自己當成社會環境下的犧牲者，認為自己的犯罪行為皆是因外在不良環境所造成的，以社會的亂象來當自己的藉口，像是：警察會收受紅包、法官貪汙、接受行賄、監所人員濫用權力等，來自圓其說。

犯罪者亦認為犯罪行為非常普遍，他只不過是跟著其他人的步伐在走而已。甚至也常會將責任推到被害者身上，認為是對方罪有應得。好比「適者生存」，如果一個人不夠強壯或是不夠幸運，那只能說是他自己倒楣或是他的報應。

犯罪者切斷阻礙其犯罪的方式

犯罪者常會利用各種方法，來消除阻礙其從事犯罪行為的制止力。犯罪者常缺乏良好的自制力且容易被他人所動搖。其消除阻礙的方式又可區分「內在」與「外在」。

UNIT 4-7
認知與道德發展（二）

圖解犯罪學

（三）自恃特權

自我安慰的思考型態主要作用是針對犯罪行為加以合理化；而自恃特權的思考型態則是像一張提供犯罪者去從事犯罪行為的許可證明。此類型的思考型態根基於兒童時期的自我中心主義思想，包含所有權或特權的概念。

自恃特權的思考型態主要包含了以下三個面向：

❶ **所有權**：指的是一種心智狀態。犯罪者對於社會規範與個人空間並不尊重，並無法自我覺察其所作所為可能會對他人造成傷害，因為他（她）認為只要其足夠強壯、足夠聰明，便可享有特權，從他人身上獲取他所想要的事物，而不用去在乎其所採取的方法或手段。

❷ **獨特性**：其概念可以追溯到犯罪者早期的家庭教養經驗，由早期的生活經驗累積所形成。個人被塑造出擁有一股與眾不同的優越感，認為自己比起其他小孩顯得更加突出且較具優勢。雖然此早期的經驗並未證明與犯罪行為有直接的關聯性，但卻可能幫助個人形成根深柢固的自恃特權之思考型態，進而認為自己可以去操控他人行動，且免受規範與法律的約束。

❸ **錯誤識別**：其意思是指：犯罪者把「貪念」和「特權」視為「需求」與「權利」，因此，有必要不計代價去滿足其需求。

（四）權力取向

犯罪者對於這個世界採取簡單的二分法觀點，將人們區分為強與弱兩個類別。然後利用此原則去面對他所遭遇到的人事物。如果一個人被認為是弱者的話，則會被威嚇，或是被弱肉強食，自

身利益便會受損。根據研究顯示，犯罪者常具有低自尊、外控取向、心情常容易常隨外在環境而起伏不定等特徵。因此，當犯罪者可完全掌控環境時，便會覺得自己很有權威、強壯且顯得活力十足。「權力渴求」則可用以解除無能為力的狀態，其所描述的是一種渴望獲得力量且控制他人的想法。一般而言，權力取向的思考型態大致由以下幾種的形式所表現出來：

❶ **身體上的形式**：攻擊性、破壞性等屬之。

❷ **口頭上的形式**：例如與人爭辯，且認為自己較優越。

❸ **心理上的形式**：於心中編造一個自己可掌控的情境，而於其中，一切劇情皆按照自己的意思來發展。

（五）虛情假意或情緒補償

虛情假意的意思即是 Yochelson 和 Samenow 所提及的：犯罪者所表現出脆弱情感與美學興趣的傾向。由於個人所從事一些行為可能與其對自己原具有的正面形象有所矛盾，因此必須尋求調和之道來消除已存在的矛盾與差異現象，虛情假意的表現便是其中的一種方式。儘管大多數人或多或少都會表現出虛情假意，但是犯罪者比起一般人來說在程度與時間上都較為增加。

犯罪者在美學或是藝術方面之表現，亦可看出虛情假意的思考型態。在犯罪矯正機構中，常可看到犯罪者對於藝術、音樂或是文學表現出相當之興趣，專心致力於從事類似活動，樂此不疲。但隨著時空轉換（服刑期滿出獄或假釋），自我縱容的行為便很容易再度出現。

犯罪者的自我中心主義思想

所有權 ➜ 不尊重社會規範與個人空間，無法自我覺察其所作所為可能會對他人造成傷害。

獨特性 ➜ 自以為擁有與眾不同的優越感，進而認為自己可以操控他人行動，且免受規範與法律的約束。

錯誤識別 ➜ 把「貪念」和「特權」視為「需求」與「權利」。

犯罪者替行為找合理化藉口以降低罪惡感

自我安慰 ➜ 個人透過對外在環境不公平的指責，來替自己破壞社會規範之行為辯解。

虛情假意 ➜ 強調個人本身的才能與善良本性，以個人較為正向或軟性的一面，來替自己的行為作辯護。

舉例說明 ➜ 利用非法獲得的財物購買禮物送給家人、朋友或是做些深具愛心之事，像是照顧受傷的動物等，希望讓別人覺得自己真是個好人，並趁機淡化其罪行。

UNIT **4-8**
認知與道德發展（三）

(六) 過度樂觀

Yochelson 和 Samenow 認為犯罪者對於自己與其所從事的犯罪行為所帶來的可能不良後果之判斷往往不切實際、陷於自身的幻想中。犯罪者常常對自己過度自信且持樂觀的態度，如同幼小孩童一般，以為穿上超人的衣服之後便會所向無敵、刀槍不入。

(七) 認知怠惰

犯罪者最初在從事犯罪行為時，可能會花很多時間與精力審慎地評估其從事犯罪行為的成功機率與利益得失，但隨著時間一久，便變得較為懶散而無法去評估自身的思考內容與犯罪計畫。例如，犯罪者可能會沉溺於藥物在短時間內可消除焦慮、壓力與挫折感，但卻無法思考到藥物可能帶來的長期性問題，可能使個人的批判能力及解決問題的能力更加惡化。

「快速致富」的想法常深深地吸引著犯罪者，於是許多犯罪者希冀物質上享受，卻不願花費時間與精力經由合法管道去獲得。

(八) 半途而廢

犯罪者常忽略長遠的目標，而去追求可獲得立即滿足的機會，對於自己所許下的承諾、立定的計畫與目標往往無法加以實現，且總是無法專心致力於相同的一個目標上。「半途而廢」的思考型態所涵蓋的層面較廣，包括缺乏持續力堅持目標、欠缺一致性、鮮少設定實際的目標等。

學者吳芝儀以 Walters 之「犯罪思考型態心理量表」為焦點訪談，對 12 位犯罪者進行研究發現，累犯犯罪者傾向於「過度樂觀」、「情緒補償」和「認知怠惰」；暴力犯罪者則顯露出較強烈之「權力導向」傾向。其研究結果有助於瞭解各類型犯罪者之思考型態而利於個別化處遇之進行。

除前述偏誤之認知思考觀點外，另一派代表 Cornish 及 Clarke 的理性抉擇模式，則從認知之觀點來解釋犯罪。此派主要強調犯罪之決意在於獲取快樂、避免痛苦，故犯罪經常是對行動與事件做成本效益分析之結果。

理性抉擇理論可溯至貝加利亞（Cesare Beccaria）與邊沁的功利主義學說。例如：貝加利亞認為人類行為的基本動機是獲取快樂與避免痛苦，人是相當理性的選擇自己的行為；同樣的，邊沁亦認為行為的基本目的為產生利益、快樂與幸福，避免痛苦與不幸。這些學者強調不管是否為犯罪人，大多數人具有一般之通性，亦即對於刺激、誘因與嚇阻的反應經常是相當理性的。

犯罪者之思考型態

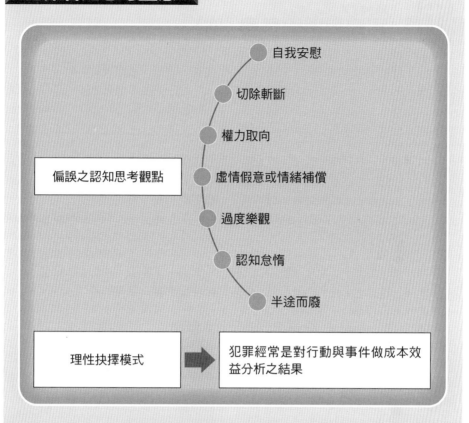

- 自我安慰
- 切除斬斷
- 權力取向
- 虛情假意或情緒補償
- 過度樂觀
- 認知怠惰
- 半途而廢

偏誤之認知思考觀點

理性抉擇模式 ➡ 犯罪經常是對行動與事件做成本效益分析之結果

犯罪思考型態與傾向

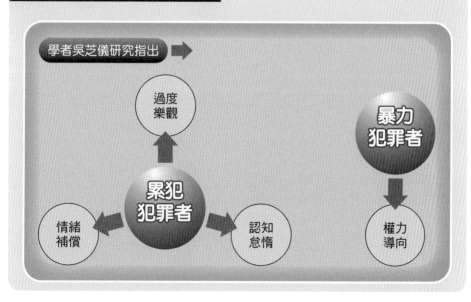

學者吳芝儀研究指出 ➡

過度樂觀

累犯犯罪者

情緒補償

認知怠惰

暴力犯罪者

權力導向

UNIT **4-9**
認知與道德發展（四）

圖解犯罪學

此外，理性抉擇理論亦與經濟學者 Becker 及 Sullivan 所倡導之經濟模式相關。此派學者大體上認為犯罪的決意與一般人對事情的抉擇相近。亦即犯罪經常是對行動（事物）做成本效益分析的結果。事實上，對於這些經濟決定論的學者而言，假如被高度誘發或犯罪機會呈現時，一般人從事非法活動的機率是相當高的。學者 Cornish 及 Clarke 強調理性抉擇理論對於解釋個人犯罪之決意，甚至發展或終止犯罪生涯均具效能。目前其已廣泛的應用至解釋竊盜、順手牽羊、搶劫、濫用藥物等行為，甚至包括放棄犯罪之決意等。

在道德發展（moral development）理論方面，以瑞士心理學者皮亞傑（Piaget）與美國學者寇柏爾（Kohlberg）二位之見解最具代表性。基本上，皮亞傑認為道德判斷的發展是經由無律、他律和自律三個發展階段，循序漸進。無律時期，約在 4-5 歲以前，行為以單純之神經感應為主，以自我為中心；他律時期約在 5-9 歲間，此期兒童係以服從權威避免懲罰為主；自律時期，約在 10 歲以後，小孩對事理之判斷較具獨立、理性，道德判斷更富彈性。因此，倘道德之成長未能循序發展或停留在早期之無律階段，皆可能因而違反社會規範，形成犯罪或偏差行為。

哈佛大學教授寇柏爾（Kohlberg）曾將道德發展理念應用到攻擊行為的解釋上。他認為人類在成長過程中經歷不同的道德發展階段，包括三個層級六個階段，每一層級包括二個階段，依序發展。茲說明如下：

❶ **第一層級：道德成規前期**

①第一階段：避免懲罰與服從：行為取向為遵守（服從）權威，避免遭受懲罰。

②第二階段：功利主義導向：以實利為出發點，追求滿足自己之需求，不在乎別人之感受。

❷ **第二層級：傳統服從期**

③第三階段：人際和諧導向：順從傳統之規範，獲取他人之讚許。

④第四階段：法律與秩序維護：服從社會與宗教權威，遵守法律規定。

❸ **第三層級：自律期**

⑤第五階段：社會契約：承認個人權力及民主化之制定法律過程。

⑥第六階段：普遍性倫理原則導向：道德判斷係基於正義感、尊重與信任，並且超越法律規定。

根據寇柏爾之看法，許多攻擊行為與個人之道德認知能力發展停滯於第一層級密切相關，蓋此項結果將促使個人無法做到自我控制並抗拒誘惑。

皮亞傑的道德發展理論

 無律時
約在 4-5 歲以前,行為以單純之神經感應為主,以自我為中心。

 他律時
約在 5-9 歲間,此期兒童係以服從權威避免懲罰為主。

自律時
約在 10 歲以後,小孩對事理之判斷較具獨立、理性,道德判斷更富彈性。

寇柏爾的道德發展階段

第一層級:道德成規前期	
第一階段:避免懲罰與服從	行為取向為遵守(服從)權威,避免遭受懲罰。
第二階段:功利主義導向	以實利為出發點,追求滿足自己之需求,不在乎別人之感受。
第二層級:傳統服從期	
第三階段:人際和諧導向	順從傳統之規範,獲取他人之讚許。
第四階段:法律與秩序維護	服從社會與宗教權威,遵守法律規定。
第三層級:自律期	
第五階段:社會契約	承認個人權力及民主化之制定法律過程。
第六階段:普遍性倫理原則導向	道德判斷係基於正義感、尊重與信任,並且超越法律規定。

寇柏爾指出		許多攻擊行為與個人之道德認知能力發展停滯於第一層級密切相關。

UNIT **4-10**
犯罪心理學對犯罪防治之貢獻

犯罪心理學研究在晚近發展中已累積豐碩成果，雖曾遭遇犯罪原因詮釋之抨擊及面臨應報主義抬頭及部分曖昧（欠缺公平）矯正實務之衝擊，但並不影響其在犯罪研究中承先啟後之地位，茲扼要敘述其對犯罪防治之貢獻如下：

❶ 深入探索犯罪行為之成因

在犯罪心理學研究中，發現反社會人格、妄想型精神分裂症、低自我控制人格、過度控制、認知扭曲、情緒控制失調、自卑感、挫折感、高自我評價、行為之制約、學習、強化與情境因素等與各類型偏差及犯罪行為密切關聯，有助於揭開犯罪行為之關鍵因素。

❷ 協助犯罪偵查工作

犯罪心理學之原理與技術非常有助於協助犯罪偵查工作。在此領域成效較為卓越者包括以心理學原則觀察嫌疑犯可能說謊與罪疚情緒之心理徵候，進而操縱、引導其自白；運用心理描繪技術，對特定犯罪人進行犯罪心理痕跡檢視、剖析；以多項記錄器（又稱測謊器）對嫌疑犯進行測驗，瞭解其說謊情形；以催眠術解讀潛意識之資料，協助目擊證人、被害人恢復記憶，重建犯罪現場，提供偵查之參考。

❸ 提供法官審判量刑之參考

在國外心理學家常被法庭視為作證專家，其對於分析目擊證人證詞，改進受害者及目擊者回憶力，提升證詞之品質貢獻至鉅。我國精神醫學專家進行之精神鑑定工作，如生理、心理、精神檢查等，對於判定被告責任能力、瞭解被告訴訟能力、鑑定證人證言能力及鑑定被害人精神障礙程度甚具關鍵之影響。

❹ 促成有效犯罪矯正管理與教化工作，協助犯罪人成功復歸社會

無論對犯罪人施予心理測驗或對其在監獄生活適應型態或拒禁心理變化之心理學研究，均有助於提供適切之犯罪矯治作為，並協助犯罪矯正管理與教化工作之進行。此外，犯罪心理學專家在設計、實施與評估矯治處遇方案之效能上亦有顯著貢獻，其有助於犯罪人之改悔向上，成功復歸社會。

❺ 廣泛應用於犯罪預防實務

犯罪心理學研究成果已廣泛應用於犯罪預防實務，例如警察人員運用錄影裝置以監控街角型罪犯之做法，即具心理嚇阻之作用。其他情境犯罪預防措施之引進於校園、工商場所等，致力於控制與管理衍生犯罪之環境與情境，降低犯罪之機會，則對於實際防止犯罪之發生具有實質貢獻。此外，以犯罪人認知扭曲之心理學研究為例，已發展出認知行為療法等處遇技術，以協助偏差與犯罪行為者改變不合乎邏輯與負向之思考，以減少再犯。另從犯罪心理學理性抉擇觀點研究獲致之啟示，對於理性之罪犯，如竊盜常業犯、職業賭場之負責人或職業強盜犯等，必須予以嚴正量刑，並且不輕予假釋，在釋放後更須予以密集觀護監督，始能遏止其再犯。

❻ 有助於適任刑事司法人員之甄選工作

由於合乎常理認知判斷、情緒與保持公正無私的態度，對於刑事司法執法人員甚為重要，因此心理學之研究目前亦擴展至執法人員之甄選上，以協助鑑別出不適任執法人員之精神狀況與人格特質，俾有效率且公正的達成執法之任務。

犯罪心理學研究對犯罪防治之貢獻

深入探索犯罪行為之成因 	在犯罪心理學研究中，發現反社會人格、妄想型精神分裂症、低自我控制人格、過度控制、認知扭曲、情緒控制失調、自卑感、挫折感、高自我評價、行為之制約、學習、強化與情境因素等與各類型偏差與犯罪行為密切關聯。
協助犯罪偵查工作 	在此領域成效較為卓越者，包括以心理學原則觀察嫌疑犯可能說謊與罪疚情緒之心理徵候，進而操縱、引導其自白；運用心理描繪技術，對特定犯罪人進行犯罪心理痕跡檢視、剖析；以多項記錄器（又稱測謊器）對嫌疑犯進行測驗，瞭解其說謊情形；以催眠術解讀潛意識之資料，協助目擊證人、被害人恢復記憶，重建犯罪現場，提供偵查之參考。
提供法官審判量刑之參考 	我國精神醫學專家進行之精神鑑定工作，如生理、心理、精神檢查等，對於判定被告責任能力、瞭解被告訴訟能力、鑑定證人證言能力及鑑定被害人精神障礙程度甚具關鍵之影響。
促成有效犯罪矯正管理與教化工作，協助犯罪人成功復歸社會 	無論對犯罪人施予心理測驗或對其在監獄生活適應型態與拒禁心理變化之心理學研究，均有助於提供適切之犯罪矯治作為，並協助犯罪矯正管理與教化工作之進行。
廣泛應用於犯罪預防實務 	犯罪心理學研究成果已廣泛應用於犯罪預防實務，例如警察人員運用錄影裝置以監控街角型罪犯之做法，即具心理嚇阻之作用。
有助於適任刑事司法人員之甄選工作 	由於合乎常理認知判斷、情緒與保持公正無私的態度，對於刑事司法執法人員甚為重要，因此心理學之研究目前亦擴展至執法人員之甄選上，以協助鑑別出不適任執法人員之精神狀況與人格特質，俾有效率且公正的達成執法之任務。

第 **5** 章
精神疾病與犯罪

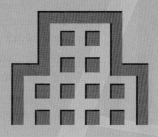

●●●●●●●●●●●●●●●●●●●●●●●●●●● 章節體系架構 ▼

UNIT **5-1**　　思覺失調症與犯罪（一）

UNIT **5-2**　　思覺失調症與犯罪（二）

UNIT **5-3**　　思覺失調症與犯罪（三）

UNIT **5-4**　　情緒異常與犯罪（一）

UNIT **5-5**　　情緒異常與犯罪（二）

UNIT 5-1
思覺失調症與犯罪（一）

思覺失調症（schizophrenia）原稱精神分裂症，係精神病類型中較難理解之一種，其症狀包括：思考、知覺、情感、自我意識與行為等方面之障礙，呈現病態性精神錯亂現象，與現實脫節，並產生幻覺、妄想（如：被害妄想）。由於患者具前述症狀極易衍生犯罪行為，故為當前司法精神醫學探討之熱門課程。

(一) 意涵

思覺失調症係精神病中最複雜與嚴重之一種，最早係由比利時之精神科醫師 Morel 在 1860 年從事診斷時，發現 13 歲之個案呈現情感退卻、道德智力、身體功能萎縮症狀，因而以早期心智頹廢（demence precoce）名詞形容之。其後，德國之精神科醫師 Emile Kraepelin 於 1896 年將許多類似之精神疾病統合，稱之為「早發性癡呆」（dementia praecox），此乃指發病於青春期，逐漸頹廢敗壞（deterioration），最後走向痴呆（dementia）之精神疾病。1911 年瑞士精神科醫師 Eugen Bleuler 提出較為廣泛採用之「精神分裂症」名詞，來描述患者分裂（schizo）之精神（phrenia）狀況，其症狀並不一定早發（10-45 歲均有可能），亦不一定形成痴呆，而呈現人格解組狀態（Carson et al., 1988）。

根據美國精神醫學會於 2013 年 5 月 18 日出版之 DSM-5 對於思覺失調症之定義，思覺失調症之診斷準則包括：

❶ 下列症狀至少有兩個或兩個以上且持續至少一個月（其中第 ① 至 ③ 項症狀至少要有一個）：① 妄想；② 幻覺；③ 解構的語言；④ 異常的心理動作行為（如：僵直）；⑤ 負性症狀（鈍化的情感、無動機、無社會性等）。

❷ 發病期間，工作、人際關係或自我照顧功能明顯低於發病前之水準。

❸ 有病徵的時期至少持續六個月；六個月中至少一個月符合上述症狀；在前驅期或殘餘期可能只表現負性症狀，或至少符合兩種上述第 ① 至 ④ 項的症狀，但呈現形式較輕微。

❹ 思覺失調症之診斷準則中並沒有單一必要存在的症狀。

DSM-5 在思覺失調症部分與 DSM-IV 之差別經整理後可約略分為下列四點：

❶ 沒有亞型。

❷ 對負性症狀的描述更為詳細。

❸ 新增活躍期之診斷準則，「症狀必須至少包含下列三項中的兩項：幻覺、妄想或解構的語言」。

❹ 刪除活躍期之診斷準則，「若幻覺或妄想內容怪異，僅需一個症狀」。

在美國精神醫學會於 2013 年 5 月 18 日出版 DSM-5 後，台灣精神醫學會於 2013 年 12 月出版《DSM-5 中英文精神疾病診斷分類詞彙》，將精神分裂症更名為「思覺失調症」。為促進精神病人權益保障、充權及保護，在台灣精神醫學會與社團法人中華民國康復之友聯盟積極推廣「精神分裂症更換譯名運動」之努力下，衛生福利部於 2014 年 5 月 8 日正式公告將疾病名稱 schizophrenia 之中文譯名由精神分裂症更換為思覺失調症。

思覺失調症之命名歷程

1860 年比利時醫師	1896 年德國醫師	1911 年瑞士醫師
demence precoce（早期心智頹廢）	dementia praecox（早發性痴呆）	schizophrenia（精神分裂症）
有 13 歲的個案呈現情感退卻、道德智力、身體功能萎縮症狀。	指發病於青春期，逐漸頹廢敗壞，最後走向痴呆之精神疾病。	描述患者分裂之精神狀況，其症狀不一定早發，亦不一定形成痴呆，而呈現人格解組狀態。

 台灣精神醫學會於 2013 年 12 月出版「DSM-5 中英文精神疾病診斷分類詞彙」。將精神分裂症更名為「思覺失調症」。衛生福利部於 2014 年 5 月 8 日正式公告將疾病名稱 schizophrenia 之中文譯名由精神分裂症更換為「思覺失調症」。

思覺失調症重要診斷準則

妄想　　幻覺　　解構的語言　　異常的心理動作行為　　負性症狀

這些症狀至少有兩個或兩個以上且持續至少一個月，而前三者至少要有一項。

 知識補充站

瑞士精神科醫師 Bleuler 認為思覺失調症之症狀可區分成「原發性症狀」與「續發性症狀」二大類：

❶ 原發性症狀：①思考聯想障礙，例如：語無倫次、答非所問、其思考有怪異不合邏輯或混亂現象；②情感障礙，例如：冷漠無情、無法感受喜怒哀樂，甚至哭笑無常；③自閉現象，例如：白日夢、脫離現實、與世隔絕而自閉於自己的精神內境之中；④矛盾情感：例如：對人、事、地、物同時存在兩種極端對立或相反的感受與看法（如：愛恨交加、正邪交戰）。

❷ 續發性症狀：①幻覺；②妄想；③錯覺；④關係意念；⑤自我感喪失；⑥拮抗作用；⑦自主性運動；⑧回音症；⑨回音動作；⑩刻板動作；⑪作態症；⑫衝動行為；⑬麻木不仁。

UNIT 5-2
思覺失調症與犯罪（二）

（二）症狀

精神科醫師林文隆綜合文獻及臨床之觀察，認為思覺失調症之主要症狀如下：

❶ **儀表障礙**：如自我照護差、衣服髒亂、服飾怪異、蓬頭垢面、指甲很長且藏有垢物、不洗澡、身體發出異味、不刷牙、個人衛生差、進食不規則或冷暖不知應變等。

❷ **情感障礙**：如情感表現平淡、情感表露缺乏、漠不關心、冷漠無情、表情不恰當、自笑、傻笑、矛盾情感或哭笑無常等。

❸ **動作行為障礙**：如活動量少、僵呆、僵直、作態症、怪異行為、蠟樣蜷曲、退縮、回音動作、獨語症、拮抗動作、攻擊行為、激動不安、破壞行為或自殘行為等。

❹ **知覺障礙**：錯覺與幻覺，即有幻聽、幻視、幻嗅，幻肢、附身症、失真感與自我感喪失。

❺ **思考障礙**：為診斷思覺失調病主要依據，茲分述如下：

①自覺思考障礙：思維被插入、思維被剝奪與抽取、思維被廣播。

②思考方式障礙：自閉思考、聯想鬆弛、語無倫次、答非所問、字句拼盤、思維貧乏、新語症。

③思考內容障礙：即妄想，如：有關係妄想（如：被議、被監視、被跟蹤等）、被控制妄想、被害妄想、誇大妄想、虛無妄想、罪惡妄想、宗教與身體妄想、多情妄想等。

❻ **意志的障礙**：缺乏自我啟發及奮鬥向上的精神、學習不專心、懶惰、生活散漫、沒理想、沒目標，像失去鬥志的痴呆老人。

❼ **與外界之關係**：退縮、離群，不參與社交活動；孤僻、自閉，對周遭漠不關心。

❽ **生活作息不正常**：日夜顛倒，白天無所事事便睡覺，待晚上家人回來要休息時，因其白天已睡飽，故不是找家人的麻煩，就是製造噪音、驚動家人，使家人不勝其擾。

（三）類型

有關思覺失調症之類型，仍援引 DSM-IV 之內容扼要介紹如下：

❶ **僵硬型**：此類型之思覺失調症患者常在極端興奮與萎縮之間更替著。在興奮期中，僵硬型患者會突然間說話或大叫，來回走動，衝動而無節制，甚至變得暴力而具危險性；在萎縮僵呆期，患者能保持僵呆姿勢達數小時或數天之久。儘管如此，此類型思覺失調患者在近年來已甚為少見。

❷ **解組型**：此類型思覺失調症者，又稱青春型思覺失調症。其與其他類型相較，以年輕人發病者居多，主要症狀為人格喪失統整呈現解體現象。患者在情緒上表達怪異，無緣無故大笑，顯現幼稚行為外，且語不連貫，至為愚蠢。此類型目前已不多見。

思覺失調症分類圖

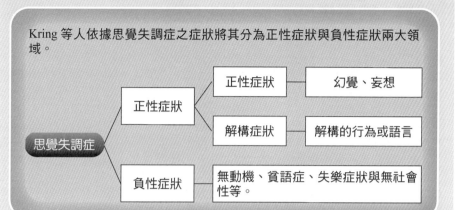

Kring 等人依據思覺失調症之症狀將其分為正性症狀與負性症狀兩大領域。

思覺失調症
- 正性症狀
  - 正性症狀 ── 幻覺、妄想
  - 解構症狀 ── 解構的行為或語言
- 負性症狀 ── 無動機、貧語症、失樂症狀與無社會性等。

思覺失調主要症狀

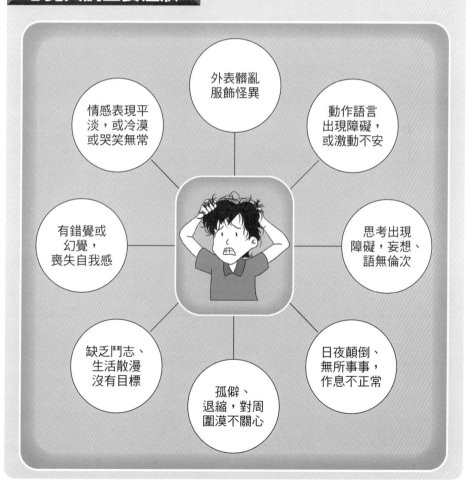

外表髒亂
服飾怪異

情感表現平淡，或冷漠或哭笑無常

動作語言出現障礙，或激動不安

有錯覺或幻覺，喪失自我感

思考出現障礙，妄想、語無倫次

缺乏鬥志、生活散漫沒有目標

日夜顛倒、無所事事，作息不正常

孤僻、退縮，對周圍漠不關心

UNIT **5-3**
思覺失調症與犯罪（三）

❸ **妄想型**：以迫害妄想、誇大妄想或嫉妒妄想為主要症狀，並夾雜著幻聽現象。此類妄想型思覺失調患者在重要之認知判斷上有可能偏誤，而呈現出危險行為。一般而言，其發病期間較晚，多在中年後發生。在各類型思覺失調患者中，其經常出現。林宗義指出台灣地區之思覺失調症患者，亦大多屬於此類。

❹ **未分化型**：此類型思覺失調患者甚為普遍，但卻因其症狀過於混亂而無法搭配上其他任何一型。其主要症狀包括：妄想、幻覺、思考錯亂、古怪行為等。林天德教授在美國南卡州立醫院工作時面對之患者，亦以此類型居多，其症狀多混，未分化而不明顯。

❺ **殘餘型**：此類型思覺失調症患者至少有發病過一次，目前尚還存留一些症狀，並不明顯，但仍有情感流露之減少與聯想鬆弛等症狀，且從社會退隱，有怪癖行為出現。

(四) 思覺失調症與犯罪之關聯

思覺失調症患者觸犯刑事案件之比例並不低，最主要乃因此類患者具有妄想、幻覺，呈現知覺、情感障礙等，而衍生犯罪行為。思覺失調症患者主要犯罪類型，根據張麗卿教授之彙整文獻，包括殺人、縱火、傷害等；但由於其情感麻木、思考遲緩、人格水準及社會適應低，故賣淫和竊盜等案件，甚至成為流浪者或乞丐亦屬多見。但倘依精神分裂之類型而論，妄想型似較容易從事殺人、傷害等行為；僵硬型亦容易從事暴力行為；青春型則以縱火、強姦案件居多。張甘妹教授根據犯罪學之觀點，將思覺失調症者之犯罪行為區分為下列二類型：

❶ **主動的機會性犯罪者**

此類型分裂症之初期，患者的精神內部失去協調而呈分裂症狀。然其感情、意志等活動尚相當活潑，其人格亦未發生顯著之變化，與周圍之人亦尚保有相當之接觸；故在此時期，易為妄想、幻想所驅使，或因突發的衝動而突然犯動機不明之重大犯罪，如殺人、放火等，而犯罪後之態度異常冷靜，此類犯罪往往為機會性或一次性的。不少學者報告分裂症患者在其前驅期，在精神內部感到難以忍受之緊張與不安，受強烈衝動之驅使，而突然無緣無故的殺人，但其行為並不感覺為自己的行為。此類殺人犯往往於行為後三至四月內呈現明顯分裂症狀。

❷ **被動之習慣性犯罪者**

此類型在分裂症之末期，初期時之活潑多彩的症狀消失，感情麻木、意志力減退、失去工作慾、與社會隔絕，呈現精神荒廢狀態而陷入被動的寄生生活。在流浪者、從事賣淫者、犯竊盜及詐欺罪之慣犯中常發現此類病人。

(五) 思覺失調症之處遇

思覺失調症患者之處遇在傳統上多以前額葉切除及注射胰島素之方法處理。但因前者可能產生副作用（變成如同植物般的安靜），而注射胰島素反更適合治療憂鬱症，故已漸捨棄。現代之療法則採兩階段之治療；第一階段著重於生理治療，用來降低患者之幻覺、妄想、過度興奮、攻擊、傷害等症狀，一般係以服用抗精神病劑為之；第二階段之治療則以心理治療為主，並配合持續之藥物治療。心理治療包括：人際關係技能訓練、社會適應技能訓練、藝able治療、活動治療、家庭諮商及代幣行為療法等，以強化患者改善社會行為與問題解決能力為主。但值得注意的是，思覺失調症之預後並不佳，部分患者在出院後數十年仍可能病發，故早期發現並早期治療為防治之首要目標。

思覺失調症可能的犯罪行為

初期階段

妄想	
突發衝動	

驅使犯罪 ➡ 犯下殺人、放火等動機不明的罪行。犯罪後 3～4 個月內呈現明顯分裂症狀。

末期階段

感情麻木	意志力減退	與社會隔絕	被動的寄生生活

罹患上述症狀的病患，較常在流浪者、從事賣淫者、竊盜與詐欺犯（白吃白喝）等慣犯中被發現。

早期發現早期治療

第一階段	➡ 服用抗精神病藥物	➡ 降低妄想、幻覺等症狀
第二階段	➡ 以心理治療為主	➡ 強化患者改善社會行為

 ★思覺失調症之主要成因

思覺失調症之成因至為複雜，茲從生物、心理與社會文化觀點，扼要說明。

❶ 生物因素

①遺傳因素：部分心理學家指出，遺傳在促成思覺失調症之先天傾向或弱點上扮演了重要的角色；②生化因素：有部分學者認為，思覺失調症乃中樞神經體系生物、化學之不平衡所引起；③腦結構變態因素：諸如腦室大而不對稱、腦皮質萎縮或半腦反對稱等，均為思覺失調症患者較常見之腦結構變態特徵。

❷ 心理社會因素

心理壓力環境之產生，亦對於思覺失調症的發展有著催化之影響。例如：充滿拒絕與冷漠的家庭環境、父母與子女溝通之曖昧或混淆、過多壓力承受的補償不全等，均為思覺失調症患者呈現心理困擾之重要因素。然值得注意的是，研究人員迄今仍無法證實何項心理社會因素為促成思覺失調症之原因。最近研究指出，由於生物素質因素長期處於病態生活環境中，個體因此無法發展出適當因應機制，再加上生活壓力不斷增加，個體將更無法因應壓力，而造成罹患思覺失調症之惡化因素。

UNIT 5-4
情緒異常與犯罪（一）

情緒異常通稱「情感性精神疾病」，此類患者以情感障礙為主，其感情或過高昂（躁），或過低落（鬱），亦可能同時伴隨思考、生理與行為方面之變化。由於情緒異常具有前述特性，故亦可能因此衍生犯罪行為，但在實務上其反社會傾向並不濃。

(一) 情緒異常之分類與症狀

根據美國精神醫學會 DSM-5 之界定，情緒異常主要可區分成「兩極型情緒異常」（bipolar disorders）與「單一型情緒異常」（unipolar disorders）兩大類。

❶ 兩極型情緒異常

不論患者是否有過鬱期，只要曾經呈現躁期，則歸於兩極型情緒異常。此類病患會週期地呈現躁期及鬱期。依據DSM-5 之界定，狂躁症患者在臨床上必須帶有明顯的情緒高昂、擴張、易怒的情感，持續至少一星期，且此一情緒異常已嚴重影響社交或工作，甚至已有精神病症狀。同時在情緒發作期間，至少出現下列七項之三個症狀（若只具易怒心情則需至少四項）：

① 誇大的自尊與自大；② 睡眠減少，如：一天 3 小時之睡眠即可；③ 比平時多話或不停說話；④ 思緒飛躍或主觀的感覺思想在奔馳；⑤ 注意力分散，極容易被不重要或不相干之刺激所干擾；⑥ 目標活動增加，包括：社交、工作、學業或性方面；⑦ 參與過多具不良後果之娛樂活動，如：狂買、性濫交或愚昧商業投資。

而依躁期與鬱期之出現情形，兩極型情緒異常可區分為：① 混合型：狂躁與憂鬱症行為交換發生；② 狂躁型：目前呈現狂躁症行為者；③ 憂鬱型：過去有過狂躁症病史，但目前正患憂鬱症者。

至於較輕微而長期（二年以上）循環交替之兩極型情緒異常類型，則屬循環型。

❷ 單一型情緒異常

係指患者偏向憂鬱，而未曾罹患狂躁症者。依據 DSM-5 之界定，主要憂鬱症必須在下列症狀中出現五個以上（① 情緒低落；② 失去興趣或樂趣，此二項症狀至少應有其中之一），並至少持續二週：① 由外觀察覺患者大部分的時間情緒低落，幾乎整天且每天心情憂鬱；② 幾乎整天且每天對日常活動失去興趣或愉悅感；③ 胃口不佳、體重顯著減輕，或食慾增加、體重顯著上升；④ 幾乎每天失眠或睡眠過多；⑤ 幾乎每天心理行動之激昂或遲滯；⑥ 幾乎每天疲倦或無精打采；⑦ 幾乎每天自我感到無價值感或有過度、不適當的罪惡感；⑧ 幾乎每天思考能力及注意力減退或猶豫不決；⑨ 反覆地想死或有自殺意念，企圖自殺或有一自殺計畫。

若依憂鬱症之再發與否，其可區分為下列二類：

① 單發：只發過一次憂鬱症狀，而未有狂躁症狀發生。

② 重發：重發過多次憂鬱症狀。至於輕、中度憂鬱症患者，即長期患有情緒不佳、憂鬱，失卻生活情緒者，大人二年以上，兒童一年以上者，則稱之為「情感障礙症」。

兩極型情緒異常

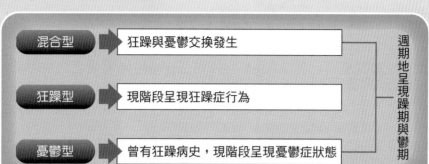

混合型 ➡	狂躁與憂鬱交換發生	
狂躁型 ➡	現階段呈現狂躁症行為	週期地呈現躁期與鬱期
憂鬱型 ➡	曾有狂躁病史，現階段呈現憂鬱症狀態	

單一型情緒異常 —— 偏向憂鬱，未曾罹患狂躁

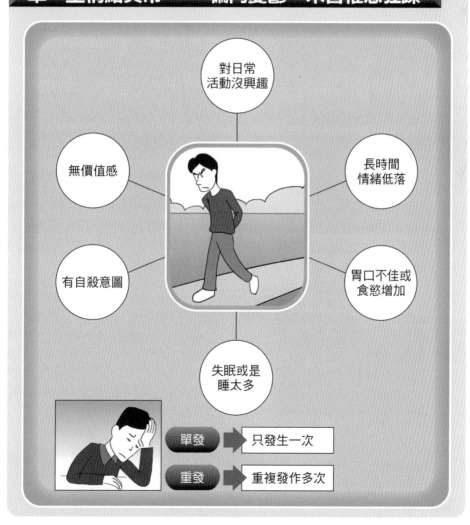

對日常活動沒興趣

無價值感

長時間情緒低落

有自殺意圖

胃口不佳或食慾增加

失眠或是睡太多

單發 ➡	只發生一次
重發 ➡	重複發作多次

UNIT 5-5
情緒異常與犯罪（二）

(二) 情緒異常與犯罪之關聯

情緒異常與犯罪之關聯並不容易確定，犯罪者可能係在狂躁或心情鬱悶之下犯罪，亦可能在犯罪後因罪疚感或遭監禁之結果，而顯得更加的不愉快。故其間之因果關係仍待研究進一步檢驗。茲就目前文獻上之發現，扼要說明情緒異常較可能衍生之犯罪型態。

❶ 狂躁症與犯罪

狂躁症患者中，以財產性犯罪、縱火、傷害為主（這些類型大致平均發展），但很少見及殺人之案例。此類型係由於性慾亢進之結果，故容易與他人發生性關係，形成性濫交現象。

❷ 憂鬱症與犯罪

憂鬱症患者以謀殺、暴行及順手牽羊之案例最常見，在謀殺案件中，以在自殺前殺害自己家庭成員最為常見。學者 West 研究 78 個殺人後自殺之案件，發現這些行凶者在犯罪同時即處於憂鬱狀態。部分憂鬱症患者甚至有「擴大自殺」情形，而患者在極端憂鬱而萌生自殺念頭之同時，可能出於憐惜動機而將自己子女殺死，產生「利他性殺人」或「慈悲性殺人」。

憂鬱症患者另外常犯的犯罪類型，以順手牽羊居多。此或與其情緒處於抑鬱、道德破壞、不穩定之狀況有關。

❸ 狂鬱症與犯罪

在罹患思覺失調並兼具狂躁與憂鬱之循環性情緒異常症狀中，學者另指出極易有縱火案件之發生。綜合文獻，在憂鬱期間所觸犯之犯罪較躁期及狂躁混合期為多，且較趨於暴力。但應注意的是，情緒異常與犯罪證據顯示並無必然之直接關係，許多衍生之犯罪反與患者之人際關係、社會病理現象密切相關。

(三) 情緒異常患者之處遇

情緒異常之處遇，一般以心理輔導與生物上之治療為主。其主要係以患者之病情而定，輕微者以心理輔導即可，嚴重者始接受藥物或電療等生物上之治療並輔以心理輔導。茲分述如下：

❶ 心理輔導

就情緒異常患者而言，心理輔導技術之援用以認知行為療法、人際關係療法及行為療法較具成效。其主要之目標為矯正患者認知上之錯誤，提高自尊、自重，改進人際關係與社交技術，強化社會適應能力，減少可能之情緒異常現象。

❷ 生物療法

倘患者罹患較嚴重之情緒異常，則可藉由三環抗鬱劑和單胺酶抑制劑（簡稱 MAO）等抗憂鬱症藥物減輕症狀。倘抗鬱劑欠缺效用，必要時可採用電痙攣療法（簡稱 ECT），降低嚴重憂鬱症狀。至於狂躁症患者，傳統係以鋰劑治療，以減輕兩極型情緒異常患者之症狀。值得注意的是，這些生物療法之援用應至為慎重，以免產生副作用。

目前對於患有憂鬱症之犯罪人仍認識不足，後續治療與相關教化議題未獲充分重視。隨著現代人生活壓力逐漸升高，精神疾病患者數量激增，如何在調查分類、教化與醫療等方面協助患者減緩精神疾病之影響，避免精神異常受刑人日後再犯，成為學者專家與社會大眾必須加以省思的議題。

情緒異常可能衍生之犯罪型態

情緒症狀	容易犯下的罪行	備註
狂躁症	縱火、傷害、性濫交	少見殺人之案例。
憂鬱症	謀殺、暴行、偷竊	部分極端憂鬱症患者在產生自殺念頭的同時，可能出於憐惜動機將子女殺死。
狂鬱症	縱火、暴力	
※ 情緒異常與犯罪證據顯示並無必然之直接關係。許多衍生之犯罪反而與患者之人際關係、社會病理現象密切相關。		

情緒異常之治療方式

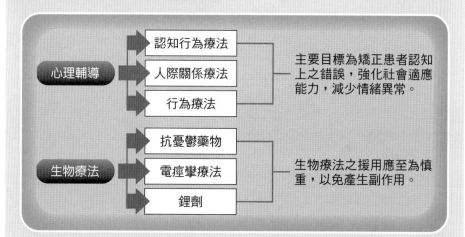

心理輔導
- 認知行為療法
- 人際關係療法
- 行為療法

主要目標為矯正患者認知上之錯誤，強化社會適應能力，減少情緒異常。

生物療法
- 抗憂鬱藥物
- 電痙攣療法
- 鋰劑

生物療法之援用應至為慎重，以免產生副作用。

★情緒異常之可能成因

❶ 遺傳因素。

❷ 腦神經接受點呈現過少或過多之腎上腺素或大腦前額葉皮質之葡萄糖代謝比率。

❸ 憂鬱症患者在腦波之移動速率上呈現高度之 Beta 波，以及季節性患者（如：秋冬較憂鬱、春夏狂躁）之視網膜感光度低。此外，可體松（cortisol）之賀爾蒙分泌亦與情緒異常發展有關。

❹ 承擔過多壓力。

❺ 人格特質。例如：狂躁症患者先前之人格特質，傾向於凡事墨守成規且以成就為導向。憂鬱症之人格特質，則傾向於自我貶抑，帶有壓抑性之敵意。

❻ 可能在早期生活經驗中，遭遇無法逃避或控制之悲劇，致使抱持無助或絕望感。

第 **6** 章
犯罪社會學理論

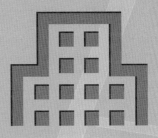

●●●●●●●●●●●●●●●●●●●●●● 章節體系架構

UNIT 6-1　　社會結構學派（一）

UNIT 6-2　　社會結構學派（二）

UNIT 6-3　　社會結構學派（三）

UNIT 6-4　　社會結構學派（四）

UNIT 6-5　　社會過程學派（一）

UNIT 6-6　　社會過程學派（二）

UNIT 6-7　　社會衝突學派（一）

UNIT 6-8　　社會衝突學派（二）

UNIT 6-9　　社會衝突學派（三）

UNIT 6-10　標籤理論

UNIT 6-11　犯罪被害理論

UNIT 6-1
社會結構學派（一）

圖解犯罪學

犯罪社會學理論強調社會原因之解釋與探究，分成三大學派：社會結構學派、社會過程學派及社會衝突學派。其中，社會結構學派及社會過程學派主要探討犯罪行為形成之影響因素，尤其著重研究社會機構與社會過程對於犯罪及偏差行為之影響，並探討行為人的社會地位與犯罪行為之相同性。而社會衝突學派的探討重心著重於發現社會的不平等、討論政府在犯罪形成中所扮演的角色，以及不同的權力及利益團體對刑事立法與執法的影響等。

儘管白領犯罪時有發生，但整體而言，貧困和雜亂無章的下階層社區中，有著更加嚴重的犯罪問題。下階層社區居民暴露在中上階級所無須面對的危機中，如貧窮、絕望、不安全、不穩定及缺乏資源等，他們面臨高失業率、低教育程度和更嚴重的健康問題。社會結構學派認為，這些經濟及社會力量與犯罪息息相關，且是決定犯罪模式的關鍵，此學派包含文化偏差理論、無規範理論及緊張理論等。

(一) 文化偏差理論

此理論的解釋重心在於下階層者的犯罪行為，認為下階層居民之所以產生偏差或犯罪行為，乃因其遵循下階層社會地帶獨特的價值體系與規範，而他們獨特的價值體系與規範卻與大社會中產階級之價值體系與規範相牴觸。下階層居民不但不排斥偏差或犯罪行為，反而持肯定態度，並將此價值體系傳遞至下一代，使得生活在該區域的居民很少不受影響而有犯罪的傾向。文化偏差理論主要包含芝加哥學派之同心圓地帶理論、雪林之文化衝突理論及米勒的下階層文化衝突理論，以下分述之。

❶ 芝加哥學派

1920 年代早期，芝加哥正經歷人口快速擴張的時期，新移民進入芝加哥市，聚集在市中心附近房屋老舊的地區，並面臨健康及環境造成的傷害，一批學者將當地特殊的生活與高犯罪率進行連結，由環境學（生態學）觀點來分析犯罪，關注人與社區環境之關聯，對之後的犯罪學研究有著重大影響，因此被稱為「芝加哥學派」。

① 同心圓地帶理論

由波格斯（Burgess）所提出，將芝加哥市想像為圓形，並由內而外分為中心商業區、過渡區、工人住宅區、中上級住宅區、郊區及通勤區等五個同心圓區域。其中，過渡區聚集新近外來移民區、貧民住宅區、租屋地區及非裔美國人居住地區，人口過於擁擠、人口流動率及異質性高、鄰里關係不佳、缺乏建設性機構促進福利，也無法凝聚共同的倫理道德規範，使社會控制成效不彰，從而引起較高的犯罪率。

② 蕭氏與馬凱的研究

蕭氏與馬凱延續波格斯的研究，進一步發現，某一地區之犯罪率是與城中心及工業中心之距離愈遠而愈減少。他們根據研究結果，進一步倡導「芝加哥區域計畫」（Chicago Area Project），結合市區的各項資源，鼓勵民眾參與，以幫助居民關心社區福利、瞭解社區問題，及企圖以共同行動解決他們的問題，而成為根據犯罪學理論轉化為實際犯罪預防行動的典型。

犯罪社會學理論的三大學派

犯罪社會學理論		強調社會原因之解釋與探究,可分成三大學派

社會結構學派	主要探討犯罪行為形成之影響因素,尤其著重研究社會機構與社會過程對於犯罪及偏差行為之影響,並探討行為人的社會地位與犯罪行為之相同性。	文化偏差理論、無規範理論、緊張理論
社會過程學派		社會學習理論、疏離理論、控制理論
社會衝突學派	著重於發現社會的不平等、討論政府在犯罪形成中所扮演的角色,以及不同的權力及利益團體對刑事立法與執法的影響等。	馬克思及恩格斯之理論、多元化衝突理論、激進派衝突理論

波格斯的同心圓地帶理論

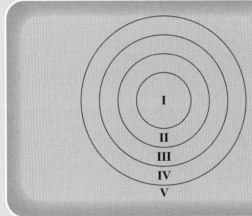

I:中心商業區
II:過渡區
III:工人住宅區
IV:中上級住宅區
V:郊區及通勤區

蕭氏與馬凱的研究結論

❶ 某些地區的少年犯特別多,而形成少年犯罪地帶。

❷ 少年犯集中於靠近市區之低房租地區,然後愈離市區愈少。

❸ 小孩逃學率高的地區,少年犯較多。

❹ 自然環境對人類行為之影響非常大,同一地區即便經過數十年,人口組成已產生很大變化,少年犯罪率仍居高不下。

❺ 各個族群均有此趨向,即市中心的少年犯罪行為發生率較高,愈往郊區則愈低。

UNIT 6-2
社會結構學派（二）

❷ **文化衝突理論**

此理論為學者雪林（Sellin）所提出的著名理論，雪林認為犯罪的形成是與文化的內部衝突、傳統社會關係的解體、有問題的社會結構及一般價值觀念的改變等等有關，文化的差距亦會促成犯罪的發生。尤其，不同社會中的團體各自依循著不同的文化規範，並持有不同的價值體系，當不同的團體相互接觸時，便可能因文化差距造成許多衝突，從而促成或導致偏差及犯罪行為的發生。雪林進一步提出，文化衝突可分為：① 移民的文化衝突；與 ② 工商業社會的文化衝突兩種型態來說明犯罪的形成。

無論何種類型，雪林均強調不同文化間價值衝突對個體適應及偏差行為的重大影響，且這些適應困難者也可能產生不適當的態度或管教方式，而影響到下一代，使他們從事更多偏差行為。

❸ **下階層文化衝突理論**

此理論由人類學家米勒（Miller）提出，認為下階層文化本身即含有犯罪之要素，犯罪行為是下階層文化價值觀的具體表現，這種價值觀會在下階層社會中代代相傳。

下階層文化社會內的少年，在合法的社會秩序中，很少有機會獲得成功，因而只在自己的下階層文化追求個人的地位與滿足。米勒認為下階層文化有以下六種「主要關懷」的價值觀，這些價值觀並非為反抗中上層階級價值體系（法律）而生，而是逐漸發展出來適應下階層社會的特殊生活。但受這些價值觀影響的行為，卻會被中上層階級認定為偏差或犯罪行為，可分為以下六種：① 惹事生非；② 強硬；③ 小詭詐；④ 尋求興奮、刺激；⑤ 宿命論；⑥ 自治。

（二）無規範理論

由社會學家涂爾幹（Durkheim）所提出，主要探討社會規範與人性的特質，以及兩者間的互動如何促成偏差或犯罪行為的發生。

涂爾幹認為人的本質是自我中心而貪得無厭的，但人是社會的動物，其行為受集體社會意識所支配。因此，唯有集體的社會意識存在，才能控制個人的自我主義。而集體社會意識的形成，則與社會規範密切相關，在明確社會規範的指引下，個人行為能夠有所依循，使社會維持穩定、團結的狀態；反之，缺乏明確規範引導及約束的社會，人們會貪得無厭、一直追求無法滿足的目標，則會產生「無規範」（anomie，又譯失範、亂迷）的情況。

「無規範」可能發生在社會快速變遷或面臨飢荒、戰爭等危機時，在此情況下，社會無法提供明確的規範作為指引及約束，若個人的自我主義持續擴張、缺乏良好的自我控制，便可能因此產生犯罪或偏差行為及其他社會問題（如：自殺）。亦即，犯罪行為乃是缺乏明確規範的社會（無規範）與追求自我滿足的個人（低自我控制）交互作用之結果。

雪林的文化衝突理論

移民的文化衝突	此類型的文化衝突指移居他國移民的適應歷程。他們在原國家已形成根深蒂固的價值體系，在移居至新國家時，新的價值體系與原有體系產生衝突，從而導致適應困難，而他們所養育的第二代移民面臨的適應困難則更加嚴重，故導致更高的犯罪率及更多偏差行為。
工商業社會的文化衝突	此類型的文化衝突體現在自農村社會移居至工商業社會的民眾，由於農村社會及工商業社會之文化規範及價值體系差異，使移居者面臨適應困難的挑戰，可能進一步導致犯罪及偏差行為。

米勒的下階層文化衝突理論

惹事生非 （Trouble）	下階層少年經常惹事生非，並試圖避免麻煩，例如打架或酗酒，而下階層社會亦常以該特質衡量其地位。
強硬 （Toughness）	下階層少年以身體強壯及精神強硬獲得認同，如不能符合這些特質，則會被視為軟弱。
小詭詐 （Smartness）	下階層少年被鼓勵以耍小聰明等方式取得利益，如欺詐和賭博，並獲得社會的崇拜與讚賞。
尋求興奮、刺激 （Excitement）	下階層少年熱衷於追求刺激和興奮，以使生活避免枯燥。他們可能透過賭博、酗酒、飆車、打架、滿足性慾等方式追求享樂。
宿命論 （Fate）	下階層少年認為他們的命運是上天注定的，無論他們怎麼努力都無法改變，好運不會降臨在他們身上，因而更可能產生無力感及宿命論，也較容易發生偏差行為。
自治 （Autonomy）	下階層少年喜好自由和自主，並拒絕受制於權威，他們經常與外在環境起衝突，並對權威及權威機構表現出輕蔑的態度。

涂爾幹的無規範理論

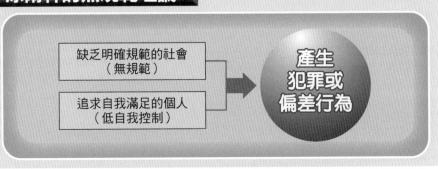

圖解犯罪學

然而，涂爾幹同時也指出，犯罪乃是所有社會必然發生的正常行為，由於個體之間存在差異性，而有些人必須以犯罪的手法滿足需求，故犯罪不可能被完全消滅。且涂爾幹認為犯罪對社會而言，具有以下四種功能：

❶ **決定並劃分道德的邊界**：藉由懲罰犯罪人，社會告訴民眾道德的界線為何，並且讓民眾清楚知道何者為正確、何者可做，而何者為錯誤、何者不可做。

❷ **強化團體凝聚力**：因為違法者會破壞社會的安定及守法者的利益或安全，因此守法者會團結起來，一起對抗破壞社會安定及威脅其安全的違法者。

❸ **提供社會革新的原動力**：犯罪有時會協助社會檢視或修正老舊或不合時宜的法律規範，進而促進社會的革新與進步。

❹ **降低社會內部的緊張**：藉由將社會問題投射（轉移）到一些犯罪團體上，犯罪有時可以扮演緩解社會壓力與緊張的角色。

（三）緊張理論

緊張理論認為無論社會階級如何，所有人均渴望達到中上階級的目標，但下階層者缺乏合法成功的管道，無法獲得合法的社會地位與財物上的成就，因而產生挫折與憤怒的緊張動機與壓力，從而特別容易導致犯罪或偏差行為之發生。緊張理論包含墨爾頓提出之無規範理論、柯恩之次級文化理論、克拉渥與奧林之機會理論，以及安格紐之一般化緊張理論。

❶ 無規範理論

由墨爾頓（Merton）所提出之無規範理論，將涂爾幹之無規範理論發揚光大，並強調社會結構過程是所有社會問題之根源。他認為每個社會和文化均存在文化結構和社會結構：文化結構又稱為文化目標、社會目的，係指無論階級，人人都想要追求之目的、意圖、利益（如：財富）；社會結構又稱為文化手段、社會認可之手段，則指那些能達到目的且為社會所接受之規範手段。

墨爾頓將社會結構過程視為所有問題的根源，犯罪之發生肇因於文化結構及社會結構間產生衝突；下階層者缺乏中上階層的資源和管道，無法以合法手段達成社會普遍認可的目標，因而產生挫折及緊張。此時，社會若缺乏強力的行為規範，部分個體便會拒絕服從該規範之權威，進而採取非法手段作為適應及宣洩，即發生犯罪或偏差行為。

依據接受或拒絕文化目標及文化手段，可分為以下五種適應型態：

① 守法者：社會上大多數人屬之，他們的文化結構及規範手段均為社會所接受，成為社會穩定的主流力量。

② 標新者：接受社會的文化結構（目的），但卻否定或不能以社會接受的方法達到這個目標，此即為一般所謂的犯罪行為者（例如：想要買車，卻偷錢來買）。

③ 精通儀式者：放棄或降低文化結構（目的）的重要性，但卻固守社會認可的手段（社會陽奉陰違的偽善者）。當社會規範瓦解，這種人很容易陷入偏差行為。

④ 逃避者：否定社會的文化結構及規範手段，而隱世遁居（如：街友、乞丐、酗酒者、藥物濫用者）。墨爾頓認為這些人無法以合法及非法的手段達到社會認可的目標，是「雙重失敗者」（double failures）。

⑤ 叛逆者：企圖推翻原有的文化結構及規範手段，而以新的文化結構及手段取代之。叛逆者想要藉由推動現有社會結構的激烈改變，並追求新的生活方式、目標及價值體系（如：黑人獨立運動）。

其中，所謂的犯罪行為主要包括標新者、逃避者及叛逆者等三類。

犯罪行為對社會之功能

決定並劃分道德的邊界		提供社會革新的原動力
	涂爾幹認為，犯罪對社會而言具有4種功能	
強化團體凝聚力		降低社會內部的緊張

緊張理論

提出者	理論名稱
墨爾頓	無規範理論
柯恩	次級文化理論
克拉渥與奧林	機會理論
安格紐	一般化緊張理論

莫爾頓的五種適應型態

適應型態	文化結構（目的）	社會認可之手段（方法）
守法者（Conformity）	接受 (+)	接受 (+)
標新者（Innovation）	接受 (+)	拒絕 (−)
精通儀式者（Ritualism）	拒絕 (−)	接受 (+)
逃避者（Retreatism）	拒絕 (−)	拒絕 (−)
叛逆者（Rebellion）	接受／拒絕	接受／拒絕
※ 所謂的犯罪行為主要包括：標新者、逃避者及叛逆者。		

UNIT **6-4** 社會結構學派（四）

❷ 次級文化理論

美國社會學家柯恩（Cohen）結合蘇哲蘭的不同接觸理論與墨爾頓的無規範理論的論點，提出次級文化理論。柯恩指出，無法以合法手段達成社會認可目標的下階層少年，將會面臨一種因文化衝突所產生的「身分挫折」與適應困難，具有相同挫折感的青少年聚集在一起，形成且認同一套他們能接受的價值體系，而逐漸形成與社會大文向相反的犯罪次級文化，以解決共同面臨的問題。

尤其，柯恩指出下階層青少年達不到中產階級要求的標準，內心產生衝突與挫折，受挫的少年會採用：① 街角小孩的角色；② 進取小孩的角色；及 ③ 偏差小孩的角色等三種方式來解決。柯恩進一步指出，少年犯罪次級文化具有以下特徵：非功利性（青少年犯罪本身不是一種手段，而是目的）、邪惡性（青少年犯罪主要在享受他人的痛苦和違反禁忌的快樂）、負面性（次級文化的價值觀與大環境相反，在次級文化中的少年並不知道何謂犯罪）、多樣性（青少年犯罪行為不具專業性，從事多種犯罪行為）、即時享樂主義（青少年犯罪者不計畫、對長遠目標沒興趣）及團體自主性（不能忍受外來的壓力和限制）等。

❸ 機會理論

克拉渥與奧林將蘇哲蘭的不同接觸理論與墨爾頓的無規範理論進行整合，從而提出機會理論。克拉渥與奧林認為並非每一個下階層區域均能提供相同參與犯罪的機會；根據參與犯罪的機會不同，他們將青少年犯罪及其次級文化分為：① 犯罪集團；② 衝突集團；及 ③ 逃避集團等三種型態。

❹ 一般化緊張理論

由於前述理論過分強調下階層犯罪行為，忽視中上階層亦有犯罪發生，故社會學家安格紐（Agnew）於 1992 年發表一般化緊張理論。與前述的各緊張理論著重在解釋「鉅觀」層次的犯罪現象不同，該理論則著重在解釋微觀層次（個人層次）的犯罪與偏差行為問題。

該理論並未將重心聚焦在下階層的犯罪問題上，而是試圖解釋為何社會上各階層的人經歷壓力與緊張後會犯罪的原因。安格紐提出的核心觀點為「負面情緒狀態」，係指當個人面對負面或是具有破壞性之人際關係時，產生憤怒、挫折、感覺不公平之情緒，進而影響個人犯罪的可能性。亦即，安格紐認為壓力刺激會引發負面情緒，而負面情緒會進而導致偏差或犯罪等反社會行為。

安格紐指出負面情緒狀態的來源可分為四種：① 未達正向價值之目的：即傳統緊張理論所指，因文化目標及社會結構間之衝突而產生的壓力；② 期望與成就之差距：指個人感到自己在各方面都不如人，或認為自己遭受不公平對待時產生之壓力；③ 正向價值刺激之移除：如重要他人的死亡或消失（如失戀、搬家、親人過世等）、失業、父母離異等，對於個人正向價值刺激的移除所造成之壓力；④ 負面刺激之出現：個人經歷負面事件（如家暴、霸凌、犯罪被害等）所造成之壓力。

上述緊張刺激之間可能彼此獨立，但也可能彼此影響而產生更大的壓力。安格紐認為，當個人經歷的緊張愈多、強度愈強時，愈可能從事犯罪或偏差行為。

柯恩的次級文化理論

柯恩指出，下階層青少年達不到中產階級要求的標準，內心產生衝突與挫折時，他們會採用下列三種方式來解決

街角小孩角色	最普遍的解決方式，大多只從事偏差行為、而非嚴重的犯罪行為。他們放棄追求社會普遍認可的目標，在求學期間可能逃學、賭博或與同儕從事幫團體活動，最後獲得一份勞力工作，成為社會上穩定的一份子。
進取小孩角色	他們不責備中產階級的價值觀念，卻加倍努力而不肯放棄，儘管在各方面條件均不如中上階層，但由於他們的毅力和努力，最終通常能夠成功。
偏差小孩角色	他們無法達到社會認可的目標，便轉而對中產階級價值觀採取對立的態度，他們可能採取敵對和嘲諷的心理作為一種適應方式，並與其他有相似心境的少年共同組成犯罪次級文化，進而產生偏差行為。

第 6 章 犯罪社會學理論

克拉渥與奧林的三種青少年犯罪型態

犯罪集團（Criminal Gangs）	衝突集團（Conflict Gangs）	逃避集團（Retreatist Gangs）
是以犯罪手段實現其慾望及目標，如少年竊盜集團。這類型的犯罪集團發生在年長犯罪者及年輕犯罪者有緊密聯繫的區域，青少年向年長職業犯罪者學習犯罪的知識與技巧，同時也受次級文化所約束，使其不致過度從事暴力行為。青少年在該次級文化中獲得另一種成功的機會，透過向年長者學習，他們將成為職業犯罪者（如職業竊盜）。	是喜好械鬥滋事生非的暴力幫派。這類型的次級文化發生在無法提供合法與非法成功機會的區域，成員主要從事暴力活動，並透過武力鬥爭獲取尊重，由於缺乏成功的年長犯罪者引導，該次級文化的青少年大多是無組織且毫無保障的，也無法成為職業犯罪者。	此種集團的少年是屬於「迷失」之型態，該次級文化的成員大多是無法以合法手段及非法手段獲取成功的「雙重失敗者」。為解除其憂鬱及逃避現實的競爭，這類型的次級文化拒絕與正常社會交往，他們大多沉迷於酒精、性或毒品等，為了維持這種生活，經常從事拉皮條、販賣毒品和其他非暴力犯罪等逃避退卻，並暫時獲得享樂的目的。

安格紐的一般化緊張理論

壓力的來源	負面情緒狀態	反社會行為
❶ 未達正向價值的目的 ❷ 期望與成就之差距 ❸ 正向價值刺激之移除 ❹ 負向刺激之出現	憤怒、挫折、失望、憂鬱、恐懼、焦慮	藥物濫用 偏差犯罪行為 暴力行為

UNIT **6-5**
社會過程學派（一）

社會過程學派以微觀（個人層面）關注個體社會化的過程，分析社會化、社會過程與犯罪三者間的關係，並探討個人如何在社會化過程中成為犯罪者；包含社會學習理論、疏離理論及控制理論等三個分支。

(一) 社會學習理論

社會學習理論認為，犯罪的形成是由於與犯罪人接觸，並學習其規範與價值之結果；社會學習理論主要包含蘇哲蘭之不同接觸理論、艾克斯之不同增強理論及瑪特札與西克斯之中立化理論。

❶ 不同接觸理論

不同接觸理論（又稱差別接觸理論）由美國犯罪學家蘇哲蘭於 1939 年提出，認為犯罪是文化衝突、社會解組及接觸犯罪者並學習而成的結果。社會衝突、社會競爭、社會流動等，會造成社會解組；社會解組亦會造成文化衝突，社會中的不同群體對犯罪有不同的定義，個體處在一個對犯罪有不同定義的社會中，視個體接觸的團體不同，學習到的社會價值也有所不同，而產生不同的行為型態。

該理論於 1947 年修正後，主要包含以下九點內涵：① 犯罪行為是學習而來的；② 犯罪行為是在與他人「互動」的過程中學習而來的。若無他人協助，犯罪不可能發生；③ 犯罪行為主要是與親密團體（如家人、朋友及同儕團體）的互動生活過程中，學習而來的；④ 犯罪行為的學習內容包含：（或複雜或簡單的）犯罪技巧、犯罪的動機、合理化態度及技術等；⑤ 犯罪之動機或驅力，是從犯罪的法律定義去考慮犯罪對其有利或不利；⑥ 當個人接觸到「有利於犯罪的定義」多過「不利於犯罪的定義」時，便傾向於犯罪。主要是長久與犯罪團體接觸學習之結果；⑦ 不同接觸之學習，受其接觸頻率、接觸時間的長短、優先順序及強度等而有所差異；⑧ 犯罪行為的學習與其他行為相同，不只涉及模仿，還有接觸之關係。犯罪行為學習的過程，主要是看他們與犯罪團體或反對犯罪團體接觸所發生的結果。若經常與犯罪團體接觸，而與反對犯罪團體隔離，則易陷於犯罪；⑨ 不能用一般價值與需要（如金錢）來解釋犯罪行為，因為非犯罪行為亦是為了滿足這些價值與需要。

❷ 不同增強理論

艾克斯於 1977 年提出不同增強理論（又稱差別增強理論）。該理論引述「操作制約」的觀點，認為人們學習社會行為會受其結果所影響。行為會受到不同刺激的控制，從而增強或削弱；亦即，行為因受到獎賞或避免懲罰而受到增強，卻因受到懲罰及喪失獎賞而削弱。偏差行為的開始及持續，則視該行為受到獎賞及懲罰程度而定，以及其他可能的替代性行為受到獎賞及懲罰程度而定。舉例而言，若犯罪行為所受到的獎賞高於守法行為所獲得的獎賞，則犯罪行為將受到增強，從而鼓勵個人再次從事犯罪行為；另一方面，若犯罪行為受到的懲罰高於不犯罪所受到的懲罰，則犯罪行為將受到削弱，從而阻止個人再次從事犯罪行為。

❸ 中立化理論

瑪特札及西克斯提出之中立化理論，認為犯罪青少年仍保有中產階級普遍認可的傳統價值觀及態度，但他們習得了一些獨特的合理化技巧，使他們能暫時脫離傳統價值觀念之束縛，得以在非法行為與傳統價值觀之間取得心理舒適的空間。

社會過程學派及其分支

```
                    ┌─────────────────────────────┐
                 ┌─▶│ 蘇哲蘭之不同接觸理論          │
                 │  └─────────────────────────────┘
  ┌───────────┐  │  ┌─────────────────────────────┐
  │ 社會學習理論│─┼─▶│ 艾克斯之不同增強理論          │
  └───────────┘  │  └─────────────────────────────┘
                 │  ┌─────────────────────────────┐
                 └─▶│ 瑪特札及西克斯之中立化理論    │
                    └─────────────────────────────┘
  ┌───────────┐
  │ 社會疏離理論│
  └───────────┘
  ┌───────────┐
  │ 社會關懷理論│
  └───────────┘      ┌─────────────────────────────┐
  ┌───────────┐   ┌─▶│ 赫胥之社會控制理論            │
  │ 控制理論   │──┤  └─────────────────────────────┘
  └───────────┘   │  ┌─────────────────────────────┐
                  └─▶│ 雷克利斯之抑制理論            │
                     └─────────────────────────────┘
```

瑪特札及西克斯的五大中立化技術

瑪特札及西克斯認為少年犯對其偏差行為合理化，所使用的中立化技術有以下五種型態：

責任之否定	少年否認自己應對其行為負責，並認為自己之所以犯罪，完全是受外在環境的影響（如父母管教方式不當、家庭不溫暖等），並認為自己是當前社會環境的受害者。
損害之否定	少年否認自己的行為造成損害，亦即不認為自己的行為所造成的損害是損害，例如聲稱自己只是「借用」車輛，並未將之占為己有，故不算偷竊。
被害者之否認	少年認為其行為是對被害者正確的報復和懲罰，例如聲稱自己竊盜是為了教訓不誠實的店家。
對非難者之非難	少年不檢討、反省自己的行為，反而責備那些懲罰或教訓他們的人，例如指責警察是偽善者、是貪腐的集合體等。
高度效忠其團體	少年認為其犯罪行為是為了效忠團體、遵守幫會規範而為之，因而犧牲普通社會規範化法律規定，他們的行為是更高情操的表現。

不同增強理論

```
  ┌───────────┐     獎賞    獎賞    懲罰
  │ 偏差行為   │     （大）         （小）
  └───────────┘      │     │      │
  ┌───────────┐     獎賞    懲罰    懲罰
  │ 可替代行為 │     （小）         （大）
  │（守法行為）│
  └───────────┘

        ──────────▶ 偏差行為受到強化
```

UNIT **6-6**
社會過程學派（二）

(二) 社會疏離理論

社會疏離理論為美國犯罪學家傑佛利於其著作中提出，其指出若一個地區缺乏社會互動、人際關係疏離且缺乏社會規範，則該地區的犯罪發生率也較高；另一方面，一般犯罪人之所以犯罪，也大多由於其缺乏良好人際關係，未能與他人發展出穩定親密的友誼所致。傑佛利將社會疏離分為以下三種型態：

❶ 個人疏離：指個人與他人疏離、隔閡，缺乏良好人際關係，且無法接受社會價值規範。

❷ 團體疏離：指某些成員所處的團體與社會疏離，導致有文化偏差與適應困難等現象及行為。

❸ 法律疏離：指特定階級或群體的成員在法律上受到不同的待遇，甚至不公平的待遇，從而使該階級或群體對法律規範及價值體系疏離，而易發生偏差行為。

(三) 社會關懷理論

許多的犯罪理論和犯罪控制政策都基於人們是自利的假設或人性中性（空白）之立場。但最近學者 Agnew（2014）指出在多個工作領域中人們既自利又關心社會。社會關懷（social concern）涉及基於生物學的傾向，這些傾向有時會導致人們更多地考慮他人而不是自己的利益。Agnew 在美國犯罪學年會中，提出社會關懷理論（Social Concern Theory, SCT）。此理論之核心要素包括：❶ 關心他人福祉（care for others）；❷ 渴望與他人建立密切聯繫和合作（desires for close ties）；❸ 遵循某些道德直覺（moral intuitions）；❹ 順應他人的行為和社會規範（conformity to others），以及制裁違法行為。

Agnew（2014）認為，社會關懷度較低的人更有可能從事不同類型的違法行為，原因是：❶ 低水平的同理心和同情心；❷ 低個人道德標準；❸ 低水平渴望與他人建立情感和社會聯繫；以及❹ 對他人和社會的順從性較低。

換句話說，低水平的社會關懷會降低人類心理上的利他傾向（蔡德輝、楊士隆，2023）。

(四) 控制理論

控制理論認為凡是人即有犯罪的動機，因而犯罪的理由是無須解釋的，「為何人選擇不犯罪」或「為何人們會選擇守法」，才是值得探討的議題。控制理論主要包含赫胥之社會控制理論及雷克利斯之抑制理論。

❶ 社會控制理論

社會控制理論又稱社會鍵理論，由美國犯罪學家赫胥（Hirschi）於 1969 年所提出，是犯罪學最具影響力的理論之一。赫胥認為人是非道德而自私的動物，具犯罪的自然傾向；認為人之所以不犯罪，乃因受許多外在影響力控制，如家庭、學校、同儕團體及宗教信仰等，赫胥將這些外在影響力統稱為「社會控制」或「社會鍵」。

❷ 抑制理論

抑制理論為學者雷克利斯（Reckless）提出之理論，注重探討「哪些個人特質能使人拒絕犯罪」？

抑制理論將抑制力分為內在及外在兩種：

① 內在抑制力包含自我控制、良好的自我概念、良好的超我、對挫折的高忍受度和高度社會責任感等，在社會化的過程中形成，將使一個人隔絕於影響其犯罪之外在拉力（如：不良同儕）及外在壓力（如：貧窮、失業）等因素。

② 外在抑制力則包含健全的家庭生活、有正當娛樂活動之社區、明確的社會規範和社會角色及結交良好友伴等，可以扮演偏差或犯罪行為之緩衝器。

抑制理論認為，當社會快速變遷或高度解組時，外在抑制力會因而喪失，但即便如此，仍有許多人擁有強而有力的內在抑制力，故能有效阻止其受外在環境的影響，拒絕從事犯罪行為。當兩者都強時，個人犯罪的可能性很低；但當兩者都弱時，個人則極易陷入犯罪。

傑佛利的三種社會疏離型態

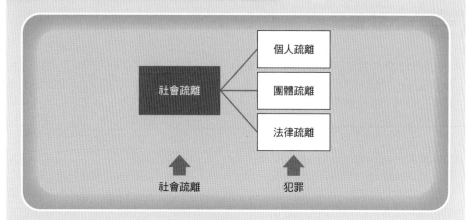

赫胥的四個社會鍵要素

依附
（情感因素）

人作為社會的動物，自然會重視他人及社會的期待，當個人對他人或社會控制機構有愈強烈的情感附著，愈能夠將外在的道德規範內化，進而降低犯罪的可能性。依附可依對象分為對父母（家庭）、學校與同儕團體三類，若少年未能依附於父母、學校及同儕團體，則他可能遊蕩於社會規範之外，一旦機會許可，即可能從事犯罪行為。

奉獻
（物質要素）

赫胥認為，個人要從事犯罪行為，必先考慮犯罪行為所帶來的負面後果。若一少年承諾履行合乎社會規範之行為，並投入相當資源追求前程與事業（如渴望接受良好高等教育、從事受人景仰的工作），在考慮從事犯罪行為時，也更可能因擔憂失去美好前程而打消念頭。

社會鍵
強→犯罪傾向↓
弱→犯罪傾向↑

參與
（時間要素）

由於人的時間與精力是有限的，因此當個人花費愈多時間參與遵循社會規範之合法活動時，便沒有時間和機會去犯罪；若少年經常感到無聊，或每天僅花費很少的時間在課業上，其犯罪的可能性會隨之增加。

信仰
（道德要素）

赫胥認為，人們對於該行為規範的道德效力有程度上的區別。若一少年愈不尊重社會規範的效力，對道德準則或法律的信念愈薄弱時，社會規範的約束力不足以對抗犯罪的自然傾向，個人便愈可能從事犯罪行為。

UNIT **6-7**
社會衝突學派（一）

圖解犯罪學

社會衝突學派採衝突論觀點，認為犯罪並非肇因於個人或環境因素，而是團體或社會階層與其他團體利益接觸後，發生衝突之產物，由於社會上某些階層掌握更大的經濟與政治勢力，因而意見分歧與衝突是普遍存在的。該派學者主要以權威及權力的角度分析社會衝突的成因、過程及影響，以馬克思及恩格斯之理論為基礎，並可分為多元化衝突理論及激進派衝突理論。

(一) 早期衝突理論

早期的衝突理論主要來自馬克思（Marx）及恩格斯（Engels）的觀點，認為經濟利益是所有社會現象的主要基礎。

❶ 馬克思及恩格斯之理論

馬克思認為，社會上基本可分為具有生產工具之資產階級，及不具生產工具的無產階級，是否擁有生產經濟之工具，將決定個人的社會階級。而政府、家庭、宗教及法律均是社會經濟的產物，人的行為、社會的意識及所有社會制度，都是由於經濟因素而發生的。恩格斯則指出資本主義社會工業化的結果致使道德腐化，進而引發社會之混亂及暴力（如酗酒及犯罪）。整體而言，馬克思較少從事個別犯罪人的研究，但他反對社會一致性（一致觀）的模式，認為犯罪人能為社會帶來一些正面意義，並同意標籤理論的觀點，後世激進派衝突理論學者大致同意其主張，認為犯罪是社會衝突之產物，可視為社會衝突學派之濫觴。

❷ 邦格之理論

主要承襲馬克思而來，但特別強調以下兩點不同：① 經濟與社會條件與犯罪具關聯性；② 不僅無產階級會犯罪，資產階級亦會犯罪，並在著作中指出，犯罪的原因包含犯罪的思想與概念、何種犯罪機會促成犯罪之發生，及如何預防這些犯罪概念之發生，此為三項犯罪的原因。

邦格指出資本主義製造衝突、使貧窮階級缺乏文明與教育，且資本主義之環境易導致酗酒產生，與之相較，社會主義有利於推展「利他主義」從而消滅犯罪，因此較資本主義更優。

(二) 多元化衝突理論

多元化衝突理論約於 1930 年代問世，該學派的學者認為，少年犯罪是社會不平等權利團體衝突之產物，主要包含文化衝突理論、團體衝突理論、德克的觀點及身分差別壓迫理論。

❶ 文化衝突理論

雪林 1938 年於著作中所提出的觀點。他主張犯罪之形成與文化內部衝突、傳統社會關係解體、有問題的社會結構及一般價值改變有關，由於「文化差距」造成許多衝突現象，包含對於社會規範的接受及價值判斷標準等衝突，均是促成犯罪的重要原因。

雪林主要將其理論用以解釋移民犯罪，他認為正在變遷轉型的社會環境中，由於移民大量遷入，造成許多不同種族、國籍、文化及價值觀之人雜居一處，不僅易發生衝突，且少年面臨之適應困擾，也是犯罪的風險因素。

社會衝突學派之理論及分支

```
社會衝突
學派
```
→ 主要以權威及權力的角度分析社會衝突的成因、過程及影響。

早期衝突理論	多元化衝突理論	激進派衝突理論
馬克思及恩格斯之理論	文化衝突理論	昆尼之激進衝突理論
邦格之理論	團體衝突理論	普拉特之激進衝突理論
	德克之理論	達倫道夫之衝突理論
	身分差別壓迫理論	

早期衝突理論

馬克思及恩格斯之理論	邦格之理論
● 資本主義擴張 → 刑法發展分殖 → 更多下階層行為被犯罪化 ● 推翻現存經濟體系 → 下階層才不會被剝削 兩人均認為資本主義愈擴張，刑法必會愈發分殖發展，將更多下階層的行為予以犯罪化，因而主張唯有推翻現存之經濟體系，社會下階層才能處於沒有階級、不被剝削的社會中。	一承襲馬克思 一環境決定論 ● 資本主義環境 → 自私、自我本位主義 → 社會道德腐化 ● 資產階級與無產階級衝突 → 資產階級被犯罪化 主張「環境決定論」，認為資本主義環境產生自私、自我本位主義，導致社會道德腐化，資產階級利用其政經影響力剝削無產階級，且資產階級有各種機會合法地滿足其慾望，無產階級則否。為獲得某些利益，無產階級勢必與資產階級產生衝突，而其行為易被犯罪化，因而犯罪大多集中於無產階級。

UNIT *6-8*
社會衝突學派（二）

圖解犯罪學

❷ 團體衝突理論

為保爾德（Vold）1958年提出的理論，是首個強調社會衝突會引起某些型態犯罪的觀點。該理論同意犯罪是社會衝突的產物，並主張正常的對立及社會內團體的衝突，可用於解釋一般犯罪及偏差行為之成因；社會內對立的團體會互相對抗，以爭奪政經力量並產生衝突，而較強勢之團體為保護其既得利益，會運用各種方法影響立法，而決定哪些行為應予以犯罪化。

保爾德指出，某些少年幫派之行為實際上是對社會的一種適應，少年幫派的成員會緊密結合在一起，發揮團體的力量以保護幫派成員。他們自認是社會的弱者，由於他們無法經由合法途徑獲得所追求之目標，而使用其他方法則會與社會已建立之團體價值體系與規範相衝突，從而發生犯罪行為。

❸ 德克之理論

德克強調犯罪是一種「身分」的犯罪，而非特殊行為，他認為沒有人在本質上是犯罪的，犯罪之定義係由權勢階級加以界定，因此他並不強調階級衝突，而更重視「權威」之衝突。

德克在理論中將規範分為文化規範（公告之規範目標，如法律）及社會規範（實際運作之行為），若這兩種規範不一致時，則會產生衝突而被認為是犯罪或偏差者。舉例而言，若權勢階級認為不應抽大麻，少年團體卻認為抽大麻是可接受的，如此吸食大麻的少年便會被視為藥物濫用之偏差行為者。

此外，德克亦指出某些社會變項（如年齡、性別及種族等），可決定個人與社會優勢規範是否有衝突，同時個人對組織及違法行為之合理化能力，亦是影響其是否會被視為犯罪人的關鍵。在少年犯罪部分，他則認為少年因心理不成熟，而較易與權威發生衝突，從而成為犯罪或非行少年。

❹ 身分差別壓迫理論

身分差別壓迫理論乃雷格利及海威特提出的理論，其核心觀點為少年偏差問題起源於幼年時期，並持續發展至青少年階段而達到頂峰。該理論認為，偏差行為與非行少年均是成年人不當壓迫下的產物，此處不當壓迫係指權威之不當利用，而子女對這種壓迫產生適應問題，偏差及犯罪行為便是其中一種結果。該理論主要包含以下四大論點：

① 成年人強調家庭及學校秩序。

② 成年人認為孩童是次等、需受監督之人。

③ 成年人為維持秩序而施加的懲罰可能造成最大的壓迫力量。

④ 孩童受壓迫後會產生無力感，進而產生以下四種適應狀態：Ⓐ消極接受；Ⓑ不法強制力的運用；Ⓒ對同儕的操縱；Ⓓ報復。

該理論認為成年人必須改變控制孩童並施予壓迫的想法，若想防治少年犯罪，應先由改善親子關係入手，並認同立法禁止體罰、支持孩童參與決策及社會化過程，及推廣親職教育等策略，是犯罪理論中較少聚焦討論親子關係對少年犯罪之理論，為少年犯罪預防提供不同的視野。

多元化衝突理論的代表人物及其觀點

代表人物	觀點
雪林 文化衝突理論	主張犯罪之形成與文化內部衝突、傳統社會關係解體、有問題的社會結構及一般價值改變有關，由於「文化差距」造成許多衝突現象，主要用以解釋移民犯罪。
保爾德 團體衝突理論	首個強調社會衝突會引起某些型態犯罪的觀點。同意犯罪是社會衝突的產物，並主張正常的對立及社會內團體的衝突，可用於解釋一般犯罪及偏差行為之成因。
德克之理論	強調犯罪是一種身分的犯罪，而非特殊行為，認為沒有人在本質上是犯罪的，犯罪之定義係由權勢階級加以界定。
雷格利及海威特 身分差別壓迫理論	認為偏差行為與非行少年均是成年人不當壓迫下的產物，此處不當壓迫係指權威之不當利用，而子女對這種壓迫產生適應問題，偏差及犯罪行為便是其中一種結果。

差別壓迫理論

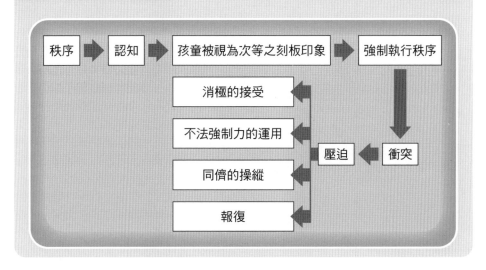

UNIT **6-9**
社會衝突學派（三）

（三）激進派衝突理論

1970 年代後，衝突導向的偏差行為理論繼馬克思思潮後再度興起，其中又以昆尼、普拉特及達倫道夫等人的理論影響最為深遠。

❶ 昆尼之激進衝突理論

昆尼（Quinney）認為犯罪乃受資本主義社會、經濟、政治結構之影響，他主張社會可分為有權階層及無權階層，有權階層通常能得到較優勢之利益，並能控制有關決策（如立法）來保護既得利益，因而在爭奪有限社會資源的衝突時，顯較無權階層更具優勢。在此基礎上，他進一步提出以下六項原理，藉以說明犯罪的社會現實：

①犯罪之官方界定：犯罪是由社會上有權機構或人員所界定的人類行為，因而犯罪是一種「創造」的結果。

②犯罪定義之形成：犯罪之定義乃是描述與社會上有權階級利益衝突之行為，即：刑事法的目的是保障有權階級的既得利益。犯罪定義之形成與社會情況改變、新產生的利益、保護政治、經濟及宗教利益的要求，及大眾對公共利益的概念等因素有關。

③犯罪定義之應用：由社會上有權階級制定刑事法並予以執行，進而引用至他人（無權階級）。

④犯罪定義造成某些行為型態之發展：某些行為一旦被界定為犯罪後，社會上的無權階級更易發展某些行為型態而被列為犯罪人。另外，人們被定義為犯罪的可能性也隨其所屬團體而有所不同。

⑤犯罪概念之建構：犯罪之概念乃透過不同傳播媒體建構及散布的，有權階層會利用大眾傳播媒體工具說明犯罪的定義，進而影響大眾對犯罪的看法，最後有權者對犯罪之概念便會成為犯罪的社會現實。

⑥犯罪的社會現實：犯罪定義形成及應用之後，會造成更多犯罪事實。

❷ 普拉特之激進衝突理論

普拉特（Platt）認為若想控制社會，必先平息犯罪，並進一步指出犯罪來自下階層社會，且犯罪者具危險性，是偏離社會傳統道德規範的階層。普拉特指出，19 世紀革新刑事司法系統並設立少年法院，以期能更人道地處遇少年犯罪問題；有關保護兒童的救助兒童運動也蔚為風潮。但是，普拉特認為此種司法改革及兒童保護運動，不但未達成原先的目的，更有過分擴張權力干擾青少年之嫌，實際上是致力於控制或訓練工人階層之青少年，使其成為守法者，以免對權勢階層之既得利益產生危害。

❸ 達倫道夫之衝突理論

達倫道夫（Dahrendorf）認為，社會應視為一種「強迫性之協調結合」，亦即：社會是由各種利益相衝突的團體所構成，彼此間被強迫地結合在一起。他的主要論點如下：① 每個社會均存在普遍的社會變遷；② 每個社會均存在普遍的分歧及社會衝突；③ 社會上的每一要素均直接或間接地促成社會的分化及變遷；④ 每個社會均建立於一部分人對另一部分人之強迫結合上。

達倫道夫將馬克思之階級論延伸為更符合實際情況的描述，並認為在任何社會中（無論資本主義社會或社會主義社會），權力必然呈現差異性的分配，所有社會均是基於有權者對無權者強迫性地結合而生，因此團體間的衝突在所難免，但衝突也可能促使更具效率且更公正的社會秩序誕生。

激進派衝突理論的代表人物及其觀點

昆尼 ➡ 認為犯罪乃受資本主義社會、經濟、政治結構之影響；主張社會可分為有權階層及無權階層，有權階層通常能得到較優勢之利益，並能控制有關決策（如立法）來保護既得利益。

普拉特 ➡ 認為若想控制社會，必先平息犯罪，並進一步指出犯罪來自下階層社會，且犯罪者具危險性，是偏離社會傳統道德規範的階層。

達倫道夫 ➡ 社會是由各種利益相衝突的團體所構成，彼此間被強迫地結合在一起。

昆尼説明犯罪之社會現實的六項原理

犯罪之官方界定 ➡ 犯罪是由社會上有權機構或人員所界定的人類行為。

犯罪定義之形成 ➡ 犯罪之定義乃是描述與社會上有權階級利益衝突之行為。

犯罪定義之應用 ➡ 由社會上有權階級制定刑事法並予以執行，進而引用至無權階級。

犯罪定義造成某些行為型態之發展 ➡ 某些行為一旦被界定為犯罪後，社會上的無權階級更易發展某些行為型態而被列為犯罪人。

犯罪概念之建構 ➡ 有權階層會利用大眾傳播媒體工具說明犯罪的定義，進而影響大眾對犯罪的看法，最後有權者對犯罪之概念便會成為犯罪的社會現實。

犯罪的社會現實 ➡ 犯罪定義形成及應用之後，會造成更多犯罪事實。

UNIT 6-10
標籤理論

圖解犯罪學

標籤理論立基於社會心理學之形象互動理論，該理論主要界定一個人成為犯罪人之後對其行為之影響、犯罪對當事人之意義、行為及個人被界定為犯罪及犯罪人之過程，以及權力在犯罪意義中所扮演的角色。

標籤理論的代表人物李瑪特（Lemert）及貝克（Becker）曾將犯罪行為分為第一階段之偏差行為及第二階段之偏差行為，以下分別解釋之。

第一階段偏差行為指直接違反任何社會規範之行為，通常大部分人均有此經驗。該階段之偏差行為十分輕微，對行為者影響不大，大多時候，社會並不會對犯下第一階段偏差行為者產生劇烈的反應，因而不會導致當事人自我概念的重大修正，仍然自認是一般正常社會之成員。

然而，若社會對犯下第一階段偏差行為之當事人予以嚴重非難，並加上「偏差行為者」之標籤，當事人便會因此開始修正其自我印象，與此同時，因受到社會否定，他們也會採取偏差行為作為對社會否定反應之防衛、攻擊或適應手段，而一旦當事人認為自己是「偏差行為者」，便會更毫無保留地投入更嚴重的偏差行為，即第二階段偏差行為。

從事更嚴重偏差行為的當事人將受到社會更嚴厲的公開譴責（又稱為「身分貶低儀式」），並採取更強硬的手段加以逮捕和懲罰，使當事人被加之「犯罪人」的烙印。這將造成以下兩項影響：首先，社會改以對待「犯罪人」的方式對待當事人，並將當事人過往的行為以符合烙印的方式重新評價，即：「追溯既往的閱讀」；其次，當事人因此重新評估自己的身分，逐漸修正其自我印象

為「犯罪人」，並使自己更符合標籤描述，例如從事更多犯罪行為，這被稱為「自證預言」或「邪惡的戲劇化」。最後，當事人接受自己並非一般正常社會之成員（而是犯罪人），因而改以犯罪行為作為適應社會的手段，愈發深陷於犯罪及刑事司法程序之中。

綜上可知，標籤理論的學者認為犯罪是一種「社會建構」，他們不承認有所謂「本質上的犯罪」。換句話說，犯罪行為之所以是犯罪行為，乃因人們將之視為犯罪行為，對此產生負面反應，該行為才成為犯罪行為，而與該行為之本質無關。例如：若在一社會中，人們普遍不認為吸食大麻需被譴責，不會對此產生任何負面反應，吸食大麻自然就不是犯罪行為。

此外，標籤理論的另一核心觀點為差別執法，在這點上，標籤理論的觀點與衝突理論看法一致。他們認為法律是被差別地制定，法律的內涵反映出社會上的權力關係，且法律亦被差別地執行和應用至不同的團體，對優勢團體有利而對弱勢團體不利。一個人受到法律起訴和制裁的可能性，與個人的性別、種族和社經地位等因素有關，最終導致弱勢團體更易被標籤為犯罪或偏差行為者。

標籤理論之觀點

認為犯罪是一種「社會建構」，不承認有所謂「本質上的犯罪」；犯罪行為之所以是犯罪行為，乃因人們將之視為犯罪行為，而與該行為之本質無關。

差別制定：法律是被差別地制定，法律的內涵反映出社會上的權力關係。

差別執法：且法律亦被差別地執行和應用至不同的團體，對優勢團體有利而對弱勢團體不利。

犯罪行為之階段

第一階段之偏差行為

直接違反任何社會規範之行為，通常大部分人均有此經驗。該階段之偏差行為十分輕微，對行為者影響不大。

社會對當事人並無劇烈反應，因而不會導致當事人自我概念的重大修正，仍然自認是一般正常社會之成員。

社會對當事人予以嚴重非難，並加上「偏差行為者」之標籤，使當事人因此開始修正其自我印象。

第二階段之偏差行為

因受到社會否定而採取偏差行為作為對社會否定反應之防衛、攻擊或適應手段；一旦當事人認為自己是「偏差行為者」，便會更毫無保留地投入更嚴重的偏差行為。

從事更嚴重偏差行為的當事人受到社會更嚴厲的公開譴責（「身分貶低儀式」），並採取更強硬的手段加以逮捕和懲罰，使當事人被加之「犯罪人」的烙印。

當事人接受自己並非一般正常社會之成員（而是犯罪人），因而改以犯罪行為作為適應社會的手段，愈發深陷於犯罪及刑事司法程序之中。

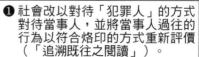

❶ 社會改以對待「犯罪人」的方式對待當事人，並將當事人過往的行為以符合烙印的方式重新評價（「追溯既往之閱讀」）。
❷ 當事人重新評估自己的身分，逐漸修正其自我印象為「犯罪人」，並使自己更符合標籤描述而從事更多犯罪行為（「邪惡的戲劇化」或「自證預言」）。

UNIT **6-11** 犯罪被害理論

圖解犯罪學

有一群學者著眼於不同的研究取向，主要探討加害人與被害人之互動關係，因為被害人在犯罪事件中往往扮演特殊的重要角色，是犯罪學研究中不應被忽視的一環。在犯罪被害理論中，以生活方式暴露理論及日常生活被害理論最具代表性，以下將分別說明。

(一) 生活方式暴露理論

生活方式暴露理論由辛德廉、蓋佛森及葛洛法洛於 1978 年提出，主要內涵為：一個人之所以可能導致被害，與其生活方式之某些特色有關；亦即一個人會成為犯罪被害的對象，是由於其生活方式增加了與犯罪者互動的機會。

該理論指出，個人在社會中的適應，主要受角色期待和社會結構所約束，而角色期待和社會結構則與個人基本人口特質有關（如年齡、性別、種族等）。此外，社會上既定的各種制度（如家庭、法律、經濟等）則會限制個人對其行動的選擇權。

個人在社會化過程中，將逐漸習得所屬團體之規範、態度、角色期待及社會結構，並自然而然產生一套適應的行為模式，包含各種職業活動及休閒活動，這種生活方式關係著個人是否於特定時間及空間與特定的人群接觸。而生活方式不同，不同特性之人在不同時空中接觸的機會也會有所不同，而由於加害者與被害者並非隨機分布於時間與空間上，因而導致具某些特性之人，在某些特定時空上，較易成為被害對象。

(二) 日常活動被害理論

日常活動被害理論由柯恩及費爾遜所提出。該理論強調犯罪之發生，在時空上需與日常生活各項活動相配合，亦即日常生活活動型態影響犯罪發生之機會，而導致「直接接觸掠奪性犯罪」之發生。柯恩及費爾遜認為，犯罪之發生需在時空上有以下三項因素聚合：

❶ **具有能力及犯罪傾向者**：指因社會急速變遷、人類活動型態改變，造成犯罪機會之增加，及潛在犯罪者之產生，此為犯罪被害發生之啟動者。

❷ **合適之標的物**：指具有某些特質，使之成為合適被害之標的物，這些特質取決於價值大小、可移動性、可見性及可接近性。

❸ **足以遏止犯罪發生之抑制者不在場**：並非單指執法人員，也包含能夠遏止犯罪發生，或者能將犯罪難度提升至使犯罪者放棄的監控者等人之不在場，例如被害時無熟識之人，或者竊盜者行竊時無人在場。

此外，林曲（Lynch）在此基礎之上，提出應將以下四變項列為核心要素：

❶ **暴露**：被害者是否暴露於危險情境（潛在犯罪者能看見或與之身體接觸之情形），如工作地點與較多人互動。

❷ **抑制者**：指能預防或阻止被害之人是否在場，包含人與物在內（如警衛及警鈴）。

❸ **對危險之認知**：是否常接近潛在犯罪者，及是否保持警覺性。

❹ **吸引力**：犯罪標的物是否因某些特性而引起加害者特別注意，如暴露錢財的觀光客。

生活方式暴露理論

由辛德廉、蓋佛森及葛洛法洛提出	主張	一個人會成為犯罪被害的對象，是由於其生活方式增加了與犯罪者互動的機會。

根據該理論的觀點，若具備以下四項條件，則個人被害的可能性較大：

❶ 必須存在加害者與被害者，且兩者需在特定時空上有互動機會。

❷ 加害者與被害者必須有所爭執或對抗，使加害者認為被害者是適當的目標。

❸ 加害者必須有所企圖，且有能力實施恐嚇威脅等手段，以達成目的。

❹ 情境必須有利於犯罪，使加害者認為在此情境下，能訴諸暴力手段來達成犯罪目的。

另外，該理論亦提出以下八項命題，説明暴露被害與特殊生活方式之間的關係：

❶ 個人被害機率與其暴露在公共場所時間多寡成正比，尤其是夜間的公共場所。

❷ 個人置身公共場所的可能性，隨其生活方式不同而有所差異。

❸ 生活方式類似者，彼此接觸互動的機會較多。

❹ 個人被害的機率，端看其是否具有與加害者類似之人口特性。

❺ 個人與其家人以外成員接觸時間的多寡，與其生活方式有關。

❻ 個人被害的可能性，和其與非家人接觸的時間多寡有關，尤其是竊盜罪。

❼ 生活方式的不同與個人阻絕和具有犯罪特性之人接觸能力的差異有關，即：個人愈常與有犯罪特性之人接觸，其被害的可能性也就愈大。

❽ 生活方式的差異與個人成為被害者的方便性、誘發性及易於侵害性的差異有關。

日常活動被害理論

由柯恩及費爾遜提出	主張	犯罪之發生，在時空上需與日常生活各項活動相配合。

❶ 具有能力及犯罪傾向者

合適之標的物 ❷

犯罪三要素

❸ 足以遏止犯罪發生之抑制者不在場

時間發展之理論

●●●●●●●●●●●●●●●●●●●●● 章節體系架構 ▼

UNIT 7-1   生活週期觀點（一）

UNIT 7-2   生活週期觀點（二）

UNIT 7-3   潛伏特質觀點

UNIT 7-4   軌跡理論

UNIT **7-1**
生活週期觀點（一）

20 世紀開始，部分犯罪學家試圖整合社會、心理及經濟因素與犯罪之因果關係，進入更加複雜的研究領域，他們開始重視犯罪生涯（Criminal Career）之發展與形成歷程，著重探討犯罪人如何開始偏差行為、何以持續與如何中止犯罪，因而被稱作「時間發展理論」（Developmental Theory）。該理論拒絕以單一因素（如貧窮）解釋犯罪，而是試圖辨識能夠解釋犯罪行為開始與持續之相關發展因素，比起關注人們為何犯罪，該理論更關注為何有人持續犯罪，而另一些人則在成年後停止或改變他們的犯罪行為等議題，並大致可分為生命週期（Life Course）、潛伏特質（Latent Trait）及軌跡理論（Trajectory Theory）等三大觀點，本單元先探討前者對犯罪生涯之看法。

生命週期觀點認為犯罪生涯是一動態的過程，人的一生會經歷各種階段，並受多種個人、社會及經濟因素影響，這些因素會隨著個體成長而產生變化，偏差與犯罪行為也會跟著改變。生命週期觀點的相關理論包括：互動理論及逐級年齡理論。

(一) 互動理論

該理論由松貝利（Thornberry）於 1987 年提出，他認為當代之犯罪理論具有非動態性、未能呈現少年成長變化及忽略少年扮演之社會角色等三大缺失，因而提出互動理論（Interaction Theory of Delinquency）加以說明。該理論認為犯罪之發生和個人與傳統社會連結變弱有關，並且是在互動團體中經由增強與學習而來，這些連結與學習會和犯罪行為發生交互影響，並伴隨個人生涯而行，在不同階段呈現出不同之偏差與犯罪行為。

根據松貝利之互動犯罪理論，促使少年犯罪之首要驅力為與傳統社會之鍵結削弱之結果，這些連結繫帶包括與父母之附著程度、就學之奉獻專注及對傳統價值之信仰；一旦這些傳統鍵結被削弱時，個人從事偏差行為之可能性即大增。再者，偏差或犯罪行為之進一步發展，需要一個強化的少年犯罪集團為中間媒介，尤其是與非行同儕之接觸及少年偏差行為價值觀之接觸，才能促使犯罪行為進一步學習與強化。

該理論引述社會控制理論及差別接觸理論的觀點，認為在不同生命時期，影響犯罪之變項也是不同的。根據松貝利的看法，少年早期主要受家庭影響，中期時同儕及青少年次文化的重要性會逐漸增加；而當其成年後，傳統活動及對家庭之奉獻則更具影響力。這些變項也與個人在整體社會結構中之地位（如社會階層、少數團體之地位等）相互關聯，並左右個體生涯之運行軌跡。此外，松貝利在後續研究中也發現，不僅薄弱的社會鍵會導致少年犯罪，少年犯罪後亦會反過來削弱社會鍵，進而導引至更嚴重的犯罪型態軌道，顯示少年犯罪的原因並非單向影響，而是比我們想像的更加複雜。

時間發展之理論

時間發展理論

→ 拒絕以單一因素解釋犯罪，而試圖辨識能夠解釋犯罪行為開始與持續之相關發展因素。

生命週期觀點

- 互動理論（松貝利）
- 逐級年齡理論（桑普森與勞伯）

→ 認為犯罪生涯是一動態的過程，人的一生會經歷各種階段，並受多種個人、社會及經濟因素影響，這些因素會隨著個體成長而產生變化，偏差與犯罪行為也會跟著改變。

潛伏特質觀點

- 一般性犯罪理論（高佛森與赫胥）
- 差別壓迫理論（科文）

→ 認為犯罪少年在出生時即具有某些潛在特質，這種特質是終其一生恆久不變的，而實際犯罪行為則受外在因素所影響，如監禁或犯罪機會。

軌跡理論

→ 認為犯罪者們遵循著不同的步調、從事不同類別的犯罪，並受不同的環境因素影響，由於每個人都是獨特的，因此單一的犯罪生涯軌跡，也無法準確地描述並涵括所有犯罪者。

松貝利的互動理論

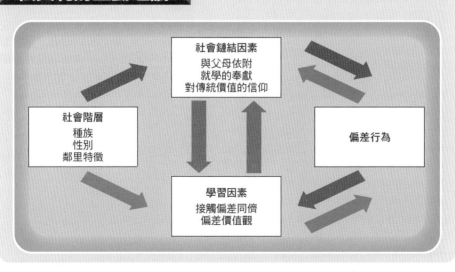

社會鏈結因素
與父母依附
就學的奉獻
對傳統價值的信仰

社會階層
種族
性別
鄰里特徵

偏差行為

學習因素
接觸偏差同儕
偏差價值觀

UNIT **7-2**
生活週期觀點（二）

圖解犯罪學

(二) 逐級年齡理論

桑普森與勞伯於 1993 年，針對格魯克夫婦的研究資料重新進行整理與分析，試圖找出有同樣起點的人，為何有人持續犯罪，而另一些人則有幸中止犯罪？桑普森及勞伯提出「逐級年齡理論」（Age-Graded Theory），同意正式及非正式社會控制會限制一個人的犯罪性；其中，非正式社會控制機制，對於少年未來偏差與犯罪行為之衍生與否具關鍵之阻絕影響。另外，他們發現在整個生命週期中，婚姻與事業可視為中止犯罪的重要轉捩點（Turning Points），這兩種非正式社會控制可視為有形之「社會資產」，建立個人與機構間正向關係，強化守法行為，從而抑制犯罪之發生，因而在阻斷犯罪上發揮重要的功效。

桑普森與勞伯試圖與當年格魯克夫婦的研究對象取得聯繫，向 52 人進行生命史訪談，於 2003 年在著作中重新修正並補充其理論架構，總體而言，他們發現無論程度輕重、何種類型的犯罪者，犯罪終究會隨著年齡增長而逐漸下降，即使是最嚴重的慢性犯罪者，最終仍會中止犯罪，但不同的犯罪類型，其犯罪的高峰年齡是不同的；亦即，所有犯罪均會隨年紀增長而中止，但其軌跡會隨犯罪類型不同而有所差異。

另外，桑普森與勞伯在 2003 年的著作中將轉捩點由原先的婚姻與事業，增為婚姻、事業、從軍及司法系統的影響四項，他們認為這些因素能夠塑造一種「結構性的日常活動」，從而切斷與不良情境脈絡之聯繫並中止犯罪。他們也指出，包括個人意志力的因素、犯罪及暴力的環境背景、歷史背景（如經濟大恐慌、世界大戰等）等因素，亦對犯罪生涯有所影響，進一步擴張並完善該理論的解釋範疇。

根據 Siegel 的彙整，相當多的研究發現支持桑普森與勞伯的理論，例如：

❶ **影響成年人犯罪之因子**：人們在生命歷程中會發生改變，青少年時期的犯罪因子（例如與父母關係疏遠），對於成年犯罪影響不大。反之，婚姻及家庭，則是導致成年犯罪較重要之因素。

❷ **犯罪性具有動態性**：犯罪性既受到非正式社會控制削弱的影響，也受到反社會影響的交互作用。偏差行為增加不良同儕的交往；接觸愈多非行同儕，個體愈可能維持犯罪生涯。

❸ 隨著累積不利因素的增加，社會生活中抵抗犯罪的因素就會受到損害。例如，在很早的年紀就被標籤為「犯罪人」的青少年，較可能在後來發展出反社會態度，也比較可能會有較低的學業成就、較差的職業地位、不穩定的就業紀錄。

❹ **犯罪是可以中止的**：當生活條件改善並獲得社會資本後，犯罪生涯軌跡是可逆轉的。例如，Kirk 發現，當孩子的家庭經濟條件改善、搬家到較好的環境，他們可以脫離犯罪軌跡。

❺ **社會資本可以中止犯罪**：生活中後來獲得的社會資本，有助於消除由於青少年時期缺乏社會資本而造成的一些傷害。例如，有犯罪前科的個體，若能有幸獲得高品質的工作，則相當可能會降低其犯罪參與。

也有研究得出跟桑普森與勞伯觀點不一樣的發現。例如，Campedelli 等人發現，義大利的黑手黨成員即便年紀增長仍會持續犯罪，如果未入獄，他們的犯罪行為甚至可能持續至臨終時，而非桑普森與勞伯認為之中止犯罪。

逐級年齡非正式社會控制理論

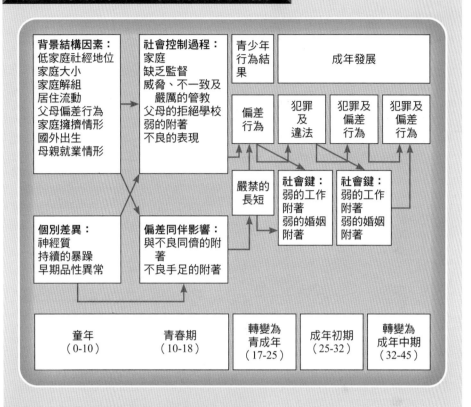

背景結構因素： 低家庭社經地位 家庭大小 家庭解組 居住流動 父母偏差行為 家庭擁擠情形 國外出生 母親就業情形	社會控制過程： 家庭 缺乏監督 威脅、不一致及 　嚴厲的管教 父母的拒絕學校 弱的附著 不良的表現	青少年 行為結 果	成年發展		
		偏差 行為	犯罪 及 違法	犯罪及 偏差 行為	犯罪及 偏差 行為
個別差異： 神經質 持續的暴躁 早期品性異常	偏差同伴影響： 與不良同儕的附 　著 不良手足的附著	嚴禁的 長短	社會鍵： 弱的工作 附著 弱的婚姻 附著	社會鍵： 弱的工作 附著 弱的婚姻 附著	

童年 （0-10）	青春期 （10-18）	轉變為 青成年 （17-25）	成年初期 （25-32）	轉變為 成年中期 （32-45）

支持逐級年齡理論之研究

人們在生命歷程中會發生改變，青少年時期的犯罪因子對於成年犯罪影響不大；而婚姻及家庭則是導致成年犯罪較重要之因素（Simon, 1999）。

犯罪性既受到非正式社會控制削弱的影響，也受到反社會影響的交互作用；接觸愈多非行同儕，個體愈可能維持犯罪生涯（Paternoster & Brame, 1997）。

隨著累積不利因素的增加，社會生活中抵抗犯罪的因素就會受到損害。例如，在很早的年紀就被標籤為「犯罪人」的青少年，較可能在後來發展出反社會態度（De Li, 1999）。

當生活條件改善並獲得社會資本後，犯罪生涯軌跡是可逆轉的（Kirk, 2012）。

生活中後來獲得的社會資本，有助於消除由於青少年時期缺乏社會資本而造成的一些傷害。例如，有犯罪前科的個體，若能有幸獲得高品質的工作，則相當可能會降低其犯罪參與（Uggen, 1999）。

UNIT **7-3** 潛伏特質觀點

潛伏特質觀點對生命歷程觀的動態觀點持反對意見，他們認為犯罪少年在出生時即具有某些潛在特質，這種特質是終其一生恆久不變的，而實際犯罪行為則受外在因素所影響，如監禁或犯罪機會。相關的理論包括：一般性犯罪理論及差別壓迫理論。

(一) 一般性犯罪理論

一般性犯罪理論（A General Theory of Crime，又稱自我控制理論）為美國學者高佛森與赫胥（Gottfredson & Hirschi）於 1990 年所提出，該理論結合古典犯罪學及實證犯罪學之觀點，試圖對不分類型的廣泛犯罪行為進行解釋。他們將犯罪（行為）與犯罪性（特質或傾向）區分開來，認為所謂的犯罪，乃是一群具有特定特質的人，在犯罪機會條件之促成下，以力量或詐欺追求個人自我利益之立即滿足的行為。

該理論指出，這種犯罪的傾向是與生俱來的，主要特徵是「低自我控制」（low self-control），而自我控制之形成與兒童早期在家庭中所接受之教養密不可分。當低自我控制的特質一旦形成，終其一生都不會改變。具有低自我控制特質之人，普遍缺乏未來取向，他們具有追求當下立即的滿足、衝動、喜好肢體活動、以自我為中心、偏好冒險等特質，若遇上適當的機會，便會從事犯罪行為，且低自我控制和衝動控制能力差的人，最可能犯下更嚴重的罪行。

一般性犯罪理論獲得許多實證研究的支持，Delisi 和 Vaughn 發現生涯（職業）犯罪人的自我控制能力明顯較低，並指出低自我控制能力是迄今為止針對生涯（職業）犯罪人最強而有力的預測指標。低自我控制的孩童也更可能進入偏差團體。

然而，該理論也存有其限制，如：難以解釋種族及性別與犯罪率之關係；忽略了道德概念與信仰亦可抑制犯罪；認為同儕不會影響犯罪（性）而與多數研究牴觸；假設一個人的犯罪性（傾向）不會改變，但研究指出生活環境的不斷變化，當個體成長及愈趨成熟，他們對於自己的衝動行為的控制能力會愈好；並非所有犯罪人都是衝動的；僅靠低自我控制無法有效預測犯罪或偏差行為等。

(二) 差別壓迫理論

差別壓迫理論為學者科文（Colvin）於 2000 年所提出之理論，他提出另一種引導人們從事行為選擇的特質：「壓迫性」（coercion）。壓迫依來源可分為兩種：「人際間的壓迫」，是較為直接的壓迫，包含來自父母、同儕或其他人之暴力、恐嚇和威脅的使用；「非個人產生的壓迫」則超越個人控制的程度，如失業、貧困及同業競爭所引發之經濟或社會壓力。

而個人在生命經驗中所經歷的壓迫將影響個人之自我控制。若壓迫程度較低，則會形塑較高的自尊及較強的社會連結，從而導引至正向的社會行為。但若個人經歷高度的壓迫則會產生高度憤怒、低自尊和弱的社會鍵連結、感受到絕望並降低自我控制，而影響心理變化（如：長期沮喪），進而促使個人從事反社會行為。

根據科文的說法，在經歷反覆無常的壓迫後將使人產生無力感，當壓迫不規則地發生時所造成的傷害最大，即是因為其在無形中提醒人們他們無法控制自己的生活。最後產生壓迫之反應，可能性之一即為反社會行為。

一般性犯罪理論

高佛森與赫胥
於 1990 年提出　➡

❶ 犯罪的傾向是與生俱來的，主要特徵是「低自我控制」。
❷ 具有低自我控制特質之人普遍缺乏未來取向，具有追求當下立即的滿足、衝動、喜好肢體活動、以自我為中心、偏好冒險等特質，若遇上適當的機會，便會從事犯罪行為。
❸ 低自我控制的特質一旦形成，終其一生都不會改變。

一般性
犯罪理論
之限制
⎰

❶ 難以解釋種族及性別與犯罪率之關係；
❷ 忽略了道德概念與信仰亦可抑制犯罪；
❸ 認為同儕不會影響犯罪（性）而與多數研究牴觸；
❹ 假設一個人的犯罪性（傾向）不會改變，但研究指出生活環境的不斷變化，當個體成長及愈趨成熟，他們對於自己的衝動行為的控制能力會愈好；
❺ 並非所有犯罪人都是衝動的；
❻ 僅靠低自我控制無法有效預測犯罪或偏差行為。

差別壓迫理論

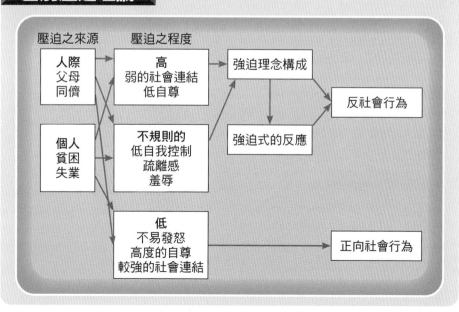

091

UNIT **7-4**
軌跡理論

軌跡理論是綜合生命週期及潛伏特質觀點的第三個時間發展理論，該理論認為犯罪者們遵循著不同的步調、從事不同類別的犯罪，並受不同的環境因素影響，由於每個人都是獨特的，因此單一的犯罪生涯軌跡，也無法準確地描述並涵括所有犯罪者。

(一) 早、晚或從未開始

犯罪者犯罪生涯開始和結束的時間是十分多元的。有些犯罪者在相當年輕時便開始犯罪，並在成年後依然持續；有些犯罪者則在青少年時期奉公守法，卻於成年後開始犯罪生涯；有些犯罪者在青少年時期達到犯罪的高峰；有些則持續犯罪到 20 歲以後。

對那些較晚開始犯罪的犯罪者而言，即使他們的犯罪生涯被推遲，他們仍可能犯下嚴重的罪行，尤其是因罹患精神疾病，而突然在成年後開始犯罪的人們，在精神疾病帶來的生理變化和較差的社交技巧同時影響下，這群人可能會隨著時間推移而變得愈發暴力。

除了前述不同的犯罪軌跡外，即使周圍的多數同齡人均為犯罪者，仍有一群人格格不入地從不違法。這可能是由於他們不受同儕團體歡迎（故不會因同儕壓力從事犯罪行為）、父母的密切監督、親近的同儕也不犯罪，或遺傳因素所致。

(二) 不同的犯罪路徑

軌跡理論認為犯罪者們並非遵循單一的犯罪路徑，每種類型的犯罪者，其犯罪路徑均是獨一無二的，從事暴力犯罪的犯罪者可能不同於財產犯罪或藥物濫用者，且即便同為暴力犯罪者，也可能有不同的犯罪軌跡：有些人在年輕時相

當暴力，但暴力行為隨年齡增長而減少；另一些人則完全相反，他們的暴力行為隨時間推移而增加，Reingle、Jennings 及 Maldonado-Molina 在研究中指出，生活在多種族混居的社區、經歷種族歧視且父母管教較少的青少年，更可能遵循此路徑。

(三) 青少年限定犯罪者及慢性犯罪者

心理學家泰瑞·墨菲特（Terrie Moffitt）認為，大多數年輕的犯罪者均會遵循以下兩種路徑之一：❶ 大多數為在青少年時期與同儕從事「典型青少年」的偏差行為，並持續到 18 歲左右，在進入成年後減少並停止犯罪的「青少年限定犯罪者」（Adolescent-Limited Offenders）；以及 ❷ 極少數在相當年輕時便開始犯罪生涯，且犯罪行為持續至成年後的「生命歷程持續犯罪者」（Life Course Persisters）。

(四) 生命歷程持續犯罪者

即便同為「生命歷程持續犯罪者」也存在許多不同的類型。Piquero、Farrington、Nagin 及 Moffitt 針對 411 名出生於 1953 年倫敦南部的男性進行縱貫研究，發現這群人共可分為五種類型，其中「生命歷程持續犯罪者」又可分為兩種：一是犯下了非常多罪行的高比例持續犯罪者；二則是犯下非常少的罪行，但犯罪生涯持續非常長的持續犯罪者，他們的犯罪軌跡受許多社會和個人問題所影響，例如居住於貧民窟、糟糕的感情生活、精神疾病和藥物使用，而陷入不同問題的持續犯罪者，亦會呈現不同的犯罪軌跡。

時間發展理論

時間發展理論 —— 生命週期

時間發展理論 —— 潛伏特質觀點

時間發展理論 —— 軌跡理論

犯罪路徑

早、晚或從未開始

● 之所以有早、晚或從不犯罪的差別，可能與精神疾病與人格障礙有關，這些疾病的進程在不同時期對個人造成影響，從而產生了不同類型的犯罪者。

不同的犯罪路徑

● Van Hazebroek 等人進一步針對不同犯罪類型進行犯罪路徑的研究，發現男性、少數族群及來自貧困地區的兒童更可能犯下多次罪行，且在財產犯罪、破壞公物、暴力犯罪和性犯罪上，其嚴重程度都有所升級。

青少年限定犯罪者及慢性犯罪者

● 墨菲特發現「生命歷程持續犯罪者」受早期生命經驗和不良的生理特徵影響，如神經發展缺陷，因此他們在諸如學習能力、記憶及空間概念等認知能力上表現得也較差，並更可能伴有過動、低語言能力、精神疾病和健康方面的問題。根據墨菲特的觀點，是否成為「生命歷程持續犯罪者」，其關鍵似乎是個人生理因素，而非社會或環境因素。

生命歷程持續犯罪者

● 即便同為「生命歷程持續犯罪者」也存在許多不同的類型。Piquero、Farrington、Nagin 及 Moffitt 針對 411 名出生於 1953 年倫敦南部的男性進行縱貫研究，發現這群人共可分為五種類型。

知識補充站

軌跡理論以多元的觀點檢視犯罪者的犯罪生涯，並承認每個犯罪者擁有獨特的生命歷程，因此不該將所有犯罪者的犯罪路徑一概而論，犯罪路徑受犯罪類型、生命經歷、生理因素、家庭、同儕、生活環境和疾病等多種因素影響，呈現相當多元的樣態，犯罪可能於不同的時間開始、不同的時間結束，並以不同的頻率及嚴重程度發生。該觀點提醒我們重視個體的獨特及差異性，亦幫助我們更細緻地瞭解不同的犯罪軌跡，惟較少提及可能的處遇措施，是其美中不足之處。

第 **8** 章
犯罪理論整合

● 章節體系架構 ▼

UNIT 8-1　　犯罪理論整合之意涵及動力

UNIT 8-2　　犯罪理論整合之途徑及範例

UNIT 8-3　　犯罪理論整合之困境

UNIT 8-4　　犯罪理論整合之方向

UNIT 8-1
犯罪理論整合之意涵及動力

圖解犯罪學

(一) 意涵

　　理論整合之意涵，Farnworth 指出其係以理論間共通相似之部分為基礎，組合兩種或兩種以上先前存在之理論。Thornberry 則認為理論整合係指將二組或二組以上具邏輯相關之命題予以組合，形成較大組型之相關命題，以便對獨特現象提供較為周延之解釋。此項定義為當前犯罪研究文獻上屬較完整的一個，其特別強調各理論命題間之組合，而非概念上之整合，同時以達成對某一特殊現象較周延之解釋為目的。

(二) 動力

　　犯罪理論整合之呼聲並非憑空而來，而係在一定背景、條件因素之激盪下而產生。一般而言，犯罪理論整合之動力可歸納為下列數點：

❶ 理論競爭之替代

　　傳統理論間之競爭，雖可印證理論對某一現象之詮釋力，但卻經常形成互相殘殺之局面，例如雪爾曼及勒克之家庭暴力研究提出對施虐丈夫之立即逮捕（即採威嚇觀點）有助於減少其暴力行為，而非標籤後之再犯效應。此項研究明顯的支持嚇阻之觀點而不贊同標籤之觀點。艾利特等人特別指出這些結果並不是非常確定的，而且許多實證發現通常可以各類理論加以綜合詮釋。此外，如認為對其理論之接受即意味著對競爭理論之駁斥，在學理上並不一定合邏輯。因此，為避免理論之互相殘殺，造成偏誤，故有倡導理論整合之呼聲出現。

❷ 統計技術更新，增加詮釋能力

　　理論整合倡議者指出，將各理論之精華部分予整合之後，透過多變項統計分析之技術，其詮釋力不僅增加，且將更趨於周延。例如，學者艾利特等人以美國全國青少年調查之資料，檢驗各理論模式及整合理論模式之解釋力，發現整合模式（即連結緊張、社會控制與社會學習理論）對少年犯罪行為之詮釋力最高，R 平方值達 35%。艾利特因此指出，在犯罪之原因具有複雜多變之本質下，單一層面之原因論明顯的面臨許多侷限。相反的，理論或觀點之整合則提供較為具體、周延之解釋。

犯罪理論整合之意涵

Farnworth (1989)

理論整合係以理論間共通相似之部分為基礎，組合兩種或兩種以上先前存在之理論。

Thornberry (1989)

理論整合係指將二組或二組以上具邏輯相關之命題予以組合，形成較大組型之相關命題，以便對獨特現象提供較為周延之解釋。

理論整合之意涵為當前犯罪研究文獻上屬較完整的一個，其特別強調各理論命題間之組合，而非概念上之整合，同時以達成對某一特殊現象較周延之解釋為目的。

犯罪理論整合之動力

犯罪理論整合之動力

理論競爭之替代

犯罪行為通常能以各類理論加以綜合詮釋，因此為避免理論之互相殘殺，造成偏誤，故有倡導理論整合之呼聲出現。

統計技術更新，增加詮釋能力

犯罪之原因具有複雜多變的本質，單一層面之原因論明顯面臨許多侷限；反之，理論或觀點之整合則提供較為具體、周延之解釋。

UNIT 8-2
犯罪理論整合之途徑及範例

(一) 途徑（類型）

犯罪理論整合可以多種形式呈現。犯罪學學者 Hirschi 稍早曾指出理論整合具有上下整合、重點抽離及前加後三類型。

❶ **上下整合型**：基本上係指找出某一較具類推型之主要理論概念層級，而將另一理論概念加以吸收、整合（類似大吃小）。

❷ **重點抽離型**：係指找出理論間共通之部分（如以人口基本特徵或解釋目的），適當的加以分類，並予抽離，形成目的一致之整合。

❸ **前加後理論整合類型**：係指找出各理論之關鍵變項，並適當安置其因果次序，以作整合之詮釋。

此三類型可以分別應用至微觀、鉅觀及從鉅觀之跨越層級，而以九類型之整合形式呈現。

除前述 Hirschi 之分類外，學者 Liska、Krohn 與 Messner 另指出犯罪理論整合亦可能以概念上之整合及命題之整合形式呈現。

❶ **概念上之整合**：係指整合各犯罪理論間具共通意涵、概念之關鍵變項，將類似概念之變項予以吸收，例如社會學習論之對犯罪有利或不利之定義、吸收控制理論之信仰變項即為一例。

❷ **命題之整合**：係指從不同犯罪理論間依據其目的予以整合，而不論其基本主張如何。例如，無規範理論及衝突理論均可預測中下階層之高犯罪率而予以整合。此外，命題之整合亦可將各理論間之重要解釋變項以因果之形式予以安置排列。例如，由社會解組理論出發，詮釋家庭附著力之喪失進而影響犯罪行為之發生即為一例。

前述整合類型則可在層級間內（如僅止於微觀或鉅觀層級內）或以跨層級之形式出現。

(二) 範例

本部分援引整合理論中較具代表性者供參考。

❶ **整合緊張、控制及學習理論**

Elliott、Huizinga 與 Ageton 提出整合緊張、控制及學習之理論，他們的整合模式認為少年在家庭與學校之緊張（憤怒與挫折），削弱了個人與傳統社會之連結，進而促使其與偏差行為同儕接觸，透過仿同學習增強，而走向偏差行為型態。

Elliott 之整合模式係屬命題整合之類型，同時亦屬 Hirschi 所提出之前加後整合類型。

❷ **明恥整合理論**

澳大利亞犯罪學者 Braithwaite 提出之明恥整合理論亦屬整合理論之類型之一，其整合了標籤理論、犯罪副文化理論、控制理論、機會理論、學習理論等諸理論中互補而共存的部分。亦即以控制理論來探討初級偏差行為的產生，以標籤理論來瞭解次級偏差行為何以形成，並以犯罪副文化理論說明次級偏差行為因何可以持續，再以其他理論加以補充說明、潤飾。

Braithwaite 之明恥整合理論屬前加後整合形式，亦屬命題整合之一種。

犯罪理論整合之類型

整合之原則	分析之層級		
	微觀	鉅觀	鉅微觀跨層
重點抽離或水平型（Side by Side）	1	2	3
前加後型（End to End）	4	5	6
上下整合型（Up and Down）	7	8	9

艾利特等人（1985）之少年犯罪整合理論

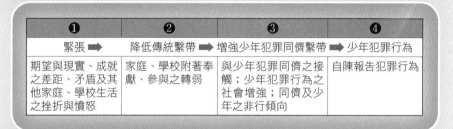

❶	❷	❸	❹
緊張 ➡	降低傳統繫帶 ➡	增強少年犯罪同儕繫帶 ➡	少年犯罪行為
期望與現實、成就之差距、矛盾及其他家庭、學校生活之挫折與憤怒	家庭、學校附著奉獻、參與之轉弱	與少年犯罪同儕之接觸；少年犯罪行為之社會增強；同儕及少年之非行傾向	自陳報告犯罪行為

明恥整合理論模式

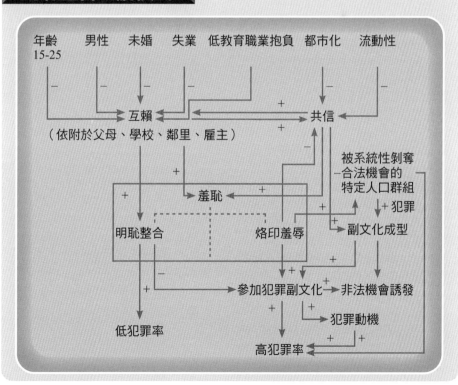

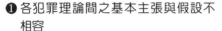

UNIT 8-3
犯罪理論整合之困境

犯罪理論整合不僅形成一學派，同時曾獲致許多實證上之支持，但理論整合本身仍面臨許多問題與挑戰，茲說明如下：

❶ 各犯罪理論間之基本主張與假設不相容

犯罪學學者 Kornhauser 之論著曾指出傳統社會結構理論、社會控制理論及學習理論具有獨特之基本假設與內涵，這些不同理論模式之觀點促使學者 Hirschi 指出各犯罪理論間是不相容的，他們原本被設計即互相排斥。因此，分離是較好的，整合是不恰當、徒勞無功的。

❷ 整合理論透過多變項統計分析之試煉，將使部分犯罪理論之獨特解釋力消失

透過複迴歸因素分析等多變項統計技術，各理論變項對犯罪之不同影響雖可獲得，但卻也失卻原理論之特殊解釋目的，進而支持某特定理論變項，排除了部分理論之地位。Hirschi 指出理論不應輕易被整合，應充分的發展，並且「漠視自己主張的弱點，頑固的抗辯到底」。

❸ 整合理論之代表性變項選擇不易，極可能遺漏重要者產生偏見

以差別接觸理論為例，其有九大命題，而控制理論亦有社會鍵四大要素，假使再將緊張理論、生物、心理理論等予以整合納入，其操作變項數目將達數十個，欲測試此整合理論之效能，需有較大之樣本數，而自願之樣本並非唾手可得，研究人員勢必裁減變項數目，選擇較具代表性者，在選擇妥適變項之同時也因犯罪研究人員之見解與研究取向不同，極可能遴選出不同之代表性變項，因而呈現迥異之研究結果。

❹ 整合理論之類推各犯罪類型能力面臨侷限

整合理論對於各犯罪類型之類推解釋力並非全是相同的。例如，學者 Matsueda 及 Heimer 之研究即指出，學習理論（如差別接觸理論）對於男性少年之詮釋比社會控制理論佳，尤其對父母與同儕之附著透過「違反法律有利之學習」——差別接觸理論之核心項目，而與少年犯罪間接發生相關。同時，該研究復對其次樣本黑人與非黑人少年犯進行調查發現，破碎家庭對黑人少年犯罪之影響超過非黑人少年犯，因此在其次樣本研究中則對社會控制理論提供更多之支持。由於獨特之犯罪理論很難平等、妥適的應用至每一少年犯罪類型，因此整合理論對所有犯罪類型之類推能力亦面臨相同之困境。

❺ 整合理論仍侷限於對某一犯罪類型之解釋

整合理論雖然彙整了許多犯罪理論之精華，但仍然侷限於對某一犯罪類型之解釋，無法普遍應用至各犯罪類型之解釋。例如，學者 Elliott 等人以緊張理論、不適之社會化及社會解組為先驅變項，認為其影響及個人對傳統社會規範之連結繫帶，進而可能與不良友伴接觸，而促成犯罪行為之發生。其對美國 1,700 名 11～17 歲之少年進行調查，並分別於 1977 年及 1979 年分三次進行訪談調查。研究結果發現該整合理論模式非常適合詮釋少年犯罪現象，尤其對少年吸食大麻之詮釋力更高達 59%。然值得注意的是其對少年吸食較嚴重毒品之詮釋力卻降至 29～34%。

主要犯罪理論模式與主張

項目　　理論類型	緊張理論	控制理論	學習理論
人性主張	人性本善	人性自利	人性非善非惡
犯罪原因	社會結構功能失調產生之挫折與憤怒。	缺乏自我控制或個人與社會之繫帶轉弱，致個人由非法管道滿足欲求。	次級文化之社會化與學習，致其認為違反社會規範是正確的。
問題	為何人們偏離社會規範？	為何人們遵循社會規範不犯罪？	社會規範係如何學習而來？

犯罪理論整合之困境

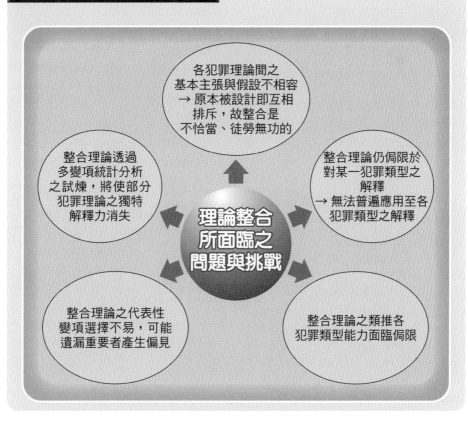

各犯罪理論間之基本主張與假設不相容
→ 原本被設計即互相排斥，故整合是不恰當、徒勞無功的

整合理論透過多變項統計分析之試煉，將使部分犯罪理論之獨特解釋力消失

整合理論仍侷限於對某一犯罪類型之解釋
→ 無法普遍應用至各犯罪類型之解釋

理論整合所面臨之問題與挑戰

整合理論之代表性變項選擇不易，可能遺漏重要者產生偏見

整合理論之類推各犯罪類型能力面臨侷限

UNIT 8-4
犯罪理論整合之方向

圖解犯罪學

在理論之建立上，整合理論面臨部分質疑，但仍有許多學者認為理論整合本身仍具有許多優點，而嘗試理論整合之工作。回顧文獻，理論整合可往下列方向邁進：

(一) 概念上之整合

由於命題之整合面臨不少困難，故部分學者認為理論整合可從概念之整合開始。概念之整合如同前述，部分理論之變項概念或名稱雖有不同，但理論之意涵及衡量之操作可能係相似的（Pearson & Weiner）。Akers 即特別強調許多理論之變項概念基本上與社會學習理論變項之概念是相等的，而可由其加以吸收。例如，社會鍵理論之信仰變項概念與社會學習理論對犯罪有利或不利之定義變項概念是相似的；而緊張理論之機會的阻斷及社會鍵理論中之奉獻變項概念，亦與社會學習理論中差別增強變項相通。另外，社會鍵理論之與家庭學校同儕附著亦與社會學習理論中接觸之強度及仿同變項意涵相近，可由其予以吸收，進行理論整合之嘗試。

(二) 理論之精心敘述與發展

各犯罪理論間由於基本假設與內涵不盡相同，甚至產生互斥現象，因此部分學者強調以理論精心敘述與發展之策略，即對現存犯罪理論加以充實改進，充分發展以取代整合理論之做法。這些學者認為許多現存之犯罪理論並未充分發展，因此學者最好投資時間與精力發展之，而非尋求整合。

(三) 小型或中型層級整合

犯罪理論整合或因理論間之基本假設主張迥異，而呈現不相容情形，但部分學者卻認為理論間之部分命題或變項概念仍可互相援引借用，雖然理論之基本主張並不盡然皆相同。換句話說，犯罪理論之整合仍可選擇適切變項進行所謂小型或中型層級之整合工作。Cloward 及 Ohlin 之修正、整合 Merton 之亂迷理論即屬本案之範例。他們借用了 Merton 之緊張、亂迷概念及 Sutherland 之犯罪副文化學習概念（兩者之基本主張係不相容的），構成其差別接觸機會理論，又稱緊張副文化理論。此項努力顯然至為成功，其對於周延詮釋少年犯罪之成因貢獻至鉅。

另外，學者 Bursik 亦從整合政治決策過程（衝突之觀點）及犯罪區位理論（共識之觀點），說明其詮釋犯罪之理論模式。Bursik 強調，犯罪係由人口之不穩定性所促成，而此乃國宅及經濟選擇過程之政治決策結果，其整合之努力基本上係屬中型層級之整合。

犯罪理論整合之方向

概念上之整合 （Conceptual Integration）	部分理論之變項概念或名稱雖有不同，但理論之意涵及衡量之操作可能是相似的，故可予以吸收，進行理論整合之嘗試。
理論之精心敘述與發展 （Theoretical Elaboration）	由於各犯罪理論之基本假設與內涵不盡相同，甚至產生互斥現象，因此部分學者強調以理論精心敘述與發展之策略，即對現存犯罪理論加以充實改進，充分發展以取代整合理論。
小型或中型層級整合 （Small or Middle Range Integration）	部分學者認為，理論間之部分命題或變項概念可互相援引借用，雖然理論之基本主張並不盡然皆相同，仍可選擇適切變項進行所謂小型或中型層級之整合工作。

★松貝利對控制理論之精心敘述與發展

以犯罪學學者 Thornberry（1989）之對控制理論之精心敘述與發展建議說明其具體之修正方向，首先，對控制理論之 Elaboration 分析，我們可以檢視社會鍵變項的來源作為起點，而不用從社會鍵出發。亦即社會鍵要素（如附著於傳統活動、奉獻於學校活動、參與有益身心活動及信仰傳統規範），可能與某些先行測試變項（antecedent test variable），例如家庭結構、社會階層、社經地位、性別及人種等，發生極大的相關，因此此類先行測試變項必須加以敘述解說。我們可以檢試社會鍵變弱時所產生之結果。換言之，四個社會鍵要素是否如赫胥宣稱對犯罪有直接的影響力，或者是否有其他中介變項，例如偏差同儕團體（delinquent peers），可對犯罪原因做進一步之瞭解與澄清。最後，我們亦可對控制理論之單一方向迴歸因果模式（recursive causal model）加以檢視。事實上，最近之研究指出，如果要對於少年犯罪更深入之瞭解，就必須檢視社會鍵要素對少年犯罪之影響及少年犯罪本身對社會鍵維繫之衝擊。在此精心詳述發展過程中，明顯的無須觸及對犯罪來源與基本假設之爭議，而充分的發展原理論模式。

第 **9** 章
傳統暴力犯罪

章節體系架構

UNIT *9–1* 擄人勒贖犯罪

UNIT *9–2* 人質與綁匪之特殊心理症候群

UNIT *9–3* 擄人勒贖犯罪之防制（一）

UNIT *9–4* 擄人勒贖犯罪之防制（二）

UNIT *9–5* 殺人犯罪（一）

UNIT *9–6* 殺人犯罪（二）

UNIT *9–7* 殺人犯罪（三）

UNIT *9–8* 殺人犯罪（四）

UNIT *9–9* 殺人犯罪之成因分析（一）

UNIT *9–10* 殺人犯罪之成因分析（二）

UNIT *9–11* 殺人犯罪破案之因素

UNIT *9–12* 殺人犯罪之防治（一）

UNIT *9–13* 殺人犯罪之防治（二）

UNIT *9–14* 強制性交犯罪

UNIT *9–15* 強制性交犯罪之類型及成因

UNIT *9–16* 強制性交之防治（一）

UNIT *9–17* 強制性交之防治（二）

UNIT *9–18* 縱火犯罪

UNIT *9–19* 縱火犯罪之動機及特性

UNIT *9–20* 縱火犯罪之防治

UNIT 9-1
擄人勒贖犯罪

(一) 擄人勒贖犯罪之型態

美國聯邦調查局（FBI）在 1970 年代把人質的挾持、擄人方面的犯罪人區分成四大類：恐怖活動者（terrorists）、以俘虜為目的者（prisoners）、一般犯罪者（criminals）、心理異常者（mentally disordered）。典型的擄人勒贖，是由有組織的集團藉由暴力的手段來從事犯罪，其目的是藉由威脅被綁者的生命安全來獲取金錢。

另根據 Marongiu 和 Clarke 的研究，其認為擄人勒贖需考量該地的地理因素、民情風俗、歷史傳統、社會結構等，其以副文化理論和理性選擇論來研究此一現象，歸納出以下兩種不同本質的犯罪類型：

❶ **同質性的擄人勒贖**（internal ransom kidnappings）：犯罪人和被害人有著相同的地理因素、民情風俗、歷史傳統、社會結構。

❷ **異質性的擄人勒贖**（external ransom kidnappings）：犯罪人和被害人有著不同的地理因素、民情風俗、歷史傳統、社會結構。被害者主要是當地或者其他地方的有錢群體：商人、企業家、觀光客等。

此外，Miron 和 Goldstein 依據犯罪人的動機分成兩類：工具性的與表達性的。在工具性的挾持方面，擄人的動機是針對物質上的獲取（金錢）；而表達性的挾持，擄人則是一種心理上的問題，犯罪者的動機是想要變有名或是想要去享有控制他人的事實，或是想要利用媒體對其行動的報導（如劫機、恐怖活動），以達成他們某些目標。

(二) 擄人勒贖之犯案歷程與犯罪模式

台灣地區擄人勒贖犯罪仍以「集團模式」居多。而集團的組成，通常由一位經濟遭遇急迫性困境者發起（如被追債、吸毒、假釋期間、逃亡通緝等），其吸收之成員多為兄弟、同居人及熟識友人或友人引薦，但其成員不一定遭遇相同或類似之經濟問題。通常犯罪者會以郊區或山區隱密廢棄之建築物，或以偽造之證件租賃房屋，甚至以行動車輛作為組織運作、囚禁人質之基地。至於目標之設定，通常由成員提出，經團體商議後決定，但亦有隨機選取下手目標（少數）；一旦決定目標之後，犯罪者便著手準備相關運輸、通訊、制伏及控制被害人之工具，並積極觀察目標物之生活作息，以尋求適當之下手時機，以守候跟蹤為最多的方式，而且會因犯罪者與被害人之關係而有所不同。當犯罪者擄獲被害人之後，有則直接將其殺害或意外殺害，有則以藥物或恐嚇的方式，甚至暴力相向，逼迫人質就範。至於取款的方式，則有定點式、透過高速公路或鐵路運輸，以「丟包」的方式為之，及新興的利用金融漏洞以人頭帳戶或 ATM 提款機取款。

擄人勒贖之犯案歷程與犯罪模式（楊士隆，2020）

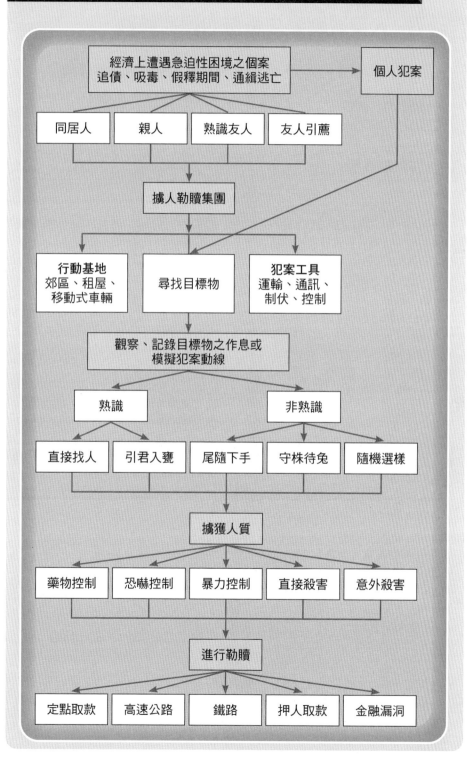

經濟上遭遇急迫性困境之個案
追債、吸毒、假釋期間、通緝逃亡 → 個人犯案

同居人　親人　熟識友人　友人引薦

擄人勒贖集團

行動基地
郊區、租屋、
移動式車輛　　尋找目標物　　**犯案工具**
運輸、通訊、
制伏、控制

觀察、記錄目標物之作息或
模擬犯案動線

熟識　　非熟識

直接找人　引君入甕　尾隨下手　守株待兔　隨機選樣

擄獲人質

藥物控制　恐嚇控制　暴力控制　直接殺害　意外殺害

進行勒贖

定點取款　高速公路　鐵路　押人取款　金融漏洞

UNIT 9-2
人質與綁匪之特殊心理症候群

在人質遭挾特並與綁匪互動過程中，學者指出實務上呈現「倫敦症候群」與「斯德哥爾摩症候群」二類特殊心理症候，值得關注。

(一) 倫敦症候群

根據人質談判專家張文瑞之撰述：倫敦症候群（London Syndrome）的引申意義係指一種人質持續與暴徒爭吵，或威脅暴徒，結果導致人質遭暴徒殺害的情境。1980 年 5 月，6 名伊朗綁匪占領位於英國倫敦的伊朗大使館，挾持 26 名使館人員為人質，英國反恐特種部隊（SAS），經過六天和綁匪對話談判之後，擬訂攻堅計畫拯救人質。正當特種部隊擬定攻堅拯救計畫之際，一名人質遭綁匪槍殺身亡，屍體被拋到街道上。人質身亡成為特種部隊發動攻堅搶救其他生還人質的導火線，攻堅救援行動只經歷 11 分鐘，警匪槍戰中，6 名綁匪中的 5 名被警方當場擊斃，1 名綁匪被警察逮捕，特種部隊少數人員受傷，人質則毫髮無傷。

根據特種部隊檢討報告指出，該名遇難人質早在警匪談判破裂後，警方攻堅行動前，即遭綁匪殺害，這是唯一慘遭暴徒殺害的人質。當時該名被殺人質和暴徒爭吵不休，甚至還以肢體挑釁暴徒，經過數個小時不斷地騷擾、惹火暴徒，導致暴徒動手殺害人質，屍體從人質所在現場被丟出。後來，人質談判專家史春智（Strentz）首先稱此案為「倫敦症候群」，意指人質與暴徒爭吵後，導致暴徒殺害人質的情境。

(二) 斯德哥爾摩症候群

「斯德哥爾摩症候群」（Stockholm Syndrome），基本上係指「人質與擄掠者合而為一，被視為一種生存的策略」。其由來，根據前述專家之撰述，源自於 1973 年間，「瑞典的斯德哥爾摩市發生一樁銀行搶案，搶匪為 2 名男子，3 名女子與 1 名男子被挾持了六天。在這段期間，4 名人質與綁匪建立了雙向的緊密聯繫；這些人質甚至認為，綁匪是保護他們以免受到警方的傷害！事後，其中一名綁匪被問及他為什麼沒有殺死人質來增加其談判籌碼，他答說他下不了手，因為他與人質間已培養起深厚的感情。在人質重獲自由之後，據說其中一名女子與一名綁匪已然彼此相許。」

根據人質談判專家張文瑞之撰述，斯德哥爾摩症候群呈現以下三種現象：❶ 挾持者對人質產生正面的感覺和情感轉移；❷ 人質對挾持者產生正面的感覺和情感轉移；❸ 人質與挾持者對警方與政府產生負面的態度。

「倫敦症候群」名詞由來

發生時間與地點	1980 年 5 月，英國倫敦的伊朗大使館。
事件重點摘要	❶ 6 名伊朗綁匪挾持 26 名使館人員為人質。 ❷ 當特種部隊擬定攻堅拯救計畫之際，1 名人質遭綁匪槍殺身亡，屍體被拋到街道上。 ❸ 攻堅救援行動中，6 名綁匪中的 5 名被警方當場擊斃，1 名綁匪被警察逮捕，特種部隊少數人員受傷，人質則毫髮無傷。
人質被殺主因	該名被殺人質和暴徒爭吵不休，甚至還以肢體挑釁暴徒，經過數個小時不斷地騷擾、惹火暴徒，導致暴徒動手殺害人質。
名詞首次出現	人質談判專家史春智（Strentz）首先稱此案為「倫敦症候群」。

倫敦症候群

人質怒罵綁匪

綁匪一氣之下把人質給殺了

「倫敦症候群」是指一種人質持續與暴徒爭吵或威脅暴徒，結果導致人質遭暴徒殺害的情境。

斯德哥爾摩症候群的徵兆（張淑茹、劉慧玉，1998）

❶ 受害者與施虐者呈雙向的密切結合。

❷ 受害者對於施虐者施予的小惠，感激得五體投地。

❸ 受害者否認施虐者對她施暴，要不就是會為其暴行找理由。

❹ 受害者否認自己對施虐者感到憤怒。

❺ 受害者對施虐者的需求極端敏感，並試圖隨時滿足他；為了達到這個目的，受害者嘗試從施虐者的角度來看待事物。

❻ 受害者從施虐者的角度來看世界，可能失去自己原有的立場。

❼ 當她有了前述的狀況，受害者會把外界企業拯救她出去的力量（如警力、父母）當成「壞人」，而施虐者則是「好人」；認為施虐者是在保護她。

❽ 受害者即使重獲自由，卻發現自己很難離開施虐者。

❾ 即使施虐者已經死亡或坐牢，受害者仍害怕他會回來找她。

❿ 受害者出現「創傷後壓力疾患」症狀。

UNIT **9-3**
擄人勒贖犯罪之防制（一）

針對擄人勒贖犯罪之犯罪型態，筆名在預防及控制上歸納出四方面建議：

(一) 被害預防方面

針對民眾如何預防成為被害的措施，建議如下：

❶ 密切注意居家附近或工作場所是否連續數日出現可疑車輛、人物，若有，則儘速與地方警政單位聯繫，避免成為擄人勒贖之目標。

❷ 在擄人勒贖犯罪中，「熟識者犯罪」多為大宗，認識被害人比例甚高，故多年未曾聯繫之同學、軍中同袍、職場同事、親戚等，突然連日拜訪，或打探自己現在的就業情況、經濟情況時，則應特別留意，且勿單獨與其外出，如無法避免，則應清楚與家人交代去向、與何人相約，並隨時保持聯繫。

❸ 平日生活應保持儉樸、低調，避免與人為惡；單獨外出時，儘量避免駕駛高級房車過度炫耀，或過度華麗之裝扮，以免成為歹徒隨機下手的目標。根據研究結果顯示擄人勒贖犯罪者在過濾被害人時，若為事先尋找，會打聽或觀察有錢的對象，以確定其經濟狀況後鎖定目標。

(二) 遭遇被害之應變方面

對被害人與其家屬的建議 —— 當不幸地成為擄人勒贖的被害人時，一切準則應以保命為首要，並提出下列幾項準則：

❶ 當民眾一旦不幸成為歹徒下手的目標，一定要保持高度的冷靜，並應避免無謂的抵抗，以免激怒歹徒而引發其殺機。因為，根據研究發現，除了直接殺害外，擄人勒贖者大部分都是因為被害人反抗、逃跑或呼救而意外殺死被害人。

❷ 千萬不要明顯揭穿歹徒的身分（許多被害人均會被蒙住眼睛），縱使已得知其身分，僅牢記心中即可，以免歹徒為了避免被捕而殺人滅口。

❸ 擄人勒贖犯罪動機上幾乎都屬於工具性的挾持，也就是針對物質上的獲取（金錢）為目的。故被害人與其家屬要儘量與歹徒建立表面的合作關係，甚至與綁匪有同理心（蔡俊章，2007），儘量配合其要求，再俟機脫逃求援。

❹ 案發後被害人家屬應該立即報案處理。國內歷年來擄人勒贖犯罪的破案率均維持在 90% 以上，故民眾應該對警方保持信心，儘量配合警方要求以利破案。

(三) 行政機關回應方面

❶ 加強相關法治與公民養成教育。對擄人勒贖罪刑期的理解，只有少數綁匪知道會被判重刑，其餘大部分並不知道會被判重刑，因此必須要加強相關法治與公民養成教育以建立刑罰的威嚇性。並可宣導不要殺害人質。

❷ 加強金融控管之功能。隨著科技進步，歹徒的取款方式也愈來愈狡猾，例如：利用金融漏洞以人頭帳戶或 ATM 提款機取款的方式進行取贖。因此有必要實施 ATM 提款機匯款與提款的限制以防止洗錢。

擄人勒贖之被害預防

密切注意居家附近或工作場所是否連續數日出現可疑車輛、人物。

※○#%

久未聯繫之朋友突然拜訪,應特別留意,且勿單獨與其外出。

平日生活應保持儉樸、低調,避免與人為惡,以免被當成綁架的目標。

被綁架時之應變

保持冷靜,避免無謂的抵抗,以免激怒歹徒。

不要揭穿歹徒身分,以免被殺人滅口。

儘量配合要求,再伺機逃脫求援。

被害人家屬應立即報警,配合警方要求以利破案。

UNIT **9-4**
擄人勒贖犯罪之防制（二）

圖解犯罪學

(四) 警政機關應變方面

最後是警政部門對擄人勒贖犯罪的因應措施。除了確保人質安全外，更要維護治安，因為擄人勒贖是很引人注目的，可能產生強烈的社會反應和媒體的廣泛報導。茲提出下列幾項建議：

❶ 強化通信監察之措施

部分擄人勒贖犯會預先準備通訊工具進行犯案，且大部分以電話方式通知家屬取贖金額與地點。這部分需要各家民營系統業者馬上配合，通信監察系統的整合要達到立即馬上顯示基地台的位置，以縮小偵辦的範圍。還有如歹徒以大陸或香港之行動電話系統，以漫遊的方式在台灣作為犯案聯繫的工具，警政單位之偵查即受到限制，必須強化防治措施以為反制。

❷ 建立陸空聯合辦案模式

因為研究發現歹徒往往有相當的地緣關係，熟悉環境，如以三度空間的偵查網絡，將能有效因應我國日益發達之運輸系統所造成犯罪偵防的死角。必要時若能配合空中的監控勤務，將能有效掌握歹徒的去向，以利後續營救人質，逮捕嫌犯之行動。

❸ 加強系統偵查之功能

歹徒以直接押人取款為多數，但仍相當重視取贖方式的複雜性與隱匿性、機動性，盡其所能的擺脫警方的追蹤。而且絕大多數的擄人勒贖犯罪者其所要求贖金之支付，均以「現鈔」為主。宜儘量運用新科技如 GPS（全球衛星定位系統），將追蹤器置入贖金中以追蹤歹徒行蹤，並避免正面衝突，傷及人質或警務人員之安全。

❹ 政府相關單位應仿效美國聯邦調查局籌設贖款準備金

研究也顯示部分被害人只是被誤以為有錢，而並不一定能短時間內籌募贖金。當警政單位接獲家屬報案之後，應善盡籌湊贖款的責任，以利援救人質。其次，亦可作為一種偵查手段，如可在贖金中裝置 GPS、鈔票染色裝置或預先記錄鈔票編號。

❺ 加強取締賭場及地下錢莊

擄人勒贖犯罪者大多因沉溺賭博或在地下錢莊欠下大筆債務，而在龐大債務壓力下從事擄人勒贖行動，故警察機關應戮力取締台灣各角落之賭場與地下錢莊，以肅清犯罪之根源。

擄人勒贖犯罪防制

(一) 行政機關可加強的部分

行政機關

加強相關法治與公民養成教育，以建立刑罰的威嚇性。

宣導不要殺害人質。

加強金融控管之功能，實施 ATM 提款機匯款與提款的限制以防止洗錢。

(二) 警政機關可強化的部分

維護治安

提高警覺

加強取締

應變方式	做法
強化通信監察之措施	與各家民營系統業者配合，通信監察系統的整合要達到立即馬上顯示基地台的位置，以縮小偵辦的範圍。
	若歹徒以大陸或香港之行動電話系統，以漫遊方式在臺灣作為犯案聯繫的工具，警政單位之偵查即受到限制，必須強化防治措施以為反制。
建立陸空聯合辦案模式	以三度空間的偵查網路，將能有效因應我國日益發達之運輸系統所造成犯罪偵防的死角。
	必要時若能配合空中的監控勤務，將能有效掌握歹徒的去向，以利後續營救人質，逮捕嫌犯之行動。
加強系統偵查之功能	宜儘量運用新科技如 GPS（全球衛星定位系統），將追蹤器置入贖金中以追蹤歹徒行蹤。
	避免正面衝突，傷及人質或警務人員之安全。
仿效美國聯邦調查局籌設贖款準備金	當警政單位接獲家屬報案之後，應善盡籌湊贖款的責任，以利援救人質。
	可作為一種偵查手段，如可在贖金中裝置 GPS、鈔票染色裝置或預先記錄鈔票編號。
強化警察裝備並進行攻堅演練	綁匪多以交通工具的準備較多，其次是槍械，因此警方在跟監綁匪或對峙時不能掉以輕心。
加強取締賭場及地下錢莊	應戮力取締臺灣各角落之賭場與地下錢莊，以肅清犯罪之根源。

UNIT **9-5**
殺人犯罪（一）

圖解犯罪學

在各類型犯罪中，最令民眾感到恐懼、害怕者為殺人等致命性犯罪案件之發生。犯罪學學者 Sellin 及 Wolfgang 曾編製一份有關 141 項不同犯罪類型之犯罪嚴重性量表，對近千名警察、法官及大學生施測，研究發現各職業團體對犯罪嚴重性之衡量趨於一致，殺人犯罪被衡量為最嚴重的犯罪行為，二倍半於性侵犯罪。

(一) 殺人犯罪之動機

殺人犯罪之動機有時至為單純，如為錢財或因憎恨，但亦有隱含複雜之動機，如隱蔽罪行而殺人、精神病態殺人或政治性謀殺等。根據 1996 所發布的美國統一犯罪報告（UCR）資料顯示，自 1991 年至 1995 年全美殺人犯罪者的動機平均以爭吵占第一位，之後依次為不詳、強盜殺人、毒品交易時所引起的殺人等。而在 1995 年被害者被害的動機以不詳占第一位，之後依次為爭吵、強盜殺人、因毒品交易所引起的殺人等。楊士隆之研究發現殺人動機以爭吵占首位（60%），其次為錢財者（13.7%），再次為仇恨（10.9%）。

(二) 殺人犯罪之類型

在刑法上將殺人犯罪區分為普通殺人罪、殺害直系血親尊親屬罪、義憤殺人罪、母殺子女罪、加工自殺罪及過失致死罪。在犯罪研究文獻上有關犯人犯罪之分類則依殺人犯罪之人數、殺人期間、動機、加害者與被害者之關聯性等而呈現差異，其分類扼要敘述如下：

❶ 系列殺人與集體殺人

系列殺人與集體殺人是屬於較為特殊並引起大眾關心的殺人類型，系列殺人係多重殺人之亞型，一般係指在歷經一段時間（如週、月或年），持續但不是很密集、活躍的殺人。

而集體殺人則與系列殺人相反，是在同一時間內殺死數人，例如 1984 年間發生於美國聖地牙哥麥當勞之瘋狂殺人案件屬之，J. O. Huberty 一人殺死 21 條人命。1996 年國內發生劉邦友等 9 名遭槍殺血案亦屬集體殺人類型。Lunde 從精神醫學之觀點將集體殺人犯區分為妄想思覺失調型及性虐待型兩類型。

❷ 依犯罪動機區分之殺人犯罪

Polk 曾指出殺人犯罪具有多種動機，並以各種型態呈現，分述如下：

① 美國聯邦調查局之官方犯罪報告區分殺人犯罪為如下類型：Ⓐ 重傷害之謀殺；Ⓑ 有重傷害嫌疑的謀殺；Ⓒ 起因於雙方爭執的謀殺（無犯罪預謀）；Ⓓ 其他動機或狀況而起的謀殺（非屬前一項的任何已知動機之謀殺）；Ⓔ 動機未明的謀殺。

系列殺人的重要要素（Holmes & DeBurger）

❶ 重複的殺人（repetitive homicide）

❷ 一對一殺人為主

❸ 加害者與被害者間通常不熟識，或僅稍許認識

❹ 系列殺人係被啟動的，有別於傳統之激情表現

❺ 缺乏明顯、清楚的動機

系列殺人分類

幻想殺人者 （visionary killers）	多數係在聽取神的旨意下對特定族群如娼妓、同性戀等下毒手。
任務取向殺人者 （mission-oriented killers）	主要基於任務對特定之人毫不留情的（非基於幻想或瘋狂）加以殺害。
享樂殺人者 （hedonistic killers）	以殺人為娛樂方式，藉此追求快樂與刺激。
權力取向殺人者 （power/control-oriented killers）	以追求完全的駕馭、控制被害者之生死為滿足。

犯罪學家基本上對於此類型的殺人犯罪可說所知不多，各種不同的因素如心理疾病、性挫折、精神分裂、孩童忽略及不良的親子關係等皆有可能是殺人犯罪的原因，但大部分的專家認為，系列殺人犯具有反社會人格病態傾向，享樂殺人，對於被害者的痛苦和折磨無動於衷，且於被逮捕後沉溺於閃光燈或大眾傳播媒體的大幅報導下。

集體殺人的類型

類型	內涵
妄想思覺失調型 （paranoid schizophrenia）	具有被迫、誇張、嫉妒等妄想症，極易在妄想及幻聽覺之情況，激情失去自我控制而殺人。
性虐待型 （sexual sadism）	以凌虐、切割肢體方式殺害他人以獲取性滿足為樂。

Fox 與 Jack（1985）在檢視 156 個涉及 675 條人命之個案指出：集體殺人犯並無心理、精神或基因上的異常。相反地，他們認為集體殺人犯常是「邪惡勝於發狂者」，少有精神妄想症者；大部分表現出社會病態人格傾向，缺乏良心和罪惡感。

UNIT 9-6
殺人犯罪（二）

圖解犯罪學

②V. Hentig 依殺人犯罪之動機區分殺人犯罪，包括下列各類型：Ａ 利慾殺人：以獲得財產上之利益為目的之殺人，即謀財害命。如強盜殺人、為詐取保險金之殺人等是；Ｂ 糾葛殺人：因戀愛、憎恨、嫉妒或其他個人的情緒糾葛而生之殺人，如殺害配偶、情侶、尊親屬等屬之；Ｃ 隱蔽殺人：為隱蔽自己的其他罪行而殺害對自己不利之目擊者以滅口。如強姦後殺害被害者以滅口、社會上有地位者為恐自己使未成年少女懷孕之醜事被揭發而殺害少女等均是；Ｄ 性慾殺人：以殺人為滿足性慾之手段者。如有戀態性慾之所謂嗜虐症者之淫樂性殺人屬之。這類殺人往往以殺人行為本身作為性的代償現象；Ｅ 出於多種複雜動機之無型群：如精神病患者及政治性刺客之殺人等不定型之殺人者屬之。

❸ 加害者與被害者關聯之殺人分類

學者 Williams 等人在殺人犯分類中依加害者與被害者之關係分為：家庭殺人、熟識者間殺人與陌生人間的殺人，而在聯邦調查局所出版的統一犯罪報告（UCR）亦採同樣的分類。各類型的殺人犯罪分述如下：

① 家庭間的殺人：所謂家庭間的殺人，係指被害者與加害者之間具有親屬關係或是家庭中的成員間發生的殺人犯罪行為，而一般論及家庭殺人可區分為夫妻間殺人、殺害尊親屬及幼兒被殺等方面。

② 熟識者間的殺人犯罪：所謂熟識者，依 Williams 與 Straus 的定義係朋友或是彼此認識之人而言，在 Wolfgang 的研究中雖其分類較為詳細（分為親密朋友、熟識者），但所研究的結果發現，在 550 件殺人犯罪中就占了 293 件（41.7%）。Rojek 與 William 的研究亦有相類似的結果，如在1979 年至 1988 年全美與亞特蘭大的殺人案件比例中家人與熟識者就超過 54%。陌生人間的殺人犯罪占二成以下，而其中尤以熟識者占第一位將近四成。

③ 陌生人間殺人：係指加害者與被害者間未具親屬關係或彼此不相熟識，而在犯罪之情境中由陌生者殺害被害人。

Riedel 研究陌生人間的殺人犯罪發現兩項特質因素是有密切相關，首先是與被害者或加害者的特性有關，再者是與其出入的場所相關聯（如酒吧、運動場所）。有許多是自發性地造成彼此間話題或言語上的不快，使得兩人之間的熱度升高，若是在飲酒之後，更是容易造成殺人行為。

Rojek 與 William 的研究則發現陌生人間的殺人犯罪多是以經濟取向為主因，換句話說殺人並非其本意，而是其手段，再者其種族間發生的比例高於其他類型。

依殺人犯罪動機區分之類型

利慾殺人 →	即謀財害命,如強盜殺人、為詐取保險金殺人等皆是。
糾葛殺人 →	因戀愛、憎恨、嫉妒或其他個人的情緒糾葛而殺人。
隱蔽殺人 →	即殺人滅口。為隱蔽罪行,殺害對自己不利之目擊者。
性慾殺人 →	以殺人為滿足性慾之手段者。
多種複雜動機之無型群 →	精神病患者及政治性刺客之殺人等不定型之殺人者屬之。

加害者與被害者關聯之殺人分類

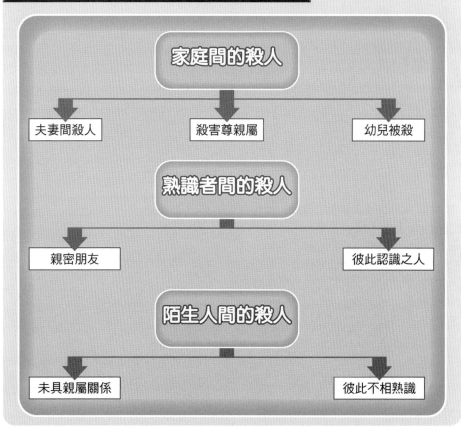

家庭間的殺人

夫妻間殺人　　殺害尊親屬　　幼兒被殺

熟識者間的殺人

親密朋友　　彼此認識之人

陌生人間的殺人

未具親屬關係　　彼此不相熟識

UNIT **9-7**
殺人犯罪（三）

圖解犯罪學

(三) 殺人犯之心理與人格特性

　　傳統上，殺人犯被認為是被激怒的個人，在喪失理智與衝動的情況下，突發的殺人。然而，卻有其他學者認為殺人犯具有某些獨特之心理與人格特性，容易在特定情境中以暴力方式反應。美國紐約州立大學犯罪心理學教授 Toch 在《暴力男性》一書中即指出許多暴力犯罪之衍生係行為人從人際衝動中習得，以慣性之方式暴力相向獲益。

　　此外，Megargee 則指出高度攻擊性者具有低度控制及過度控制兩種心理人格特性。

❶ 低度控制者無法抑制攻擊行為，當被激怒或面臨挫折時，即暴力相向。

❷ 過度控制者基本上具有高度挫折忍受力，能經得起一般之挑釁，並接受社會規範約制，但在超過其容忍度之情況，其可能比前述低度控制者更具暴力反應。此項見解在 Miklos 等人的研究中獲得證實，他們針對南斯拉夫 S. Mitrovica 地區監獄中的 112 名殺人犯，進行訪談、以 MMPI 施測及官方資料等進行人格類型研究，結果發現有三分之一的殺人犯並沒有心理異常的現象，反而呈現過度控制之情形。另外，Baumeister 等人指出，暴力之衍生並非完全係與行為者之低自我肯定有關。相對的，高自我評價者在面臨外在貶抑與負面評價而自我受到威脅時，更易引發暴行。

　　其引述 Polk 對陌生者殺人之研究指出，多數陌生者殺人行為係受到他人之羞辱後，自覺面子掛不住，而以暴力攻擊行為因應。

　　除前述殺人犯心理、人格特性說明外，Hickey 曾則就殺人犯心理特性深入探索，分別是精神疾病、人格異常、解離性疾患、精神分析因素及心理病態人格等。此外，許多文獻發現，大多數之暴力行為者具有下列特性：男性、年輕、單身、來自下階層之家庭、情緒不穩、性格衝動、人際關係不佳、生活適應不良等。

殺人犯心理特性（Hickey，1991）

精神疾病 （Mental Illness）	殺人犯是否具有精神相關疾病亦為犯罪研究人員所重視。首先就較嚴重之精神病而言，一般人可能認為精神病與殺人犯罪間有相當的關聯性，但據 Henn 與其同事的研究結果顯示：從 1964 年至 1973 年被評估具有精神疾病的殺人嫌犯 2,000 人，只有 1% 的人真正患有精神病。再就精神官能症而言，與前者相較精神官能症較不具有暴力本質，但是二者皆具有高度焦慮、強迫及偏執行為。Brodsky 在檢驗九項有關監獄受刑人的研究發現：在受刑人之間只有 1 至 2% 具有精神病，4 至 6% 具有精神官能症。
解離性疾患 （Dissociative Disorders）	解離性疾患與殺人犯罪間的研究是近幾年來才開始，該類與殺人犯罪有關的心理疾病有解離性漫遊症、多重人格疾患、解離性失憶症，以上的症狀主要障礙為一或多次的發病，不能記起重要個人資料，通常本質與創傷或壓力有關，諸如早年不愉快的經驗、人生重大的變故等。此等疾病與殺人犯罪上的相關研究多屬個案臨床的研究，且所占人數並不多。
精神分析 （Psychoanalytic Factors）	依精神分析的觀點，殺人犯罪是因為在犯罪人成長的階段其超我未習得社會規範及良好的自我，以致於無法控制本我的衝動。Gallagher 指出由於本我與超我之間的衝突產生了不正常的行為，而不正常的行為通常源於早年不良經驗，其中以雙親及子女間發展出不良的關係為最多。
心理病態人格 （Psychopath-Sociopath）	臨床心理學家認為心理病態人格（DSM-II 版後稱之為反社會人格）具有下列症狀：❶ 攻擊危險；❷ 行為少經過思考；❸ 對自己的犯罪行為不具悔意及不具有情感應性。雖然心理病態人格不全都具有暴力行為，但研究卻證實與他人相較其較有暴力傾向。此外亦較他人具有危險性。Hickey 指出，在犯罪矯正機構的受刑人中大約有 20 至 30% 具有心理病態人格特質。

殺人犯罪者常見之特徵（謝文彥，2002）

❶ 幼年遭受暴力或虐待

❷ 與其他小孩或兄弟姊妹作對

❸ 與他人只有表面關係或虛偽關係（例如許多案例殺人犯與成年異性建立關係有障礙，其對性之罪惡感使他們視女性為淫蕩及誘惑者）

❹ 大多數之殺人犯很年輕，約在 20 至 40 歲間，且較集中於 20 歲

❺ 大多數殺人犯為男性，僅約 12% 為女性

UNIT **9-8**
殺人犯罪（四）

(四) 殺人犯與被害者之關聯

❶ 被害者的基本特性

綜合刑案統計、法務部之犯罪狀況及其分析，以及筆者之研究，被害者以 18 歲以上 30 歲以下者占最多數，30 歲至 40 歲未滿者次之。性別上則以男性占最多數，女性僅占小部分。職業分布上以無業者占最多數，次為技術工、營建工職業者，受害者之教育程度則集中於國高中程度。

❷ 加害者與被害者之關係

在美國 1992 年官方犯罪報告的統計資料顯示以下重要訊息：絕大多數的加害者事前已認識被害者，因此一個人較易為所知悉的人殺害，而非完全是陌生人，在加害者與被害者關係上，加害者是家庭中成員者占 26%，而加害者是熟識者則占 52%。

楊士隆之調查結果顯示，被害者與加害者關係為陌生人者占 57.2%，關係為朋友者占 30.4%，關係為家人者占 2.2%，關係為親戚者占 1.2%，關係為夫妻者占 5.2%。與美國的統計資料相較，台灣地區被害者為陌生人者仍占多數，為被害者的主體，若就熟識者與陌生人二者加以區分，則二者之差異情形則減少。

❸ 被害者所扮演的角色

研究殺人犯罪一重要的課題為殺人犯罪中，被害者扮演之角色為何？Wolfgang 所提「被害者引發之殺人」概念為檢視之重點。根據 Wolfgang 之定義，「被害者引發之殺人」係指被害者在犯罪事件中係一個直接、正面的催促者。其角色為在殺人之情節（中爭吵）率先對其後之加害者，使用肢體暴力或武器攻擊。

Wolfgang 在費城對 558 名殺人犯之研究，發現約有 150 件（26%）係由被害者所引發之殺人案件。其後之研究雖大致證實其間之關聯性，但被害者所發動之殺人犯罪比率並不高，例如 Sobol 在美國水牛城之研究，僅證實 13% 屬之。在澳洲 Wallace 之研究及丹麥由 Wikstrom 所主持之研究則發現，被害者引發之殺人犯罪比率分別為 10.4% 及 11%。

楊士隆之台灣地區殺人犯罪研究則顯示：案發前發生爭吵者占 21.5%，案發前發生攻擊者占 58.4%，案發前有飲酒者占 47.7%，而案發前加害者與被害者相互認識者占 37.3%，不認識者占 60.4%，部分符合 Wolfgang 所提「被害者引發之殺人」概況。

殺人犯與被害者之關聯

殺人犯與被害者之關聯

被害者基本特性

18 至 30 歲
占最多數

以男性
占最多數

以無業者
占最多數

教育程度集中
在國高中程度

彼此間的關係

美國地區
統計，彼此
多為熟識者

台灣地區被害
者多為陌生人
（占 57.2%）

被害者扮演的角色

部分被害者在犯罪
事件中扮演直接或
正面的催促者，例
如先對加害者言語
或暴力攻擊

案發前通常會
發生爭吵、攻擊

案發前多有飲酒
（約占 47.7%）

UNIT **9-9**
殺人犯罪之成因分析（一）

許多研究並未針對殺人犯罪之成因進行統合分析，其主要係因殺人犯罪之成因依各殺人犯罪類型（如家庭殺人，朋友與熟識者間之殺人及陌生者殺人等）而呈現部分差異。基於許多項對攻擊行為之研究，殺人犯罪主要之成因分述如下：

(一) 生物因素

殺人犯罪之衍生與犯罪者本身或具有 XYY 性染色體異常、缺 MAO 基因，下視丘邊緣體長腦瘤或遭傷害、兒童期間呈現注意力缺乏過動疾患（Attention Deficit Hyperactivity Disorder, ADHD）及生化上不均衡（如低血醣、內分泌異常）等有關，但專家指這些因素並不必然與一個人之反社會性有直接關聯，充其量為前置因素，其常須與後天環境及行為者心理因素互動，始可能產生暴行。

(二) 心理因素

犯罪心理研究指出行為人各層面認知與思考因素與其暴力行為之反應密切相關。首先從犯罪者理性抉擇之角度觀之，殺人犯罪之衍生可能係加害者在進行成本效益分析後，認為殺人對其較為有利，而在預謀或有利犯罪機會之情況下，從事殺人行為。

其次，文獻指出犯罪人常有認知曲解之情形，包括欠缺理性與邏輯、短視、以自我為中心、未能注意他人需求、歸罪他人、不負責任、認為自己是受害者等。而在這一些錯誤之認知型態下，無法妥善處理人際衝突而產生暴行。另外，部分研究指出殺人犯之認知

自我調節機制呈現明顯失常，故而在面臨壓力情境下以攻擊方式因應。例如早期 Dollard 等之挫折攻擊假設指出行為人在朝向某一目標的系列行為遭受挫折時，即可能衍生攻擊行為。而 Bandura 之研究則指出行為人在如下情況之誘發下易衍生攻擊行為（含殺人行為）：

❶ **楷模的影響**

當個體看見他人表現攻擊行為後，受到楷模學習，亦可因此呈現攻擊行為。

❷ **嫌惡的遭遇**

當個體遭受身體的迫害、言辭的威脅或受到侮辱時，容易表現攻擊行為。

❸ **激勵物的引誘**

當個體預期攻擊行為會產生積極的效果時，就可能引發攻擊行為。

❹ **教導性的控制**

透過社會化的過程，個體接受法定權威的指導，決定是否表現攻擊行為。

❺ **奇異的表徵控制**

當個體不能有效與現實生活經驗連結時，常被幻覺的力量所操縱，因而表現攻擊行為。

殺人犯罪的成因

生物因素	心理因素	誘發攻擊的行為
具有 XYY 性染色體異常	藉由殺人獲得利益	受到楷模的影響
缺 MAO 基因	欠缺理性與邏輯	遭受迫害與侮辱
下視丘邊緣體長腦瘤或遭傷害	短視、以自我為中心	受到引誘
注意力缺乏過動疾患	未能注意他人需求	被幻覺操控
生化上不均衡	歸罪他人、不負責任	
生物因素常須與後天環境及心理因素互動，始可能產生暴行		

X Y Y

生物因素 ＋ 心理因素 ＋ 後天環境

家庭　朋友

產生暴行

UNIT **9-10**
殺人犯罪之成因分析（二）

圖解犯罪學

(三) 行為互動因素

　　許多殺人犯罪之衍生係因殺人犯與被害者行為產生互動，進而提升至爭吵暴行與殺機。學者 Wolfgang 研究費城 1948 年至 1952 年的殺人犯罪案件，其結果發現，有將近 26% 的殺人犯罪是由所謂的被害者所引起，而且這些被害者往往是首先挑起爭執、毆打加害者或是拿出武器者。Luckenbill 的研究亦有類似的結果，曾對 70 件殺人犯罪案件之情境轉換歷程進行研究，其指出殺人犯罪之衍生常與殺人犯及被害者之一連串動作與情緒反應（如傷害自尊），激怒彼此，進而提升至暴行與殺人之層次。

　　此外，Athens 亦有類似論點，其指出，暴力殺人行為之衍生往往是加害者被置於一定的境況，認為對方對其不利、有害、產生挫折而產生嚴重的衝突。

(四) 社會結構因素

　　對於殺人犯罪之解釋，社會結構因素中歧視、財富分配不均、貧富差距擴大，個人長期被經濟剝奪、絕對剝奪、相對剝奪感擴增而衍生挫折與憤怒，轉而產生暴力行為（殺人犯罪）之機制，晚近受到學者之正視。

(五) 暴力副文化與不良友伴，團體接觸因素

　　Wolfgang 與 Ferracuti 在對費城之殺人犯做系統性研究後，提出「暴力副文化」之概念。所謂副文化，即社會中某些附屬團體所持有之一套與主文化有所差異之文化價值體系。他們認為，在某些社區或團體裡可能因暴力副文化之存在，致暴力為現存之規範所支持，並滲入到生活方式、社會化過程及人際關係之中，而殺人犯罪即為此類副文化之產物。

　　其次，在少年犯罪相關研究上，顯示不論少年是否具有犯罪傾向，少年結幫之結果，其從事偏差與犯罪行為之頻率即大增。而幫派中殺人等暴力行為之衍生往往被合理化，少年之從事是項行為可減輕刑罰，對部分少年而言為效忠與可饒恕之行為。此外，鑑於少年集團犯罪之特性，在集團壓力下，少年可能從事許多非理性之暴力，甚至殺人行為。

殺人犯罪成因分析（二）

殺人犯罪的成因

行為互動因素

→ 挑起爭執、毆打加害者

→ 殺人犯和被害者彼此激怒

社會結構因素

→ 歧視

→ 財富分配不均

→ 長期被經濟剝奪

→ 絕對與相對剝奪感

團體接觸因素

→ 拉幫結派

→ 暴力副文化

→ 受到行為偏差集團的壓力

學者的相關研究

（一）Wolfgang 的研究（1958）

費城 1948 年至 1952 年的殺人犯罪案件 ➡ 有將近 26% 的殺人犯罪是由所謂的被害者所引起。被害者往往是首先挑起爭執、毆打加害者或是拿出武器者。

（二）Luckenbill 的研究（1977）

針對 70 件殺人犯罪案件之情境轉換歷程進行研究 ➡ 殺人犯罪之衍生常與殺人犯及被害者之一連串動作與情緒反應而激怒彼此有關。

（三）Athens 的研究（1997）

暴力殺人行為之衍生往往是加害者被置於一定的境況，認為對方對其不利、有害、產生挫折而發生嚴重的衝突。

UNIT 9-11
殺人犯罪破案之因素

圖解犯罪學

在殺人犯罪案件中警政及其他司法人員運用科學辦案及其他方法嘗試偵破結案，但每年台灣地區仍約有 10% 的案件無法偵破。事實上，國外之研究亦顯示，近年來隨著警察資源、權限之縮減及都會區目擊證人不願意提供訊息，使得許多殺人犯罪案件之偵查更加困難。

值得注意的是，殺人犯罪研究多聚焦於殺人犯罪成因與犯案模式，未針對案件本身破案之關鍵進行調查，致使辦案人員無法從中習得較具效能之犯罪偵查經驗。所幸在部分研究人員之努力下，殺人犯罪案件破案與否之關鍵因素逐漸被揭開。例如美國學者 Wellford 及 Cronin 曾辨識出 51 項影響案件偵破之特徵，而其中約有 14 項與警察實務無關。

主要破案關鍵在於以下二項：

❶ 資源的投入（例如刑警人數、解剖時刑警在場的人數，以及刑警到達現場的時間）。

❷ 情報（情資）之品質與取得與否（例如目擊證人、密告者及電腦查驗之結果）。

此外，美國犯罪現場調查之技術工作團體則指出犯罪案件本身對於案件偵破與影響力不大，反而警察所採行之政策與偵查程序具有實質之影響。

另 Reidel 與 Rinehart 發現，在芝加哥案件偵破與否之關鍵在於案件本身是否為正在從事其他犯罪所觸發有關。Keppel 與 Weis 則認為犯罪地點與犯罪階段之時間為偵破與否之關鍵。其指出瞭解犯罪發生之地點較屍體丟棄之地點有助於犯罪偵破。

澳大利亞學者 Mouzos 及 Muller 援用澳洲殺人犯罪資料（1989 年至 2000），對 3,292 件已偵破及 430 件未偵破之案件進行分析，並對 11 名刑事偵查人員進行調查後發現，無法偵破之殺人案件大多為其他犯罪案件所引發，如搶劫或陌生者入侵，非有明確之關係者，且犯罪之地點非一般住宅區域。至於無法偵破案件之被害者多數為槍枝犯案之結果，且多數為 30 歲以上。Mouzos 與 Muller 並指出警察偵辦殺人犯罪案件並未有一定公式可援用，但倘有經驗豐富且具效能之刑事偵查人員，並具備卓越分析證據能力，且有足夠之時間投入犯罪偵查，外加長官之支持、同僚之合作及便利之通訊設備等為破案與否不可或缺之要件。

案件偵查困難之主因

警察資源、權限縮減

都會區目擊證人不願意提供訊息

導致殺人犯罪
案件偵查困難

值得注意的是，晚近之殺人犯罪研究多聚焦於殺人犯罪成因與犯案模式，未針對案件本身破案之關鍵進行調查，致使無法從中習得較具效能之犯罪偵查經驗。所幸在部分研究人員之努力下，殺人犯罪案件破案與否之關鍵因素逐漸被揭開。

破案關鍵

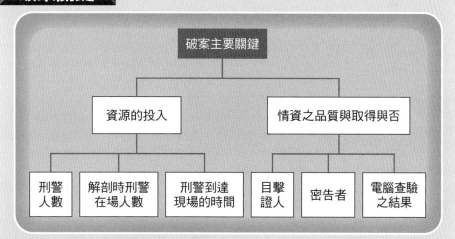

破案主要關鍵

資源的投入

情資之品質與取得與否

刑警
人數

解剖時刑警
在場人數

刑警到達
現場的時間

目擊
證人

密告者

電腦查驗
之結果

加速破案時間的要件

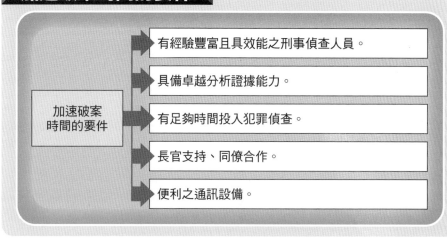

加速破案
時間的要件

有經驗豐富且具效能之刑事偵查人員。

具備卓越分析證據能力。

有足夠時間投入犯罪偵查。

長官支持、同僚合作。

便利之通訊設備。

UNIT *9-12*
殺人犯罪之防治（一）

殺人犯罪之成因如前述至為複雜，故其防治對策應是多面向的，而非偏重於一方，茲依據國內外研究心得，說明妥適防治對策，如下：

❶ 預防腦部功能受創並加強保護與治療

殺人犯腦部常有受創情形，故應在胎兒形成、嬰兒分娩成長及未來生活各階段注意防護，避免腦部受傷，進而影響及情緒控制，衍生暴行。而對於腦部受創之個案，社政、醫療單位及犯罪矯正機構應予適當監管與診療，以避免暴力行為之發生。

❷ 發揮教育功能，避免潛在惡性發展

殺人犯罪者有精神疾病之比例並不高，故研究者認為殺人犯罪之防治重點不應由改善犯罪者之精神狀態著手，相反的，在各級教育學程中透過適當教育措施，改善潛在犯罪者邪惡之意念，灌輸正確的法治及人權觀念，進而提升公權力，重建社會秩序，為防治殺人犯罪之重點。

❸ 加強親職教育，落實兒童少年保護工作

殺人犯常來自破碎與欠缺和諧之家庭，並曾遭性虐待及凌虐，同時其家庭成員有酗酒情形，此為其子女反叛與暴力行為製造了危機。因此建議社政機關加強對於未獲適當教養、遭遺棄、虐待或受其他迫害之兒童與少年予以妥適緊急安置、寄養或收養，同時應加強父母親職教育，發揮家庭功能，強化監督子女，並予適當管教，此為防止殺人犯罪發生之根本工作。

❹ 學校傳授人際溝通與憤怒情緒管理課程

殺人犯具高度攻擊性，研究相繼指出暴力行為與暴力犯本身具有非理性之認知、人際溝通拙劣及憤怒情緒之缺乏控制與管理有密切關聯，例如暴力犯在人際衝突中，常認為都是別人的錯，不回擊即表示自己懦弱，不同意別人意見時咒罵他人等，故有必要在就學階段強化社交技巧訓練與憤怒控制訓練或辦理提升情緒智商之講習，以減少暴力行為之衍生。

❺ 淨化大眾傳播媒體

研究發現殺人犯在接觸不良傳媒（如不良書刊、色情錄影帶、暴力影片等）的頻率上以填答「有時如此者」占多數，因此建議加強對煽惑他人犯罪或違背法令、妨害公共秩序或善良風俗、傷害少年或兒童身心健康之傳播內容加強警告、罰鍰、停播暨吊銷執照之行政處分，並依電影法加強對維護社會安全暨社會教育推廣績效優良之傳播業者予以獎勵。

❻ 提升優良社區文化與社區意識

從 Wolfgang 等所提暴力副文化概念所獲之啟示，改造不良社區文化，致力於社區精神文化建設，提倡正當休閒活動，端正社會風氣之努力，為建立祥和社區，減少暴力之重要方向。此外，對社區環境妥善規劃，加強居民歸屬感，動員社區居民參與社區事務，加強守望相助等，均有助於提升社區生活品質，減少犯罪之發生。

❼ 改善貧富不均、資源分配不公等機會結構問題

Walker 在其名著《Sense and Nonsense about Crime》檢視犯罪抗制相關文獻後指出，優良之經濟政策有助於治安之維護與改善。事實上，根據犯罪成因分析，目前我國所得分配不均，貧富差距日益擴大，此無形中製造出許多社會與治安問題，因此有必要採行必要措施，如健全稅制稅收、加強社會福利、貫徹經濟自由化政策，以抑制財富分配不均現象。

殺人犯罪之防治方向與重點

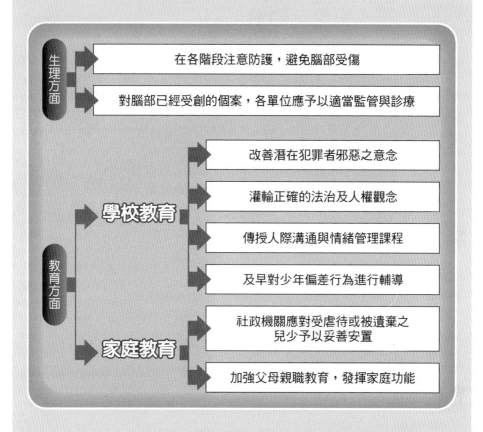

生理方面	在各階段注意防護，避免腦部受傷
	對腦部已經受創的個案，各單位應予以適當監管與診療

學校教育
- 改善潛在犯罪者邪惡之意念
- 灌輸正確的法治及人權觀念
- 傳授人際溝通與情緒管理課程
- 及早對少年偏差行為進行輔導

家庭教育
- 社政機關應對受虐待或被遺棄之兒少予以妥善安置
- 加強父母親職教育，發揮家庭功能

教育方面

從社區文化及環境設計進行殺人犯罪之防治

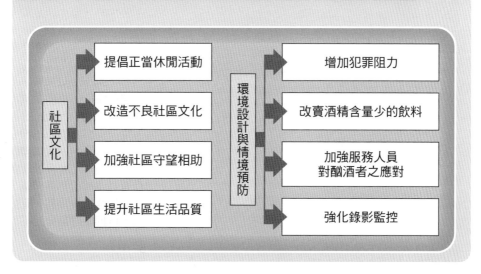

社區文化
- 提倡正當休閒活動
- 改造不良社區文化
- 加強社區守望相助
- 提升社區生活品質

環境設計與情境預防
- 增加犯罪阻力
- 改賣酒精含量少的飲料
- 加強服務人員對酗酒者之應對
- 強化錄影監控

UNIT **9-13**
殺人犯罪之防治（二）

圖解犯罪學

❽ 致力酗酒預防宣導與戒治工作

Goetting 之研究顯示，28.2% 之加害者在案發前飲酒，而被害者飲酒則占 29.7%。本土研究發現殺人犯在案發前酗酒者高達 54%，顯然酗酒的結果極易促使行為人降低自我控制與明辨是非之能力，增加冒險的意念而呈現攻擊性。因此，建議政府應致力於倡導健康、合宜的飲酒禮儀，減少豪飲，同時鼓勵廠商製造不含酒精成分之飲料，供民眾選擇。最後並應致力於酗酒預防宣導與戒治工作，以減少過量飲酒導引之心理、生理失調，甚至暴力攻擊行為之衍生。

❾ 援用環境設計及情境預防策略

殺人犯罪之發生集中於特定地點、範圍及時間內，因此，透過環境設計情境預防措施，以各種有系統常設的方法對犯罪可能衍生之環境加以管理、設計或操作，降低犯罪機會，即屬防範暴力行為發生之有效方法之一，其具體措施包括增加犯罪的阻力、提升犯罪的風險、降低犯罪的酬賞、減少犯罪刺激、去除犯罪的藉口等 25 種防範犯罪之技術。諸如在極易衍生暴力事件（如酗酒鬧事）之海邊渡假據點，要求酒店經營者取消部分優惠措施，如不再提供折扣售酒期間、傾銷販賣酒類、改採酒精含量少之飲料、訓練酒吧服務人員應對酗酒者等；在球場或其他具暴力性質比賽之場合不准販賣酒精類飲料；強化錄影監控及光線亮度；加強出入口之管制，強化自然監控效果等均屬之。

❿ 杜絕走私，嚴懲槍枝犯罪

殺人犯罪中槍殺占一定比率，故政府應強化海防、嚴防走私，並加強對製造、販賣、運輸槍炮彈藥、刀械者之追訴，同時對前項意圖供自己或他人犯罪者加重懲罰，以減少暴力犯罪之傷亡。

⓫ 加強檢警偵防犯罪能力，強化嚇阻效能

當重大殺人犯罪案件無法早日破案，緝獲凶手，甚至讓彼等歹徒繼續犯案，將造成社會極度恐慌，故有必要強化檢警偵防犯罪能力，如可透過調查研究，掌握破案之關鍵因素，提升偵防效能。同時加強刑事鑑識能力，運用心理描繪、DNA 檢定、測謊器測驗等科學辦案方法，甚至催眠偵查等，以使殺人犯無所遁形，並收嚇阻之效。

⓬ 重視暴力犯之犯罪矯治與預防再犯工作

研究發現殺人犯有前科紀錄者高達 54%，顯然殺人犯在犯案前已前科累累。因此，有必要強化犯罪矯治工作，以避免其再犯。目前在暴力犯之矯治方面，學術與實務界大致認為以著重於改變暴力犯扭曲認知、拙劣社交技巧及憤怒情緒之認知行為處遇法最具效能，國內犯罪矯正機構有必要積極引進嶄新方案、評估、試驗，對暴力犯進行干預以協助其獲得適當處遇，減少再犯。

從法制方面進行殺人犯罪之防治

加強對大眾媒體的監督

對妨害公共秩序或善良風俗等不良之傳播內容，予以加強警告、罰鍰、停播、吊銷執照之行政處分

制定良好經濟政策

健全稅制稅收

加強社會福利

貫徹經濟自由化

抑制財富分配不均

強化酗酒預防宣導與戒治

倡導健康、合宜的飲酒禮儀

鼓勵廠商製造不含酒精成分之飲料供民眾選擇

致力於酗酒預防宣導與戒治工作，減少暴力行為

加強檢警偵防與犯罪矯治

強化偵防

透過調查研究，掌握破案之關鍵因素

加強刑事鑑識能力

運用心理描繪

DNA 檢定

測謊器測驗

催眠偵查

犯罪矯治

暴力犯之矯治 → 改變暴力犯扭曲認知、拙劣社交技巧及憤怒情緒之認知行為處遇法

預防再犯工作 → 積極引進嶄新方案、評估、試驗，協助暴力犯獲得適當處遇，減少再犯

UNIT *9-14*
強制性交犯罪

(一) 定義

根據刑法第 221 條之規定，對於男女以強暴、脅迫、恐嚇、催眠術或其他違反其意願之方法而為性交者，屬強制性交罪。另外，刑法第 222 條規定，犯前條之罪而有下列情形之一者，屬於加重強制性交罪：❶二人以上共同犯之；❷對未滿 14 歲之男女犯之；❸對精神、身體障礙或其他心智缺陷之人犯之；❹以藥劑犯之；❺對被害人施以凌虐；❻利用駕駛供公眾或不特定人運輸之交通工具之機會犯之；❼侵入住宅或有人居住之建築物、船艦或隱匿其內犯之；❽攜帶兇器犯之；及❾對被害人為照相、錄音、錄影或散布、播送該影像、聲音、電磁紀錄。

另刑法第 227 條規定了「妨害性自主罪」，即對於未滿 14 歲之男女為性交及猥褻之行為者，及對於 14 歲以上未滿 16 歲之男女為性交及猥褻之行為者屬之。

(二) 對被害者之影響

研究指出，受害者在遭遇強制性交後，其所造成之傷害非一般人所能瞭解，至少是身體與心理的雙重傷害，說明如下：

❶ **身體之創傷**：除可能面臨一般外傷、陰道淤傷外，女性亦可能因此而懷孕、感染性病或其他疾病，嚴重時甚至強姦後遭殺害、肢解及棄屍。

❷ **心理之傷害**：① 強制性交創傷症候群：係指強制性交受害後之生理與心理適應不良症候，包括抑鬱、沮喪、睡眠與飲食模式改變，抱怨不明的頭痛或其他病痛而不願上班工作，喪失自信心，工作表現一落千丈、無力感、無助感、脆弱感，與工作單位、職務產生莫名的不滿或疏離，感覺與其他同事的隔離，

對兩性關係的態度與行為有所改變，無法集中注意力，害怕與焦慮，易與家人或朋友生齟齬，並可能導致酗酒與藥物之成癮依賴；② 創傷後壓力疾患：依據美國精神醫學會之說明，係指受害者對受創事件之持續體驗、持續逃避與此創傷有關之刺激，或對外界反應麻木。持續驚醒性增加，如難以入睡、驚嚇反應誇大、冒汗等，而症狀至少持續 1 個月以上。

(三) 強制性交犯罪之型態

強制性交犯罪之型態，依動機可區分為性滿足、暴力攻擊及混合型等，依對象則可區分為下列三類型：

❶ **陌生者強制性交**：係指被害者為其所不相認識且無情感交流者，以暴力、脅迫、藥劑、催眠術或他法強行姦淫而言。此類強制性交案件最常使用武器（尤其是刀械）與暴力。

❷ **約會與熟識者強制性交**：約會強制性交係指發生於有情感交流關係之人在特定約會或日常接觸情境中所發生的強制性交行為。加害人與被害人之間可能是初次約會的男女、偶爾或經常約會的男女、感情穩定的情侶。熟識者強制性交係指發生於有相識關係的人之間的強制性交行為，但不包括約會男女、情侶間的強制性交行為。加害人與被害人之關係可能是一般朋友、認識的鄰居、同事、同學、師長、上司、下屬、親戚、業務上認識的人士。

❸ **配偶強制性交**：係指配偶之一方違反當事人之意願，而使用暴力手段，以遂其姦淫之目的。此類配偶強制性交型態甚為普遍，但多數國家並未立法規範，英國、美國及台灣婦女權益較為先進之國家立法則已將其視為觸法之型態，但台灣屬告訴乃論罪。

強制性交罪及加重刑罰

對男女以強暴、脅迫、恐嚇、催眠術或其他違反其意願之方法而為性交者，屬強制性交罪。

加重刑罰

❶ 二人以上共同犯之。
❷ 對未滿 14 歲之男女犯之。
❸ 對精神、身體障礙或其他心智缺陷之人犯之。
❹ 以藥劑犯之。
❺ 對被害人施以凌虐。
❻ 利用駕駛供公眾或不特定人運輸之交通工具之機會犯之。
❼ 侵入住宅或有人居住之建築物、船艦或隱匿其內犯之。
❽ 攜帶兇器犯之。
❾ 對被害人為照相、錄音、錄影或散布、播送該影像、聲音、電磁紀錄。

受害者的雙重傷害

遭遇強制性交 → 導致

身體受創或被殺害肢解棄屍。

心理的傷害，產生創傷症候群，症狀持續出現。

依動機與對象區分之型態

動機 → 性滿足　暴力攻擊　混合型

對象 → 被陌生者強暴　約會強暴　配偶暴力強制性交

UNIT 9-15
強制性交犯罪之類型及成因

(一) 類型

強制性交犯之種類甚為繁多，惟可依犯罪者之動機、情緒、特性及受害對象等加以分類。

❶ Cohen 等人之見解

①替換攻擊型：此類型強制性交犯大多以妻子或女友為對象，藉著強暴並予身體之傷害，以表達憤怒。此類型並不以性滿足為訴求，攻擊行為存為羞辱、傷害本質。

②補償型：此類型強制性交犯係以強暴滿足性慾之方式，獲取失去之自尊，重拾男性之尊嚴。

③性攻擊放射型：此類強制性交犯融合了性慾之需求與身體傷害之攻擊暴力，呈現出虐待之病態行為。

④衝動型：此類型強制性交犯缺乏計畫，以機會呈現時之衝動反應為主。

❷ 心理學學者 Groth 之分類

①憤怒型：此類型強制性交犯心中充滿憤怒與敵意，在沮喪、憤怒或長期之衝突累積至一定程度而無法忍受時，即可能爆發。此類型之強制性交犯約占40%。

②權力型：此類型強制性交犯並不完全以性的滿足為其目標，相對的，從強暴之攻擊行為中，獲取支配權，減輕其不安全感與自卑感；而重拾男人之權威與自尊則為其主要目的。此類型強制性交犯約占 55%。

③虐待型：此類型強制性交犯融合了性之需求與暴力，除強暴外，並以折磨、綑綁、鞭打、燒灼、切割等方式凌虐受害者；施虐行為可使其達到性亢奮。此類強制性交犯約占 5%。

(二) 成因

強制性交犯罪之成因具複雜之背景因素，包括：生物、文化、個人病態心理與意外（偶發）事故等，均有可能；另有學者則將強制性交犯罪之發生怪罪於被害者，茲分別說明如後：

❶ 生物的因素：部分之強制性交犯，或由於腺體因素，其對性之需求較高，缺乏自制；另強制性交犯亦具高度攻擊性，並呈現部分 ADHD 症候。此外，或因大腦受傷或心智上之缺陷，而對女性懷有敵意，在此情況下，以原始之男性本能（性）對女性造成性侵害。

❷ 文化上的因素：在學者 Wolfgang 及 Ferracuti 所描述之暴力次文化中成長的人，極易在同儕之鼓舞下，以征服女性之方法（如：強暴），印證其為男人中的男人，而提升地位。此外，在一個具侵略性之國度環境中（如：美國），男性從小即被教導成為剛強的支配者，強制性交犯罪亦可能係此項強勢文化之副產品。

❸ 個人心理因素：倘個人存有高度自卑感，或年幼時曾遭欺侮與動粗或受性侵害，極可能藉強暴之手段，用以重拾男性自尊或報復；此外，個人表達溝通能力欠佳與異性相處能力薄弱等亦可能埋下日後強暴行為的種子。

❹ 偶發因素：在犯案前酗酒、吸毒或觀賞一系列暴力色情影片或刊物之影響下，個人可能因此喪失自我控制力，而從事性攻擊行為。

❺ 被害者特性與因素：研究發現性侵被害者多數為未成年人、中低學歷及學生居多。而衣著暴露、言行舉止表現輕浮，讓人感覺易於求歡、落單至高山溪畔等人煙稀少處等，將自己陷於被害情境中，易導引性侵案件之發生。

強制性交犯罪之特性

強制性交犯罪加害者之心理、生理與社會特性大致如下：
❶ 教育程度不高
❷ 職業多為工礦業及無業
❸ 呈現家庭病史特徵
❹ 有強烈的異性虐待妄想
❺ 婚姻生活並不協調美滿
❻ 部分犯罪加害者有陽痿現象
❼ 部分犯罪加害者兒童早期曾遭受性侵害
❽ 犯罪加害者早期常有精神疾病之呈現
❾ 部分犯罪加害者存在智能不足現象
❿ 大多挫折忍受力低，並且有嚴重自卑感
⓫ 人際處理拙劣
⓬ 早期有偏差（如：酒癮）與犯罪行為出現

強制性交犯罪之類型

❶依據學者 Cohen 等人之見解

類型	動機與人格特性
替換攻擊型 （Displaced-Aggression Rapist）	以妻子或女友為對象，藉著強暴並予身體之傷害，以表達憤怒。
補償型 （Compensatory Rapist）	以強暴滿足性慾之方式，獲取失去之自尊。
性攻擊放射型 （Sex-Aggression-Diffusion Rapist）	融合性慾之需求與身體傷害之攻擊暴力，呈現出虐待之病態行為。
衝動型 （Impulsive Rapist）	缺乏計畫，以機會呈現時之衝動反應為主。

❷依據心理學學者 Groth 對 500 名強制性交犯的臨床觀察

類型	動機與人格特性	所占比例
憤怒型 （The Anger Rapist）	此類犯人在沮喪、憤怒或長期之衝突累積至一定程度而無法忍受時，即可能爆發強暴行為。	40%
權力型 （The Power Rapist）	不完全以性的滿足為其目標。相對地，從強暴之攻擊行為中，獲取支配權，重拾男人之權威與自尊則為其主要目的的。	55%
虐待型 （Sadistic Rapist）	此類型強制性交犯融合了性之需求與暴力，除強暴外，施虐行為可使其達到性亢奮。	5%

UNIT *9-16*
強制性交之防治（一）

（一） 性攻擊行為之一般預防措施

可分別從性攻擊者及被害者兩方面著手：

❶ 性攻擊者之初級預防

① 健全家庭組織與強化親職教育：強制性交犯多來自破碎、暴力頻傳、管教失當與欠缺家庭溫暖之家庭，故健全家庭組織與強化家庭功能乃刻不容緩。

② 建立兩性平等觀念：強制性交行為之發生亦可能導源於兩性觀念或態度之偏差，如：大男人主義、傾向男性化迷思及對被害人不利之強姦迷思，故應透過家庭、學校與社會教育加以導正。

③ 加強法治教育：研究發現性侵案件類型以兒少合意性交／猥褻為大宗，顯見兒少缺乏對與未滿 16 歲者發生性行為係觸犯法律規範之認知，故應加強對國小高年級以上學生之法治教育觀念，以避免因不知法律而不慎觸法。

④ 注意曾經疑似有不良紀錄之教師：研究發現加重強制性交／猥褻行為類型部分，兩造關係為師生者占 29.59%。建議教育單位於遴選教師時，應深入瞭解教師過去的素行，對於曾經疑似有不良紀錄之教師，宜進一步查察，以確認教師的適任性。另應強化教師對自我的道德標準，並經常訪查、瞭解教師平日與學生的互動是否有異狀，以即時介入，防止師生發展法律所不允許的關係或行為。

⑤ 加強娛樂場所及旅宿業者對於酒醉者的人身安全防護措施：研究發現於乘機性交／猥褻之犯罪類型中，其案發情境為原告酒醉或服藥昏睡者，占整體 36.61%，其加害者特性多為他人介紹認識，受到同事或同學（袍）邀約，於危險時段（如晚間 20～23 時）赴約外出，然後因酒醉或服藥昏睡後遭性侵害。顯見伴隨近年來娛樂型態的改變及夜生活文化的流行，經常發生有心人士約會強暴或至夜店（或附近）「撿屍」之案件類型，對於意識不清或不知抗拒的酒醉友人（多為女子），予以性侵害。為保障消費者飲酒後（尤其是酒醉者）的人身安全，政府機關對於娛樂場所及旅宿業從業人士應加強其保障消費者人身安全的宣導與教育，提供安全防護服務，以避免消費者因酒醉而受害。

⑥ 改善社會暴力風氣與價值觀：研究顯示社會對暴力行為的支持態度（如：是否贊成死刑、對軍備擴充的態度、對槍枝管制的態度、對以暴力手段解決問題的態度等）與所允許的暴力活動情形（如：各學校容許體罰的情形、判死刑的多寡、參與打獵人數的多寡等），影響及社會強暴案件之發生率。故積極改善社會暴力風氣，有助於減少強制性交犯罪之發生。

❷ 被害者之預防

① 避免成為性攻擊者合適之標的物，包括：衣著暴露、予人易於求歡之印象。

② 行為人外出時應結伴而行，避免落單至人煙稀少之地方或隨意至陌生人家中。

③ 提高警覺防衛意識，隨身攜帶瓦斯噴霧器、警鈴等，或參與自我防衛及防暴訓練，強化自身安全維護工作。

④ 加強對弱智少女等身心缺陷／身心障礙者之保護，並加強宣導，提高其妨害性自主之認知與防衛能力，減少被性侵之機會。

性攻擊者的預防

健全家庭組織以及強化家庭功能，可減少性攻擊者的養成。

注意有不良紀錄之教師，隨時訪查、注意師生互動是否有異常。

透過教育，建立正確的兩性平等觀念。

加強娛樂場所等對酒醉者的人身安全保護，並常加以宣導，提供安全防護服務。

加強對國小高年級以上學生的法治教育觀念，避免觸法。

改善社會暴力風氣，對槍枝進行管制，傳達與宣導正確的價值觀。

被害者的預防

避免成為標的物

避免單獨至人煙稀少處

隨時提高警覺

加強對身心障礙者的保護

UNIT 9-17
強制性交之防治（二）

(二) 性攻擊行為之處遇

由於性攻擊行為之發生涉及複雜之生理、心理與社會因素，且行為人經常抗拒改變其迥異之性變態型態，因而其矯治並非傳統刑罰機構之制裁所能奏效，故須以處遇之觀點因應。學者 Furby 等人在回顧相關研究與臨床文獻後曾悲觀的指出，目前的處遇雖日趨完善，但並無法保證這些性攻擊行為人出獄（院）後不再犯。

儘管如此，犯罪學者施耐德（H. J. Schneider）卻指出，倘強姦犯未受適當的處遇即離開監獄，在五年內，大約有 35% 的人將重操舊業。美國司法部之研究顯示未治療之性侵害加害人，在釋放後三年的追蹤，其累再犯率約為 60%，治療後則降為 15-20%。因此，我們認為對各類型性攻擊行為者仍應施以妥適之矯治處遇，以減少其再犯之機率。在處遇上，筆者認為應考量下列諸點：

❶ 由專業人員診斷並援用適切之測驗，對各類性攻擊行為予以妥善分類，達成個別化處遇之目標，同時建立再犯危險評量，避免再犯。

❷ 參考臨床成功之案例，依個案之不同，提供妥適之輔導與治療服務，例如，援用在文獻上廣受肯定之認知行為療法或施以藥物治療等，強化行為之控制與管理，減少再犯。

❸ 由於性攻擊行為之發生往往與行為者成長之家庭結構和環境密切相關，故必要時宜對其進行家族治療。

❹ 對於再犯危險性高之強姦習慣犯，可考慮修法科以強制矯治之保安處分；倘鑑別出與過多之性趨力有關，亦可考慮應用抗男性素或雌激素治療（如醫藥界之 anti-androgeen cyproterone acetate 及

tranquillizer benperidol），或施以「打膝」以電擊之方式使其暫時喪失性能力，並輔以心理治療，以避免再犯。

(三) 性攻擊行為之再犯預防

鑑於性侵害加害者再犯之情況並不低，台灣地區王家駿、林明傑等引述多位國外學者專家之相關研究指出有必要加強再犯預防工作。如科羅拉多州發展出有名之「抑制模式」，其認為對較高危險的假釋犯應有較密集的觀護（如每週三至五次之面對面監督）、每 3 個月或半年一次到警局之測謊（詢問其有無再接近高危險因子，如有無再看色情出版品、接近小學、酗酒、有無再犯等，題目由輔導治療施予測謊員擬定），及每半年或一年做一次陰莖體積變化測試儀以瞭解其偏差之性偏好有無改善。

根據佛蒙特州性罪犯處遇方案所提出「性罪犯之社區監督鑽石圖」（Supervision Diamond），認為性罪犯之社區監督應有如菱形鑽石之四角且缺一不可，此四個元素為觀護人之社區監督、社區之輔導治療師、案主之支持網絡（如好友、工作之老闆，或輔導中之其他人員），及定期測謊。

性攻擊行為之處遇

 Prentky ➤ 性攻擊行為之矯治並非傳統刑罰機構之制裁所能奏效，故須以處遇之觀點因應。

Furby 等人 ➤ 儘管目前的處遇日趨完善，仍無法保證這些性攻擊行為人出獄或出院後不再犯。

因此，對各類型性攻擊行為者仍應施以妥適之矯治處遇，以減少其再犯之機率；在處遇上，應考量下列諸點：

由專業人員診斷，並建立再犯危險評量

依據個案情況，提供適合的認知輔導或藥物治療

必要時對性攻擊者進行家族治療

對再犯危險性高的慣犯，可考慮修法科以強制矯治

性罪犯之社區監督鑽石圖（Cumming & McGrath，2000）

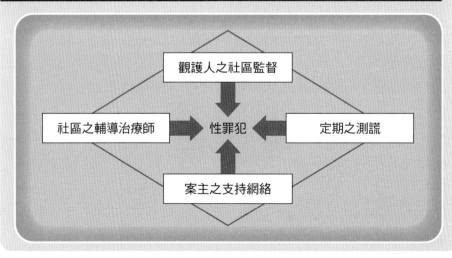

觀護人之社區監督

社區之輔導治療師 ➤ 性罪犯 ◄ 定期之測謊

案主之支持網絡

UNIT *9-18*
縱火犯罪

圖解犯罪學

(一) 意涵

「縱火」，基本上係一種對於財產上故意且惡意破壞的放火行為。「縱」指「放」或「放任」之意；「縱火」主要是指特定人故意放火或放任火災發生而不顧他人生死，亦即行為人置火災可能造成之浩劫於不顧的偏差行為。

除學界之定義外，美國司法部將縱火罪定義為「在未經所有人之同意下，以放火或爆裂之方式，故意或企圖損害或摧毀財物之行為」。我國刑法上認為縱火罪為破壞公共安全之犯罪行為，且依燒燬或炸燬標的物之不同，以及燒燬或炸燬係行為人故意縱火或故意引爆，抑係過失引致火災或爆炸等，而將放火罪與失火罪區分為：放火燒燬現供人用之住宅或現有人在之處所罪、放火燒燬住宅等以外之他人所有物罪等十項。

(二) 特徵

縱火犯罪係最容易著手且危害甚大之犯罪，根據陳金蓮之研究，縱火特徵中最明顯者，包括惡質性、便宜性、破案率低、恐怖性、單獨性和普遍性等六項。

(三) 類型

縱火犯之類型，依 Holmes 與 Holmes 之見解，可區分為「有組織」及「無組織」兩種人格類型。前者有精緻的點火裝置，較有技巧的侵入，物證相對缺乏，並且具有系統的犯罪手法。後者則使用唾手可得的物品，運用火柴、香菸和助燃物，遺留較多之物證。

此外，中原大學心理系張淑慧等，援引陳金蓮所蒐集之 216 名縱火犯資料，對其中 166 名縱火犯進行分析發現，國內縱火犯計有下列四大類型：

❶ **一般縱火犯**：以 20 歲至 40 歲之男性未婚者為主，縱火方式以汽油為主，以被人檢舉而破案者最多。

❷ **臨時起意犯**：犯罪意圖以臨時起意為多，且多為初犯，使用瓦斯較多，有共犯情形較一般縱火犯為多，年齡較大，教育程度較低，較少與人交遊。

❸ **前科縱火犯**：多有犯罪前科且多預謀，使用汽油較多，相對較具危險性，有共犯比例較一般縱火犯稍多，年紀較輕，未婚較多，較善於交遊，有共犯者較多。

❹ **預謀縱火犯**：犯罪意圖以預謀為多，多為初犯，使用汽油較高，使用瓦斯比例亦較一般為高，很少有共犯，年齡較大，教育程度較高，大多單獨行動。

DSM-5 指出縱火症（Pyromania）係屬「破壞干擾、衝動控制和行為的障礙」型態。部分縱火犯係屬縱火症，診斷標準計有六項，係指：❶ 不止一次故意而有目的之縱火；❷ 在放火前緊張或心情激昂；❸ 對火災及相關狀況或特點（如滅火裝備及使用、火災後果）覺得魅惑、有興趣、好奇或受吸引；❹ 當縱火、目睹火災或參與火災事後處理時，有高度的愉悅、滿足或解脫感；❺ 縱火行為並非為了金錢利益、表現社會政治理念、湮滅犯罪行為、表達憤怒或報復、改善自己生活狀況、反應於妄想或幻覺而作，或是判斷力障礙的後果（如痴呆、智能不足、物質中毒）；❻ 縱火行為無法以品行疾患、躁狂發作，或反社會性人格疾患作更佳解釋。

縱火犯罪之特徵

惡質性	便宜性	破案率低
縱火者的動機與行為以憤世嫉俗、仇恨、擾亂、破壞、滋鬧、人格異常者居多，本身即屬惡質意念。而火災一旦釀成，其結果深具破壞性，小則奪人寶貴性命，大則使環境滿目瘡痍，更會造成人心的惶恐不安。	想要縱火的人，極易點燃火種，蓋因火種唾手可得，俯拾皆是。只要輕輕縱放一把火，其勢足以燎原；它可以輕易燒掉犯罪的證據、湮滅證物，也可以藉此詐領鉅額保險金，且罪刑不重，在此一放一收之間，所得代價幾與支出不成比例。	縱火案件破案率低，反映縱火案件不易偵破的事實。究其原因除了縱火之易於湮滅證據、易於著手、易於脫罪外，相關消防單位調查和鑑定能力不足，以及偵查防制不易皆密切關聯。
恐怖性	單獨性	普遍性
縱火基本上具有恐怖主義性質。就恐怖性而言，縱火係藉火災的惡質化，製造恐怖、害怕、受驚情境，使人心煩意亂或心生恐懼，以達到強迫性改變之目的。	縱火只要一根火柴及短時間即可完成犯罪，且亦不需太多的體力，故不管是男女老幼、大人小孩，皆有可能犯罪，其年齡層極為寬廣。惟值得一提的是，連續縱火犯大多為單獨犯，共犯則很少。	無論古今中外，凡有人類聚居生活的地方就有縱火的存在，沒有一個社會是沒有縱火的，僅有數量多寡與程度之差別而已。例如，據歷史記載，拿破崙曾於 1812 年進攻俄國，法軍抵達莫斯科，俄人早已先縱火焚城，採堅壁清野政策。

縱火犯罪之類型

一般縱火犯	臨時起意犯	前科縱火犯	預謀縱火犯
以 20 歲至 40 歲之男性未婚者為主，使用汽油為主，以被人檢舉而破案者最多。	以臨時起意為多，多為初犯，使用瓦斯較多，有共犯情形較一般縱火犯為多，年齡較大，教育程度較低，較少與人交遊。	多有犯罪前科且多預謀，使用汽油較多，年紀較輕，未婚較多，較善於交遊，有共犯者較多。	以預謀為多，多為初犯，使用汽油較多，使用瓦斯比例亦較一般為高，少有共犯，年齡較大，教育程度較高，大多單獨行動。

縱火症的診斷標準

❶ 不止一次故意而有目的為之。

❷ 放火前緊張或心情激昂。

❸ 對火災及相關狀況或特點覺得魅惑、好奇或受吸引。

❹ 當縱火、目睹火災或參與火災事後處理時，有高度的愉悅、滿足或解脫感。

❺ 縱火行為並非為了金錢利益、表現社會政治理念、湮滅犯罪行為、表達憤怒或報復、改善自己生活狀況、反應於妄想或幻覺而作，或是判斷力障礙的後果。

❻ 縱火行為無法以品行疾患、躁狂發作或反社會性人格疾患作更佳解釋。

UNIT *9-19* 縱火犯罪之動機及特性

圖解犯罪學

(一) 縱火犯罪之動機

有關縱火案件之發生動機，國內外學者、專家及政府研究機構均有從事相關研究。雖然縱火之動機相當複雜，且依少年與成年而有些區分，但這些研究仍透露出珍貴的訊息。

❶ 美國防火協會之分類

美國防火協會（NFPA）所制定之火災報告表之填表說明中，將縱火動機區分成十類：

① 詐欺：包含直接或間接之圖利，但不包含湮滅犯罪；② 縱火狂、心理疾病：包含欲獲得讚譽和滿足幻想；③ 湮滅犯罪：包含各項湮滅謀殺、犯罪行為之文書或證物之破壞；④ 怨恨、報仇、憤怒；⑤ 惡作劇；⑥ 謀殺；⑦ 製造不安或恐怖；⑧ 自殺；⑨ 不屬於以上之動機者；⑩ 動機不明或未記載者。

❷ 美國聯邦調查局之分類

美國聯邦調查局（FBI）於 1992 年出版的犯罪分類手冊將縱火動機分為下列類型：① 破壞性縱火；② 興奮性的縱火；③ 報復性的縱火；④ 隱匿犯罪性的縱火；⑤ 謀利性的縱火；⑥ 偏激性的縱火；⑦ 系列性縱火。

(二) 縱火犯罪者之特性

縱火犯罪者具有一般犯罪人之共通特徵，但亦有其獨特性，綜合文獻介紹如下：

❶ 生理層面

縱火犯略呈現智能不足現象，智商偏低。部分無特定動機與計畫之縱火犯，其縱火行為多為腦部邊緣體系所導引，此類縱火者受刺激時，常不斷回想過去某些不愉快與火有關之經驗，持續刺激腦部，致出現縱火行為。

❷ 心理層面

縱火犯在心理層面方面，大多呈現挫折感高、低自尊、憂鬱、憤世嫉俗與低自我控制力、鑽牛角尖、具敵視性格（如間接攻擊、直接攻擊、語言攻擊、否定主義、怨恨與疑心）、衝動性、過分活躍等。

❸ 精神病理層面

部分縱火犯屬縱火症或偏執狂之思覺失調者，惟學者 Jackson 指出此類個案極為少數，多數無法適用 DSM-III-R 之診斷標準，而以病態縱火犯界定較為恰當，其多具有精神、情緒與人格多重問題，而且重複顯現縱火行為。

❹ 家庭生活

家庭環境惡劣、父母分居、離異、一方死亡或俱亡、父母管教態度偏差等，均為影響縱火犯之家庭層面要因。此外，幼年 5 歲至 7 歲以前在家庭未被告誡不可玩火而持續玩火，亦為縱火犯之重要生活事例。另研究亦發現家裡曾被火波及、父親從事與火有關之工作等亦與縱火行為有關。

❺ 社會適應

縱火犯明顯的人際關係不良，缺乏社交之技巧，呈現社會隔離。

綜上言之，縱火犯受不良的家庭及社會環境之影響，且在成長當中歷經多重挫折，從而衍生縱火行為，為社會治安頻添許多變數。

美國聯邦調查局分類的縱火動機

❶ 破壞性縱火	① 惡意的損壞；② 同儕／團體的壓力；③ 其他。
❷ 興奮性的縱火	① 尋求震憾者；② 引起關注者；③ 為使成名者（英雄）；④ 戀態性慾者；⑤ 其他。
❸ 報復性的縱火	① 對個人的報復；② 對社會的報復；③ 對機構的報復；④ 對團體的報復；⑤ 恐嚇、威脅；⑥ 其他。
❹ 隱匿犯罪性的縱火	① 謀殺；② 自殺；③ 破壞侵入；④ 侵占公款；⑤ 竊盜；⑥ 損壞紀錄文件；⑦ 其他。
❺ 謀利性的縱火	① 詐欺：Ⓐ 詐領保險金；Ⓑ 債務清償詐欺；Ⓒ 解散公司的詐欺；Ⓓ 隱匿財務損失或債務的詐欺；② 受僱對他人實施縱火；③ 偽造貨物損失的縱火；④ 生意競爭而縱火。Ⓔ 其他。
❻ 偏激性的縱火	① 恐怖活動；② 種族歧視；③ 暴亂／內部動亂；④ 其他。
❼ 系列性縱火	① 連續縱火；② 重大縱火。

縱火犯各層面之特性

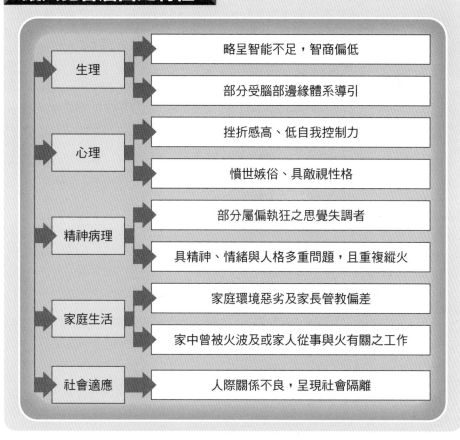

生理
- 略呈智能不足，智商偏低
- 部分受腦部邊緣體系導引

心理
- 挫折感高、低自我控制力
- 憤世嫉俗、具敵視性格

精神病理
- 部分屬偏執狂之思覺失調者
- 具精神、情緒與人格多重問題，且重複縱火

家庭生活
- 家庭環境惡劣及家長管教偏差
- 家中曾被火波及或家人從事與火有關之工作

社會適應
- 人際關係不良，呈現社會隔離

UNIT **9-20**
縱火犯罪之防治

縱火犯罪由於成本低，任何人皆可為之，實施簡便，且犯罪成功率高，危害性大，故其防治工作特顯艱鉅。茲從預防及處遇二大層面說明防治之具體做法。

(一) 預防

縱火犯罪之預防工作可從肅清家庭和社會病源、加強個人防火措施、強化建築物安全、清除住家附近的可燃物、加強社區守望相助等方面著手：

❶ 肅清家庭和社會病源

部分縱火犯罪之發生係受到許多不良家庭、社會因素，如：家庭解組、父母管教不當、成功機會不均等產生之緊張、人際之疏離、貧富差距過大、犯罪副文化、不良之媒體及社會風氣、社會體系欠缺公平等之影響。故應致力於糾正這些社會病態，減少縱火案件之發生，並要具體做到強化親職教育、加強家庭功能、改善不公平之社會制度、對殘障及弱勢團體妥善照顧、廣設心理諮商與輔導機構，做好預防之工作。

❷ 加強個人防火措施

縱火犯罪之發生防不勝防，必須做好個人自我保護措施，始能減少傷害。專家建議必須具備 5A 防範，即：裝備（accouter）、注意（attention）、機智（alert）、逃避（avoid）、熟練（adroit），並提高警覺，減少不幸事故之發生。

❸ 強化建築物安全

為減少火災侵害，有必要強化建築物之防火建材、安裝自動灑水系統、備有安全梯、出入口不堆積雜物等，以強化建築物之自我防護能力。

❹ 清除住家附近的可燃物

縱火手法一般以「臨時起意就地取材者」最多，而縱火物質則以紙張、衣物等為主，故清除住家附近的廢紙、衣物等可燃物品，使得臨時起意就地取材型之縱火犯缺乏燃燒物，有助於防止縱火案件之發生。

❺ 加強社區守望相助

縱火行為往往係在缺乏監控之情境中發生，故應加強鄰里守望相助工作，適時撲滅火勢，以減少火災危害。

(二) 處遇

在縱火犯罪之矯治處遇方面，不應僅將其拘束於矯正機構內，應設專業處遇機構，並依個別化原則，予縱火犯妥適分類，並予周延的評估與介入，以減少再犯。

倘屬縱火症或其他精神疾病患者，應由專業精神科醫師予以治療；輕微者，則交由一般輔導人員依其縱火動機輔導；具惡質性反社會行為者，則應審慎觀察、考核與矯治，避免再犯風險未顯著降低時過早假釋出獄，危害大眾。

縱火案件之預防工作

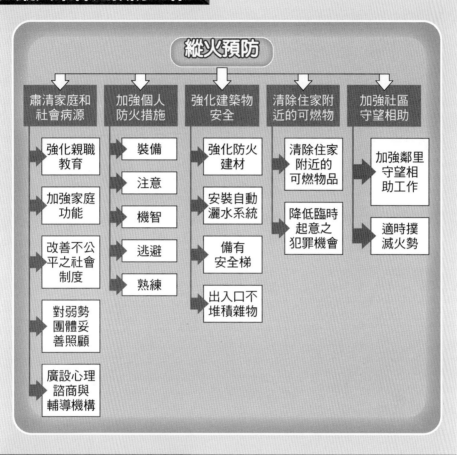

縱火預防

肅清家庭和社會病源	加強個人防火措施	強化建築物安全	清除住家附近的可燃物	加強社區守望相助
強化親職教育	裝備	強化防火建材	清除住家附近的可燃物品	加強鄰里守望相助工作
加強家庭功能	注意	安裝自動灑水系統	降低臨時起意之犯罪機會	適時撲滅火勢
改善不公平之社會制度	機智	備有安全梯		
對弱勢團體妥善照顧	逃避	出入口不堆積雜物		
廣設心理諮商與輔導機構	熟練			

縱火犯的矯治處遇

拘束於矯正機構內 ➡ 依個別化原則，予縱火犯妥適分類，並予周延的評估與介入，以減少再犯。

倘屬精神疾病患者，應由專業精神科醫師予以治療。輕微者，交由一般輔導人員依其縱火動機輔導；具惡質性反社會行為者，應審慎觀察、考核與矯治，避免早日假釋出獄。

第 10 章
非傳統暴力犯罪

● 章節體系架構

UNIT 10-1　恐怖主義（一）

UNIT 10-2　恐怖主義（二）

UNIT 10-3　孤狼恐怖分子暴力攻擊（一）

UNIT 10-4　孤狼恐怖分子暴力攻擊（二）

UNIT 10-5　孤狼恐怖分子暴力攻擊（三）

UNIT 10-6　暴力激進化（一）

UNIT 10-7　暴力激進化（二）

UNIT *10-1*
恐怖主義（一）

(一) 定義

美國國務院對恐怖主義定義為：蓄意使用暴力進行脅迫，製造恐怖氣氛，藉以要脅政府及社會，達到政治或意識形態的目的。美國聯邦調查局則將其定義為：對民眾或財產，非法使用暴力或武力，藉以強迫政府、民眾或任何團體組織，遂行其政治或社會目的。學者施密特（Alex P. Schmid）曾對百餘名國際間研究恐怖主義的學者進行問卷調查，期對恐怖主義予以一共同性界定，結果81%的受訪學者接受下列之界定：「恐怖主義是一種由秘密之個人、團體，或國家行動者，所屢次採用暴力行動以激起恐懼、憂慮、不安的手段；恐怖分子通常漫無目標找尋直接被害者，或有選擇地由目標中選擇對象；恐怖行動中直接受害者並非行動的主要目標，而是傳遞訊息的媒介；恐怖主義之訴求的目的通常決定該組織可能採取之恐怖活動方式。」

詹德恩綜合各種學說歸納扼要定義如下：「恐怖主義活動係指一連串企圖在人群中散播恐怖、驚慌與破壞的行為，該活動由個人或團體發起，經縝密設計，針對特定目標，透過暴力攻擊、恐嚇毀壞手段，藉以達到政治、宗教或意識形態之懲罰警告、報復教訓為目的，其規模小至暗殺綁架、大至攻擊戰爭，足以造成地區人民及國家的恐慌動盪與混亂不安。其特性為計畫性的暴力犯罪行動，時機地點、方式，難測不定，蓄意製造恐懼，脅迫對象目標接受其目的。」

(二) 特性

根據研究恐怖主義專家威金森之分析發現，一般研究政治暴力之學者普遍認為，恐怖主義係政治暴力特殊形式，是國家、次國家組織為達成其政治、社會性目的而所採用之武器或方法。恐怖主義具有下列特性：

❶ 恐怖主義係預謀性，而且目的在製造極端恐懼，或恐怖之氣氛。

❷ 恐怖主義之目標並非暴力行動下之受害者，而係針對其背後更為廣大之群眾。

❸ 恐怖主義所選擇的對象係隨機及象徵性選定。

❹ 在正常社會之認知中，恐怖主義所採取之暴力行動皆係超過社會認知範圍，而且會引發社會憤怒。

❺ 恐怖主義之目的在於公開闡揚其政治主張與訴求，並企圖以恐怖暴力方式，達到影響目標之政治行為目的，迫使其讓步或接受要求。

恐怖主義之定義

| 美國國務院 | 蓄意使用暴力進行脅迫，製造恐怖氣氛，藉以要脅政府及社會，達到政治或意識形態的目的。 |
| 美國聯邦調查局 | 對民眾或財產，非法使用暴力或武力，藉以強迫政府、民眾或任何團體組織，遂行其政治或社會目的。 |

恐怖主義之特性

❶ 為預謀性，目的在於製造極端恐懼或恐怖之氣氛。

❷ 目標並非暴力行動下之受害者，而是針對其背後更為廣大之群眾。

❸ 選擇對象為隨機或象徵性。

❹ 其所採取之暴力行動超過社會認知範圍而引發社會憤怒。

❺ 目的在於公開闡揚其政治主張與訴求，以恐怖暴力方式達到影響目標之政治行為目的。

恐怖主義之類型

內亂	干擾和平、安全及社會正常運作的集體暴力行為。
政治恐怖主義	為了追求政治目的而計畫在社會製造恐慌的暴力犯罪行為。
非政治恐怖主義	為了爭取個人或集體利益，但沒有政治上的意圖。
類恐怖主義	暴力犯罪行為的附屬品，主要目的並非要引起恐慌，而是利用恐怖分子的形式及技巧以達成相似的結果。
有限政治恐怖主義	以意識形態或政治為動機的恐怖活動，但其活動並非是要奪取國家的控制權。
國家恐怖主義	國家以恐怖或壓迫手段進行統治；或政府為了追求其政治目的或其外交政策而進行恐怖活動。

UNIT **10-2**
恐怖主義（二）

圖解犯罪學

(三) 類型

美國刑事司法標準與目標諮詢委員會（National Advisory Committee on Criminal Justice Standards and Goals）指出恐怖主義的種類主要區分為六類：

❶ **內亂**：干擾和平、安全及社會正常運作的集體暴力行為。

❷ **政治恐怖主義**：為了追求政治目的而計畫在社會製造恐慌的暴力犯罪行為。

❸ **非政治恐怖主義**：不以政治目的為前提的恐怖主義，顯示出「其有意的製造高度恐慌，最終為了爭取個人或集體利益，但沒有政治上的意圖」。

❹ **類恐怖主義**：暴力犯罪行為的附屬品，其形式及表達方式類似真正的恐怖主義，但缺乏其要素。其主要目的並非要引起恐慌，但類恐怖主義利用恐怖分子的形式及技巧以達成相似的結果。例如在逃的重罪犯脅持人質就是類恐怖主義，模式與恐怖主義類同，但目的卻大相逕庭。

❺ **有限政治恐怖主義**：真正的政治恐怖主義採取革命的形式進行，有限政治恐怖主義是指「以意識形態或政治為動機的恐怖活動，但其活動並非是要奪取國家的控制權」。

❻ **國家恐怖主義**：指「以恐怖或壓迫手段進行統治的國家，其程度與恐怖主義相若」，又可指由政府為了追求其政治目的或其外交政策而進行恐怖活動。

(四) 與一般犯罪之差異

❶ **犯罪型態不同**：恐怖主義活動是特殊型態的暴力犯罪，經由計畫、訓練，再付諸執行，而一般犯罪可能只是逞一時血氣之勇，遇刺激而反應。

❷ **攻擊對象不同**：恐怖主義活動一般係無預警攻擊模式，不特定對象，受害者難以防範或保防，而一般犯罪則有特定攻擊目標。

❸ **犯罪目的不同**：恐怖主義活動的目的多係基於政治、宗教或意識形態，而一般犯罪大多基於經濟利益為目的。

❹ **犯罪地域不同**：恐怖主義活動的範圍大多是從區域性擴大至國際性的行動，而一般犯罪大多侷限於地區性活動。

❺ **犯罪資金來源不同**：恐怖主義活動部分資金是來自犯罪前的籌募，而一般犯罪的資金多是犯罪後的獲益。

❻ **犯罪手段不同**：恐怖主義活動從暗殺、爆炸、劫機、劫持人質、自殺式攻擊甚至超限戰等不擇手段的瘋狂行動，較一般犯罪更為激烈。

(五) 防制

陳明傳指出反恐策略方面的行政作為至少包括：

❶ 蒐集恐怖主義活動情報，建立知識庫。

❷ 各層級相關政府建立反恐危機管理之機制。

❸ 成立對抗恐怖分子之專責小組。

❹ 提升國境安全管理人員之安檢能力與反恐相關機構人員的情蒐、整備等能力。

❺ 參與國際警政或安全的相關組織，加強反恐情報與技術之交流。

反恐策略方面的行政作為（陳明傳，2018）

蒐集恐怖主義活動情報， 建立知識庫	在國安或犯罪情資整合方面，我國在反恐上之經驗較少，且在平時國安或犯罪方面情資之整合與分享上，亦較少有機構間的橫向整合。我國國境安全管理分屬於數個不同的機關，故未能如美國之國土安全部，有較強之情報管理與約束整合之正式系統。而即使成立跨部會之反恐小組，其情資之有效整合與運用亦必須有突破性之革新，才足以有效的掌控可能之反恐情報。建議在恐怖主義之組織、類型、活動方式等，應於平時充分的蒐集相關的資訊，以便使相關單位能對恐怖主義有充分之瞭解認識，進而能更精準的評估與規劃對抗之作為。
各層級相關政府建立 反恐危機管理之機制	依據危機管理之動態模式，對抗恐怖主義之專責單位，可規劃成三種實務推展之策略作為，即事件發生之前的策略、事件中之策略及事後之策略。
成立對抗恐怖分子之專責小組	美國、德國、英國均有此專責單位之設置，並創立專業之訓練基地，長期的加以培訓，以備不時之需。同時從各國反恐的實戰經驗中得知，各地方警政、第一線之安檢人員或基層之情治人員，往往是最先能趕赴現場的人；故其培訓計畫，亦應分層級而作不同程度的組訓，使得反恐或者對抗重大犯罪之行動，能有足夠之能耐與充實的專業人員，與貫徹到各情治層級的厚實專業人力縱身，以便能作立即、專業且有效全方位的反恐情資的蒐集、反應與處置。
提升國境安全管理人員之安檢能力與反恐相關機構人員的情蒐、整備等能力	國境安全管理人員之執勤能力包括外語、法律規定熟悉度、工作經驗累積，證照真偽辨識能力及行政處理反應能力等多方面。各該單位應經常辦理訓練講習，必要時延聘外國專家授課，或薦送至國外進修。亦可協調相關單位邀請國外專家訪問講授，以增進學能，提升執勤能力。
參與國際警政或安全的相關組織，加強反恐情報與技術之交流	應加強與國際社會組織之互動，以觀察會員等身分亦可，一方面可以建立起反恐的非正式溝通聯繫管道，另一方面亦可從中得到甚多之訊息，與獲得更先進的對抗恐怖主義之新觀念與新做法。例如國際刑警組織、國際警察首長協會、國際警察幹部會議及國際空港海港警察協會等國際組織均為反恐相關組織，以強化在反恐的合作、協調與聯繫。

UNIT 10-3
孤狼恐怖分子暴力攻擊 (一)

圖解犯罪學

(一) 定義

最常被引述的定義，是由 Burton 與 Stewart 所提出的：「孤狼即是個人獨自行動，其行為沒有任何組織的授意，甚至沒有與任何組織有所接觸。」這個定義的目的，是要與其他組織化的恐怖活動做區分，以行動者的結構分類，用個體的、團隊的，甚至是國家級的角度來分類。其人格特質具有反社會行為之傾向，包括以自我為中心、反抗權威、虛偽多詐，並合理化其行為。

孤狼式恐怖攻擊之定義與特色在學理上可歸納為：

❶ 孤單的狀態，亦即是個別執行的或是還有其他人介入。

❷ 指導，亦即是自我決定的行動，抑或是受到外部的指導與控制。

❸ 動機，亦即僅是基於個人的報復，抑或是政治、社會、宗教等之其他原因。

(二) 特性

依 Hamm 及 Spaaij 的研究指出，孤狼攻擊者的個人背景因素，大多為無業者、有前科的單身男性白人；相對於團體恐怖分子，孤狼恐怖分子的年紀較長、教育程度較低、有較多的心理病態問題；相較於蓋達基地組織者，他們較多為與社會脫節者。學者彙整研究文獻指出孤狼式恐怖分子具有以下特性：

❶ 自認受到社會組織或大企業、政府的壓迫而長期受苦。

❷ 受某種隱疾所苦、有妄想症狀或有其他持續而慢性的精神疾病。

❸ 病態的自我中心。

❹ 缺少朋友（不管男、女性皆是），離群索居。

❺ 以青、中年占多數。

❻ 無穩定工作。

❼ 對男性威權很不信任、鄙視，對父親有恨意。

❽ 心理發展狀態未通過伊底帕斯情結。

❾ 可能有慢性疾病，從心臟疾病、癌症、肺結核等都有可能。

(三) 犯案特徵

根據 Bakker 及 Graaf 之分類描述，具有以下四項犯案特徵：

❶ 單獨行動：孤狼恐怖分子不受任何個人、團體或組織的支援。

❷ 不接受任何組織的命令：孤狼恐怖分子與潛藏間諜不同，孤狼恐怖分子可以自己決定、策劃行動，而不受該組織之指揮系統所控制。

❸ 不與任何組織聯繫：孤狼恐怖分子行動時不與組織接觸，但是，在行動之前的準備工作或激進化過程中，卻用不同方式與組織極端分子接觸或學習，以達到個人激進化的目的，因此，孤狼恐怖主義不包括與組織有聯繫的恐怖分子。

❹ 攻擊的目標大多是社會的自然人。

孤狼的主要特質

缺少朋友	以自我為中心	自認受壓迫
沒有接觸組織	與社會脫節	心理病態
反社會行為	虛偽多詐	無業有前科

孤狼即是個人獨自行動,其行為沒有任何組織的授意,甚至沒有與任何組織有所接觸。

孤狼恐怖分子的犯案特徵

單獨行動

不接受任何組織的命令

不與任何組織聯繫

大多攻擊社會的自然人

UNIT **10-4**
孤狼恐怖分子暴力攻擊（二）

圖解犯罪學

(四) 動機

依 Hamm 及 Spaaij 的研究顯示，相對剝奪感導致孤狼恐怖主義，在社會排除下，孤獨的個人感覺到他們被有權力者剝奪，繼而形成對政府的不滿，應對其失業、歧視與不公平對待負責。他們的暴力是達不到目標的偏差調節手段（緊張理論）。因為超過一半的孤狼恐怖攻擊者擁護右翼、反政府意識形態、白人至上主義。此外，Deloughery 與共同研究者在研究美國的孤狼攻擊與其他恐怖集團攻擊模式分布差異時也指出，比較 101 起孤狼攻擊行為，以及 424 起恐怖主義團體的攻擊發現，孤狼攻擊的主要區域跟因種族性別以及性向引起的 46,000 件憎恨攻擊的地理區域有很高的重疊性。簡言之，孤狼攻擊行為較易發生的區域為人口密集、住宅自有比率低，以及優勢白人占率高（種族同質性高）的地區。

而 Artiga 歸納孤狼式恐怖分子的動機通常有以下幾種：❶ 利用恐怖行動傳達其信念；❷ 利用恐怖行動提高民眾對某些議題之重視，例如散播生化病毒，促使民眾對環境污染議題之重視；❸ 影響國家之經濟與政治進程；❹ 散播恐懼；❺ 糾正社會之不公正行為，例如屠殺被無罪釋放之犯罪人。

(五) 激進化過程

❶ **個人與政治不滿**：孤狼恐怖分子傾向於結合個人與政治不滿。

❷ **親近極端團體或線上支持者**：孤狼恐怖分子傾向於親近極端團體，並透過網路或有線電視，尋找信念與其一致的極端團體。

❸ **推動者**：孤狼恐怖分子可透過以不自覺地協助攻擊計畫方式的直接啟動，或透過鼓勵恐怖主義的人間接進行，而在個人層面上，推動者是為某人不知不覺地執行可能的發動攻擊任務，或透過間接的受恐怖主義鼓舞的人。

❹ **廣播意圖**：雖然孤狼恐怖分子與社會隔絕，但同時他們透過口頭陳述、威脅、信件、宣言和錄像宣傳與外部人進行交流，類似於蓋達基地組織與 ISIS 成員上傳到互聯網的聖戰殉教視頻。廣播意圖可以明確提及即將到來的攻擊，廣播意圖可能發生在攻擊之前的數週、數天甚至數小時內。從預防的角度來看，廣播意圖可能是最重要的共同點。廣播意圖在孤狼恐怖分子中普遍存在。

❺ **觸發事件**：這是孤狼恐怖主義的催化劑，這類事件在恐怖組織成員中很常見。對孤狼來說，觸發事件可能是個人的或政治的，或者兩者的組合。觸發事件有時是直接的，其他時候，隨著時間的推移，是緩慢累積，直到其在壓力下迅速發生，引發攻擊行為。

❻ **孤狼恐怖主義**：由孤狼分子的激進化過程可知孤狼主義的共同點形成了激進化模式，Hamm 及 Spaaij 指出孤狼恐怖攻擊主義的激進化模式，開始於個人和政治不滿，成為親近極端主義團體的基礎。接下來是識別推動者，然後是廣播意圖。最後的共同點是觸發事件或恐怖主義的催化劑。

孤狼式恐怖分子之動機

❶	利用恐怖行動傳達其信念。
❷	利用恐怖行動提高民眾對某些議題之重視。
❸	影響國家之經濟與政治進程。
❹	散播恐懼。
❺	糾正社會之不公正行為。

孤狼式恐怖分子激進化過程

	911 事件之前	911 事件之後
個人與政治不滿	結合個人與政治不滿有 30 件（總件數 38）約占 80%。	個人與政治不滿兩者兼具者有 36 件（總件數 45）亦約占 80%，相較於激進團體的集體不滿之動機，有明顯不同。
親近極端團體或線上支持者	有 63% 孤狼恐怖分子親近有組織的極端分子，包括美國南部分裂主義者、新納粹團體、巴勒斯坦運動、反墮胎團體。	有 42% 孤狼恐怖分子親近極端組織，包括蓋達基地組織、美國保守派團體「茶黨愛國者」、新納粹國家聯盟。
推動者	有 57% 的孤狼恐怖分子受他人推動發動攻擊。	成長到 67% 且幾乎是間接推動。以 911 事件後的聖戰來說，最多人被奧薩瑪·賓拉登以及安瓦爾·奧拉基推動啟發；至於 911 事件後的白人至上反政府運動極端分子來說，最多人被威廉·皮爾斯推動啟發。
廣播意圖	有 84% 的孤狼恐怖分子在攻擊前有廣播。	有 76% 的孤狼恐怖分子通常不止一次播出他們的意圖。廣播通過電子郵件、短信、臉書和推特，簡報的發表進行。發表對象包括家人、朋友、心理健康提供者、運輸工作者和警察，還有對報紙編輯，甚至有致國會議員與美國總統的信。
觸發事件	有 84% 具備觸發事件。	有 71% 具備觸發事件。
孤狼恐怖主義	Hamm 及 Spaaij 指出孤狼恐怖攻擊主義的激進化模式，開始於個人和政治不滿，成為親近極端主義團體的基礎。接下來是識別推動者，然後是廣播意圖。最後的共同點是觸發事件或恐怖主義的催化劑。	

UNIT 10-5
孤狼恐怖分子暴力攻擊（三）

圖解犯罪學

(六) 防制對策

孤狼式恐怖攻擊已成為目前及未來重要的防制項目，這種以個人為唯一策劃、執行者的恐怖活動形態，並非是憑空出現，且恐怖分子的行為模式和人格心理特質，也有一定的軌跡可循，瞭解這樣的模式，就能進一步預防、因應。

Hamm 與 Spaaij 指出暴力激進化的過程非常複雜，以至於政府未能有連貫一致的政策來制止，尤其缺少的是理解孤狼的犯罪思維方式和使他們走上暴力極端主義之路的具體情況的理論指導，因此犯罪學生命歷程理論可以用來確定導致恐怖主義的各個軌跡的順序，以及這些轉折點在激進化共同點的深入程度。其研究建議如下：

❶ 洞察孤狼恐怖攻擊前的激進化過程：孤狼恐怖攻擊主義常是開始於個人和政治不滿，因此開始親近極端主義團體，然後識別推動者、廣播意圖，最後的共同點是觸發事件或恐怖主義的催化劑。因此建議執法、情報部門盡早瞭解這些潛在犯罪者的激進化歷程，透過早期的洞察可為調查執法人提供檢測判斷依據，或是避免、減少相關誘發事件或徵兆的出現。

❷ 識別潛在的孤狼恐怖攻擊分子：由上得知孤狼在恐怖攻擊前的激進化過程，應當與區域專家（宗教學者、心理學家、通訊專家、爆炸專家等）匯集的情報融合在一起，這些徵兆可以確定狼群攻擊如何形成的指標。

❸ 加強全民監控恐攻意圖：在孤狼恐怖主義的新趨勢下，單靠警察等治安與情報部門官方力量已無法有效反恐，需要全民的參與，且大約八成的孤狼恐怖分子發動攻擊前，會廣播其意圖，若能藉由知曉情報的民眾及時報案，將能使相關單位積極處置，遏止可能發生的犯罪事件。

❹ 孤立孤狼：孤狼在接觸恐怖主義後漸趨激進化，因此政府有必要打擊恐怖組織的宣傳，著力廣納情報，拘捕嫌疑組織領袖，以無人機摧毀恐怖組織的宣傳塔。

❺ 減低殺傷：美國向來限制持有爆炸物，令恐怖分子較難製造大殺傷力炸藥，但半自動步槍則不在此限，假如將爆炸物的管制應用於槍械，絕對有助減低孤狼的殺傷力。

❻ 反制任何孤狼可能製造出來的「英雄形態」：多數孤狼式恐怖分子都有自己自成一格的意識形態，會因此攻擊他所認定的「敵人」，故會有人群把恐怖分子當作英雄。現在網路傳播速度快，常會將他們塑造成英雄，然後誘發更多類似的恐怖活動。應對的方式是，媒體盡量不要焦聚在犯罪者，而將焦點放在受害者，強調他們的無辜、需要幫助，如此可能沖淡或降低這些行動所誘發出來的自我英雄式的滿足感。

❼ 監控網絡：恐怖組織倚賴社交網絡宣傳，情報機關應監管帳戶動態，要求社交媒體如 Facebook 和 X 加緊審查與恐怖主義相關的言論，甚至查封帳戶，有助打擊恐怖組織吸納人手。

❽ 反向宣傳：近年 ISIS 為防範滲透，已拒絕不少外來人士加入組織，政府可利用偏執心態，散播虛假消息擾敵，或是發動駭客入侵激進網站，製造混亂打擊宣傳，或是直接關閉網站。另一方面，政府亦應反宣傳恐怖主義，例如邀請前激進主義者作證。

❾ 融合與溝通：政府應該支持伊斯蘭教派，同時維持治安，減少因歧視而衍生的暴力，增加供出恐怖分子的誘因，才可團結伊斯蘭社群協力反恐，因此比起孤立伊斯蘭社區，與伊斯蘭社群溝通與融合才是更務實的反恐手段。

孤狼恐怖攻擊防制對策

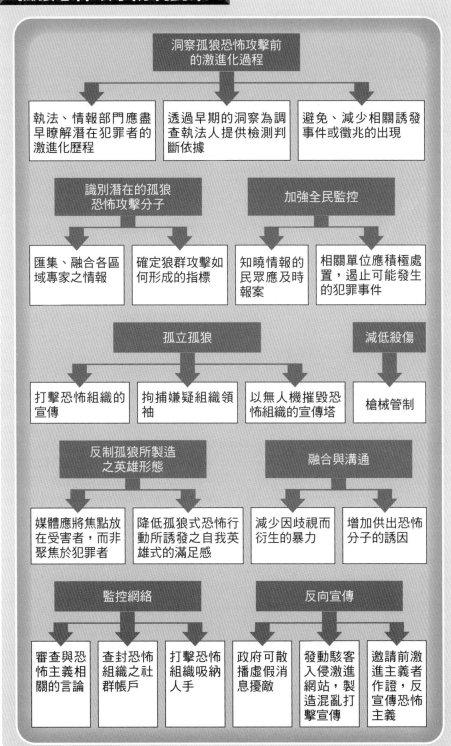

洞察孤狼恐怖攻擊前的激進化過程

- 執法、情報部門應盡早瞭解潛在犯罪者的激進化歷程
- 透過早期的洞察為調查執法人員提供檢測判斷依據
- 避免、減少相關誘發事件或徵兆的出現

識別潛在的孤狼恐怖攻擊分子

- 匯集、融合各區域專家之情報
- 確定狼群攻擊如何形成的指標

加強全民監控

- 知曉情報的民眾應及時報案
- 相關單位應積極處置，遏止可能發生的犯罪事件

孤立孤狼

- 打擊恐怖組織的宣傳
- 拘捕嫌疑組織領袖
- 以無人機摧毀恐怖組織的宣傳塔

減低殺傷

- 槍械管制

反制孤狼所製造之英雄形態

- 媒體應將焦點放在受害者，而非聚焦於犯罪者
- 降低孤狼式恐怖行動所誘發之自我英雄式的滿足感

融合與溝通

- 減少因歧視而衍生的暴力
- 增加供出恐怖分子的誘因

監控網絡

- 審查與恐怖主義相關的言論
- 查封恐怖組織之社群帳戶
- 打擊恐怖組織吸納人手

反向宣傳

- 政府可散播虛假消息擾敵
- 發動駭客入侵激進網站，製造混亂打擊宣傳
- 邀請前激進主義者作證，反宣傳恐怖主義

UNIT 10-6
暴力激進化（一）

圖解犯罪學

(一) 意涵

暴力激進化（Radicalization）係指個人或團體成為暴力極端分子。所謂暴力極端主義者是有些「模糊」，一般包括極端暴力的「思維」以及極端之「方法」。激進化是一個社會過程，個人逐漸確信並感知到不公，不公導致其親自參與暴力，且篤信「暴力」為合法。英國內政部則指出暴力激進化係指個人支持恐怖主義及暴力極端主義之過程，且部分曾參加恐怖主義團體。美國國土安全部認為暴力激進化係指實行極端主義信仰體系，包括願意去支持、使用及促進暴力之過程，以促進社會變遷。某些政府將恐怖主義分子汙名化為暴力極端分子，特別強調其行為之暴力特性，而非其單純之極端主義認知。

聯合國教育、科學及文化組織指出暴力激進化之定義並無一定共識，各方專家表達之意見不一。惟從多元際際與多層次策略觀之，暴力激進化大致呈現以下三種互補之定義：

❶ Khosrokhavar 在微觀層面上定義了「激進化」的概念，專注於個人。暴力激進化為個體參與和灌輸暴力行為的過程，特別是影響個人情感和認知的過程。激進化與極端主義意識形態直接相關，這種意識形態反對政治上既定的秩序、社會或文化水準。

❷ 德國社會學家 Heitmeyer 研究產生右翼極端主義的過程。他將暴力激進化視為個人經歷和產生社會不滿的社會條件相結合的產物。在宏觀層面上，極右翼暴力激進化可發展為戰爭或遊擊戰，其挑戰最長久的權力關係，危及公民自由和安全。

❸ 基於生態系統框架，Schmid 將激進化定義為個體或集體過程。其源於小區間關係的摩擦，並與政治兩極化的情況有關。其中至少有一方的當事人放棄了與其他參與者對話，並最終支持對抗性的升級和暴力手段。

(二) 發展

根據 Schmid 之見解，激進化基本上涉及發展歷程，由一般之意識形態形塑、激進化、促發事件、暴力極端主義或恐怖分子。

Moghaddam 提出恐怖主義階梯模式，此一暴力激進化模式基於 Moghaddam 的比喻，強調每人居住於底層，並依據其生活現況評估公平性，最終少數人導引至極端之最高層。倘認為不公平者，即進入第一層。在此層之人們可能尋求非暴力之解決方案，不滿意者即進入第二層。此時已充滿挫折與憤怒，亟待找尋出口。第三層已進入暴力攻擊之準備狀態。第四層已區分成敵對之你我，並一定進入第五層，此階段為執行暴行之階段，包括排除阻礙攻擊行為之一切障礙。

暴力激進化之定義

Khosrokhavar	Heitmeyer	Schmid
暴力激進化為個體參與和灌輸暴力行為的過程，特別是影響個人情感和認知的過程。激進化與極端主義意識形態直接相關，這種意識形態反對政治上既定的秩序、社會或文化水準。	研究產生右翼極端主義的過程：極右翼暴力激進化可發展為戰爭或遊擊戰，其挑戰最長久的權力關係，危及公民自由和安全。	基於生態系統框架，將激進化定義為個體或集體過程；其源於小區間關係的摩擦，並與政治兩極化的情況有關。

暴力激進化之過程

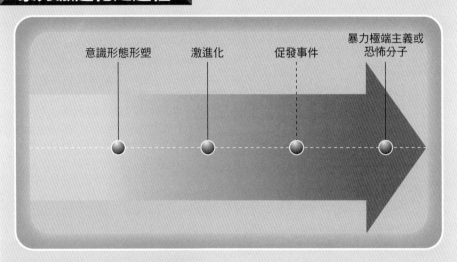

意識形態形塑　　激進化　　促發事件　　暴力極端主義或恐怖分子

恐怖主義階梯模式

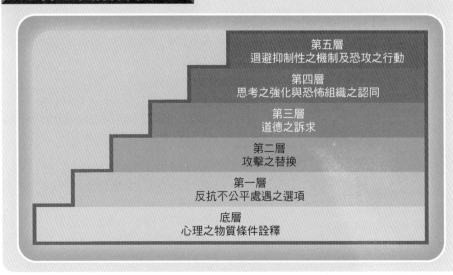

第五層
迴避抑制性之機制及恐攻之行動

第四層
思考之強化與恐怖組織之認同

第三層
道德之訴求

第二層
攻擊之替換

第一層
反抗不公平處遇之選項

底層
心理之物質條件詮釋

UNIT **10-7**
暴力激進化（二）

圖解犯罪學

(三) 成因

　　至少有兩種因素可能讓某人變得更激進而接受暴力聖戰意識形態：

❶ 社會因素：① 存在一大群社會、政治和經濟上遭到邊緣化的弱勢人口；② 把特定群體當成「嫌疑犯」來對待，施加侵略性、蠻橫的反恐行動；③ 對宗教普遍有文化或政治敵意，特別是伊斯蘭教；④ 不受歡迎的對外政策，例如支持鎮壓人民的政權，或涉及軍事行動，特別是在以穆斯林為主的國家。

❷ 個人風險因素：① 認識已經激進化的個人；② 對個人生活感到挫敗，常常渴望成就一番大事；③ 渴望冒險、反叛、生命體驗；④ 需要歸屬感；⑤ 同情、擔心他人的苦難，感覺自己與受苦的人有關，例如信仰一樣的宗教；⑥ 青春期焦慮。

(四) 因應

　　研究證實暴力激進化之過程與一些行為有關，然對於暴力激進化之單一描繪很難適用於所有激進化之個案。「加拿大預防暴力激進化中心」發展出「行為氣壓計」（Behaviour Barometer）之預防工具，協助瞭解問題徵候與嚴重性，俾以適切因應。此項行為氣壓計將激進化之行為嚴重程度區分為不重要、麻煩、令人擔憂及引起驚恐四類。

❶ 不重要：包括與各種形式的政治、宗教或社區參與有關的一系列行為，其特點是和平行動和民主的表達方式。例如在家人或親密友人前熱烈的主張自己的信念；以明顯的標誌（傳統服裝、鬍鬚、剃光頭、宗教符號、特定紋身等）來表達其身分或歸屬感；由於政治或宗教信仰，堅持遵循特定的飲食要求；表現出糾正社會不公正的意願。

❷ 麻煩：包括表明個人不適應的個人行為，還包括日益持續的自我認同，其

中一些原因或意識形態導致個體顯著改變他的行為，例如表達對絕對真理、偏執或極端不信任的偏見；持不懈地向他人傳播宗教和意識形態的想法；拒絕遵從一些基於意識形態、政治或宗教而形成的機構或組織（學校、工作場所等）之規則和規定；由於他人的宗教、種族、膚色、性別或性取向，拒絕參加團體活動或與某些人互動等。

❸ 令人擔憂：包括與個人開始參與激進軌跡相關聯之行為。它的特點是對外部世界的嚴重不信任，以及使用暴力來實現個人目標。例如向家人或親密朋友隱瞞自己的新生活、效忠或信仰體系；開始接近已知為暴力極端分子的個人或團體；表達對其他個人或團體的仇恨觀點等。

❹ 引起驚恐：包含各種行為，這些行為證明了對某種意識形態或宗派的忠誠，進而導致個人認為暴力是唯一合法有效的行動手段。例如為暴力極端主義團體招募他人（或鼓勵他們入伍）；提出或計畫受意識形態動機或暴力極端主義啟發的暴力或仇恨行為；會去學習、尋求或知道如何在法律範圍之外使用武器（槍枝、爆炸物等）；計畫前往衝突地區或已知暴力極端主義團體活躍的地區等。

(五) 防制

❶ 檢測激進化過程與徵候之系統。

❷ 刪除社交網路平台如 Google、Facebook 和 X 等中帶有極端主義與暴力恐嚇之內容。

❸ 加強全民之覺醒與關心。

❹ 反制任何攻擊者可能製造出來的「英雄形態」。

❺ 致力於融合、溝通與疏導，互相尊重。

行為氣壓計

不重要 （insignificant）	麻煩 （troubling）	令人擔憂 （worrisome）	引起驚恐 （alarming）
包括與各種形式的政治、宗教或社區參與有關的一系列行為，其特點是和平行動和民主的表達方式。	包括表明個人不適應的個人行為、日益持續的自我認同，其中一些原因或意識形態導致個體顯著改變他的行為。	包括與個人開始參與激進軌跡相關聯之行為，其特點是對外部世界的嚴重不信任，以及使用暴力來實現個人目標。	包含證明對某種意識形態或宗派的忠誠，進而導致個人認為暴力是唯一合法有效之行動手段的各種行為。

暴力激進化之防制

檢測激進化過程與徵候之系統	刪除社交媒體中帶有極端主義與暴力恐嚇之內容	加強全民之覺醒與關心	反制攻擊者製造出來之英雄型態	致力於融合、溝通與疏導，互相尊重

第11章
財產性犯罪

●●●●●●●●●●●●●●●●●●●● 章節體系架構 ▼

UNIT **11-1** 竊盜犯罪

UNIT **11-2** 竊盜及其集團之江湖規矩

UNIT **11-3** 竊盜犯之刑罰認知及竊盜犯罪之防制

UNIT **11-4** 詐欺犯罪

UNIT **11-5** 詐欺犯罪之防制

UNIT **11-1** 竊盜犯罪

(一) 竊盜及其集團之特性

竊盜犯在所有犯罪類型當中較易形成次文化團體，而成群結黨、互通聲氣。綜合學者 Sutherland、Maurer、Irwin 及筆者研究之心得，竊盜及其集團之特性如下：❶ 職業竊盜以犯罪為職業；❷ 竊盜犯在行竊時，除被害者之疏忽外，多經細密之規劃；❸ 竊盜犯智商高，善於利用、操縱人；❹ 竊盜犯及其集團具有共通之黑話，以便獲取認同；❺ 竊盜犯經常收買或賄賂執法人員，以逃避偵查；❻ 竊盜犯除犯罪機會呈現或臨時起意之外，通常亦與其他同伴聚集在適當之地點、商議交換情報；❼ 竊盜犯對於受害者並不同情，並合理化其行為；❽ 竊盜犯對同夥誠實、有義氣，絕不告密；❾ 竊盜犯行竊時大多能保持冷靜、沉著；❿ 強調高超之行竊技術，並迅速奪取鉅額金錢；⓫ 竊盜犯與其他行業相同，獲得成員之認可；⓬ 竊盜犯普遍認為世界欠缺公平，反社會傾向甚濃；⓭ 竊盜犯不能擁有正常之家庭生活，集團成員與組織即為其家庭；⓮ 竊盜犯禁止使用金融卡，以避免為執法人員偵破；⓯ 竊盜犯不能公開參與社交活動，必須隱姓埋名。

(二) 竊盜犯之目標物選擇

職業竊盜在決定是否從事犯罪行為、在何處及何時犯罪或目標物之同時，大多對各項因素予以周延分析、考量。Taylor 和 Gottfredson 指出，某一地域為犯罪人選中之原因與該地域特徵給予潛在犯罪人之意象有關。這些特徵包括：物理環境特色、住民之社會人口特徵與行為型態、警察之巡邏、查察狀況、犯罪人彼此間之訊息交換，以及犯罪者個人之知識與特質。

❶ **物理環境特色**：若地域之環境特色是富裕、奢靡或可通暢無阻的進出，缺乏防衛空間之設計或管制，或者具有物理環境頹廢、空屋雜陳、垃圾亂倒、廢棄之汽機車林立、街道坑坑洞洞、缺乏管理等特色，則極易吸引竊盜犯之入侵。

❷ **住民之人口特色及行為型態**：若住民具有良好之社經地位，自然具有吸引力而成為犯罪之首要目標。此外，住民流動性高，則極易影響其是否願意協助治安之意願，易成為歹徒選擇作案之良好標的。最後，若住民缺乏對公共事務之關心，經常抱持冷漠之態度，則易吸引潛在犯罪人之注意，甚至啟動其作案之動機。

❸ **警察之巡邏、查察狀況**：強化警察對社區之巡邏，對社區治安之維護有相當貢獻。若社區缺乏警察之關心，潛在犯罪者極易認為該社區是被遺棄、沒有防衛的，其被逮捕之風險也會降低許多，故可能提升其作案之動機與意願。

❹ **犯罪人彼此間之訊息交換**：除了前述之區域特徵外，犯罪人彼此間亦可能交換犯罪相關訊息，例如：瞭解犯罪之困難度、可能遭遇之反抗等，俾以選擇合適之犯罪標的，順利達成犯罪之目的。

❺ **犯罪人個人之知識與特質**：此可能影響其對區域標的物之選擇，例如：職業竊盜者對於犯罪區域之選擇相對挑剔，諸如偷竊之對象、周遭環境之防禦情形、逃跑路線的選擇等各項考慮均趨於縝密，這些特質將影響犯罪區域之選擇。

這些目標區域之特徵，促使許多竊盜犯進一步構思、評估犯罪可能之酬賞、便利性、容易到手與否及被偵測逮捕之風險，而對未來的犯罪活動做最後之研判與規劃。

竊盜及其集團之特性

❶ 職業竊盜以犯罪為職業。

❷ 行竊時，除被害者之疏忽外，多經細密之規劃。

❸ 智商高，善於利用、操縱人。

❹ 具有共通之黑話，以便獲取認同。

❺ 經常收買或賄賂執法人員，以逃避偵查。

❻ 除犯罪機會呈現或臨時起意之外，通常亦與其他同伴聚集在適當之地點、商議交換情報。

❼ 對於受害者並不同情，並合理化其行為。

❽ 對同夥誠實、有義氣，絕不告密。

❾ 行竊時大多能保持冷靜、沉著。

❿ 強調高超之行竊技術，並迅速奪取鉅額金錢。

⓫ 與其他行業相同，獲得成員之認可。

⓬ 普遍認為世界欠缺公平，反社會傾向甚濃。

⓭ 不能擁有正常之家庭生活，集團成員與組織即為其家庭。

⓮ 禁止使用金融卡，以避免為執法人員偵破。

⓯ 不能公開參與社交活動，必須隱姓埋名。

竊盜犯選擇犯罪地域之考慮因素及發展過程

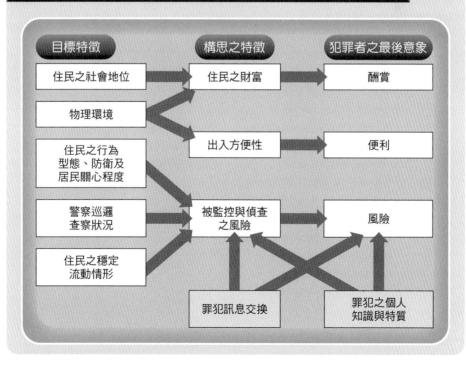

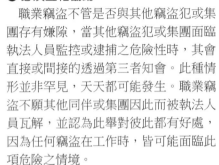

UNIT **11-2**
竊盜及其集團之江湖規矩

根據犯罪學學者 Sutherland 之研究，竊盜及其集團之江湖規矩大致包括：

❶ 必須互相協助

職業竊盜不管是否與其他竊盜犯或集團存有嫌隙，當其他竊盜犯或集團面臨執法人員監控或逮捕之危險性時，其會直接或間接的透過第三者知會。此種情形並非罕見，天天都可能發生。職業竊盜不願其他同伴或集團因此而被執法人員瓦解，並認為此舉對彼此都有好處，因為任何竊盜在工作時，皆可能面臨此項危險之情境。

❷ 須與獄中夥伴分享所得

若竊盜集團成員因案入獄，職業竊盜仍應輪流將部分所得寄給難友充當禮物，此項做法除有助於維繫感情外，亦反映出其集團生死與共、富貴同享之價值觀。

❸ 須與其他同夥互通有利情報

竊盜犯須與其他同夥交換有關利潤高、適合作案之地點與警察活動之情報。假使發現不良之作案地點，其大多會彼此相互勸告，以避免被逮捕。反之，若發現利潤高、非常適合作案之地點，亦會交換情報，甚至提供寶貴之資訊，例如：適合作案之時間、注意隔壁之老婦或巡邏警網等，以避免被逮捕。

❹ 絕不告密、出賣朋友

竊盜犯，尤其是職業竊盜，即使彼此不和或互相打擊，亦絕不出賣朋友或互相告密。因告密對彼此皆沒好處，會使集團陷於崩潰、瓦解之危險境界，也會淪為此行社會地位最底層而備受輕視。如果其中一名有密告行為，竊盜集團即可能散發其消息，導致同道同聲譴責，使其無立足之地。

❺ 非法所得須與竊盜集團夥伴同享

竊盜犯獲取之所得必須與集團夥伴同享，以建立生死、命運與共之情感，強化組織的凝聚力。

❻ 不對其同伴詐欺

詐欺手段之行使，就竊盜犯而言，僅可對潛在獵物（受害者）為之，在同夥間則絕不允許。因若如此，將促使竊盜集團的社會秩序帶來鉅大之破壞，危及成員情感及組織之凝聚力，更易為警方所分化、偵破，產生無窮之禍患。

❼ 絕不陷其他同伴於不利

竊盜犯絕不妨礙其他同夥之竊盜行為，或因不當之行動致其同夥陷於被逮捕之危險境界。行竊時可能遇到的麻煩，多半來自業餘竊盜犯之好奇或因其他極少數竊盜犯之疏忽，導致遭執法人員逮捕之危險。因此，以職業竊盜之工作準則而言，絕不妨害同夥之行竊行為；倘發現同夥正進行工作時，其將迅速離開。

❽ 彼此相互信任

竊盜犯彼此必須相互信任，不可存疑，否則不僅無法建立深厚之革命情感，同時將危及集團之生存。事實上，彼此相互信任之結果，可進一步交換犯罪與被執法人員偵查訊息，有利於安全獲取鉅大利潤。

竊盜集團的江湖規矩

- 互相協助
- 所得與獄中夥伴共享
- 情報互通
- 不出賣朋友
- 集團夥伴共享利益
- 不詐欺同夥
- 不陷同伴於不利
- 互相信任

竊盜集團的江湖術語

衣物物品類

藍頭	➡	鈔票
插頭	➡	西裝褲兩邊之口袋
後門	➡	後褲口袋

人物類

窩裡雞或歐里雞	➡	扒手之總稱
跑輪子	➡	在車上的扒手
雞老闆	➡	扒竊集團之首領
凱子或點子	➡	行竊之對象
老四	➡	扒手對刑警之稱呼
推車	➡	在扒竊行動中，前後左右製造擁擠的人
老闆	➡	行竊時實際下手者
顧門或照水	➡	把風者

場所情境類

跑大輪	➡	在火車上行竊
跑小輪	➡	在公車上行竊
跑檯子	➡	在銀行裡行竊，又稱高買
金鋼	➡	真的
眩的	➡	假的
抓雞	➡	偷機車

UNIT 11-3
竊盜犯之刑罰認知及竊盜犯罪之防制

(一) 竊盜犯之刑罰認知

竊盜犯之累犯比例一向偏高，刑罰是否產生應有的嚇阻效果，為決定其重操舊業之關鍵。在當前財富充斥之物慾社會中，欲使懶散好逸惡勞成習之竊盜犯改邪歸正恐非易事。茲以筆者之研究，說明竊盜犯對刑罰之認知。

❶ **刑罰之威嚇性**：許多竊盜犯並不特別擔心遭判刑，尤其是短刑期者，且監獄具有假釋制度的存在，實際刑罰之執行時間並不會太長，但多數竊盜犯卻認為保安處分較嚴厲。

一名竊盜累犯即指出：「我不會擔心遭判刑，反而較怕保安處分。刑期為二年半，現在只要三分之一即可假釋，應該很快就能出去了，刑罰還算可以。」另一名竊盜累犯則另指出：「我認為竊盜罪大致上都是判不會超過三年，一般人所怕的並不是刑期，而是保安處分，不過現在保安處分時間也不長，就算延長亦不會超過四年半。我這次判一年二個月算是很合理，與我所想像的差不了多少。」

❷ **犯罪矯治之效果**：竊盜犯之矯治在實務上一向面臨許多挑戰，或由於竊盜犯獨特之行為樣態（如：道德感低落、反社會傾向濃）及迥異之成長歷程，加上外界各項鉅大財富誘因之影響，其矯治成功比率一向偏低，累（再）犯情形甚為普遍。

一名竊盜犯提及：「就矯治成效而言，我想大概是沒有效，大家都是在這裡混日子，想快點出監，獄方有什麼規定就依規定辦理，只要在這裡不要違規就能很快出監。」另一名竊盜累犯亦指出：「我認為矯治成效不好，在這裡只要不犯錯，好好工作，也不必太出鋒頭，過一天算一天，只要能早點出去才是真的，其他都是假的。」

(二) 竊盜犯罪之防制

竊盜犯之防治，傳統以犯罪成因為導向（如：偏重犯罪者家庭、學校、社會背景因素）而提出之「肅清社會病源策略」與「個別處遇之犯罪防治策略」，但無法遏止竊盜犯罪持續猖獗惡化之事實。相對的，從犯罪者本身之理性抉擇、認知與決意觀點導引之對策，則非常務實且具防治效能。根據筆者之研究，較具前瞻性、效能之防治竊盜犯罪策略分述如下：

❶ **強化嚇阻效能**：係指強化刑罰之力量，包括貫徹刑罰之迅速性、確定性與嚴厲性，加強對竊盜犯之制裁。其具體措施如：竊盜慣犯入勞動場所強制工作、加重竊盜慣犯刑度，不輕予假釋等規定均是。

❷ **採行情境犯罪預防策略**：情境犯罪預防係指對某些獨特之犯罪類型（尤其是竊盜犯罪），以一種較有系統、常設的方法對犯罪環境加以設計、管理，俾以增加犯罪者犯罪之困難與風險、減少酬賞之降低犯罪機會的預防措施。其措施包括：目標物強化、防衛空間設計、社區犯罪預防策略，如：鄰里守望相助、民眾參與巡邏及其他疏導或轉移犯罪人遠離被害人之策略等。目前，隨著學理與實務之發展，情境犯罪預防進而拓展成五項原則，其具體內容包括：增加犯罪之阻力、提升犯罪之風險、降低犯罪之酬賞、減少犯罪刺激及移除犯罪藉口。

傳統竊盜犯之防治

| 以犯罪成因為導向 | → 肅清社會病源策略
→ 個別處遇之犯罪防治策略 | → 無法遏止竊盜犯罪持續猖獗惡化之事實 |

較具前瞻性之防治竊盜犯罪策略

強化刑罰的力量 → 貫徹刑罰之迅速性、確定性與嚴厲性
→ 加強對竊盜犯之制裁

採行情境犯罪預防策略 → 目標物強化
→ 防衛空間設計
→ 社區犯罪預防策略

→ 增加犯罪者犯罪之困難與風險

情境犯罪預防五原則

增加犯罪之阻力

提升犯罪之風險

降低犯罪之酬賞

減少犯罪刺激

移除犯罪藉口

UNIT **11-4** 詐欺犯罪

圖解犯罪學

(一) 定義

刑法第 339 條規定普通詐欺犯罪係指意圖為自己或第三人不法之所有，以詐術使人將本人或第三人之物交付者，或以前項方法得財產上不法之利益或使第三人得之者。刑法第 341 條另規定意圖為自己或第三人不法之所有，乘未滿 20 歲之人之知慮淺薄或乘人之精神耗弱，使人將本人或第三人之物交付者，成立準詐欺罪。

(二) 型態

另根據台灣內政部警政署刑事警察局 2003 年編印《預防詐騙宣導手冊》之資料，台灣地區常見之詐欺犯罪型態摘要如下：❶信用卡詐欺；❷行動電話簡訊詐欺；❸金融卡匯款方式詐欺；❹網路購物詐欺；❺網路銀行轉帳詐欺；❻金光黨詐欺；❼虛設行號詐欺；❽保險詐欺；❾巫術或宗教詐欺；❿假身分詐欺；⓫打工陷阱詐欺；⓬謊報傷病救急詐欺；⓭假募款詐欺；⓮非法炒匯期貨詐欺；⓯瘦身美容沙龍詐欺；⓰網路交友詐欺；⓱網路虛設行號詐欺；⓲假護膚真詐財手法。

近年內政部警政署刑事警察局 165 反詐騙諮詢專線發布以下常見之詐騙手法：❶假廣告詐欺；❷投資貿易博覽會詐欺；❸假冒律師，利用雲端服務，對外招攬訴訟詐欺案；❹網路假借轉賣票進行詐欺；❺網路手遊買虛寶，撿便宜不成遭詐騙；❻國際租屋詐欺。另根據 2024 年 9 月 21 日當日「打詐儀錶板」公布之數據，8 月份詐欺手法之前五名為：❶假投資詐騙；❷網路購物詐騙；❸假買家騙賣家；❹假交友（投資詐財）；❺色情應召詐財。

(三) 特徵

上述新興詐欺模式具有以下之共同特徵：
❶詐騙規模龐大、組織集團化、分工細密、詐騙時地無設限。
❷向遊民或信用破產者收購個人身分證件，並於金融機構開設人頭帳戶。
❸透過網路或各項不法管道蒐購民眾之個人資料作為聯絡之用。
❹以冒名律師、會計師或知名人士做見證。
❺以大眾傳播媒體為媒介工具：搭配簡訊、報紙分類廣告、信函、電話 CALL-IN、CALL-OUT、網路等方式通知民眾。
❻以手機、網路、傳單、郵寄或其他大眾傳播媒體為媒介工具。
❼以退稅、中獎，獲得其他財物、利益為由，要求被害人透過網路或提款機轉帳匯款。
❽被害人未曾與該詐欺集團人員見面。
❾被害人匯款後皆未獲得應得的獎金或財物。
❿加害人於收到贓款後，大多重複以各種理由或藉口要求被害人再繼續匯款，或失去聯絡，或恐嚇、騷擾被害者。
⓫透過各種不法管道進行洗錢。
⓬與時事結合，以中獎、獲得利益為由要求民眾轉帳匯款，例如 SARS 盛行，即通知民眾領補償金；繳稅時節就通知民眾退稅，令民眾不疑有他。

(四) 犯罪手法之流程

根據網路蒐錄之資料，詐騙犯罪手法之流程大致如下：
❶人頭帳戶：詐欺集團以公司節稅或股票抽籤等為理由，每一帳號為 2,000 元至 5,000 元不等之金額向不知情的民眾收購。
❷寄發彩券與宣傳海報：以郵寄、投遞信箱、夾報或至大賣場整箱之飲料貨品上夾單，誘騙不知情民眾受騙。
❸提供律師、會計師、公司電話號碼供查詢、查證。

常見詐欺犯罪特徵

集團組織化，分工細密

向遊民收買證件，開設人頭帳戶

冒名律師或知名人士作見證

以大眾傳播媒體為媒介

要求被害人轉帳匯款

與時事結合，令民眾不疑有他

犯罪手法大致流程

❶ 人頭帳戶：詐欺集團以公司節稅或股票抽籤等為理由，每一帳號為 2,000 至 5,000 元不等之金額向不知情的民眾收購。

❷ 寄發彩券與宣傳海報：以郵寄、投遞信箱、夾報或至大賣場整箱之飲料貨品上夾單，誘騙不知情民眾受騙。

❸ 提供律師、會計師、公司電話號碼供查詢、查證。
犯罪手法：①傳送簡訊到被害人手機 ➡ ②被害人回電 080 聯絡電話（要求被害人留聯絡電話及姓名）➡ ③被害人聯絡見證律師 ➡ ④會計部門主動聯絡被害人 ➡ ⑤提款機操作程序 ➡ ⑥先輸入轉帳銀行代號 ➡ ⑦輸入轉帳帳號。

UNIT **11-5**
詐欺犯罪之防制

圖解犯罪學

詐欺犯罪涉及加害者之理性抉擇與計畫性犯案，而其發生更與被害者之貪慾與疏忽密切相關。因此，防制詐欺犯罪必須加強對詐欺犯罪之法律懲罰與嚇阻作為，同時做好被害預防與宣導措施，始能舒緩前項犯罪問題。

(一) 法律懲罰與執法嚇阻作為

目前刑法規定普通詐欺犯罪處五年以下有期徒刑、拘役或科／併科 50 萬元以下罰金，但刑罰仍難與詐欺犯之非法暴利所得相稱，而整體詐欺犯罪之平均刑度並不高，更反映出前項事實。應強化懲罰與嚇阻作為，善用「嚇阻理論」的三項特性，刑罰迅速性、確定性及嚴厲性來對抗跨國境電信詐欺犯罪，避免其再次詐欺。2024 年 7 月 12 日通過「詐欺犯罪危害防制條例」施行後，詐欺集團犯嫌的刑責，最重可判處 12 年以下有期徒刑，並得併科新臺幣 3 億元以下罰金。三人以上犯刑法加重詐欺罪再加重二分之一刑責，此外為消弭犯罪誘因，政府擴大對犯嫌不法利得的沒收範圍。

其次，電信詐欺犯罪主要利用資通訊匯流的漏洞，將非法電信機房及基地轉移到各國，利用當地國民為人頭，向當地電信公司申請企業公司用戶，以及縝密組織分工，對兩岸民眾進行各種態樣詐騙，犯嫌能架設機房的技術都數來自第二類電信業者（系統商）通過 Skype 或微信等教導裝設與使用。因此不管是詐騙電話機房或是篡改發話號碼，主要仰賴詐騙產業中的通訊技術專家，以及不肖二類電信業者以合法掩護非法之作為，未來應加強打擊這些協助詐騙的不法二類業者。7 月 12 日通過之「詐欺犯罪危害防制條例」規定成立境外機房，加重二分之一刑責，為最新之法律懲罰規定。

另外，為遏止詐欺集團不當利用金融、電信及網路從事詐欺犯罪，內政部（2024）指出希望金融機構、虛擬資產服務業、電信業、網路廣告平臺、第三方支付服務業、電商業、網路連線遊戲業等七大關鍵產業能共同攜手合作，透過公私協力方式，從源頭阻斷詐欺犯罪發生。詐欺犯罪危害防制條例亦規定對於違反防詐義務的業者，依

業別不同，最重可處 1 億元以下罰鍰，並可連續處罰直到業者改善。

(二) 政府與民間強化預防宣導與監管理

❶ 強化標的物 ── 增加犯罪阻險

①謹慎提供個人資料予各種場所：所有詐騙因於歹徒掌握個人基本資料，所以應加強宣導民眾應養成不隨便留個人資料給別人。

②校園及相關單位加強宣導詐騙案例：詐欺犯罪被害者不乏高知識分子，惟大多涉世未深、容易相信他人，倘能利用各種方法加強宣傳詐騙案例則能強化潛在被害者之預防。

③教導民眾若不幸被詐騙，應冷靜查證：不將金錢匯出後，可向親友諮詢查證，倘不願意讓親友知曉，可撥打 165 反詐騙專線，由專業的警務人員協助辨認是否為詐騙事件。

❷ 增加監控機制 ── 增加犯罪風險

①電信業者：從嚴審查申請：由於犯罪者常用人頭帳戶加以取得詐騙金額，故金融單位在核帳戶時，應加強審核，例如建立徵信機制確實申請人姓名、居住地址等資料是否屬實。對外電信工程人員從嚴把關，以防不肖業者與詐騙集團勾結，盜轉接民眾電話。

②金融機構：Ａ 從嚴審查申請：由於犯罪者常用人頭電話（手機）聯繫、行騙，故電信相關單位核發電話時，應加強審核，例如建立徵信機制審核申請人姓名、居住地址等資料是否屬實。Ｂ 訓練員工：應訓練員工使其具備辨識詐騙手段，及通知警察人員阻止被害者交付金錢的管道，並讓警方接手偵破詐騙集團，對於績優員工設立獎鼓勵表揚。

目前行政院為提升打擊詐欺犯罪效能，並統籌督導及協調各部會落實執行「新世代打擊詐欺行動綱領」策略及行動方案，於 2024 年 8 月 2日設打擊詐欺指揮中心。由院長指派政務委員督並置指揮官一人，由內政部次長兼任，內政部務部、數位發展部、金融監督管理委員會及國訊傳播委員會等相關機關所屬人員協助共同辦理

以法律嚇阻詐欺行為

嚇阻理論三特性

刑罰迅速性

刑罰確定性

刑罰嚴厲性

政府與民間合作

強化標的物
↓
增加犯罪阻力

→ 謹慎提供個人資料予各種場所

→ 校園及相關單位加強宣導詐騙案例

→ 教導民眾若不幸被詐騙，應冷靜查證

增加監控機制
↓
增加犯罪風險

→ 電信業者 → 從嚴審查申請

→ 金融機構 → 加強審核

→ 訓練員工

校園宣導

電信業者從嚴把關

金融機構從嚴審查

警察機關加強合作

第 12 章
無被害者犯罪

 章節體系架構 ▼

UNIT *12-1* 無被害者犯罪之意涵與特性

UNIT *12-2* 無被害者犯罪類型 —— 藥物濫用

UNIT *12-3* 無被害者犯罪類型 —— 賭博

UNIT *12-4* 無被害者犯罪類型 —— 賣淫

UNIT *12-5* 無被害者犯罪之除罪化

UNIT 12-1
無被害者犯罪之意涵與特性

暴力犯罪、財產犯罪等本質上危害社會與侵害他人法益的行為，為了社會秩序的維持，而被界定為犯罪行為。然而，有一些在法律上被禁止的行為（如：賣淫、賭博、藥物濫用等），未必有明顯的被害者，或被害者同意，或被害者根本不存在；這些犯罪行為稱為「無被害者犯罪」（Victimless Crimes），或稱為「非道德犯罪」（Immoral Crimes）、「公共秩序犯罪」（Public Order Crimes）。

(一) 無被害者犯罪之意涵

有關無被害者犯罪的定義，最廣泛被接受的是由 Schur 提出，他認為無被害者犯罪涉及合意的雙方，且缺乏控訴的參與者。另外，學者 Schur 與 Bedau 認為無被害者犯罪行為中，參與者自願交換商品或服務，並且可能不會將自己視為受害者或遭受剝削，因此不會向有關單位報告其涉及該行為。

學者 Siegel 則認為，無被害者犯罪行為主要是因為其涉及干擾社會運作和人們有效運作的能力，違反社會政策、普遍的道德規範和當前的公眾輿論，而被予以犯罪化。學者許春金引用派克（Packe）的見解，認為無被害者犯罪化的四個要素如下：❶ 大部分的人均認為該行為具有危害性，尤其社會團體無法認同；❷ 社會可以公平、無歧視性的執法方式來處理該行為；❸ 刑事訴訟將不會因該行為的犯罪化而產生緊張或扭曲；❹ 除了刑法外，沒有其他的合理方式來處理該行為。

(二) 無被害者犯罪之特性

學者 Schur 與 Bedau 指出無被害者犯罪具有以下特性：

❶ 無被害者犯罪具有合意參與的特徵

Schur 與 Bedau 認為墮胎、同性戀及藥物濫用等犯罪中，關係人在共同合意下從事違法的財貨或服務的交易。由於「合意」要素的存在，已排除了被害者存在的可能性。

❷ 缺乏控訴的參與者

Morris 及 Hawkins 認為無被害者犯罪，是指沒有控訴的被害人（Absence of Complainant-Participant）向司法訴求保護的犯罪案件。一般來說，無被害者犯罪（如娼妓）較有可能具此種特性，也因而此類事件的犯罪黑數特別高，造成執法上的困難。

❸ 無被害的自我判斷

Schur 與 Bedau 認為無被害者犯罪行為中，參與者可能不會將自己視為受害者或遭受剝削；亦即在事件中，參與者主觀上「感覺未受害」。然而，一個人「主觀感覺未受害」與客觀認定之「事實尚未受傷害」的認定未必一致。

❹ 無被害者犯罪具有交易的本質

Schur 與 Bedau 曾提出，墮胎及其他無被害者犯罪涉及「社會所不容許但卻廣泛需要之財貨或服務之自願交易」。然而，這一個「交易」特徵較適用於賣淫及賭博犯罪，卻未必適用於其他無被害者犯罪；尤其未涉及人際關係的犯罪行為，就不適用此定義（如：墮胎、藥物濫用）。

無被害者犯罪之定義

Schur → 無被害者犯罪涉及合意的雙方，且缺乏控訴的參與者。

Schur & Bedau → 其參與者自願交換商品或服務，且可能不會將自己視為受害者或遭受剝削，故不會向有關單位報告其涉及該行為。

Siegel → 因其涉及干擾社會運作和人們有效運作的能力，違反社會政策、道德規範及公眾輿論，而被予以犯罪化。

無被害者犯罪化的四個要素 (許春金，2017)

❶ 大部分的人均認為該行為具有危害性，尤其社會團體無法認同。

❷ 社會可以公平、無歧視性的執法方式來處理該行為。

❸ 刑事訴訟將不會因該行為的犯罪化而產生緊張或扭曲。

❹ 除了刑法外，沒有其他的合理方式來處理該行為。

無被害者犯罪之特性

具有合意參與的特徵

無被害的自我判斷

缺乏控訴的參與者

具有交易的本質

UNIT 12-2
無被害者犯罪類型 —— 藥物濫用

無被害者犯罪有許多常見之類型，包括藥物濫用、賭博，以及賣淫等，本單元先介紹藥物濫用。

(一) 藥物濫用之定義

根據 2013 年《精神疾病診斷與統計手冊》第五版之分類，藥物濫用係屬「物質使用疾患」之一種，又稱物質濫用（Substance Abuse）；而當物質濫用嚴重時，則變為物質依賴（Substance Dependence）。

(二) 藥物濫用之成因

Muisner 所著《Understanding and Treating Adolescent Substance Abuse》一書，採用生物心理社會模型（Bio-psychosocial Model）來詮釋藥物濫用的成因：

❶ 生物因素：物質濫用異常的生物因素包括：① 神經學因素：與神經化學傳遞過程、在腦中藥物使用的控制中心（如：下視丘）有關；② 特異體質的生理因素：有些人因為本身心理功能不佳（如：罹患心境異常或思覺失調症），而導致生理上對於藥物有特殊的需求。

❷ 心理發展：此因素在物質濫用行為上扮演重要之角色。法務部之「青少年濫用藥物問題之研究」發現，少年用藥原因以好奇模仿居首；朋友引誘次之；喜好使用後之感覺居第三；逃避挫折感居第四。

❸ 人際環境、家庭功能及同儕關係因素：行為人的人際環境，尤其是家庭與同儕，會提供情緒及相關氣氛，促進行為人的發展改變。

❹ 社區因素：社區是行為人藥物濫用的一個因素，和是否成功的提供初級、次級及三級預防有關。在初級預防方面，目的在於防止行為人藥物使用的問題及促進健康的生活型態；次級預防是設計來防制藥物濫用者早期階段的介入；三級預防目的是為了幫助有物質濫用異常的行為人及家庭獲得痊癒。

❺ 社會因素：在該模型中，社會被描繪成：① 政府及其對藥物濫用的公共政策：較強調其供給面，尤其是國際性的禁止與強制的社會控制；② 媒體及其與藥物有關的態度及價值的溝通：透過媒體想法及影像的傳遞對青少年反覆灌輸價值，此措施能夠影響其藥物使用的態度及價值。

(三) 藥物濫用與犯罪之關聯

學者 White 認為藥物濫用與犯罪之關係，學說上約有四種不同的觀點：

❶ 藥物濫用導致犯罪行為：許多藥物本身常易刺激中樞神經，而引發攻擊性之犯罪行為。同時，濫用藥物者為了支應日益龐大之購藥費用，避免戒斷症狀之痛苦，很可能以非法之手段從事犯罪行為。

❷ 犯罪行為導致藥物濫用：部分學者認為濫用藥物之行為，是在偏差與犯罪行為開始後才發生。隆巴度對美國芝加哥地區 500 名麻醉藥品成癮者之犯罪歷程加以調查，發現有 74.6% 之樣本在未進入販售非法藥物前，即已發生其他犯罪行為。

❸ 濫用藥物與犯罪行為交互影響：濫用藥物與犯罪行為間之關係可能是交互的，不僅犯罪行為活動可能導致濫用藥物，濫用藥物行為可能進一步促使行為人走向偏差與犯罪行為型態。

❹ 濫用藥物與犯罪行為之關聯不存在，其同時由其他因素所促成：該派學者主張濫用藥物與犯罪行為係由第三者（其他因素）所促成，彼此間並未具因果關係；易言之，兩者可能由共通或不同之因素所解釋。

藥物濫用的診斷標準

物質濫用	物質依賴
某種使用成癮物質的不良適應模式，導致臨床上明確的障礙和困擾，在過去 12 個月期間內，下列現象至少呈現 1 項以上： ❶ 由於重複使用成癮物質，以致無法擔負工作、學校或家庭中主要的角色職責。 ❷ 由於重複使用成癮物質，以致置身於可能導致身體危險的處境（如：開車）。 ❸ 重複發生與成癮物質使用有關的法律問題（如：違反公共秩序、不能安全駕駛）。 ❹ 不顧成癮物質對社交與人際問題持續或重複產生影響（如：家暴），仍然使用成癮物質。 ❺ 症狀至少持續 1 個月。	某種使用成癮物質的不良適應模式，導致臨床上明確的障礙和困擾，在 12 個月期間內，下列情形出現 3 項或 3 項以上： ❶ 用藥量增加，使用時間較長。 ❷ 渴望戒毒，或戒毒數次失敗。 ❸ 花很多時間去取得藥、去使用藥，或從藥效中恢復過來。 ❹ 有中毒或戒斷現象。 ❺ 放棄或減少重要社交、職業或休閒活動。 ❻ 明知吸毒有害健康，仍繼續使用。 ❼ 耐藥性明顯增加，必須使用更多的藥量，才能達到相同的效果。 ❽ 使用不同的藥物去減輕戒斷症狀。
症狀尚未符合該類成癮物質依賴的診斷要件。	症狀至少持續 1 個月。

Muisner 的生物心理社會模型

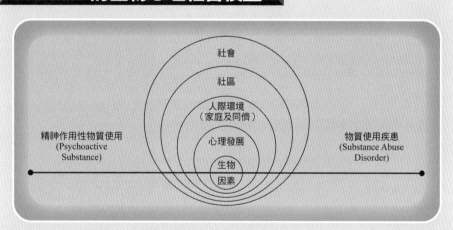

藥物濫用與犯罪行為之關係

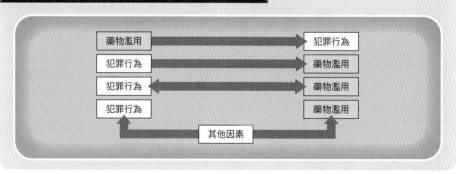

UNIT **12-3**
無被害者犯罪類型 —— 賭博

根據學者林山田的看法，賭博是一種遊戲，而遊戲參與者財物的輸贏主要取決於偶然之結果，而非基於事前之預知。以下針對賭博的類型、成因及防治對策，做簡要說明：

(一) 賭博之類型

在台灣以各種形式出現，有關賭博的型態以中央警察大學孫義雄等之研究為例說明：

❶ **彩券賭博**：主要透過政府或有公信力之機構主辦，以搖出之數字號碼對獎，獲取獎金之賭博，例如香港之六合彩或台灣之公益彩券。

❷ **電動玩具賭博**：將賭博電動玩具散落寄放於各店面、撞球場、卡拉 OK 或夜市路邊等，供民眾參與賭博。

❸ **職業棒球賭博**：以職棒比賽結果輸贏、單局得分、比賽結果大分小分等方式進行，甚有部分黑金勢力利用暴力脅迫球員或斥資收買球員放水，幕後操控賭局，賺取暴利。

❹ **證券交易哈達賭博**：空中交易俗稱哈達，一般由於莊家與賭客對賭上市股票之漲跌，或加權股價指數隔日之漲跌進行賭博。

另外，隨著電腦科技及網際網路的發展，網路賭博也快速成長，成為數位時代的新興產業。由於網際網路有跨時間、地域、空間的特性，使用者只要有相關設備，便能非常輕鬆的接觸網路賭博。但因網路賭博與傳統賭博的特性不同，也造成規範上與執法上的困難。

(二) 賭博之成因

學者 Walker 綜合賭博成因文獻後指出，賭博行為從鉅視至微觀層面之相關因素如下：

❶ **文化**：不同歷史文化背景呈現不同類型與範圍之賭博；不同文化的態度與風俗鼓勵或禁止賭博之發展型態；法律的制定與文化規劃決定了同類賭博型態是否須受處罰。

❷ **參考團體**：參考團體對個人賭博的態度影響很大。男性參考團體多為鼓勵賭博；且許多文化和階層因素透過工作參考團體間接影響個人賭博行為。

❸ **社會學習**：社會學習主要發生於參考團體內，而家庭則是訓練賭博最重要的參考團體。

❹ **人格**：Zuckerman 曾提出傾向於感官刺激之人格傾向者，較易從事冒險刺激之活動（含賭博）。

❺ **危機和壓力**：生命中呈現的危機可能會增加賭博強度，例如親人之死亡或婚姻生活不和諧等。

❻ **休閒時間**：人們的閒暇時間增加時，參與賭博的人也會增加。

❼ **社會酬賞**：賭博者周遭通常有一群同好者，而在頻繁的接觸下獲得認可與掌聲，對賭博者是一種正向的回饋，而持續其賭博行為。

❽ **認知觀點**：係指賭博者對於賭博所抱持之信念，包括：對賭博本質的信念、賭博時的策略及對賭博結果的解釋等。

(三) 賭博行為之預防

❶ **加強休閒教育與輔導**：在家庭、學校與社會教育上，應致力於休閒教育之宣導與實施，使民眾能有健康之休閒與活動，避免沉迷賭博活動。

❷ **強化理財與生涯輔導**：政府應加強一般民眾之理財與生涯輔導，以確保其不致因賭博債務高築，影響自己及家庭。

❸ **加強對病態賭博犯罪者之監督，防止再犯**：首先應對其下班時間進行密集觀護監督，以確保不致再犯。同時應與賭徒之家人、雇主等密切聯繫，以瞭解其工作、生活情形，減少病態賭博行為之復發。

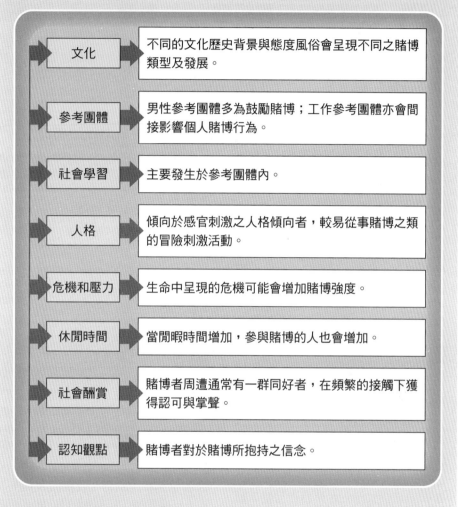

賭博之成因

文化	不同的文化歷史背景與態度風俗會呈現不同之賭博類型及發展。
參考團體	男性參考團體多為鼓勵賭博;工作參考團體亦會間接影響個人賭博行為。
社會學習	主要發生於參考團體內。
人格	傾向於感官刺激之人格傾向者,較易從事賭博之類的冒險刺激活動。
危機和壓力	生命中呈現的危機可能會增加賭博強度。
休閒時間	當閒暇時間增加,參與賭博的人也會增加。
社會酬賞	賭博者周遭通常有一群同好者,在頻繁的接觸下獲得認可與掌聲。
認知觀點	賭博者對於賭博所抱持之信念。

賭博行為之預防

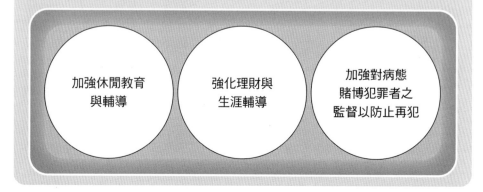

加強休閒教育與輔導

強化理財與生涯輔導

加強對病態賭博犯罪者之監督以防止再犯

UNIT 12-4
無被害者犯罪類型 —— 賣淫

(一) 賣淫之意涵

學者 Siegel 指出，賣淫係指非婚關係的性接觸，這是由賣淫者、客戶和其雇主（即皮條客）共同商定的，以獲取報酬。而社會學家 McCaghy 和 Capron 則將賣淫者稱為「街頭性工作者」，指出所有的商業性交易通常具以下特徵與動機：

❶ **該行為本身對於購買者而言，具有性之特殊意義**：此包括性交易行為與單純之從事色情行業婦女走向嫖妓者。

❷ **經濟上之交易**：一般在進行性服務之前，涉及金錢及其他具有經濟價值之交易。

❸ **情感之冷漠**：性交易本身係屬商業化之行為表現，無論購買者與賣方認識與否，其不具情感之深切互動。

(二) 從事色情（賣淫）之相關動機因素

從事賣淫行為的背後，往往牽扯許多特殊因素。根據黃淑玲的研究，從事賣淫行為的相關因素如下：

❶ **未成年少女進入色情特種行業之動機（因素）**：① 因家裡的經濟需求，而被家人販賣至妓女戶；② 為了支持家庭或者想追求高收入而自願加入；③ 翹家時，被熟人脅迫或陌生人綁架而墜入風塵；④ 翹家時，經由報紙廣告，自己找上門，或由友人引薦，抑或在男友言語推波等因素，而走入賣淫的行業。

❷ **成年婦女進入色情特種行業之動機**：① 可能因家庭變故，一時經濟急需，走頭無路下而從事賣淫；② 追求富裕生活及輕鬆刺激的工作；③ 部分婦女因遭受凌虐、強暴或惡意遺棄，以自我否定或自我作賤之方式（賣淫），以發洩內心的痛苦與憤怒。

(三) 賣淫行為之預防與控制

賣淫行為存在每一個社會的各個角落，且無法完全根除。目前有關賣淫者及賣淫行為之防制，有以下不同方向：

❶ **除罪化**：事實上目前各國亦基於刑罰無法有效抑制娼妓之體認，而將賣淫行為除罪化（不罰），轉而致力於減少「妓業」對社會公共秩序之干擾，降低對賣淫者各種形式的剝削。例如：瑞典、挪威、冰島、加拿大、法國等國家，都通過保障性工作者人權之相關法律。

❷ **改善父權社會陋習**：改善我國男性以上酒家玩女人為必須的應酬、社交、休閒及娛樂活動，台灣法令特意區分「賣笑」與「賣淫」的色情行業，深化此種父權社會之陋習，因為大量合法的賣笑色情行業提供男性所喜好的非法性交易伴侶。

❸ **整合法律、文化、道德信念**：許多未成年少女因結構性因素被迫賣淫，或在蹺家時被綁架脅迫或誘使而從娼。因此，如何預防其發生，除端賴完善縝密之法律保護外，整體社會文化、道德信念與價值體系更需重整，始有預防與控制之可能。

賣淫之意涵

| Siegel | → | 指非婚關係的性接觸,以獲取報酬。 |

	→	該行為本身對於購買者而言,具有性之特殊意義。
McCaghy & Capron	→	涉及金錢及其他具有經濟價值之交易。
	→	不具情感之深切互動。

從事賣淫行為之相關動機與因素

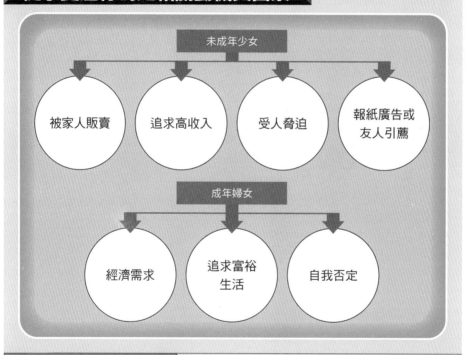

未成年少女

- 被家人販賣
- 追求高收入
- 受人脅迫
- 報紙廣告或友人引薦

成年婦女

- 經濟需求
- 追求富裕生活
- 自我否定

賣淫行為之防制

- 除罪化
- 改善父權社會陋習
- 整合法律、文化及道德信念

UNIT **12-5**
無被害者犯罪之除罪化

圖解犯罪學

(一) 除罪化之意義與理論依據

　　根據學者許福生之看法，除罪化係指將原本法律規範之犯罪行為，透過立法程序或法律解釋，將其排除在刑罰處罰之外。

　　除罪化主要係基於「刑法謙抑思想」或「法益保護思想」等理論。刑法謙抑思想又稱為「刑罰經濟之思想」，係指刑法應基於謙讓抑制之本旨，在必要及合理之最小限度範圍內，始予以適用之法思想；亦即刑罰動用愈少愈好。此項思想，係將刑法作為保護個人生活利益之最後手段，又稱為刑法之最後手段性或補充性。

　　法益保護思想則是用以判斷一個行為是否有處罰必要，應先視其對法益有否造成侵害或危險以為決定，並作為認定犯罪之最外圍或最大限。亦即，作為刑法對象的犯罪本質，基本上應包含有侵害、危險態樣的法益侵害或法益危險說，同時需考慮一定法義務之違反；因此，若一犯罪行為無明顯造成任何法益侵害或法益危險時，亦無明顯的法益保護存在的話，立法上宜將其除罪化。

(二) 支持無被害者犯罪除罪化之理由

　　Schu 及 Bedau 主張無被害者犯罪應予以除罪化的理由如下：

❶ 無被害者犯罪之參與者係在共同同意的情況下發生，無被害者之存在，亦無人感覺自己被害而願提出控訴，自無加以罪責及刑責之必要。

❷ 基於自由主義之觀點，個人對本身之身體、意志、思考有完全的自主權，其自覺未受害，法律無權加以干涉。

❸ 無被害者犯罪無提出控訴之受難參與者，犯罪黑數高，偵查不易，欲加以罪刑，徒增執法及司法之繁重負擔。

❹ 由於無被害者犯罪之偵查不易，使得執法人員可能採用不正當方法從事犯罪偵查（如竊聽、誘餌之使用）。

❺ 無被害者犯罪之執法，可能會導致次級的犯罪（Secondary Crime，即非該被禁止之行為本身以外者），產生不必要之新的犯罪人（即被加以犯罪之標籤）；此外，由於其執行之隨意化及多元化，再加以無被害者犯罪本身之特徵，可能會導致貪污腐化的不良結果，損及刑事司法清譽。

賭博罪除罪化之理由

❶ 自古以來，賭博行為即存在於人類社會中；且政府基於財政或經濟之理由，所推行之彩券、刮刮樂、運動彩券等，是在法律範圍內從事賭博行為。倘賭博行為確為極大罪惡，理該全面嚴懲過止，怎可基於財政或經濟之理由，由政府機關帶頭誘發國民之僥倖心？因此，普通賭博罪似亦可考慮予以除罪化。

❷ 賭博並無侵害他人權益，以特別預防觀點而論，因賭博罪而受處罰者，並無法因處罰而有矯治之可能性，因此賭博確實無處罰之必要。

施用毒品罪除罪化之理由

Siegel 引述毒品政策聯盟的主張，認為藥物犯罪應予以除罪化的理由如下：

❶ 藥物犯罪的相關執法行為，會使個人自由及隱私被犧牲，包括：言論自由、宗教信仰自由及免受不合理搜索的權利。

❷ 過分嚴苛的法律使吸毒者隱藏身分，且難以取得乾淨的針頭，這會導致愛滋病及 C 型肝炎在吸毒者間傳播，造成嚴重的公共衛生問題。此外，他們在尋求癌症、愛滋和治療其他疾病的藥物時也經常遭到拒絕，甚至僅因使用醫用大麻而被起訴。

❸ 有鑑於藥物戰爭的過程往往涉及系統性種族偏見，愈會強化這種種族刻板印象，使有色人種及社區遭受不公平的待遇：因藥物犯罪被逮捕，甚至可能導致合法居民被驅逐出境。

❹ 吸毒者可能被剝奪或侵害多種權益，包含兒童監護權、投票權、就業、商業貸款、學生補助、公共住宅及其他社會福利等；與吸毒的犯行相較，其懲罰顯然造成更大的傷害，而不符比例原則。

❺ 不公正的執法是毒品戰爭的另一大問題，被逮捕的吸毒者中，有色人種占有不合理的比例，這無疑進一步強化了種族歧視及偏見。

❻ 政府在毒品戰爭上所支出的人力、物力與金錢，甚至遠超毒品本身造成的危害，不符合經濟效益。此外，法律的禁止使組織犯罪、幫派及販毒集團有利可圖，並進一步發展為軍火走私、暴力及腐敗。

賣淫（性工作者）除罪化之理由

根據國際特赦組織台灣分會的主張，賣淫（性工作者）除罪化係指不以刑法處罰性工作者，無違反法律之虞，他們的人權也能得到更好的保障。支持對於性工作者除罪化的理由如下：

❶ 除罪化將權利交還給性工作者，讓他們得以自由工作、能夠獨立營業、以非正式的合作方式自行組織並控制他們的工作環境，而這些常常是合法化所做不到的。

❷ 當性工作者不再被視為「犯罪人」時，較不會受到警察帶有攻擊性的策略所威脅，也能和警察保持較友好的關係，並要求警察保護他們。

❸ 將性工作者除罪化，不再遭到刑事入罪威脅，他們也能和執法機構合作，辨識人口販運者和人口販運受害者。

❹ 包括反婦女販運全球聯盟、國際反奴隸組織，以及國際勞工組織等組織均同意，性工作者除罪化將帶來正面的效果，可促進對性工作者權益的認同，幫助終結包括人口販運等對性工作者之人權侵害。

第 13 章
藥物濫用與毒品犯罪

● ●—— 章節體系架構 ▼

UNIT **13-1** 藥物濫用之分類及成癮歷程與特徵

UNIT **13-2** 新興影響精神物質之意涵與類型（一）

UNIT **13-3** 新興影響精神物質之意涵與類型（二）

UNIT **13-4** 藥物濫用對犯罪與暴力之影響

UNIT **13-5** 藥物濫用之防治

UNIT **13-1**
藥物濫用之分類及成癮歷程與特徵

(一) 分類

❶ 聯合國之分類

聯合國於 1988 年發布「禁止非法販售麻醉藥品及影響精神藥物公約」（簡稱「聯合國反毒公約」），其將毒品區分為麻醉藥品及影響精神藥物兩類。

❷ 台灣之分類

依 2020 年 1 月 15 日新修訂之「毒品危害防制條例」，該條例所稱毒品指具有成癮性、濫用性及對社會危害性之麻醉藥品與其製品及影響精神物質與其製品。毒品依其成癮性、濫用性及對社會危害性分為四級，其分級及品項由法務部會同衛生福利部組成審議委員會，每 3 個月定期檢討，審議委員會並得將具有成癮性、濫用性、對社會危害性之虞之麻醉藥品與其製品、影響精神物質與其製品及與該等藥品、物質或製品具有類似化學結構之物質進行審議，並經審議通過後，報由行政院公告調整、增減之，並送請立法院查照。有關醫藥及科學上需用之麻醉藥品與其製品及影響精神物質與其製品之管理，另以法律定之。

(二) 成癮之歷程

濫用藥物之嚴重性，可由成癮之程度一窺端倪。一般而言，藥物之成癮係漸進的，約可區分為下列幾個階段：

❶ **起始階段**：係指在好奇心之驅使或為解除憂慮痛苦，開始嘗試吸食或施打藥物。

❷ **繼續階段**：係指週期性或間歇性的繼續使用藥物，尚未達到成癮之階段。

❸ **沉迷階段**：重複使用藥物而成為習慣性，且有部分之心理依賴性產生。

❹ **成癮階段**：在重複使用藥物後，產生生理、心理之依賴及耐藥性情形，而有持續使用之衝動。

❺ **戒斷症狀**：此階段為成癮者最嚴重的成癮階段，為身體（生理）產生藥物依賴之直接證據，此時藥物已改變行為人之生理狀態，倘不繼續用藥，將產生噁心、嘔吐、腹瀉、流鼻水、發抖等戒斷症狀，危及生命安全。

(三) 成癮之特徵

根據世界衛生組織之介紹，藥物成癮之特性包括：

❶ 想重複使用某種藥物的強烈之慾望。

❷ 有增加藥物劑量之傾向。

❸ 產生生理與心理之依賴。

楊士隆、李思賢、朱日僑、李宗憲等人提及藥物成癮者應具有成癮症狀與耐藥性之特徵。成癮症狀主要為：對藥物有強烈意識之需求；有復發之現象（生理依賴性消除後，仍會繼續使用之）；對藥物有恆常性的心理依賴；藥物需求上過度衝動，不斷增加其藥物用量；不惜代價維持藥物之供給。其次，耐藥性係使用者須不斷增加其藥物用量，才可維持初次使用特定藥量的效果，不同的藥物則有不同的耐藥性，且耐藥性程度也會因人而異。

聯合國反毒公約毒品種類表

麻醉藥品	天然植物類麻醉藥品	❶ 中樞神經抑制劑罌粟（果實乳汁）（Papaver som-niferum L.）	①鴉片（opium） ②嗎啡（morphine） ③可待因（codeine） ④海洛因（heroin）
		❷ 中樞神經興奮劑古柯鹼（哥倫比亞）（Ery-throxylum coca L.）	①古柯葉（coca leaves） ②古柯鹼（cocaine） ③快克（crack）
		❸ 中樞神經迷幻劑大麻（印度）（Cannabis sativa L.）	①大麻（marijuana） ②大麻脂（hashish） ③大麻油（hashish oil）
	合成類麻醉藥品	❶ 莫彼利汀（meperidine 性質與鴉片相同） ❷ 美沙酮（methadone 效果與嗎啡相同） ❸ 潘他新（pentazocine 俗稱「速賜康」，效果與嗎啡相近）	
影響精神藥物	❶ 中樞神經鎮定劑	①巴比妥酸鹽（barbiturates）	
		②非巴比妥酸鹽	紅中（secobarbital） 青發（amobarbital） 白板（methaqualone）
	❷ 中樞神經興奮劑：安非他命（amphetamine 列為麻醉藥品管理）		
	❸ 中樞神經幻覺劑（迷幻藥）（psychedelic）	①LSD-25（lysergic acid diethylamide） ②梅斯卡林（mescalina） ③酚賽克力汀（phencyclidine 簡稱 PCP，俗稱「天使塵」）	

資料來源：法務部、教育部、行政院衛生署，1995。

台灣毒品分級品項

毒品依其成癮性、濫用性及對社會危害性分為四級：	
第一級	海洛因、嗎啡、鴉片、古柯鹼及其相類製品。
第二級	罌粟、古柯、大麻、安非他命、配西汀、潘他唑新及其相類製品。
第三級	西可巴比妥、異戊巴比妥、納洛芬及其相類製品如紅中、白板、K 他命等。
第四級	二丙烯基巴比妥、阿普唑他及其相類製品。

UNIT **13-2**
新興影響精神物質之意涵與類型（一）

近年來毒品以各種化合物型態作為產品開始出現於非法毒品市場，甚傳有藥物販賣者透過架設國外網站，販賣各種合法興奮劑，並以「化學研究物質」、醫療用藥、俱樂部藥物等字眼作為宣傳。此種異質性和快速發展的化合物類別通常被稱為「新興影響精神物質」（New Psychoactive Substances, NPS）。

（一）意涵

根據聯合國（UNODC, 2016）之定義，新興影響精神物質（New Psychoactive Substance, NPS）係指「一種新興麻醉或影響精神之藥物，其不受 1961 年麻醉藥品單一公約或 1971 年精神藥物公約管制，但與列管之物質對比下，已呈現威脅公眾健康的物質」。其主要係化學家在實驗室利用有機合成的技術在已經被法律所禁止、管制的毒（藥）物分子化學結構上，在一些較不重要的地方加以修飾，所得到的一系列與原藥物結構相異，但效果相似，甚至更強的「合法」藥物，能夠達到使吸食者高度興奮、具有較強的致幻作用、又能夠同時規避法令等多重目的（王鐘鋒，2015）。其另類市場名稱包括合法興奮劑、草本興奮劑、研究用化學品、實驗室試劑、植物營養劑、食物／膳食補充、狡詐師或設計師藥物／策劃藥、醫療用藥、合成毒品或俱樂部藥物等（楊士隆，2018；楊士隆、李思賢，2020）。

（二）類型

聯合國毒品與犯罪問題辦公室在 2023 年之 Early Warning Advisory（EWA）中，列舉了以下當前國際上危害形勢最為嚴峻的 15 類新興影響精神物質：

❶ **氨基茚滿類**（Aminoindanes）：在 1970 年代被當成舒張支氣管與鎮痛的藥物，同時發現其對血清素的釋放與再攝取有強效作用，後者導致這些物質被作為 NPS。通常以粉末與晶體型式存在，施用方式以口服為主，主要以中樞神經興奮劑起作用。

❷ **合成大麻素**（Synthetic Cannabinoids）：大麻是典型的天然毒品，無論是大麻樹脂還是大麻油，其有效成分均為四氫大麻酚（THC）。近年來，雖然大麻的成癮性一直遭到質疑，大麻合法化運動不斷興起，但大多數國家仍然將大麻及其製品規定為毒品。合成大麻素為結構、迷幻作用類似天然四氫大麻酚的一系列合成產品。

❸ **合成卡西酮類 S**（Synthetic Cathinones）：卡西酮是一種在阿拉伯茶中發現的生物鹼，在化學結構上與苯丙胺類藥物相似，服用後會產生強烈的興奮和致幻作用，是國際管制的第一類精神藥品。

❹ **苯二氮平類藥物**（Benzodiazepines）：在 1950 年被合成出，以注射麻醉劑被使用，作為娛樂性藥物的用途始於 1960 年代中期。主要以中樞神經興奮劑或解離劑起作用。

❺ **苯乙胺類物質**（Phenethylamine）：是指一類被證實具有精神活性和興奮效果的物質。

❻ **哌嗪類物質**（Piperazine）：通常被形容為「失敗的藥物」，源於其中一些物質曾被製藥公司評估為潛在的治療劑但卻從未真正投入市場。

❼ **植物源類物質**（Plant-based substance）：是源自某些天然植物的新型精神活性物質，當前主要流行的為阿拉伯茶、卡痛葉和鼠尾草，均具有精神致幻作用。

十五類新興影響精神物質

合成大麻素
(Synthetic Cannabinoids)

氨基茚滿類
(Aminoindanes)

色胺類
(Tryptamines)

合成卡西酮類 S
(Synthetic Cathinones)

苯環利定類
(Phencyclidine-type substances)

苯乙胺類物質
(Phenethy-lamines)

哌嗪類物質
(Piperazines)

苯二氮平類藥物
（Benzodiazepines）

吩坦尼類似物
（Fentanyl analogues）

異硝氮烯類
（Nitazenes）

麥角醯胺類
（Lysergamide）

派醋酯類
（Phenidates）

植物源類物質
(Plant-based substances)

苯甲嗎啉類
（Phenmetrazine）

其他新型精神活性物質
(Other Substances)

UNIT **13-3** 新興影響精神物質之意涵與類型（二）

圖解犯罪學

❽ **色胺類**（Tryptamines）：合成的色胺類在 1990 年代出現在非法藥物的市場中，主要作為致幻劑，通常以吞食、嗅吸或注射的方式被使用。

❾ **吩坦尼類似物**（Fentanyl analogues）：根據食藥署（2024/4/17）之見解，Fentanyl 止痛劑屬合成的類鴉片藥物，在台灣屬於第二級管制藥品。Fentanyl 的止痛效力比嗎啡高 50 倍至 100 倍，常用於手術麻醉、癌症末期病患、重度疼痛、慢性頑固性疼痛。Fentanyl 副作用包含噁心、嘔吐、便秘、暈眩、嗜睡等，嚴重者會因呼吸抑制而導致死亡。

❿ **異硝氮烯類**（Nitazenes）：這種新興毒品被稱作「科學怪人」（Frankenstein Opioids），醫學期刊指出，效力比吩坦尼更強，當發生過量時，需要 2 至 3 劑「納洛酮」（naloxone）來解毒，相較之下吩坦尼只需要一劑。過量使用異硝氮烯可能增加心臟驟停的風險（林利庭，2023 年 9 月 5 日報導）。

⓫ **麥角酰胺類**（Lysergamide）：LSD（Lysergic acid diethylamide）學名為麥角二乙胺，目前台灣查獲的 LSD 多作成深褐色、類似沙狀的藥丸，故俗稱一粒沙。其為最強烈的中樞神經迷幻劑，使用後 30 分鐘到 90 分鐘會發揮效果，生理上會有瞳孔放大、體溫、心跳及血壓上升、口乾、震顫、噁心、嘔吐、頭痛等現象；情緒及心理上產生欣快感、判斷力混淆、失去方向感及脫離現實感、錯覺及幻覺，感覺異常，嚴重者還會出現焦慮、恐慌、胡言亂語、精神分裂症、自殘、自殺等暴力行為。若施用過量會導致抽搐、昏迷，甚至死亡（資料來源：法務部反毒大本營）。

⓬ **苯環利定類**（Phencyclidine-type substances）：在 1950 年被合成出，以注射麻醉劑被使用，作為娛樂性藥物的用途始於 1960 年代中期。主要以中樞神經興奮劑或解離劑起作用，其化學結構與 PCP 及愷他命類似。

⓭ **派醋酯類**（Phenidates）：常見派醋甲酯（Methylphenidate）的藥品，俗稱「聰明藥」。食藥署（2016）指出，派醋甲酯用於治療「注意力缺陷過動症」（Attention Deficit Hyperactivity Disorder, ADHD），俗稱的「過動症」。派醋甲酯列為第三級管制藥品管理，須經由醫師詳細診斷後開立管制藥品專用處方箋，由於此藥屬於中樞神經興奮劑，臨床用於治療過動症，坊間誤傳其可提高成績，其實這是以訛傳訛。派醋甲酯使用於過動兒症候群及發作性嗜睡症，不能提高智能，且須經醫師診斷評估後方可使用，其副作用包括幻覺、暈眩、食慾不振、噁心、視力模糊、心悸、心律不整等。

⓮ **苯甲嗎啉類**（Phenmetrazine）：具興奮及食慾抑制藥理作用，毒品危害防制條例列為第三級毒品。

⓯ **其他新型精神活性物質**（Other Substances）：係指無法歸入上述各類物質但同樣具有濫用潛力的新型精神活性物質。

根據 UNODC 在 2024 年發布之「世界藥物報告」（World Drug Report）之分析，NPS 之市場持續成長，至 2023 年底 142 個國家及區域發現超過 1,240 種類 NPS。部分國家 NPS 以商品名如「LSD」及「ecstasy」販賣，因其容易取得及價格便宜因此受到特定族群歡迎。其市場似已被建立，值得各國關注。根據衛福部食藥署發布之新興影響精神物質（NPS）品項表，比對 UNODC 之 NPS 早期預警系統中各個 NPS 品項與食藥署「濫用藥物檢驗通報系統」之藥品代碼檔案，2008 年至 2024 年 2 月台灣一共檢出 193 種 NPS，其中 59 種合成卡西酮類（Synthetic Cathinones）；39 種類大麻活性物質（Synthetic Cannabinoids）；11 種愷他命與苯環利定類（Ketamine & PCP type substances）；35 種苯乙胺類（Phenethylamines）；18 種色胺類（Tryptamines）；14 種其他類（Other Substances）；7 種哌嗪類（Piperazines）；5 種苯二氮平類（Benzodiazepines）；3 種麥角酸醯胺類（Lysergamides）；1 種苯甲嗎啉類（Phenmetrazines）；1 種派醋甲酯類（Phenidates）。氨基滿茚類（Aminoindanes）、植物類（Plant-based substances）、吩坦尼類似物（Fentanyl analogues）與苯並咪唑鴉片類（Nitazenes）四大類，在台灣無檢出紀錄（衛福部食藥署，2024）。

新興影響精神物質之危害

台灣新興毒品濫用致死的案例近年急劇增加，法務部法醫研究所指出，2011 年至 2017 年 12 月中旬的統計資料觀察，已從每年約 10 件劇升至 100 件；致死案例中之，平均毒品種類也從 1.9 種上升至 4.2 種，近期甚有多達 10 餘種。2011 年至 2015 年非 NPS 濫用藥物之致死年齡為 39.2，NPS 濫用致死平均年齡為 27.7 歲，致死多數為青年人。

劉志民（2015）指出，新興影響精神物質對人體健康的危害和其他毒品一樣，是嚴重和多方面的，主要涵蓋濫用導致的成癮、健康損害以及急性中毒後的行為改變等。

UNIT 13-4
藥物濫用對犯罪與暴力之影響

濫用藥物之結果除可能影響身心健康外，亦可能因此衍發偏差與犯罪行為。學者 Goldstein 為釐清毒品使用和犯罪行為之因果關聯，曾提出三大解釋模式，分別為心理藥物模式、經濟動機模式、組織系統模式。

(一) 心理藥物模式

心理藥物模式（Psychopharmacological Model）係指因毒品之藥理學上作用而從事犯罪行為，如因吸毒失去理智而殺人。例如 Behavior 等指出長期使用安非他命和精神病疾患有關，容易導致妄想性思考、恐慌等情緒，因此和衝動性暴力犯罪有顯著之關聯性。

(二) 經濟動機模式

由於使用海洛因之戒斷症狀十分嚴重且痛苦，包括噁心、眩暈、焦慮、搔癢、失眠、厭食、腹瀉發冷、腹痛、肌肉疼痛等等。所以許多重度海洛因成癮者為了儘速解決戒斷症狀，容易不擇手段去取得毒品。因此，經濟動機模式（Economic Motivation Model）受到海洛因成癮常引發犯罪之啟發，認為成癮與否是重要的關鍵。相關研究也指出在成癮後之犯罪行為會顯著地比成癮前之犯罪行為嚴重。雖然海洛因之使用並不會觸發犯行，但海洛因成癮卻是加速犯罪性之關鍵因子。

(三) 組織系統模式

組織系統模式（Systemic Model）指出毒品交易市場的負面互動歷程會導致許多毒品相關犯罪之產生。White 認為此模式可以解釋大多數毒品使用所衍生之暴力犯罪行為。在紐約 1988 年的一項調查中，四分之三的的毒品相關謀殺是具有組織系統性的，而非隨機性的發生，而其中最主要的便是塊狀古柯鹼（crack），粉末古柯鹼（powder）次之。此外，在組織系統性模式之中，可以發現毒品販賣者不但可能是暴力犯罪加害人，也是暴力犯罪被害人。在動機上，Goldstein 指出在組織系統模式下，犯罪者從事暴力事件的動機來源有三方面：維護或擴張毒品的來源及產量、維持或擴張幫派的毒品交易範圍、顧全幫派的顏面。

藥物濫用與犯罪間的關係

狀況一

施用藥物後失去理智而犯罪

長期使用安非他命等容易導致妄想、恐慌之情緒的毒品，和衝動性暴力犯罪有顯著之關聯性。

狀況二

需要大筆金錢購買毒品而犯罪

使用海洛因等毒品之戒斷症狀十分嚴重且痛苦，為了想繼續吸毒，容易不擇手段去取得金錢，購買毒品。

狀況三

加入組織系統成為加害人（同時亦可能為被害人）

為維護或擴張毒品的來源及產量、維持或擴張幫派的毒品交易範圍或為顧全幫派的顏面而從事暴力犯罪。

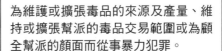

UNIT **13-5**
藥物濫用之防治

圖解犯罪學

檢警調等執法部門近年已查獲之各類毒品屢創歷年新高。值得注意的是其中查獲各級毒品中，屬新興影響精神物質之急速增加最令人擔憂，且近年新興毒品以毒咖啡、奶茶及果凍、飲料等形式出現遍地開花現象，亟待政府新作為積極防治。參考先進國之防治藥物濫用經驗，茲提出以下建議供參考：

❶ 積極強化藥物濫用預防，關注青少年並拓展預防工作至家庭、各職場及社區

美國國家藥物濫用研究所（NIDA）研究指出每花費1元在預防上，可節省7元之處理藥物濫用之相關費用。目前聯合國毒品與犯罪辦公室（UNODC）亦在經費分配上著重於預防及宣導作為，其乃基於預防勝於治療與處理之理念。

❷ 設立藥物濫用監測中心，進行毒品預警監測與長期調查分析

鑑於近年新興毒品持續湧現，且以食品、飲料等咖啡奶茶包呈現，亟待早期調查監測。目前先進諸國如美國、歐盟等及澳洲均設有藥物濫用監測組織，監測藥物濫用之發展，以瞭解濫用趨勢並早期預警與介入；而國內缺乏類似之長期調查監測機制，以官方查獲案件統計為主，無法全面掌控毒品發展之趨勢。

❸ 研議影響新型活性物質管制及強化三、四級毒品之輔導處遇措施

近年新興影響精神物質大量湧現，至2024年11月為止，全球已發現至少1,259種，這些含合成化學諸多成分之幻覺劑、興奮劑或鎮靜劑等，部分屬國內三、四級毒品管制或尚未列管之不明物質，造成許多不可預期之危害且難以遏止趨勢，宜加強管制。此外，目前毒品危害防制條例僅規定施用三、四級毒品者，給予罰鍰及接受毒品危害講習，其成效未見彰顯。政府應盡速研議妥適與科學化之處遇措施，以強化對屢次犯行者之輔導，如加強個別輔導或延長講習次數或時間等。此外強化講習之師資培訓與內涵，並活潑化課程內容及辦理教學觀摩分享經驗等亦為努力之重點。

❹ 加強夜店及其他娛樂場所之查緝與管理

研究與司法實務顯示，娛樂場所如夜店及其他特種營業場所等，與非法藥物使用呈現一定程度的相關性，而研究發現目前台灣各執法部門前往夜店多為聯合稽查，並無較具體之反毒預防措施。針對改進措施，夜店業者均同意仿效瑞典與新加坡之反毒俱樂部做法，夜店員工需參加反毒訓練課程4小時，並讓員工定期接受髮根或尿液檢驗等，以降低年輕族群於夜店等娛樂場所藥物濫用引發之性侵、酒駕與吸食／販賣毒品等嚴重社會問題。研究者建議應參考先進諸國如新加坡及瑞典做法，對夜店、汽車旅館等娛樂場所，訂定防治藥物濫用標準作業管理規則。

藥物濫用之防治

積極強化藥物濫用預防，關注青少年並拓展預防工作至家庭、各職場及社區

目前聯合國特別著重「以證據為導向之藥物濫用預防教育」，及強調「以證據為導向之家庭技巧訓練方案」，著重於溝通、拒絕之生活技巧訓練及提供新興毒品之危害等。

設立藥物濫用監測中心，進行毒品預警監測與長期調查分析

美國國家藥物濫用研究所從 1975 年起委託密西根大學社會研究所，每年針對 8、10、12 年級之全美公私立國高中學校學生進行抽樣調查之計畫「監測之未來」，透過學生使用的藥物種類（處方藥物、非法藥物、酒精、香菸等）以及價值判斷（毒品危害性的認知、不贊成使用毒品的態度、獲得毒品的難易度等）之自陳報告，來長期掌握國高中學生藥物濫用的趨勢，成果豐碩。

澳洲政府設澳洲犯罪研究所執行非法藥物使用之監控計畫（Drug Use Monitoring in Australia, DUMA, 2012），自 1999 年起每季將警察拘留所中調查犯罪被逮捕者的自陳報告與尿液檢測，對於即時瞭解毒品吸食與犯罪之趨勢發展貢獻至鉅。

研議影響新型活性物質管制及強化三、四級毒品之輔導處遇措施

政府應盡速研議妥適與科學化之處遇措施，以強化對屢次犯行者之輔導，如加強個別輔導或延長講習次數或時間等。

強化毒品危害講習之師資培訓與內涵，並活潑化課程內容及辦理教學觀摩分享經驗。

加強夜店及其他娛樂場所之查緝與管理

研究者曾對台灣夜店業者進行訪談後發現，目前前往夜店消費之客人多為年輕族群，甚至包括醫護人員等，吸食之毒品多以 K 他命為主。

建議參考先進諸國如新加坡及瑞典做法，對夜店、汽車旅館等娛樂場所，訂定防治藥物濫用標準作業管理規則。

第**14**章

少年犯罪

●●●●●●●●●●●●●●●●●●●●●● 章節體系架構

UNIT 14-1 少年犯罪之意涵及特性

UNIT 14-2 少年犯之心因性類型

UNIT 14-3 少年犯罪之成因分析（一）

UNIT 14-4 少年犯罪之成因分析（二）

UNIT 14-5 少年犯罪之成因分析（三）

UNIT 14-6 少年犯罪之防治（一）

UNIT 14-7 少年犯罪之防治（二）

UNIT **14-1**
少年犯罪之意涵及特性

(一) 少年犯罪之意涵

根據 2019 年 6 月 19 日修訂之「少年事件處理法」第 2 條，少年係指 12 歲以上 18 歲未滿之人。第 3 條規定下列事件，由少年法院依法處理之：

❶ 少年有觸犯刑罰法律之行為者。

❷ 少年有下列情形之一，而認有保障其健全自我成長之必要者：① 無正當理由經常攜帶危險器械；② 有施用毒品或迷幻物品之行為而尚未觸犯刑罰法律；③ 有預備犯罪或犯罪未遂而為法所不罰之行為。

前項第 ❷ 款所指之保障必要，應依少年之性格及成長環境、經常往來對象、參與團體、出入場所、生活作息、家庭功能、就學或就業等一切情狀而為判斷。

(二) 少年犯罪之特性

少年犯的身心狀況有別於成年人，犯罪型態也有差異，少年犯罪具有以下特性：

❶ 相對性

犯罪行為的界定是相對的，不同的時空背景、文化背景與對象，均有可能呈現不同的含意與評價基準。例如，2019 年 6 月 19 日修訂之「少年事件處理法」，刪除「虞犯少年」的身分犯規定，以「曝險少年」取代之。並將需司法介入事由從 7 項縮減為 3 項，作為辨識曝險少年的行為徵兆。以往「經常逃學或逃家」的少年可被視為虞犯少年，但修法後此項被刪除，即不符合新法曝險少年之範疇。

❷ 過渡性

青少年在成長過程中所產生的偏差或犯罪行為，往往具有過渡性質（例如：

逃學、逃家、抽菸），在進入成年期之後，這些行為即屬正常的行為，而不會被強烈譴責或責備。

❸ 連鎖性

少年的偏差或犯罪行為，有時會轉化成新的犯罪行為誘因，導致連鎖性反應，成為惡性循環。例如：因為不喜歡家庭而逃家，因而認識偏差同儕，而衍生出吸毒、打群架，或是販毒、偷竊等行為問題，將使行為更趨於惡化，導致連鎖反應。

❹ 早發性

少年犯罪之發生，往往是幼兒時期缺乏適當家庭教養與關愛品質所致，因而種下禍根，並在兒童時期即可能呈現出偏離常規之行為徵兆。

❺ 多重性

青少年犯罪行為之發生，往往伴隨著許多其他偏差與犯罪行為；亦即，青少年犯罪不是單一現象，而是類似學者 Donovan 及 Jessor 所稱之「問題行為徵候群」（Problem Behavior Syndrome, PBS）。

❻ 集體性

青少年犯罪案件常有具體犯罪之特性，例如：聚眾鬥毆、集體飆車、幫派犯罪。

少年犯罪之法律意涵

> **少年事件處理法　第2條**
> 本法稱少年者，謂12歲以上18歲未滿之人。

> **少年事件處理法　第3條**
> 下列事件，由少年法院依本法處理之：
> ❶ 少年有觸犯刑罰法律之行為者。
> ❷ 少年有下列情形之一，而認有保障其健全自我成長之必要者：
> 　① 無正當理由經常攜帶危險器械。
> 　② 有施用毒品或迷幻物品之行為而尚未觸犯刑罰法律。
> 　③ 有預備犯罪或犯罪未遂而為法所不罰之行為。
> 前項第 ❷ 款所指之保障必要，應依少年之性格及成長環境、經常往來對象、參與團體、出入場所、生活作息、家庭功能、就學或就業等一切情狀而為判斷。

少年犯罪之特性

UNIT 14-2
少年犯之心因性類型

少年的犯罪型態是獨特的。從心理學的觀點，不同學者有其獨特分類。例如，學者 Ferdinand 將少年犯罪行為區分成三大類，共九種類型：

❶ 衝動型偏差行為

此類型行為具衝動性、缺乏罪惡感，主要為與社會直接衝突所產生之急迫衝動性行為。

① 未社會化攻擊型：此類型主要顯現挫折感、敵意及暴力攻擊的反應，其缺乏自我控制能力的情形可追溯自兒童時期父母之拒絕態度。

② 自我中心型：此類型少年之情緒及行動極易變動，由友善轉為非理性之狂怒。其大致與父親之無能及母親對孩童（尤其是男孩）權力過大所造成。

③ 精神病態型：此類型以尋求個人立即性之滿足，不在乎對於他人所造成之結果，其無法與他人建立良好人際關係。

④ 性倒錯型：就青少年而言，此類型（如：同性戀）除反應出短暫而衝動的行為外，亦屬偏差行為的一種。但是，公眾與法律已漸漸寬容（接受）此類行為。

❷ 神經型偏差行為

此類型行為在人格上通常呈現混亂和壓迫的狀態，而引發對社會規範的失敗反應。這一類型的青少年大多產生內在動力，以彌補不平衡和扭曲的人格。

① 不適應型偏差行為少年：此類型青少年在成長過程中面對複雜的社會環境，產生不良適應，其社會責任與角色期望被擊潰，形成猶豫、不適應的自我認同。

② 結晶型偏差行為少年：此類型的少年於從事非法行為後，可使內在的自卑感、羞愧感及人際壓力獲得暫時性的解除，達到透明清澈的感覺狀態。

❸ 徵候型偏差行為

此類型行為係由於未獲得滿足之需求，從某些徵候或偏差行為暴發出來；亦即，此類徵候型偏差行為被迫藉著破壞法律規範，以滿足潛意識未完成之需求。

① 偷竊習癖型：係指不自主的偷竊習癖者，傳統心理分析取向的看法認為其可能藉由偷竊行為來緩解潛意識理性需求之不滿足。Grant 及 Odlauh 的研究顯示，偷竊習癖者通常在青春期晚期或成年早期發病，在女性中似乎更為常見；而且，終生的精神疾病共病現象很常見，例如：其他衝動控制、物質使用和情緒障礙。

② 放火狂：此類型縱火者，除獲得感官性之滿足與快感（如：性壓力的宣洩）外，亦呈現強迫性、習慣性之偏差行為型態，對公共安全之危害甚大。

③ 性偏差型：此類型為反社會有關「性」的禁忌與習俗，包括：戀物癖、暴露狂、窺視狂。

除前述學者 Ferdinand 的分類外，學者 Jenkins 亦提出六種少年犯罪的心理類型，分別為：神經與學習障礙者、社會缺陷與退卻型、精神症犯罪少年、未社會化攻擊型之犯罪少年、避走型犯罪少年，以及犯罪幫派少年。

Ferdinand 將少年犯罪行為分為三大類九類型

❶ 衝動型偏差行為（Impulsive Delinquency）

① 未社會化攻擊型（unsocialized aggressive）

② 自我中心型（self-centered indulged delinquent）

③ 精神病態型（psychopath）

④ 性倒錯型（sexual pervert）

❷ 神經型偏差行為（Neurotic Delinquency）

⑤ 不適應型偏差行為少年（inadequate delinquent）

⑥ 結晶型偏差行為少年（crystallized delinquent）

❸ 徵候型偏差行為（Symptomatic Delinquency）

⑦ 偷竊習癖型（kleptomaniac）

⑧ 放火狂（pyromaniac）

⑨ 性偏差型（sexual delinquent）

Jenkins 提出六種少年犯罪心理類型

神經與學習障礙者	社會缺陷與退卻型	精神症犯罪少年
此類型少年可能受到遺傳（如：不良基因或母體低蛋白之吸收）、惡劣之家庭環境等影響，因而影響及神經系統與腦部智力之發展，導致偏差行為之發生。	此類型少年具有逃避、退縮等反應，其與思覺失調之過程有密切關係。此種退卻造成其人際關係之困難，無法與其他人建立良好的社會關係。	此類型少年之犯罪，主要反映其精神官能過程之症狀，並涉及偷竊、縱火、變態性行為與自我傷害行為等。
未社會化攻擊型之犯罪少年	避走型犯罪少年	犯罪幫派少年
許多情緒嚴重困擾的少年屬於此類型，具攻擊性、從事許多嚴重的非法行為、不具罪惡感。一般認為，與父母的管教態度不當及情感剝奪有關。	此類型少年大多由於受到家庭嚴重的拒絕所引起，其早期症狀大多從偷竊家中財物開始，最後流落、棲身在骯髒的街道中，並進而適應這些惡劣的生活環境。	此類型少年大多來自於缺乏管理、教養的家庭，而在同儕或幫派團體中獲取關愛與成長。長期在團體凝聚力與次文化的影響下，逐漸成為幫派的一員。

UNIT **14-3**
少年犯罪之成因分析（一）

少年犯罪的成因隨著犯罪類型的不同而呈現差異，基本上可由各理論學派的主張予以分析，茲歸納較具代表性的理論，分述如下：

(一) 生物（生理）學理論

❶ 遺傳論

此派學者認為生物遺傳因子（如：基因）不僅決定了有機體的本質，同時也可能將有缺陷的基因遺傳給子女，而影響及行為表徵（暴力、攻擊行為），例如：XYY 性染色體異常、缺乏 MAO-A 酶基因缺陷、親生父母有犯罪紀錄、智能不足、學習障礙等，都有可能透過複雜的遺傳工程，傳遞給下一代，並造成負面的影響。

❷ 神經生理學（腦部活動）理論

此理論強調人體腦部功能缺陷或產生障礙，極易造成腦部機能之不平衡與生化上之異常，進而影響個人生活及思考方式，引發適應不良的行為。例如：腦部功能異常（MBD）、腦波異常（EEG Abnormality）、下視丘邊緣系統長腦瘤或遭受傷害等，都是影響腦部功能無法正常運作的重要因素。

❸ 生物、化學理論

此派認為人體生物化學的因素可能跟攻擊行為有關。例如：維他命／礦物質的缺乏或過多、低血醣症、內分泌異常或環境上的污染等，都可能造成人體生化上的變化，進而引發異常行為。

(二) 心理學理論

❶ 心理分析理論

此派學者主要認為人格結構中超我的功能不彰，無法以道德良心對本我之欲求加以約束；幼兒成長時期許多需求未能獲得滿足或誤導；為減輕因戀父或戀母情節而衍發之罪疚感，犯罪或偏差行為即可能因此產生。

❷ 人格特質理論

此派學者認為少年犯之人格特質往往是不成熟的、缺乏自制、過於侵略攻擊性、低學業成就、外向、叛逆、敵對、退縮、逃避現實、具備犯罪人格或心理病態等病態人格症狀。

❸ 正、反面增強理論

此派學者認為少年偏差與犯罪行為之發生，除因此類行為具有高度報酬，且可能未必受到懲罰而強化外，部分少年亦可能為去除或解決內心的痛苦、焦慮、挫折或厭惡的刺激，而從事偏差與犯罪行為。

❹ 認知與道德發展理論

認知理論學者指出，偏差及犯罪行為與個人的認知、思考有密切關係，可區分成以下兩個觀點：

① 偏誤的思考：此派學者認為少年犯經常具有一些獨特的思考型態，包括：凝固的思考、未能注意他人的需求、缺乏時間感、短視、不合邏輯、不健康的思考、不負責任的決策、認為自己是受害者等，因而可能無法適當的處理人際事物、解決化解衝突，進而促成偏差與犯罪行為之發生。

② 理性抉擇：此派學者強調犯罪的決意，認為許多行為人從事犯罪行為經常是透過理性思考與決策的過程，犯罪行為是行為人對行為作成本效益分析的結果，涉及個人認知思考層面，並非完全為環境之外在影響所致。

道德發展理論則強調若個人的道德成長未能循序發展，或是停留在早期的無律階段，將促使個人無法作自我控制並抗拒誘惑，而衍發偏差或犯罪行為。

少年犯罪之成因分析

生理學理論	遺傳論	有缺陷的基因可能會透過遺傳，而造成下一代有暴力、攻擊行為
	神經生理學（腦部活動理論）	當腦部功能有缺陷或產生障礙，可能會影響個人生活及思考方式，而引發適應不良的行為
	生物、化學理論	人體生物化學的因素可能跟攻擊行為有關
心理學理論	心理分析理論	人格結構中超我的功能不彰，可能會產生犯罪或偏差行為
	人格特質理論	少年犯往往具備犯罪人格或心理病態等病態人格症狀
	正面增強理論	從事偏差與犯罪行為後發現此類行為具有高度報酬，且可能未必受到懲罰而強化
	反面增強理論	少年為去除、解決內心的負面情緒，而從事偏差與犯罪行為
	認知發展理論	偏誤的思考
		理性抉擇
	道德發展理論	個人的道德成長若未能循序發展，可能會衍發偏差或犯罪行為

UNIT **14-4**
少年犯罪之成因分析（二）

圖解犯罪學

(三) 社會學理論

❶ 緊張理論

此派理論認為，少年若無法獲得合法的社會地位與財物上的成就，內心就會產生挫折與憤怒的緊張動機與壓力，進而導致犯罪行為之發生。尤其與中上階層青少年相比，因為機會的限制，下階層社會的少年由於其個人目標與能實現目標之方法間有矛盾，而產生緊張壓力，較容易導致其發生偏差行為。

代表理論有梅爾頓（Merton）之無規範理論、柯恩（Cohen）之次級文化理論與克拉渥（Cloward）及奧林（Ohlin）之機會理論。

❷ 社會控制理論

此派理論強調，社會急遽變遷與解組會造成傳統機構社會控制功能降低，鬆懈傳統社會規範的約束力，是犯罪與偏差行為發生的根源。在個人未能適當地接受價值洗禮的同時，導致不良的社會化並以自我利益為考量中心，影響及犯罪與偏差行為之發生。

代表理論有涂爾幹（Durkheim）之無規範概念、雷克利斯（Reckless）之抑制理論、赫胥（Hirschi）控制理論、蓋佛森（Gottfredson）及赫胥的一般化犯罪理論。

❸ 社會學習理論

此派理論基本上認為，犯罪行為是學習而來的，強調外在環境對個人行為的影響。代表理論為蘇哲蘭（Sutherland）的不同接觸理論及艾克斯（Akers）的社會學習理論。

❹ 社會反應與衝突理論

此派理論著重於探討社會機構在製造偏差與犯罪行為中所扮演的角色，以及法律的制訂與規定如何影響偏差與犯罪行為之發生。尤其，此派理論認為社會上有權有勢者對弱勢少年行為的看法與反應，決定其行為是合法或偏差／犯罪。代表理論為李瑪特（Lemert）的標籤理論及普拉特（Platt）的激進衝突論。

(四) 整合理論

❶ 艾列特等人之整合緊張、控制、學習理論

艾列特（Elliott）等人整合緊張、控制、學習等理論，以對少年犯罪提供較為周延的解釋。其認為，家庭與學校的緊張狀態，可能削弱個體與傳統機構的鍵結，進而增加其與非行同儕接觸與學習的可能性，而導致偏差與犯罪行為之發生。

❷ 傑佛利之生物社會學習理論

傑佛利（Jeffery）認為中樞神經系統是遺傳因子與環境交互影響的產物。由於腦與環境彼此發生互動的影響，而導致彼此發生修正作用。因此，傑佛利認為人類行為（包括犯罪）是腦與環境發生互動的結果。

❸ 松貝利之互動理論

松貝利（Thornberry）整合控制理論與社會學習理論所提出的「互動理論」，認為少年犯罪行為之發生是個人與傳統社會鍵結變弱的結果，並且在互動團體中經由學習與增強而來。特別的是，這些鍵結及學習變項與犯罪行為間會產生交互影響，並伴隨一個人的成長生涯而行，在不同發展階段影響犯罪的因素及呈現的偏差／犯罪行為會有所不同。

緊張理論

梅爾頓 無規範理論	文化結構（如：目的、意圖、利益等值得我們追求之一切事物）與社會結構（如：社會認可之手段、方法）之間若產生衝突，偏差與犯罪行為則會產生。
柯恩 次級文化理論	部分少年由於條件的限制，無法達成中上社會的價值觀與標準，因而造成心理上的挫折感及適應困難問題。為因應問題乃改變其價值結構，結合一群命運相同的少年，形成次級文化，而引發偏差與犯罪行為。
克拉渥與奧林 機會理論	由於成功向上的機會被剝奪，或因接觸非法機會結構的差異，少年無法以合法的手段達成目標，因而逐漸形成次級團體，並以非法手段解決其適應的問題。

社會控制理論

涂爾幹 無規範概念	社會急速變遷，極易使得社會體系缺乏共同規範，甚至造成規範模糊、不明確、混亂的狀態；在此情形下，傳統社會的控制力逐漸喪失，再加上個人與功利主義擴張，極易導致偏差與犯罪行為之發生。
雷克利斯 抑制理論	個人與社會控制失敗是犯罪行為發生的主因。一個人若有良好的自我觀念，亦即個人內在的控制能力愈強，即便生活在足以誘導其犯罪、缺乏外在社會控制的環境中，仍能發生絕緣作用，減少偏差與犯罪行為之發生。
赫胥 控制理論	少年在成長的過程中，若能與傳統組織與機構建立良好的鍵結，則發生偏差行為的可能性較低；反之，若此鍵結變弱或斷裂時，來自本我的慾望與衝動則無法受到有效的約束，而衍生偏差行為。此種鍵結的四大要素，包括：附著、奉獻、參與及信念。
蓋佛森與赫胥 一般化犯罪理論	幼兒期的家庭內社會化不良，將影響少年低度自我控制之形成，具有此種衝動性、冒險、喜好簡單而非複雜的工作、喜好肢體而非語言的活動、自我中心、輕浮個性等低度自我控制特質的少年，在犯罪機會呈現時，則容易產生偏差或犯罪行為。

社會學習理論

蘇哲蘭 不同接觸理論	犯罪行為主要是與不良友伴接觸、學習而來，而接觸的強度、頻率、時間長短、動機、合理化、態度等，都會影響學習的效果。
艾克斯 社會學習理論	犯罪是根據操作制約／工具制約原理學習而來；個體在行為學習過程中，會受到獎勵懲罰與楷模學習等影響與支配。

社會反應與衝突理論

李瑪特 標籤理論	少年犯罪之發生，可能是來自於他人或社會負面非難標籤之結果。尤其在連續的負面責難下，極易促使少年產生自我形象的改變，認同偏差或犯罪少年之標籤，而衍生更多偏差與犯罪行為。
普拉特 激進衝突理論	少年犯罪之發生乃少年司法體系對中下階層少年歧視干預之結果，以促使這些少年接受控制與規範。

UNIT **14-5**
少年犯罪之成因分析（三）

圖解犯罪學

(五) 被害理論

跟前述理論觀點不同，此派理論是從被害的觀點，探討加害人與被害人之互動，如何影響犯罪之發生。

❶ **生活方式暴露理論**：由學者辛德廉（Hindelang）等人提出，認為一個人之所以遭受被害與其「生活方式」之某些特色有密切關係。生活方式係指日常生活的各種活動，包括職業活動（如：工作、就學、持家）與娛樂休閒活動。個人因這些生活方式、型態的不同，而影響及其被害的風險。

❷ **日常活動被害理論**：此理論認為日常生活活動型態影響犯罪發生之「機會」，而導致犯罪之發生。學者柯恩及費爾遜（Cohen & Felson）指出犯罪的發生，必須在時空上有三項因素之聚合：① 具有能力及犯罪傾向者；② 合適的標的物；③ 足以遏止犯罪發生之抑制者不在場。

(六) 危機樹理論

學者 McWhirter 指出，中輟、犯罪、藥物濫用、危險性行為、自殺等行為，是危機少年用以因應其危機狀態的手段。McWhirter 以微觀和鉅觀的角度，提出「危機樹」（At-Risk Tree）的系統性架構，嘗試將相關的危機因素加以整合，從生態觀點來說明少年犯罪發生之成因：

❶ **土壤（社會環境因素）**：少年的家庭社經地位、政治與經濟現況、文化因素及社會變遷、都市化、弱勢族群、貧窮等問題，這些都是危機問題之所在。這些複雜的互動關係的環境，即是少年成長的社會環境，也是危機樹所根植的土壤。其中，來自下階層的青少年，其所能獲得的社會資源較為有限，加上現代化社會的相對剝奪下，亦使其就學、就業機會及層級降低，土壤更加貧瘠。

❷ **樹根（家庭與學校）**：此理論認為家庭與學校是影響青少年發展的重要根基。家庭，影響個體人格發展及行為表現的最重要場所；學校，提供個體在安全、充滿生命力的環境學習，使其獲得愉快的學習經驗與穩定認知、情緒、技能的社會化。當家庭生態產生改變（如：離婚、家庭支持網絡的衰退、家庭問題），造成許多家庭無法發揮其應有的功能；當學校教育過於側重智育，缺乏以生活各層面為內涵的生活技巧課程、生涯探索與規劃課程、法治教育課程，則難以協助個體社會化的均衡發展。在家庭與學校的功能均受到負面影響時，如此腐壞的樹根就難以提供健康的養分給樹身。

❸ **樹幹（個人特質）**：危機樹的樹幹是由少年個人的特殊行為、態度、技能及根深蒂固的本質所組成。

❹ **樹枝（危機行為）**：樹枝代表少年適應社會的狀況。適應不良的少年常經由不良友伴的互動，而習得不良態度與危機行為，如：中輟、藥物濫用、危險性行為、犯罪等，終至成為社會的危機少年。

❺ **樹葉、花朵、果實（危機少年）**：樹上的每朵花或每個果實都代表著個別少年，受到不健康的枝幹所支撐的花及果實通常是受傷的、腐壞的，因為適應不良的行為會增加危機行為發生的可能性。較令人感到憂心的是，危機少年本身就是一顆種子，當其落在不良的土壤中，會再孕育出下一代的危機樹。

犯罪發生必須在時空上有三項因素之聚合

具有能力及 犯罪傾向者	係指社會變遷，人類活動型態改變，造成犯罪機會之增加及潛在犯罪者之發生，此為犯罪被害發生之啟動者。
合適的標的物	標的物之合適性，會隨其價值、可見性、可接近性及慣性而有所不同。
足以遏止犯罪發生 之抑制者不在場	泛指足以預防或防止被害發生之控制力喪失狀態，包括人與物在內，如：執法人員不在場、缺乏監視器或保全系統。

危機樹理論

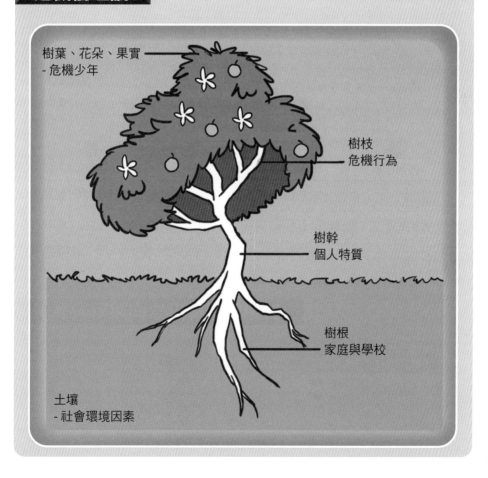

樹葉、花朵、果實
-危機少年

樹枝
危機行為

樹幹
個人特質

樹根
家庭與學校

土壤
-社會環境因素

UNIT **14-6**
少年犯罪之防治（一）

圖解犯罪學

學者 Brantingham 及 Faust 曾提出「公共衛生犯罪預防模式」（public health model of crime prevention）之理念，其應用於少年犯罪預防工作包含以下三層次之具體做法：

❶ **第一層次預防**：主要在於鑑定出哪些生態環境或社會環境提供機會促使少年陷入犯罪行為，進而採取一些預防措施以改善這些環境因素，減少犯罪機會。

❷ **第二層次預防**：對於那些有潛在性的曝險少年予以早期的辨識與預測，然後加以輔導使其不致發生犯罪行為。

❸ **第三層次預防**：針對已經犯罪之少年，少年司法機構採取機構性處遇與社區處遇，對其進行矯正處遇，使其能成功復歸社會而不再犯。

參考此種模式，針對少年犯罪預防工作之具體做法及少年司法業務之改進等兩方面，提出少年犯罪預防之具體策略。

(一) 少年犯罪預防工作之具體做法

❶ **加強親職教育，健全家庭生活**：家庭在少年犯罪行為的形成或預防上，扮演非常關鍵的角色。

❷ **不要公開責備少年，為少年加上壞的標籤**：對於初次犯錯的少年，家長及教師要避免公開的隨意責罵、加上壞的標籤，而應冷靜思考問題行為形成之原因，進而予以適當處理及輔導，以收防範未然之效。

❸ **加強學校輔導教育功能**：預防少年犯罪的具體措施之一，是加強學校的輔導教育功能。

❹ **社會應致力於建立一致性之共同規範，引導約束少年之生活**：在當前急遽社會變遷、工業化社會、西方潮流的衝擊下，更需要一套新的文化及行為規範來適應與配合，否則少年在無所適從的情況下，更容易變成無規範狀態、顯現更多反社會行為。

❺ **社會應增設遊樂場所，強化休閒教育，推展正當的文康活動**：增設正當且可滿足少年需求之娛樂場所，以及輔導少年加強休閒教育，是預防少年犯罪的一種有效方法。

❻ **社區應成立少年輔導中心之專責機構**：建議在各社區成立少年輔導之專責機構，聘用大學專攻教育、心理、輔導、法律、社會學、兒童福利、犯罪防治等畢業生擔任輔導員，以收輔導之效。

❼ **強化社區意識，推展守望相助**：減少社區解組、增強社區凝聚力，是防治少年偏差與犯罪行為的關鍵部分。

❽ **強化社區環境之規劃、重整與改善**：政府應致力於妥善規劃社區環境，改善、重整頹廢區域，以減少社區的各項病理現象及治安死角，減少促使少年犯罪之不利因素。

❾ **促使大眾傳播發揮正面教育功能**：大眾傳播應自我約束，淨化其內容，發揮社會教育及預防犯罪之功能，減少色情、暴力與犯罪技巧之傳播，以減少對於青少年之不良影響。

少年犯罪預防工作之三層次預防

第一層次預防	第二層次預防	第三層次預防
主要在於鑑定出哪些生態環境或社會環境提供機會促使少年陷入犯罪行為，進而採取一些預防措施以改善這些環境因素，減少犯罪機會。	對於那些有潛在性的曝險少年予以早期的辨識與預測，然後加以輔導使其不致發生犯罪行為。	針對已經犯罪之少年，少年司法機構採取機構性處遇與社區處遇，對其進行矯正處遇，使其能成功復歸社會而不再犯。

少年犯罪預防工作之具體做法

加強親職教育，健全家庭生活	具體措施包括：加強親職教育、加強親子溝通、改善教養子女的方式、強化寄養家庭服務等，是預防少年偏差與犯罪行為之家庭防治層面的四個可行方向。
不要公開責備少年，為少年加上壞的標籤	對於初次犯錯的少年，家長及教師要避免公開的隨意責罵、加上壞的標籤，而應冷靜思考問題行為形成之原因，進而予以適當處理及輔導，以收防範未然之效。
加強學校輔導教育功能	包括：加強學生的法治教育、性教育、人際關係與情緒處理課程；學校的輔導（諮商）中心應積極推展輔導活動；經常實施學生的家庭訪問、舉行親師會，以促進家庭與學校之合作；重視校園安全維護工作，與社區輔導單位、校外會、警察局少年隊、少年法庭之聯繫，強化學生的校外生活輔導工作。
社會應致力於建立一致性之共同規範，引導約束少年之生活	在當前急遽社會變遷、工業化社會、西方潮流的衝擊下，更需要一套新的文化及行為規範來適應與配合，否則少年在無所適從的情況下，更容易變成無規範狀態、顯現更多反社會行為。
社會應增設遊樂場所，強化休閒教育，推展正當的文康活動	增設正當且可滿足少年需求之娛樂場所，以及輔導少年加強休閒教育，是預防少年犯罪的一種有效方法。
社區應成立少年輔導中心之專責機構	建議在各社區成立少年輔導之專責機構，聘用大學專攻教育、心理、輔導、法律、社會學、兒童福利、犯罪防治等畢業生擔任輔導員，以收輔導之效。
強化社區意識，推展守望相助	減少社區解組、增強社區凝聚力，是防治少年偏差與犯罪行為的關鍵部分。在警力有限的情況下，應致力於結合社區民眾的力量，讓民眾感覺犯罪與他們息息相關，並願意主動參與犯罪防治工作。
強化社區環境之規劃、重整與改善	政府應致力於妥善規劃社區環境，改善、重整頹廢區域，以減少社區的各項病理現象及治安死角，減少促使少年犯罪之不利因素。
促使大眾傳播發揮正面教育功能	大眾傳播應自我約束，淨化其內容，發揮社會教育及預防犯罪之功能，減少色情、暴力與犯罪技巧之傳播，以減少對於青少年之不良影響。

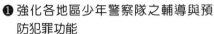

UNIT 14-7
少年犯罪之防治(二)

(二) 少年司法業務之改進

❶ 強化各地區少年警察隊之輔導與預防犯罪功能

少年警察隊應積極發揮其輔導少年預防犯罪之功能,尤其對於輔導性與教育性的強調應重於司法性。建議少年警察隊未來應從事下列輔導預防犯罪工作之重點:① 少年警察隊之成員應盡量派任年輕且具犯罪防治專長之警官擔任,以發揮輔導效果;② 經常利用巡邏、查察之機會,瞭解及剷除一切足以誘發犯罪傾向、促進犯罪之因素;③ 結合相關之社區資源,有組織地指導社區內的少年從事正當活動;④ 應與社區內的家長保持聯繫,與其充分合作,共同為少年問題之輔導與犯罪預防而努力。

❷ 對初犯微罪之少年盡量適用社區處遇

鑑於少年愈早進入刑事司法程序,將來留在刑事司法體系的時間愈長之實務發現,加上社區處遇較為符合人道、較機構性處遇節省公帑、機構性處遇的可能缺點等,針對初犯微罪的少年犯給予不同型態的社區處遇(如:寄養之家、中途之家、保護管束處分),可協助初犯微罪的少年犯有改過自新之機會,避免進入刑事司法體系、烙上壞的標籤,對其復歸社會應有相當大的助益。

❸ 加強少年觀護工作之實施

少年犯保護管束及假日生活輔導的實施,是少年法庭觀護人的重要工作項目。為提升觀護品質,建議的改善措施包括:① 致力提升少年調查官及保護官之專業地位;② 積極運用社會資源(例如:擴大聘請適任的榮譽觀護人及邀請大專院校學生擔任輔導員、加強與社工及社會福利部門之聯繫合作),協

助少年觀護工作;③ 採行彈性的觀護監督(如:針對不同需求及再犯可能性的少年個案,調整輔導諮商的次數),減少少年調查保護官之工作負荷,以落實少年觀護工作之品質。

❹ 少年犯罪機構性處遇之措施應予改進

機構性處遇雖然有其缺點,但對於某些惡性較重的少年犯,避免其進一步墮落、腐化,仍有其存在之必要。為發揮機構性處遇懲罰與矯治之效能,避免弊端之發生,可採取以下改善措施:① 加強調查分類工作,針對個別少年之犯罪風險因素與內在心理需求,提供個別化、適切的處遇措施;② 以愛心關懷少年、加強道德與法律教育、善用宗教教誨、強化技藝訓練、開發與採用嶄新處遇技術等,強化少年犯之教化輔導工作;③ 加強親子溝通、聯繫,以及擴大社區參與,以增加少年離開機構後之社會適應能力。

❺ 加強少年犯處遇後之更生保護工作

少年犯執行期滿離開機構時,是最危險的時期,因此強化少年犯的更生保護,是促使其自立生活、預防再犯的必要措施。

少年司法業務之改進

強化各地區少年警察隊之輔導與預防犯罪功能	少年警察隊應積極發揮其輔導少年預防犯罪之功能，尤其對於輔導性與教育性的強調應重於司法性
對初犯微罪之少年盡量適用社區處遇	針對初犯微罪的少年犯給予不同型態的社區處遇，如：寄養之家、中途之家、保護管束處分等，可協助其改過自新、復歸社會
加強少年觀護工作之實施	致力提升少年調查官及保護官之專業地位、積極運用社會資源、採行彈性的觀護監督
少年犯罪機構性處遇之措施應予改進	針對個別少年提供個別化、適切的處遇措施；強化少年犯之教化輔導工作；加強親子溝通
加強少年犯處遇後之更生保護工作	強化少年犯的更生保護，使其能自立生活、預防再犯

目前由台灣更生保護會針對少年犯提供各種保護措施（如：輔導少年犯參加技藝訓練、輔導就學、提供獎學金、設置少年之家、提供臨時保護），除了應就少年犯之實際需求而加強服務，並應對榮譽更生保護人員之遴選力求慎重，以落實少年犯之更生保護工作。依據少年事件處理法第 18 條之相關規定，112 年 7 月 1 日以後，依循「行政先行」原則，少年出現曝險行為請求協助時，由各縣市之少年輔導委員會協助輔導。

第15章
白領犯罪

●●●●●●●●●●●●●●●●●●●●●●●●● 章節體系架構 ▼

UNIT **15–1** 白領犯罪之意涵與特性

UNIT **15–2** 白領犯罪之影響與損害

UNIT **15–3** 白領犯罪之類型（一）

UNIT **15–4** 白領犯罪之類型（二）

UNIT **15–5** 白領犯罪之成因與防制

UNIT *15-1*
白領犯罪之意涵與特性

圖解犯罪學

(一) 意涵

　　白領犯罪者很少會受到嚴厲的刑事懲罰，因為他們通常是社會的中堅分子（例如：德高望重的人、有權有錢有勢的人、社會成功故事的主角），再加上常常沒有明顯可見的被害者，一般社會大眾及刑事司法系統對白領犯罪的認知常會被道德模糊性所遮蔽，而認為白領犯罪者是不具危險性的。然而，白領犯罪造成的個人財產法益及社會經濟秩序的嚴重危害可能比一般認為的犯罪問題高出數倍；同時，和街頭犯罪相比，白領犯罪可能造成大眾對經濟及社會制度的不信任、降低大眾士氣、破壞對企業及政府的信仰，是個亟待嚴肅看待的犯罪問題。

　　在數百年前，早在工業革命開始時，就已經有白領經濟犯罪的現象了。在1750年至1850年間，隨著銀行及商業系統的發展，由受人尊敬的中產階級者所違犯的經濟犯罪（如：詐欺、盜用公款）也開始廣泛地發生。直到1930年代，犯罪學家蘇哲蘭首次使用「白領犯罪」來描述這些有錢、有權人士所從事的犯罪活動。他定義「白領犯罪」為「受人尊敬及高社會地位的人在其職業過程中犯下的罪行」。

　　雖然蘇哲蘭在白領犯罪的研究在犯罪學領域被視為重要的里程碑，但其主要聚焦在公司犯罪，包括有錢、有權者的犯行。當今學者對白領犯罪的定義更為廣泛，包括利用市場進行犯罪行為的中等收入階級及商業巨頭，這其中包含白領犯罪種類如：逃漏稅、信用卡詐欺、破產詐欺。有些白領犯罪者則是利用他們在企業或是政府的信賴位置從事犯行，例如索取賄賂或回扣、貪污；

有些白領犯罪者成立公司就是單純為了欺騙一般社會大眾，例如土地詐騙、證券詐騙、醫療詐欺等。除了以個人從事犯行，一些白領犯罪者涉及了目的在提高其公司的市場份額或營利能力的犯罪陰謀，包括：違反反托拉斯法、操縱價格或不實廣告等，亦即所謂的「公司犯罪」。

(二) 特性

　　白領犯罪與其他傳統犯罪有顯著差異，學者黃朝義定義其主要特性有下列16項：

❶ 複雜性。
❷ 抽象性。
❸ 不可透視性。
❹ 被害人眾多。
❺ 損害性及危險性。
❻ 低「非價領悟」（社會罪惡薄弱反應性）。
❼ 被害人薄弱反應性。
❽ 特殊性。
❾ 隱匿性。
❿ 追訴困難。
⓫ 以組織體型態犯罪。
⓬ 與政治風氣具有密切關係。
⓭ 行為人缺乏罪惡感。
⓮ 與行為人職業活動有關。
⓯ 無國界之犯罪。
⓰ 轉嫁性。

白領犯罪之特性（黃朝義，1998）

複雜性	白領經濟犯罪涉及法令甚廣，違犯方式多以合法活動掩飾非法及濫用誠信原則，屬於一種具有多樣性構成要件組合的複雜性犯罪。
抽象性	白領經濟犯罪侵害的法益除個人財產法益外，尚有「超個人之財產法益」及「非物質法益」或社會法益，因而具有不明顯之不法表徵，常被誤以為僅是民事糾紛，故對侵害範圍及損害程度也較難以舉證。
不可透視性	白領經濟犯罪是一種智力犯罪，常涉及複雜的專業知識與法律關係，致事實較為模糊，不易為被害者或第三人察覺。
被害人眾多	白領經濟犯罪的行為客體非但是個人，尚有社會整體（如：逃漏稅）或社會中某些群體（如：公司股票之全體持有者），涉及的被害者人數眾多。
損害性及危險性	可分為物質與非物質的損害：物質部分，白領經濟犯罪經常涉及龐大的被害金額；非物質部分，白領經濟犯罪者濫用經濟交易的信任關係而實施犯行，導致社會上人與人之間信用程度降低，對經濟發展不利。更甚者可能引發被害國家對我國採取報復措施、抵制我國產品，影響經濟發展；有些經濟犯罪甚至可能造成人體生命健康的重大傷害。
低「非價領悟」（社會罪惡薄弱反應性）	「非價領悟」係指對於一不法行為，認其違背正義而應加以譴責的程度。因為經濟犯罪外觀常給人經營不善所造成債權債務的問題，社會大眾不易注意到其所造成損害及危險。且有些人對於白領經濟犯罪人抱有敬佩與仰慕之心，認為其是「聰明的企業家」，不認為這些犯罪是可罰的，甚至會有模仿之意圖，造成白領經濟犯罪之非價領悟較一般暴力犯罪為低。
被害人薄弱反應性	不少白領經濟犯罪之被害人不願求助刑事司法機關，因為被害人認為對被告之刑事追訴費時又費力，也未必能追討回其損失之錢財；或因瞭解白領經濟犯罪的複雜性與抽象性，對刑事司法機關缺乏信心；也有被害人擔心提告後，在財物損失之餘，還要被大眾嘲笑。
特殊性	多數白領經濟犯罪是利用合法及正當之經濟活動作為掩護，私下從事犯罪行為，有其特殊性。
隱匿性	白領經濟犯罪的犯罪黑數高，犯罪人利用其職業活動上的便利及豐富的專業知識，以其優越的身分地位為掩護，其犯罪行為又極為巧妙，不易被發現。
追訴困難	白領經濟犯大多受過較高的教育，多無犯罪前科，亦有相當的社會經濟政治地位，犯罪前均經詳細的計畫，即使事跡敗露，也可控制大眾傳播工具以封鎖消息，甚至動員關係阻止刑事追訴工作之進行。再者，白領犯罪之執法雖由刑事司法體系為之，但有些犯罪類型的執法是由其他機關來執行（如：稅務機關、經濟部工業局、公平交易委員會、消費者為教基金會），會增加執法上的難度。另外，白領犯罪常涉及經濟犯罪之專業知識，且犯罪較為複雜、蒐證不易，造成追訴之困難重重。
以組織體型態犯罪	有相當多的白領經濟犯罪是藉由個人企業或公司的業務活動來實施，此類經濟犯罪多半因組織集團在國際上彼此支援而得逞，故其規模亦隨之擴大。
與政治風氣具有密切關係	在政風良好之國家，白領犯罪者僅能濫用其雄厚經濟力從事犯罪；在政風敗壞之國家，其則可濫用政治力獲得公務員之違法庇護。
行為人缺乏罪惡感	白領犯罪行為人對本身之違法行為缺乏不法意識，且常會合理化其行為，認為其行為乃是營利與競爭之必要或不得已手段，故缺乏罪惡感。
與行為人職業活動有關	白領犯罪大多數行為人是利用其職務之便所為，如：健保詐欺或保險詐欺案件、內線交易、公司犯罪等。
無國界之犯罪	經濟本來具有極強烈之跨國境特色，如國際金融犯罪、關稅犯罪等白領經濟犯罪往往是跨國境而發生。
轉嫁性	工商企業以營利為目的，從白領犯罪所受現實被害面觀察，個人直接受害者常居少數，間接轉嫁社會大眾則占多數。

UNIT **15-2**
白領犯罪之影響與損害

　　根據學者林山田及林東茂、孟維德、Siegel 的見解，白領經濟犯罪所造成的損害與危險性是相當龐大的，主要包含物質與非物質等兩方面。茲將白領經濟犯罪的損害層面分述如下：

(一) 直接經濟損害

　　整體白領犯罪所造成的直接經濟損失是相當驚人的，若將犯罪黑數納入估計，每年美國白領犯罪所造成的損失超過傳統的街頭犯罪。根據估計，每年美國白領犯罪的總損失高達數千億美元，影響及數百萬的受害者，但目前對確切事件、逮捕或起訴的統計數字仍然是個謎。

(二) 間接經濟損害

　　白領犯罪除了造成直接經濟損害外，也會造成許多間接損害，例如被害者要請假去刑事司法系統處理被害案件所造成的薪水損失，或因被害所造成的心理或身體健康問題，所花費的醫療費用等支出。另外，例如較高的稅率、商品與服務額外增加的成本、較高的保險費率、在犯罪預防與加強防護措施的投資、投資者喪失投資信心、股票市場崩盤、債券利率提升等。雖然這些間接損害不易準確測量，但其數量仍舊是相當龐大的。

(三) 肉體傷害（受傷或死亡）

　　白領犯罪被害者除了遭受金錢上的損失，在很多案件中，被害者也遭遇心理或醫療議題。一般大眾認為白領犯罪與街頭犯罪的嚴重性相當，但是對於被害者的責難程度卻以前者較為常見。研究也顯示，羞恥感、尷尬、自責會讓白領犯罪被害者選擇不去報案。

　　白領犯罪被害者經常會經歷跟傳統犯罪被害者一樣的身體與情緒傷害，包括：焦慮、憂鬱、沮喪、憤怒、無助、不安全感、背叛、自責、自殺意念及疾病；因白領犯罪被害所累積的情緒反應，也可能造成嚴重的健康問題與家庭關係的崩解，嚴重影響其生活品質。另外，涉及產品設計不良或不安全的白領犯罪案件，可能會造成被害消費者的嚴重傷亡。

(四) 其他損害

　　除了金錢損失，白領犯罪也會造成重大的經濟、社會及個人的損失，如前述的被害者之心理創傷即是其中之一。另外，白領犯罪所造成之社會性損害也是不容忽視。尤其，白領犯罪會破壞民眾對社會的信心、削弱商業活動的完整性、嚴重傷害對政治經濟制度的信賴、增強團體間敵意與衝突、增加社會疏離感及不信任感、對司法系統處理此種案件能力之質疑等，均是難以量測，但卻是白領犯罪對社會造成重大損害與嚴重後果的真實寫照。

白領犯罪之影響

直接經濟損害

整體白領犯罪所造成的直接經濟損失是相當驚人的，例如，若將犯罪黑數納入估計，美國每年白領犯罪所造成的損失超過傳統的街頭犯罪。

間接經濟損害

請假處理司法案件之薪水損失	因被害造成身心健康出狀況之醫療花費	高稅率、商品與服務增加之成本	股市崩盤、債券利率提升

肉體傷害

情緒傷害如焦慮、憂鬱、沮喪

自殺意念及疾病

家庭關係崩解

其他損害

破壞民眾對社會的信心、削弱商業活動的完整性

傷害對政治經濟制度的信賴

增加社會疏離感及不信任感

對司法系統處理此類案件能力之質疑

UNIT 15-3
白領犯罪之類型（一）

當今所謂的「白領犯罪」涉及廣泛的犯罪行為，從個人單獨的犯行到在企業組織內的犯行都包含在內。有關白領犯罪的分類或類型，很很多種說法，以下援引自 Moore 的分類，其包含七種類型的白領犯罪，從個人使用企業體以詐騙個案到大規模的公司企業從事非法的活動。

(一) 白領詐騙

白領詐騙（White-collar Swindlers），常涉及一個人利用其機構或商業地位進行詐騙，並在很長一段時間內欺騙受害者。白領詐騙有很多形式，以下針對其中幾種進行說明。

❶ 投資騙局：龐氏騙局（Ponzi scheme）就是最著名的例子，其運作模式多以投資名義，承諾給予高額收益誘使被害者投資，但其投資的收益並非來自公司透過正當投資的盈利，而是透過不斷吸引新的投資者加入，以支付前期投資者的利息，亦即「拆東牆補西牆」，誘使更多投資者上當。然而投資者與資金都是有限的，當投入的投資者愈多，資金逐漸入不敷出，龐氏騙局終將崩潰，後期的大量投資者便會蒙受金錢損失。

❷ 電話推銷騙局：當詐騙者打電話給被害者，做出虛假陳述，進而導致被害者向來電者付款時，此即為電話推銷騙局。例如一些被害者被告知他們中獎了，並且需要個人資料才能獲得獎品。一旦詐騙者獲得了被害者的個人資料，就可以使用它來得到被害者的銀行帳戶。

❸ 宗教騙局：詐騙者喜歡針對教徒，利用他們的信仰進行詐騙。例如，有些詐騙者則根據宗教價值觀建立投資基金，希望吸引教徒進行投資，他們有時會在宣傳資料上放置經文，以取信猶豫不決的投資者。

(二) 白領騙子

白領騙子（White-collar Chiseling），涉及企業主經常地欺騙客戶，或者員工透過欺騙手段從其工作的組織中偷竊。當單個客戶為其目標時，他們可能會為從未交付的產品收取費用，或者為他們確實提供的服務收取超額費用。

❶ 專業詐騙：有些專業人士會利用自己的職位來欺騙客戶。例如，藥劑師改變處方或用低成本的非專利藥替代更昂貴的專利藥物。

❷ 證券詐騙：從內部業務消息中，在證券市場獲利是違法的行為，此即為內線交易。有管道獲取內部業務消息者，可利用該訊息購買和出售證券，從而使交易者相對於普通公眾具有不公平的優勢。例如，有些證券經紀人的欺詐行為稱為「非法預先交易」，即經紀人在知悉客戶將執行影響證券或是大宗商品期貨市價的交易時，搶先下單以從交易的市場中獲利；或是「買空賣空」，通過偽造交易信息，以竊取客戶交易利潤為己用的非法行為。

白領犯罪之類型（一）

白領詐騙

投資騙局	電話推銷騙局	宗教騙局
例如龐氏騙局以投資名義，宣稱有高額收益誘使被害者投資，但其收益並非來自公司之正當盈利，而是透過不斷吸引新的投資者加入；因投資者與資金都是有限的，當投入的投資者愈多，資金逐漸入不敷出，龐氏騙局終將崩潰，後期的大量投資者便會蒙受金錢損失。	詐騙者打電話給被害者，做出虛假陳述，進而導致被害者向來電者付款。	詐騙者針對教徒，利用他們的信仰進行詐騙。

白領騙子

專業詐騙	證券詐騙
專業人士利用自己的職位欺騙客戶。	例如內線交易、證券經紀人「非法預先交易」，或是「買空賣空」，偽造交易信息，竊取客戶交易利潤為己用。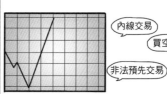

UNIT **15-4**
白領犯罪之類型（二）

(三) 白領剝削

白領剝削（White-collar Exploitation）是指個人濫用其在組織中的權力或地位，包括公家單位或私人組織，勒索或脅迫人們為他們已經有權獲得的服務支付費用，如果不付款，被害者有權獲得的服務就會被扣留。通常，此種剝削涉及到威脅，像是「如果你不給我錢，我就給你添麻煩」。例如掌管菸酒買賣執照的公務員敲詐勒索申請者一筆錢，若不給錢就會拒絕其申請；又如大型企業的採購代理者要求供應商或零售商給予一筆額外的金錢，以取得合約。又如在刑事司法系統，警察可能勒索嫌疑犯一筆錢，不然就要逮捕他們；或是法官霸凌被告，威脅被告若不給錢，就要給予有罪判決，嚴重侵蝕司法的公信力與威信。

(四) 白領的權力兜售

白領的權力兜售（White-collar Influence Peddling）是指有些擁有重要組織位置者，販賣權力、影響力、資訊給有興趣影響其機構活動或購買有關機構未來計畫之訊息的外部人員。例如，監理所的工作人員將駕照販賣給考試未通過或根本沒參加考試的人；或是外部人員行賄政府官員（如證券及交易委員會的人員），以購買有關未來政府活動的資訊。亦即，權力兜售者取得賄賂，利用自己的職位來提供好處或販賣資訊給無權取得前述好處或資訊的同謀者。

(五) 白領貪污與職員詐欺

白領貪污與職員詐欺（White-collar Embezzlement and Employee Fraud）涉及個人利用職務之便侵吞公司資金或將公司財產據為己有。在這種情況下，白領犯罪的受害者是僱用犯罪人的公司或組織，而不是外人。

(六) 客戶詐欺

客戶欺詐（client fraud）是指以增加信貸、提供貸款、財務支持或償還他們向第三方提供服務的組織為犯罪活動的目標。客戶欺詐的被害者可能是一家保險公司，該公司支付虛假索賠，或償還因虛假指控而提出虛假索賠的醫療保健提供者。此類別包括保險欺詐、銀行欺詐、信用卡欺詐、與福利和醫療保險計畫相關的欺詐以及逃漏稅。

(七) 公司犯罪

有權勢的組織（公司）或其代表故意違法，而傷害社會福祉、大眾等之違法行為稱為公司犯罪（corporate crime）或組織犯罪；此即為蘇哲蘭所指稱之白領犯罪。公司犯罪為有權控制公司者，為了進一步擴張企業利益，所違犯的傷害性行為。其犯罪的被害者可為一般社會大眾、環境、或是公司員工。此種犯罪獨特之處，在於侵害者是個法律擬制（legal fiction），即法人團體，而不是個體。公司犯罪常見的類型包括：賄賂、價格壟斷、不實廣告、環境破壞等。

白領犯罪之類型（二）

15
章

白領
犯罪

白領貪污與職員詐欺

藍領竊盜	管理階層的詐欺
與工作環境有關的因素最能準確地解釋員工竊盜，例如工作不滿意、工人認為雇主或主管剝削他們；而經濟問題在竊盜決定中的影響力相對較小。因此，儘管雇主將雇員竊盜歸因於經濟狀況，但工人卻認為他們是由於壓力和衝突而偷竊。	藍領工人並不是唯一從事公司竊盜的員工，管理級別的詐欺也很常見。此類行為包括為個人利益而轉換公司資產、欺詐性地獲得補償金的增加（例如加薪或獎金）、欺詐性地增加公司股票的個人持有量、通過操縱帳戶來保留自己在公司中的職位、向股東隱瞞不可接受的業績。

客戶詐欺

健保詐欺	銀行詐欺	逃漏稅
透過使用真實的患者資料來編造整個索賠，對從未提供的服務收費，並收取未發生的程序或服務的費用；把患者的診斷變較為嚴重的症狀，申報較為昂貴的療程；執行不必要的療程，以獲得健保的給付；把不被健保給付的療程（如：隆胸手術），故意申報為建保給付的必要醫療程序（如：乳房腫瘤切除術）。	欺詐性的房產翻拍、沉默的二次抵押貸款、代理貸款／匿名賣家（使用同謀者的身分，以得到較好的信用歷史去貸款）、使用虛構／盜用身分以申請貸款、膨脹的估價、止贖計畫、資產掠奪、空中貸款及基金詐欺。	逃漏稅的被害者是政府，其被客戶欺騙（客戶可為個人或團體、公司行號），透過低報收入或隱瞞應課稅的收入來逃漏稅。在美國，稅務詐欺對犯罪學研究是很具挑戰性的議題，因為很難將誠實錯誤與故意的逃漏稅區分開來。

公司犯罪

非法限制貿易與操縱價格	欺騙性定價	不實廣告	違反工人安全之規定
例如：聯合壟斷、搭售安排、集體杯葛、價格壟斷。	指商品或服務的定價與實際支付價碼不同。	製造商宣揚的功能實際上不可能達成，或向大眾集資卻未用於宣傳目的。	公司使員工在危險環境下工作，或未提供足夠的安全措施。

知識
補充站

2013 年，9 家日本公司被控訴針對賣給美國汽車製造廠超過 30 種汽車零件有價格壟斷的行為，進行認罪協商，並被處以超過 7 億 4,000 萬美金的刑事罰款。他們所涉及的即為「非法限制貿易與操縱價格」，違反了休曼反壟斷法（Sherman Antitrust Act）。
在大多數狀況，法院依照事實認定是否違法或如何判決，但以下四種市場交易狀況，本質上被認為是反競爭行為，法院可根據此法直接認定是違法行為：❶ 聯合壟斷：各公司聯合瓜分市場，並協議不向對方競爭；❷ 搭售安排：要使用一項服務必須綁定另一項服務；❸ 集體杯葛：公司聯合排擠不合作者；❹ 價格壟斷：對於必需品的價格壟斷。

UNIT 15-5
白領犯罪之成因與防制

(一) 成因

造成不肖之人有機可乘，實施白領經濟犯罪，有以下原因：

❶ **白領犯罪極易合理化**：許多白領犯罪者認為其行為並非真正的犯罪，甚至認為許多人皆有類似的行為（如：逃漏稅），因而無須有罪惡感，此無形中鼓勵了犯罪。

❷ **法令制度之缺陷**：法令制度過於陳舊、繁瑣、不明確，甚至矛盾，且未即時修訂，致不肖人員有機可乘。

❸ **白領犯罪的執法涉及政府各部門，造成執法不易**：有些白領犯罪的執法由刑事司法系統負責（如：盜用公款），有些白領犯罪的執法是由其他行政部門為之（如：逃漏稅與稅務機關有關），在執法過程中常需要刑事司法系統與其他行政部門的合作與協調，增加執法的難度。

❹ **白領犯罪較為複雜，調查蒐證及審判均較不易**：例如內線交易，企業與主管機關及執法機關對內線交易之認知不同，其中有關何謂重大消息與成立時點仍有眾多爭議，造成相關案件判斷與偵查審判的困難，增加執法的困難度。

(二) 防制

為有效預防與遏止，以下防制白領犯罪之做法有其必要性：

❶ **修改欠缺完備且不合時宜之法令**：法令的不完備或不合時宜，經常無法有效規範非法行為，甚至造成犯罪的漏洞或機會。尤其在類似案件爆發時，是檢視法令不足或不合時宜的契機，以防止曲解、減少鑽漏洞之機會，杜絕非法。

❷ **嚴格執法，並鼓勵遵守規定**：對於不遵守法規的個人、團體、企業、公司廠商等嚴格執法，以嚇阻其再次違規的可能性；對於遵守規定者，可以考慮給予獎勵，以鼓勵遵守規定。

❸ **對於嚴重違反刑法相關法規之白領犯罪加重刑罰**：白領犯罪的危害性相當高，甚至比傳統的街角犯罪造成的損害還要高，但其在接受刑罰處分上一般較傳統街角型犯罪為輕，刑事司法系統對其的重視也不如傳統街角型犯罪。因此，為遏止其發生，應依罪責程度，加重刑罰，甚至酌採監禁刑罰，以減少投機心理。

❹ **加強政府與民間監督，並運用大眾傳播媒體輿論力量制裁不法行為**：由於大眾傳播媒體之報導對於非法企業之聲譽具有強大殺傷力，且對違法的個人、家庭構成巨大威脅。因此，應在政府（如：公平交易委員會）與民間（如：消費者文教基金會）之管理監督下，適時透過媒體揭發個人、團體、企業的不法行為，以有效遏止非法情事之發生。

❺ **加強刑事司法人員追訴白領犯罪之專業能力**：除了要讓刑事司法人員建立追訴白領犯罪以實踐法律正義的意義，正確認知白領犯罪對社會的危害並不比一般傳統犯罪來得小，刑事司法系統對白領犯罪追訴的重視應強化之外；也應強化刑事司法人員追訴白領犯罪所需之專業知識，特別是有關金融、證券、財稅、金控、公司法等方面之專業知識，以及證據蒐集、刑事攻防的方法與重點。

白領犯罪之成因

法令制度之缺陷	白領犯罪極易合理化
矛盾 陳舊 法規書 繁瑣 不明確	反正其他人也會逃漏稅，不差我一個。
白領犯罪的執法涉及政府各部門，造成執法不易	白領犯罪較為複雜，調查蒐證及審判均較不易

白領犯罪之防制

修改欠缺
完備且不合
時宜之法令

嚴格執法，
並鼓勵
遵守規定

對於嚴重違反
刑法相關法規之
白領犯罪加重刑罰

加強政府與民間
監督，並運用
大眾傳播媒體
輿論力量制裁
不法行為

加強刑事司法人員
追訴白領犯罪之
專業能力

第 16 章
網路犯罪

●●●●●●●●●●●●●●●●●●●● 章節體系架構 ▼

UNIT *16-1* 網路犯罪之背景與發展

UNIT *16-2* 網路犯罪之特徵與損害

UNIT *16-3* 網路犯罪之類型

UNIT *16-4* 網路犯罪之防制對策

UNIT 16-1
網路犯罪之背景與發展

網路犯罪（Cybercrime）屬新興犯罪的一環，通常指犯罪過程涉及電腦及網際網路，進行盜用或破壞資訊、資源與資金的犯罪行為，例如不正當的資金轉移、販賣違法商品、網路詐欺，甚或從事間諜活動、散布戰爭及恐怖主義等，均屬網路犯罪的範疇。據近年來之資料顯示，目前犯罪型態已由一般犯罪逐漸轉變為網路犯罪，例如以往入店行竊或銀行搶劫者，轉為透過網路詐欺及盜用銀行帳戶；性工作者改為使用網路聯絡、招徠客人；槍枝及毒品交易也透過網路擴展客群，使可能的交易對象大幅增加。由此可知，網際網路在現代犯罪扮演相當重要的角色。

依據發展順序，網路犯罪目前可分為四個階段：

(一) 第一代網路犯罪

主要犯罪行為是大型計算機和運作系統的非法操縱，從而獲得經濟利益，或破壞被限制的資訊。該階段的網路犯罪以獲取關注為目標，他們所從事的犯罪內容，在網路還未問世前便已存在，但科技創新提供了新的犯罪手法。

(二) 第二代網路犯罪

該階段的網路犯罪使用電腦網路，被視為是混合犯罪（hybrid crime），他們所從事的犯罪內容在網路創造前已存在，但透過網際網路的使用，得以擴張與發展。此階段主要的犯罪形式是駭客及破解，就如同傳統犯罪前身之竊聽電話以獲取資訊等，犯罪之主要目的是謀取利益。但因為網際網路之使用，使得這一類犯罪變得愈發難以偵查和起訴，

其手法也較第一代網路犯罪來得更加複雜。

(三) 第三代網路犯罪

第三代網路犯罪是依靠網際網路的使用才得以實施，若沒有網際網路，此類型犯罪無法存在。與前兩代最主要的差異是組織化且更加謹慎了，他們透過有計畫的行動散布惡意程式以竊取資訊，並將目標指向更大、更有利可圖的對象，例如金融機構。

(四) 第四代網路犯罪

網路犯罪逐漸形成一個強大而高效的地下經濟，第四代網路犯罪的主要特徵是專業化，例如編寫惡意程式、惡意程式散布服務、殭屍網路（Botnet）出租、販賣造假身分以及供網路犯罪者交流的社交網路等。由於這種專業化分工的存在，個別網路犯罪者能更加專注於各自的領域，並以更有效率且更複雜的方式從事網路犯罪，也使網路犯罪的偵查來愈困難。

當代網路犯罪對刑事司法體系而言是迫切的挑戰，不僅由於網路發展日新月異、傳統法律規範與執法管道難以企及，且為了控制網路犯罪，刑事司法體系也需要發展能與犯罪者抗衡之技術。此外，網路犯罪的出現，對犯罪學者而言也是一大考驗，現今的網路犯罪需要複雜且專業的知識及技術，亦需要高度自我控制與計畫性。因此，以往對犯罪原因的假設是否依舊適用，便是現代犯罪學者所面臨的挑戰。

網路犯罪之背景

網路犯罪屬新興犯罪的一環，通常指犯罪過程涉及電腦及網際網路，進行盜用或破壞資訊、資源與資金的犯罪行為，例如不正當的資金轉移、販賣違法商品、網路詐欺，甚或從事間諜活動、散布戰爭及恐怖主義等，均屬網路犯罪的範疇。

網路犯罪的四個階段

第一代網路犯罪

主要犯罪行為是大型計算機和運作系統的非法操縱，從而獲得經濟利益，或破壞被限制的資訊。該階段的網路犯罪以獲取關注為目標，他們所從事的犯罪內容，在網路還未問世前便已存在，但科技創新提供了新的犯罪手法。

第二代網路犯罪

該階段的網路犯罪使用電腦網路，被視為是混合犯罪，他們所從事的犯罪內容在網路創造前已存在，但透過網際網路的使用，得以擴張與發展。此階段主要的犯罪形式是駭客及破解，就如同傳統犯罪前身之竊聽電話以獲取資訊等，犯罪之主要目的是謀取利益。

第三代網路犯罪

與前兩代最主要的差異是組織化且更加謹慎，他們透過有計畫的行動散布惡意程式以竊取資訊，並將目標指向更大、更有利可圖的對象，例如金融機構。

第四代網路犯罪

網路犯罪逐漸形成一個強大而高效的地下經濟，開始有專業化分工的存在，使個別網路犯罪者能更加專注於各自的領域，並以更有效率且更複雜的方式從事網路犯罪，也使網路犯罪的偵查愈來愈困難。

UNIT 16-2
網路犯罪之特徵與損害

(一) 網路犯罪之特徵

Wall 認為網際網路給犯罪人製造新的機會，透過網際網路的獨特特徵，犯罪人得以進行犯行。Wall 把這些網際網路的特徵稱為「轉換鍵」（transformative keys），包括：❶「全球化」：為犯罪者提供超越常規邊界的犯罪機會；❷「分布式網路」：產生新的被害機會；❸「同觀監視與全景敞視」：賦予遠程監視受害者的能力；❹「數據軌跡」：為犯罪人創造新的機會，以進行身分竊盜犯罪。

為充分掌握網際網路如何創造機會讓犯罪人得以實施網路犯罪，Wall 編制一個網路犯罪矩陣（a matrix of cybercrimes），說明網際網路對犯罪機會及不同網路犯罪行為的影響。

❶ 網際網路為傳統犯罪創造了更多機會，例如：竊聽、詐欺和跟蹤。傳統犯罪團體不僅使用網路用於溝通，也可作為實施「經典」犯罪的工具，例如詐欺和洗錢，效率更高、風險更低。

❷ 網際網路為傳統犯罪帶來了新的機會，例如：駭客攻擊、病毒、大規模詐欺、線上性交易和仇恨言論。

❸ 網際網路的影響如此之大，它為新的領域帶來了新的機會，並產生新的犯罪類型，例如：垃圾郵件、拒絕服務、知識產權盜版和電子拍賣詐騙。

(二) 網路犯罪之損害

網路已經成為非法獲利與犯罪企業集團的有利工具，尤其網路犯罪有非常大的犯罪黑數。有些網路犯罪因為涉及低能見度的行為（如：違反著作權法、非法拷貝電腦軟體），而未被發現；有些企業選擇不報案，因為害怕報案會暴露其網路安全系統之弱點。然而，相關資料顯示網路犯罪的獲益是相當龐大，且持續在成長。

由於網路釣魚及身分盜用造成的損失高達數十億美元，並且隨著電子商務的蓬勃發展，網路犯罪造成的損失也不斷增加。賽門鐵克公司（Symantec Corporation）進行的年度網路安全威脅報告，是根據賽門鐵克部署全球超過157 個國家和地區、約 1.23 億個監測終端，平均每天攔截 1.42 億次網路攻擊，所得資料分析的結果。根據 2019 年的網路安全威脅報告，挖礦劫持攻擊（cryptojacking，在未經使用者同意就利用瀏覽器挖掘數位貨幣的方式）已經退流行，取而代之的是表單劫持攻擊（formjacking），成為網路安全最新威脅。表單劫持攻擊的犯罪方式為，駭客將惡意程式碼植入電子零售商網站，盜取網購者 PIN 碼等信用卡資料；駭客獲取網購者 PIN 碼等信用卡資料後，再於暗網兜售圖利，有關事件數目在年末網購高峰期尤其猖獗，造成眾多消費者的財物損失，影響消費金融的穩定。

除了私人公司及個人會承受網路犯罪的損失之外，國家稅務單位也會承受相關損失。根據美國國稅局的資料顯示，犯罪人填報錯誤的退稅單（有些案件是代表已死亡的民眾申請退稅），造成稅務機關的損失。

網路犯罪矩陣

網路對犯罪機會的影響	誠信相關之犯罪（有害侵入）	電腦相關之犯罪（收購竊盜／詐欺）	內容相關之犯罪（色情）	內容相關之犯罪（暴力）
網路為傳統犯罪創造更多機會	入侵電話系統	金字塔式騙局	色情資料交易	跟蹤個人騷擾
網路為傳統犯罪提供新的機會	駭客病毒	商業秘密竊盜、身分竊盜	網路視頻女郎	一般仇恨言論、戀童癖組織（兒童虐待）
網路提供新的機會，創造新的犯罪類型	垃圾郵件、拒絕服務、資訊戰爭	網路賭博、電子拍賣詐騙	網路性愛、網路拉皮條	針對性的仇恨言論

最左邊一欄，由上而下代表網際網路對於犯罪機會影響的三種層次；第二欄開始，由左至右的四個欄位代表網際網路對犯罪行為的影響。對於每一種類型的網路犯罪，都有三個層次的危害：最少、中等、最有害。因此，例如，在與誠信相關之犯罪類型（有害侵入），竊聽的危害最小，而拒絕服務和資訊戰是最有害的。

網路犯罪之損害

成為非法獲利與犯罪集團的有利工具

有非常大的犯罪黑數

獲益龐大且持續在成長

UNIT 16-3
網路犯罪之類型

目前的網路犯罪大致可劃分為四個類型：網路竊盜、網路偏差行為、網路破壞行為與網路戰爭，以下將分別介紹這四種網路犯罪之類型。

(一) 網路竊盜

網路竊盜（Cybertheft）係指使用科技執行傳統竊盜的犯罪，主要目的是謀取利益。科技發展使犯罪者能更有效率且匿名、全天候地進行犯罪，能在同一時間接觸更多潛在受害者，增加犯罪成功的可能性。常見的犯罪手法例如：電腦詐騙、ATM竊取、勒索軟體、非法著作權侵害、網路證券詐欺、身分竊盜及透過網路非法販售商品等以快速獲利，可說是最為人所熟知的犯罪類型。

值得一提的是，除了竊取或詐取財物這類可以一般法律處理的範疇以外，有時網路竊盜的目標也會是無形財產，例如資訊竊取（非法取得電腦中資訊）、軟體竊盜（複製與抄襲電腦軟體）、操作銀行或帳戶系統及企業間諜活動（盜取商業機密）等，便需要新的法律進行規範。

(二) 網路偏差行為

網路偏差行為（Cyberdeviance）係指透過網路販賣或散布非法、不道德之素材與產品，例如散播色情及猥褻素材（如兒童色情）、網路賣淫及散播毒品等，這些素材與產品得以透過網路散布至全球，不受時間與空間限制，參與人數也遠高於網路未出現時，這可能創造出新興犯罪類型，也能使傳統犯罪得以更有效率的方式進行。

除前述類型外，暗網（Dark Web/Darknet）的犯罪問題亦值得犯罪學者關注，由於暗網只能使用非常態方式進入，且不會出現在平時的網路搜尋中，因此是匿名、虛擬且無法追蹤的全球網路，於暗網中進行的犯罪行為包含販毒、販賣槍枝、販賣人口、販賣屍體、戀童、虐童、末日教派及食人組織等血腥色情暴力的非法犯罪活動，是追查相當困難的網路犯罪行為。

(三) 網路破壞行為

網路破壞行為（Cyber-vandalism）的目的並非為利益，而是透過惡意攻擊以干擾或毀壞他們所反感的科技；亦即具有惡意、報復性的意圖，屬純粹蓄意的破壞。他們可能出於政治因素（愛國主義）、報復自認錯誤的事物、破壞行為展現其優越感、挑戰自己、為了好玩、強調電腦網路之脆弱、窺視他人隱私、霸凌他人或破壞資訊安全等因素。網路破壞行為操作的手法多樣，例如謊報災害、資料外洩、竄改網頁、惡意程式、阻斷服務攻擊、網路間諜、網路騷擾及網路霸凌等。

(四) 網路戰爭

網路戰爭（Cyberwar）係指涉及國家或國際組織的攻擊，或損害其他國家的電腦及網路資訊，具有政治經濟之目的，透過科技或網路進行大規模毀壞、傷害行為，目標小至個人、大至重要建設或通訊設備，通常牽涉軍事與國家安全。網路戰爭的類型，可由犯罪手法大致分為網路間諜、網路攻擊及網路恐怖主義等三種類別；然而，無論哪一種類型的網路戰爭，均會對國家及人民造成嚴重傷害。

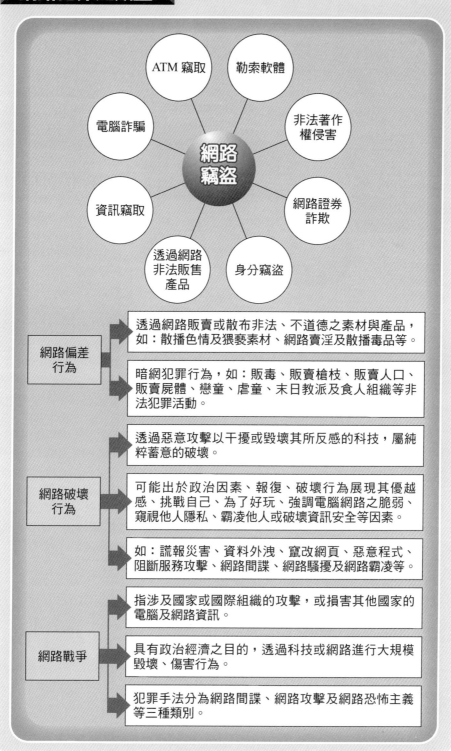

網路
竊盜

ATM 竊取

勒索軟體

非法著作
權侵害

電腦詐騙

網路證券
詐欺

資訊竊取

透過網路
非法販售
產品

身分竊盜

網路偏差
行為

透過網路販賣或散布非法、不道德之素材與產品，如：散播色情及猥褻素材、網路賣淫及散播毒品等。

暗網犯罪行為，如：販毒、販賣槍枝、販賣人口、販賣屍體、戀童、虐童、末日教派及食人組織等非法犯罪活動。

網路破壞
行為

透過惡意攻擊以干擾或毀壞其所反感的科技，屬純粹蓄意的破壞。

可能出於政治因素、報復、破壞行為展現其優越感、挑戰自己、為了好玩、強調電腦網路之脆弱、窺視他人隱私、霸凌他人或破壞資訊安全等因素。

如：謊報災害、資料外洩、竄改網頁、惡意程式、阻斷服務攻擊、網路間諜、網路騷擾及網路霸凌等。

網路戰爭

指涉及國家或國際組織的攻擊，或損害其他國家的電腦及網路資訊。

具有政治經濟之目的，透過科技或網路進行大規模毀壞、傷害行為。

犯罪手法分為網路間諜、網路攻擊及網路恐怖主義等三種類別。

UNIT *16-4*
網路犯罪之防制對策

圖解犯罪學

(一) 網路犯罪防制之挑戰

❶ 網際網路具有跨國性、開放性、互通性及隱私性等特質,使網路犯罪的成本及障礙極低,犯罪黑數非常高。

❷ 大多數的網路犯罪需具備專業的電腦及網路知識、涉及的資料量龐大、涉及的電磁或數位資料可能在犯案過程中獲知後即被破壞或刪除,造成證據取得不易,增加偵查、蒐證及起訴的困難。

❸ 目前許多網路犯罪已形成跨國規模,但各國間缺乏統一制裁標準,也是造成網路犯罪難以禁絕的原因之一。

❹ 電腦及網路的科技發展速度極快,針對網路犯罪的法規尚未完善或更新速度較為緩慢、處罰量刑也未必足以嚇阻犯罪。種種因素之下,打擊網路犯罪更顯困難。

(二) 網路犯罪防制之對策

儘管如此,對於網路犯罪,我們仍能透過不同的技術加以防制與應對,尤其要從事前的預防及事後的懲處等兩方面雙管齊下。

❶ **事前的預防**

可從強化電腦及網路系統的安全設施著手,例如:重要資料要備份及分處保管、適當加密等基本技術,延伸至系統硬體安全檢測、軟體執行環境控制、身分辨識機制強化、敏感資料去識別化、系統與網際網路攻防、建立電腦及網路系統的稽核措施等應用技術,藉以增加犯罪阻力。再者,培養個人資安意識,認識網路犯罪的手法及型態,並對網路犯罪保持警惕,是個人預防電腦網路犯罪的最重要一步。另外,由於部分的網路犯罪由相關從業人員所違犯,若能建立同業公會組織,藉由同業公會的自治權,約束及監督會員的行為,以預防網路犯罪之發生。

❷ **事後的懲處**

美國國會在 1984 年通過「假冒存取設備及電腦詐欺與濫用法案」(Counterfeit Access Device and Computer Fraud and Abuse Act),將電腦相關犯罪視為獨特的聯邦犯罪類型,並在 1996 年通過「國家資訊基礎結構保護法案」(National Information Infrastructure Protection Act),以擴大政府對於國防、國際關係、財政機關、消費者通報機構等檔案及存取之保護範疇。然而,隨著網路科技的日新月異,網路犯罪也益發複雜與進化成不同的型態與犯罪手法,也朝向跨國化、組織化的方式發展,現存的法令對於網路犯罪的防制顯有不足。

因此,在國家方面,除須加強國與國間打擊網路犯罪合作外,國內亦需針對電腦及網路犯罪的發展,適時檢視及修正現有法規及刑事政策之不足,並統合檢警調及相關執行單位之資源、加強刑事偵查人員之電腦及網路犯罪之專業知識、提升相關偵查技術,並成立電腦及網路犯罪的專業鑑定委員會,協助執法單位有關電腦及網路犯罪的專業鑑定,才能更有力地控制網路犯罪。

網路犯罪防制之挑戰

網路犯罪成本及障礙低，犯罪黑數非常高

證據取得不易，增加偵查、蒐證及起訴之困難

各國間缺乏統一制裁標準

法規尚未完善、處罰量刑未必足以嚇阻犯罪

網路犯罪防制之對策

事前的預防

❶ 強化電腦及網路系統的安全設施，藉以增加犯罪阻力。

❷ 培養個人資安意識，認識網路犯罪的手法及型態，並對網路犯罪保持警惕。

❸ 建立同業公會組織，藉由同業公會的自治權，約束及監督會員的行為，以預防網路犯罪之發生。

事後的懲處

❶ 加強國與國之間打擊網路犯罪合作。

❷ 針對電腦及網路犯罪的發展，適時檢視及修正現有法規及刑事政策之不足。

❸ 統合檢警調及相關執行單位之資源、加強刑事偵查人員之電腦及網路犯罪之專業知識、提升相關偵查技術。

❹ 成立電腦及網路犯罪的專業鑑定委員會，協助執法單位有關電腦及網路犯罪的專業鑑定，始能更有力地控制網路犯罪。

第**17**章

犯罪預防

●●●●●●●●●●●●●●●●●●●●●●●●● 章節體系架構 ▼

UNIT 17-1 犯罪預防之意涵及犯罪成本

UNIT 17-2 犯罪預防之模式（一）

UNIT 17-3 犯罪預防之模式（二）

UNIT 17-4 犯罪預防之模式（三）

UNIT 17-5 犯罪預防之模式（四）

UNIT 17-1
犯罪預防之意涵及犯罪成本

(一) 犯罪預防之意涵

要為「犯罪之預防」下一個定義並不容易，雖然犯罪預防此一名詞曾被運用至任何控制犯罪行為之努力。犯罪學學者提供以下定義：❶ 犯罪預防係指那些可預防、控制及減少犯罪之所有活動。這些活動不僅可能著重於個人情況之改善，同時亦涵蓋其社會與物理環境之整頓，並可能在呈現犯罪行為之前或後進行之；❷ 犯罪預防係指減少實際犯罪概念及／或犯罪恐懼感之任何行動措施。這些措施並不侷限於刑事司法體系之各項控制犯罪努力，並且包括其他政府與民間組織之預防活動。

國內蔡德輝及楊士隆則指出，犯罪預防係指預防、控制、排除、減少犯罪行為發生及降低犯罪恐懼感之較具組織性的措施，其活動範疇涵蓋在犯罪發生前後之個人、家庭、學校、社會、政治、經濟、物理環境、法律等之改善及刑事司法體系之各項預防及控制犯罪活動，而此有賴政府與民間相關組織、人士努力始能達成目標。

(二) 犯罪之成本

由犯罪發生衍發之各項成本分析，可充分瞭解犯罪預防工作之重要性。犯罪之成本大致包括：

❶ **犯罪之代價**：如面臨監禁之痛苦、事業中斷、家庭破碎分離、名譽受損等。

❷ **被害者之傷害成本**：如生理、心理之傷害、財物損失、事業之中斷、反社會心理之形成、對犯罪之高度恐懼感等。

❸ **政府抗制犯罪之鉅額花費**：防制犯罪之政府相關機關如法院、地檢署、調查局、警察局、矯正部門監獄看守所等均將編列鉅額經費以達成抗制犯罪所需之人員與設備。

❹ **民眾抗制犯罪之潛在成本**：如被害保險之增加、保全人員之聘僱、家庭住宅安全之強化，如裝設防盜警鈴、進出管制電眼等、自我保護措施之額外花費，如外出攜帶電警棒、瓦斯噴霧器等。另外，因犯罪恐懼感增加，而減少外出之自由喪失等則難以估算。

❺ **經濟、社會發展之危機**：以許多開發中國家為例，治安之惡化常造成經濟與社會發展之重大阻礙，而影響國家之生存及對外競爭能力。

由前述之分析獲知，犯罪之成本至為高昂，難以計數，因此犯罪防治對策著重於「預防」層面乃日形重要。

犯罪預防的意涵與概念

著重個人情況之改善	涵蓋社會與物理環境之整頓	減少實際犯罪概念	控制、排除、減少犯罪行為	有賴各界共同努力，方可達成目標

犯罪成本十分高昂

犯罪需付代價

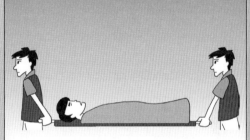

被害者傷害成本

政府、民眾防制需成本花費

造成經濟、社會發展之阻礙

UNIT 17-2
犯罪預防之模式（一）

(一) 目標導向之公共衛生三級犯罪預防模式

目標為導向之犯罪預防模式係由學者 Brantingham 及 Faust 藉公共衛生疾病預防模式，說明犯罪預防活動之分類所提出。根據公共衛生疾病預防之觀點，第一層次之預防係指避免疾病或問題發生之預防工作，此包括注意環境衛生、污水處理、滅絕蚊蠅、疫苗接種、營養教育及身體之定期檢查等。第二層次之預防係指鑑定出哪些人有較易發生疾病之可能，然後介入這些個案，並採取預防措施，避免更進一步陷入更嚴重之疾病，此包括對貧民區居民實施 X 光檢查或其他身體檢查，以期早日發現病患症狀，並予治療。第三層次之預防，係指採行必要之措施，對已患病嚴重之病患予以治療，以避免其死亡或病情進一步惡化而言。其在犯罪防治上之應用如下：

❶ 第一層次犯罪預防

預防著重於鑑定出提供犯罪機會以及促使犯罪發生之物理與社會環境因素，並予規劃、設計與改善，以減少犯罪之發生。隸屬於第一層次犯罪預防之活動包括：環境設計、鄰里守望相助、一般嚇阻、公共教育、私人警衛等。

① 環境設計包括採行適當之建築設計，以使犯罪更加困難，易於民眾監控，並增加安全感。當然諸如燈光之改善與鑰匙之改進、通道之控制、財產之堅固化與註記等亦屬環境設計之範疇。

② 鄰里守望相助及市（區）民參與巡邏則有助於民眾對鄰里安全之掌握，增加潛在犯罪者之監控。

③ 一般嚇阻則包括警察之巡邏及加重刑罰以使潛在之犯罪者不致犯罪。

④ 公共教育則極易影響民眾對犯罪之認知，因此，教育與訓練內涵，有助於預防犯罪。

⑤ 私人警衛可補充正式司法機構之預防犯罪功能，對維護社會治安具有相當之貢獻，亦屬第一層次之犯罪預防。這些及其他預防措施大致而言，有助於抑制犯罪之發生，降低犯罪率，以及對犯罪之恐懼感。

❷ 第二層次之犯罪預防

第二層次之犯罪預防活動係指對潛在犯罪人予以早日辨識，並在其從事非法活動前予以干預。隸屬此一層次之範疇包括個人問題行為之早期識別與預測、高犯罪區域之分析，鎖定並予干預、少年轉向運動之採行，以減少少年進入刑事司法體系、學校之早期發現潛在問題學生，並予輔導等。

❸ 第三層次之犯罪預防

第三層次之犯罪預防，係指對真正之罪犯予以干預，進行矯治與輔導，以避免其再犯。刑事司法體系之逮捕、起訴、監禁、矯治處遇等皆屬此一層次之範疇。

(二) 犯罪過程取向之犯罪預防模式

基於理性選擇理論，犯罪人的犯罪過程大致會經歷犯罪決意、犯罪情境搜索、實際著手犯罪三個階段。Brantingham 提出以犯罪過程的預防措施，如下：

❶ 犯罪決意階段之預防： ① 法律之制定；② 社會預防活動；③ 教育。

❷ 犯罪搜尋階段之預防： ① 鄰里守望相助；② 財產註記；③ 市民參與巡邏；④ 環境規劃與建議。

❸ 實際犯罪行為階段之預防： ① 目標物強化；② 電子監控警報裝置。

目標導向之公共衛生三級犯罪預防模式

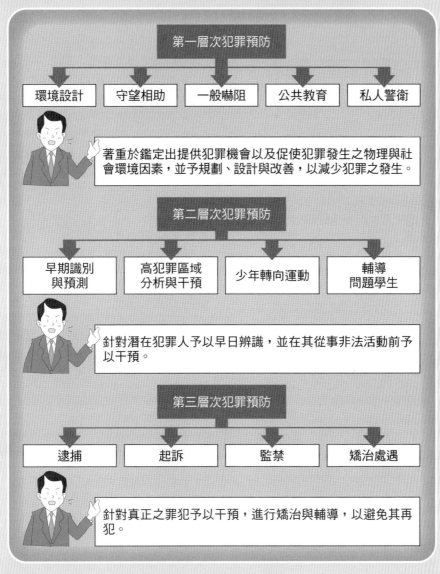

第一層次犯罪預防

| 環境設計 | 守望相助 | 一般嚇阻 | 公共教育 | 私人警衛 |

著重於鑑定出提供犯罪機會以及促使犯罪發生之物理與社會環境因素，並予規劃、設計與改善，以減少犯罪之發生。

第二層次犯罪預防

| 早期識別與預測 | 高犯罪區域分析與干預 | 少年轉向運動 | 輔導問題學生 |

針對潛在犯罪人予以早日辨識，並在其從事非法活動前予以干預。

第三層次犯罪預防

| 逮捕 | 起訴 | 監禁 | 矯治處遇 |

針對真正之罪犯予以干預，進行矯治與輔導，以避免其再犯。

犯罪過程取向之犯罪預防模式

犯罪決意階段之預防	犯罪搜尋階段之預防	實際犯罪行為階段之預防
❶ 法律之制定 ❷ 社會預防活動 ❸ 教育	❶ 鄰里守望相助 ❷ 財產註記 ❸ 市民參與巡邏 ❹ 環境規劃與建議	❶ 目標物強化 ❷ 電子監控警報裝置

UNIT 17-3
犯罪預防之模式（二）

(三) 依犯罪成因分類的預防模式

根據學者 Naud'e 之見解，犯罪預防模式依犯罪研究策略之不同，可區分成生物心理模式、社會學模式、機械物理環境模式、法律制裁懲處模式四大類，分述如下：

❶ 生物心理模式

此論點著重於促成個體犯罪之內在病態因素，例如生理缺陷、性染色體異常、荷爾蒙分泌異常、心智缺陷、人格異常、精神分裂等之防治。其犯罪預防措施大多在行為發生後，處遇措施可以是個人或團體導向的諮商輔導並且可在機構內或機構外進行。惟此一犯罪預防模式因對象僅侷限於個人，未及於犯罪發生之大型環境，故所能發揮之功能有限，並且成本甚高且費時，故遭受許多學者抨擊。

❷ 社會學模式

此模式較注重改善影響潛在犯罪者從事犯罪行為之社會環境，包括貧窮、失業、家庭解組、父母管教態度失當、居住環境惡劣、娛樂設備不足、學校教育體系失當、種族衝突、社會體系欠缺公平等。這些社會環境負因會導致人格發展不良、社會化欠當、價值與規範觀念無法內化、文化之衝突，進而促使犯罪之發生。

❸ 機械物理環境模式

此模式認為犯罪之發生端賴犯罪之機會而定，且強調大部分的犯罪集中於少數的特定地點範圍以及可以預測的時間內。因此，對高犯罪地域可以透過適當的都市環境設計、建築規劃加以預防，重要之措施包括物理環境及安全改善（含軟、硬體），以減少歹徒之侵害等。

❹ 法律制裁懲處模式

此模式係以 18 世紀犯罪古典學派之論點為基礎，其認為犯罪人之所以決定犯罪係經過犯罪危險性之衡量，透過經濟效益評估，理性選擇所採取之行為。因此，其主張藉著刑罰之確定性與嚴屬性之懲罰措施來嚇阻潛在犯罪者，達成預防犯罪之目標。

(四) 克拉克的犯罪預防模式

美國羅格斯大學刑事司法研究所所長克拉克（Clarke）指出在過去一百年當中，包括肅清社會病源策略、嚇阻及矯治處遇等策略曾被應用於犯罪預防實務中，指出這些策略經實務之長期考驗，並未具有令人滿意之效能。因此另提出犯罪預防之另一可行方向——情境犯罪預防策略，以彌補前述傳統犯罪預防策略之窘態與缺陷。依克拉克之見解，犯罪預防模式應包括下列四類：

❶ 肅清社會病源策略

係指犯罪之產生受到許多不良社會因素，如成功機會不均等產生之緊張、人際之疏離、貧富差距過大、犯罪次文化之影響、不良之媒體及社會風氣等之影響，因此本模式強調應對這些社會病態加以糾正、改善，減少犯罪之發生。具體之做法包括家庭功能之提升、學校教育之落實，呼籲道德重振、改善社會風氣及大眾傳播媒體之病態現象、提供就業機會與輔導、休閒活動之規劃等均屬之。一般而言，倡議此模式者理想甚高，亦具學理支持，同時大致為政策執行者及民意代表所青睞，然而卻因實務上許多難處及其他外在因素，使得其成效大打折扣。例如不良社會風氣及大眾傳播媒體之病態現象並不易消除，而家庭功能亦因工商時代之來臨而無法充分提升。儘管如此，此項預防策略在每次治安危機出現時，經常扮演督促之重要角色。

依犯罪成因分類之預防模式

依犯罪成因分類之預防模式

- 生物心理模式
  - 促成個體犯罪之內在病態因素之防治
  - 在行為發生後進行諮商輔導
  - 有對象侷限於個人及成本甚高且費時之缺點
- 社會學模式
  - 社會環境負因導致人格發展不良而促使犯罪發生
  - 注重改善影響潛在犯罪者從事犯罪行為之社會環境
- 機械物理環境模式
  - 認為犯罪之發生端賴犯罪之機會而定
  - 透過適當的都市環境設計、建築規劃加以預防，以減少歹徒之侵害
- 法律制裁懲處模式
  - 藉由刑罰之確定性與嚴厲性之懲罰措施來嚇阻潛在犯罪者

克拉克教授之犯罪預防模式分類（一）

肅清社會病源犯罪預防

- 家庭功能之提升
- 學校教育之落實
- 改善社會風氣及媒體之病態現象
- 提供就業機會與輔導
- 休閒活動規劃

UNIT **17-4**
犯罪預防之模式（三）

❷ 嚇阻

係指採行各類威嚇手段，以預防犯罪之發生。一般而言，嚇阻模式可區分為一般嚇阻及特別嚇阻二項。一般預防係指藉著懲罰威嚇效果，以使社會一般人知畏懼，避免犯罪；換句話說，一般嚇阻乃欲使民眾瞭解犯罪將被懲罰，進而影響其潛在之犯罪抉擇。特別嚇阻乃指藉著對犯罪人之懲罰，使其懼怕進而影響其未來可能衍生之犯罪行為。雖然嚇阻策略之效果迄今仍備受爭議，惟倡議者指出倘能在下列三項要件之配合下，嚇阻仍將產生一定之犯罪預防效果，即刑罰之迅速性（指犯罪與刑罰回應時間應縮短）、確定性（指觸法者將受到應有之懲罰）、嚴厲性（指科刑嚴厲）。

❸ 矯治處遇

係指藉著對判決確定有罪各類收容人之矯治以達成預防犯罪之效果。基本上，屬於此項矯治模式之預防包括「機構性」矯治處遇及「社區性」矯治處遇二大類。前者係在具封閉性與強制結構本質之犯罪矯治機構中，對各類收容人透過教育、職業訓練、生活指導、宗教教誨及其他心理輔導、精神疾病之矯治，以改變其偏差與犯罪行為，進而順利復歸社會，避免再犯。後者基本上係指將犯罪人置於社區、家庭或機構中，運用社區資源及各類輔導處遇技術並促使犯罪人參加各項方案，增強社會適應能力，達成犯罪矯治之目標，具體之範疇包括社區服務、中途之家、觀護工作、監外就業等。

❹ 情境犯罪預防策略

係指對某些犯罪類型，以一種較有系統、完善的方法對犯罪環境加以管理、設計或操作，以阻絕犯罪發生之預防策略。其著重於降低及排除潛在犯罪人犯罪之機會、增加犯罪之成本，使犯罪之目標不易達成。它包括許多預防措施如目標物強化（即使較脆弱之犯罪可能標的物更加堅固、安全）、防衛空間之設計如鼓勵住宅居民拓展土地領域，將公共用地納入加以管理或增加建築物之自然監控、社區犯罪預防（如社區鄰里守望相助，民眾參與巡邏等）及其他疏導或轉移犯罪人遠離被害人之方法。

(五) 情境犯罪預防

情境犯罪預防可追溯至 1967 年由美國 Peter Lejins 提出的犯罪預防技術之一，透過以各項障礙物來強化潛在目標物被破壞風險之機械預防模式，接著在 1972 年由美國建築師紐曼（Newman）發表的「防衛空間」認為可以藉由特殊的建築設計降低犯罪機會，而達到犯罪預防的效果。其後傑佛瑞在 1977 年出版《透過環境設計以預防犯罪》一書，擴充並應用紐曼的防衛空間概念，並獲得相當成效，以下簡介情境犯罪預防的源起與發展。

❶ 源起

根據柯恩與費爾森於 1979 年提出的日常活動理論主張犯罪是由有動機的犯罪者、適合的標的物與監控者不在場的聚合而發生，克拉克參考犯罪聚合因素於 1983 年提出情境犯罪預防的概念，惟尚未經實證檢驗，遂著重在研究犯罪者如何著手犯罪，直至 1985 年由克拉克與康尼斯發展出理性選擇理論強調描繪犯罪者如何搜索犯罪標的物與著手兩個階段的理論，克拉克以理性選擇理論為繼續驗證情境犯罪預防理論，並於 1992 年出版《情境犯罪預防》一書，主張透過增加犯罪困難、提升犯罪風險、降低犯罪酬賞三項原則與其十二種技術可有效達到犯罪預防。

克拉克教授之犯罪預防模式分類（二）

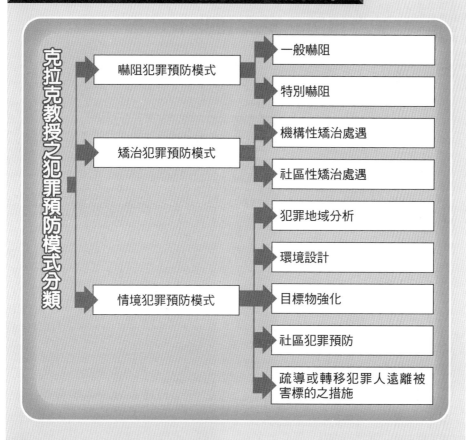

克拉克教授之犯罪預防模式分類

- 嚇阻犯罪預防模式
  - 一般嚇阻
  - 特別嚇阻
- 矯治犯罪預防模式
  - 機構性矯治處遇
  - 社區性矯治處遇
- 情境犯罪預防模式
  - 犯罪地域分析
  - 環境設計
  - 目標物強化
  - 社區犯罪預防
  - 疏導或轉移犯罪人遠離被害標的之措施

情境犯罪預防之發展

1979 年，柯恩與費爾森提出日常活動理論，主張犯罪是由有動機的犯罪者、適合的標的物與監控者不在場的聚合而發生。

1983 年，克拉克參考犯罪聚合因素提出情境犯罪預防的概念。1985 年，克拉克與康尼斯發展出理性選擇理論。

1992 年，克拉克出版《情境犯罪預防》一書，提出可有效達到犯罪預防的 3 項原則與 12 種技術。1997 年，克拉克將該理論發展為 4 項原則與 16 項技術。

2003 年，克拉克與艾克提出情境犯罪預防 5 項原則與 25 項技術。

UNIT 17-5
犯罪預防之模式（四）

圖解犯罪學

❷ 發展

克拉克的情境犯罪預防在 1992 年透過實證研究支持後，持續蒐集實證資料驗證其理論，並於 1997 年加入促使產生罪惡感或羞恥感原則，將該理論發展為四項原則與十六項技術。克拉克與艾克經過蒐集實證資料驗證後，於 2003 年將 1997 年的情境犯罪預防第四項原則分成「減少犯罪刺激」與「移除犯罪藉口」並提出情境犯罪預防五項原則與二十五項技術，其預防策略如下：

① 提升犯罪阻力：「提升犯罪阻力」的設計為情境犯罪預防最為基本之策略，其主要目的在於增加犯罪人在犯罪時所需投入之努力及阻礙。

② 增加犯罪風險：根據對犯罪人之訪談結果，克拉克及艾克發現相較於犯罪被逮捕之後果，犯罪人較為擔心被逮捕之風險。從犯罪人觀點來解釋，這是可以理解的，因為被逮捕後，他們難以避免後續的處罰，但是在被逮捕前，他們可以藉由小心謹慎的作為以降低被逮捕之風險。

③ 降低犯罪酬賞：根據理性選擇理論的主張，犯罪人在犯罪之前會進行成本效益分析，總是希望在犯罪中獲得利益。利益可以是有形的、物質的利益，如金錢、值錢的物品等；也可以是無形的酬賞，包括性慾的抒解、陶醉、興奮、復仇、同儕的尊重等。

④ 減少犯罪刺激：學者針對監獄及酒吧進行研究，發現擁擠、不舒服及粗魯的對待會激化暴力事件的發生。因此，情境犯罪預防不僅應該針對犯罪發生的機會，也應針對犯罪發生之情境發展策略，予以設計、操作與管理，以減少犯罪之刺激。

⑤ 移除犯罪藉口：犯罪人常會對其行為作道德判斷，並會找藉口合理化及中立化其行為，以減輕其內心之罪疚感或羞恥感。有鑑於此，情境犯罪預防的第五個原則即是透過一些策略及設計之採用，將規範清楚地界定與呈現、協助人們遵守規範、激發人們的良心，以藉此移除偏差或犯罪行為之可能藉口，嚇阻偏差或犯罪行為之發生。

(六) 古典與實證犯罪預防之整合模式

犯罪具備立即、明顯利益與低付出高獲得的特性，回顧過去研究犯罪成因與前述學者主張的犯罪預防發展，大致可分為從秉持古典犯罪學派者（始於 18 世紀末）相信人有自由意志且為趨樂避苦動物，因此以嚴刑峻罰可嚇阻犯罪人不犯罪。惟隨著實證犯罪學派（始於 19 世紀末）經科學研究發現人會受生物、心理、社會環境因素影響而犯罪，進而主張應排除或改善上開可能影響人犯罪的因素，爰提出各種對策與計畫以改善人的犯罪性（或稱犯罪傾向）；但犯罪仍無法受到有效的控制。

在 1970 與 1980 年代隨著被害調查的發展與相關研究與理論的提出，犯罪防控者思索古典犯罪學派，開始務實的透過控制犯罪機會以達犯罪預防的方式已陸續獲得顯著成果。因此，筆者主張在應用上順序應為首先改善影響犯罪的相關因素讓犯罪人不想犯罪；倘無法完全改善犯罪因素則可透過威嚇理論的刑罰立法嚴厲性、執法的迅速與確定性讓犯罪人不敢犯罪；當前兩者失效時，潛在被害者可透過環境設計等情境犯罪預防手段，讓犯罪人不能／不易著手犯罪。

情境犯罪預防之二十五項技術

提升犯罪阻力	增加犯罪風險	降低犯罪酬賞	減少犯罪刺激	移除犯罪藉口
❶ 標的物的強化 ① 汽車防盜鎖 ② 加強門鎖	❻ 擴充監控 ① 結伴而行 ② 守望相助	⓫ 目標物隱匿 ① 車上勿放置貴重物品 ② 使用無標的的運鈔車	⓰ 減低挫折與壓力 ① 改善服務，避免衝突 ② 增加座位	㉑ 設立規則 ① 飯店住宿規則 ② 國家公園及山地管制採入山登記制度
❷ 管制通道 ① 停車場之管制 ② 團體 ③ 進門時有聲響	❼ 增加自然監控 ① 防衛空間 ② 街燈 ③ 超商設立透明落地窗	⓬ 目標物之移置 ① 商店櫃檯減少存放現金 ② 避免攜帶大量現金	⓱ 避免爭執 ① 將敵對球迷分隔開來 ② 計程車採跳表制	㉒ 敬告規則 ① 殘障專用停車位 ② 張貼敬告標示
❸ 出入口檢查 ① 下車繳回票根 ② 商店物品的磁條措施	❽ 減少匿名性 ① 學生穿制服上下學 ② 計程車司機辨別證	⓭ 財物之辨識 ① 車輛識別號碼 ② 個人識別號碼	⓲ 減少情緒挑逗 ① 在公眾場合注意錢財 ② 夜歸婦女注意安全	㉓ 激發良心 ① 張貼警告標語 ② 設置速限提醒板
❹ 轉移潛在犯罪人 ① 提供公用廁所 ② 公共垃圾桶	❾ 職員協助監控 ① 保全人員 ② 管理人員	⓮ 搗亂市場 ① 取締非法流動攤販 ② 檢視報紙小廣告	⓳ 減少同儕壓力 ① 指定駕駛 ② 阻擋孩子與有負面影響的朋友交往	㉔ 協助遵守規則 ① 公廁管理 ② 改善圖書館之借書管理
❺ 控制犯罪促進物 ① 嚴格控制青少年購買噴漆 ② 強化玻璃杯	❿ 強化正式監控 ① 防盜警鈴 ② 閉路電視（cctv） ③ 測速照相	⓯ 拒絕利益 ① 假人警察 ② 塗鴉立即清除 ③ 墨水標籤	⓴ 避免模仿 ① V晶片 ② 立即修復遭破壞之物品或塗鴉	㉕ 管制藥物與酒精 酒駕肇事，可能有罰鍰、扣車、吊扣、吊銷駕駛執照等處罰

犯罪學發展的犯罪預防模式

	不敢犯罪	不想犯罪	不能／不易犯罪
學派	古典犯罪學派	實證犯罪學派	當代新古典犯罪學派
模式	懲罰與威嚇模式	改善與矯治模式	機械式情境預防
做法	懲罰、隔離、死刑等提高刑罰的嚴厲性、迅速性與確定性	肅清社會病源之改善生物、心理、社會環境等影響犯罪因素，以及矯治處遇以犯罪者降低其犯罪性	以提高犯罪阻力、提升犯罪風險並降低犯罪酬賞之目標，透過環境設計來降低被害風險

第**18**章

犯罪嚇阻

●●●●●●●●●●●●●●●●●●●●●●● 章節體系架構 ▼

UNIT **18-1**　嚇阻之理論基礎與基本要素
UNIT **18-2**　犯罪嚇阻之策略與檢視
UNIT **18-3**　嚇阻主義之應用

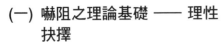

UNIT **18-1**
嚇阻之理論基礎與基本要素

懲罰是否可以預防犯罪？若是，產生犯罪預防效果的範圍與機制為何？嚇阻理論認為，透過刑事懲罰的威脅或應用，可以預防或控制犯罪的發生；亦即，嚇阻是以「理性抉擇」觀點為理論基礎所發展而來。

(一) 嚇阻之理論基礎 —— 理性抉擇

根據理性抉擇觀點，在自由、未受限制的情況下，有動機、理性的人會違反法律。若是人們害怕被逮捕、懲罰、被關在監獄裡，或被判處死刑，他們就不敢冒險去犯罪。再者，當犯罪的懲罰增加、刑事司法系統的效率及有效性提升，願意冒險去犯罪的人數應該會下降。

(二) 嚇阻之基本要素

倡議嚇阻主義者，認為人是理性的動物，可以運用自由意志來決定自己的行為。為確保嚇阻效果、避免犯罪的發生，懲罰（刑罰）必須具備以下三個要素：迅速性、確定性及嚴厲性。

❶ 刑罰的迅速性

係指犯罪與刑罰回應的時間應予縮短，使犯罪人犯罪後能迅速、立即地接受刑罰制裁。古典學派學者貝加利亞指出，犯罪與懲罰間的間隔時間愈短，犯罪與懲罰間的相關將更強化與持續。Listokin 的研究顯示，隨著犯罪與懲罰的時間間隔愈長，刑事懲罰的價值會穩定地下降。

❷ 刑罰的確定性

係指觸法者遭逮捕與懲罰之肯定機率。嚇阻理論認為，當懲罰的確定性愈高，犯罪率會下降。確保觸法者確實受到懲罰制裁，是維持懲罰威嚇力的重要關鍵。

❸ 刑罰的嚴厲性

係指對於觸法者應依據其犯罪行為之嚴重性給予足夠之刑罰，以確保刑罰威嚇效果。假使懲罰過輕，則無法反轉其因犯罪所得之快樂，因而難以達到威嚇之效果；假使懲罰過重，則會製造出更多不公平的情況。因此，懲罰的實施不應依犯罪人之特徵或社會背景而有所不同，犯罪行為愈嚴重，則應給予更嚴厲的懲罰。

總而言之，若是刑罰具有確定性、迅速性與嚴厲性等三個要素，則民眾在理性考量是否從事犯罪行為時，將獲得「失去將比獲得更多」的訊息，將被嚇阻而不從事犯罪行為。換言之，若是三個要素有所欠缺，刑罰嚇阻犯罪的效果將會打折扣，甚至會產生許多負面效果。

另外，在這三個要素之間，學者 Nagin 及 Pogarsky 指出，刑罰確定性產生的嚇阻效果高過嚴厲性或迅速性。亦即，若是人們相信他們可能會被抓，他們較可能會被威嚇而不敢犯罪，至於被逮捕之後會發生什麼，對他們較缺乏影響。

犯罪嚇阻之理論基礎

犯罪嚇阻之理論基礎為「理性抉擇」。
- 根據理性抉擇之觀點，在自由、未受限制的情況下，有動機的人會違反法律。
- 若是人們害怕被逮捕、懲罰、被判處死刑，他們就不敢冒險去犯罪。
- 當犯罪的懲罰增加、刑事司法系統的效率及有效性提升，願意冒險去犯罪的人數應該會下降。

犯罪嚇阻之三個要素

迅速性 (Swiftness or Celerity)	❶ 犯罪與懲罰的間隔時間愈短，犯罪與懲罰之間的相關將更強化與持續。 ❷ 隨著犯罪與懲罰的時間間隔愈長，刑事懲罰的價值會穩定地下降。	
確定性 (Certainty)	❶ 確定性指的是觸法者遭逮捕與懲罰之肯定機率。 ❷ 當懲罰的確定性愈高，犯罪率會下降。 ❸ 確保觸法者確實受到懲罰制裁，是維持懲罰威嚇力的重要關鍵。	
嚴厲性 (Seriousness)	❶ 若懲罰過輕，將無法反轉其因犯罪所得之快樂，而難以達到威嚇效果。 ❷ 若懲罰過重，則會製造出更多不公平的情況。 ❸ 當犯罪行為愈嚴重，則應給予更嚴厲的懲罰。	

確定性
之
嚇阻效果
>
嚴厲性
之
嚇阻效果
或
迅速性
之
嚇阻效果

UNIT *18-2*
犯罪嚇阻之策略與檢視

懲罰嚇阻不只侷限在對犯罪人危害的回應，也可著重在未來犯罪之危險性；亦即，嚇阻的作用在於影響潛在犯罪人在決定犯罪前的犯罪風險認知，使得他們認為犯罪後被逮捕、懲罰的危險性高於犯罪的利益，而認為犯罪是不值得的。一般而言，嚇阻主義採用一般威嚇與特別威嚇等策略，以達成威嚇的效果。

(一) 嚇阻主義之策略

❶ 一般威嚇

係指對犯罪者的懲罰威嚇效果，利用各種資訊傳達了犯罪是不值得的訊息，影響潛在犯罪人的犯罪頻率，甚至避免犯罪之發生；亦即，一般威嚇即是使一般民眾瞭解犯罪行為將被懲罰，影響他們對於未來懲罰的知覺，進而影響潛在之犯罪抉擇與可能的犯罪活動。

❷ 特別威嚇

係指對犯罪人的懲罰，使其懼怕，進而影響其未來可能衍生之犯罪行為。相較於一般威嚇的效果著重於改變民眾對於未來懲罰之知覺，特別威嚇著重於懲罰的應用。基本上，若是計畫犯罪行動與其後果（被懲罰）的記憶之間的連結可以建立，則懲罰就有威嚇犯罪人再次犯罪之效果。

值得注意的是，雖然特別威嚇被認為具有強大的犯罪嚇阻效果，並且符合大多數民眾的需要，但因為其涉及犯罪人之權益甚鉅，故倘在認定、辨識上有所疏失，將衍生許多副作用。

(二) 犯罪嚇阻之檢視

根據特別威嚇理論的主張，懲罰愈嚴重，犯罪人再犯的可能性愈低。但是，研究結果未必支持此論述。Nagin及 Snodgrass 的研究顯示，針對犯相同罪行的犯罪人，被審判送進監獄監禁的犯罪人比起接受社區處遇的犯罪人，其再犯率並未較低；亦即，監禁對於威嚇再犯的效果似乎是輕微的。另外，Weisburd 等人發現，接受監禁處遇和社區處遇等懲罰的白領犯罪人，兩者在再犯的可能性是相似的。

學者 Siegel 整理相關文獻，認為嚴厲懲罰會促成犯罪發生而非限制犯罪性，其原因包括：

❶ 犯罪人可能認為自己已經從經驗中學習，知道如何打敗刑事司法系統，知道犯罪後如何全身而退。

❷ 接受嚴厲懲罰的犯罪人可能代表「最壞中的最壞」一群人，無論經歷什麼懲罰，他們仍然會繼續犯罪。

❸ 懲罰可能帶來反抗而非威嚇效果。有些被嚴厲懲罰的犯罪人可能想要展現他們不會被刑事司法系統打敗；懲罰可能被認為是反覆無常、不公正或不公平的，這會導致受制裁的犯罪人犯下更多罪行，以此作為打擊和報復的一種方式。

❹ 嚴厲的懲罰給予犯罪人標籤及烙印，使得他們難以離開犯罪生涯。

❺ 被懲罰的犯罪人可能認為因為同樣犯罪而再被逮捕的可能性很低（倒楣事不會總落在同一個人身上），因為相信「沒有人會那麼倒楣」而給自己合理化的理由，再次去犯罪。

嚇阻主義之策略

一般威嚇（General Deterrence）	特別威嚇（Special Deterrence）
❶ 對犯罪者的懲罰威嚇效果，利用各種資訊傳達了犯罪是不值得的訊息，影響潛在犯罪人的犯罪頻率，甚至避免犯罪之發生。 ❷ 使一般民眾瞭解犯罪行為將被懲罰，影響他們對於未來懲罰的知覺，進而影響潛在之犯罪抉擇與可能的犯罪活動。	❶ 指對犯罪人的懲罰，使其懼怕，進而影響其未來可能衍生之犯罪行為。 ❷ 相較於一般威嚇著重於改變民眾對於未來懲罰之知覺，特別威嚇著重於懲罰的應用。

犯罪會被處罰，
所以我們不該犯罪。

以後不能再犯罪了。

犯罪嚇阻之檢視

犯罪人可能認為自己已從經驗中學習，知道犯罪後如何全身而退。

犯罪人本質為「最壞中的最壞」，即使受罰仍會繼續犯罪。

Siegel 認為嚴厲懲罰會促成犯罪發生而非限制犯罪之原因

懲罰可能帶來反抗而非威嚇效果，犯罪人為報復而再次犯罪。

犯罪人認為因同樣罪行再被逮捕的可能性低而再次犯罪。

懲罰給予犯罪人標籤，使其難以離開犯罪生涯。

UNIT 18-3
嚇阻主義之應用

(一) 立法

在立法方面，許多修法或是法律制定均反映出嚇阻理論之思維。例如，近年來有關酒後駕車的修法，即充分顯現嚇阻思維之應用。

(二) 警察

嚇阻主義在警察方面的實際應用範圍甚廣，包括各項掃蕩行動或是案件現場的處理措施等。例如，警政署於 2017 年底推動「第三方警政」專案，結合各行政機關和相關法規，鎖定三大類場所，包括幫派圍事、投資或經營處所（如酒店、夜店、卡拉 OK、常開毒趴的旅館、涉及色情的養生館、容留非行少年的網咖），均列為「行政干預」目標，透過開罰違規業者，打擊幫派、毒品及色情，動員整體公部門力量穩定治安。

另外，隨著科技的日新月異，各地警察局也紛紛採用新科技於警察勤務的應用上。例如，為了改善違規停車，嘉義市於 2019 年開始用科技執法設備，從火車站到噴水池一共設置 8 組的設備器材，有拍照錄影、判別是否違規及彙整資料製單等功能，透過影像辨識系統進行監控、記錄，一旦發現區域內有違規車輛，就會自動執行違規蒐證及舉發回報，並由交通隊發出罰單。

(三) 法院

在法院量刑方面，隨著民眾犯罪恐懼感加大，對犯罪人抱持懲戒態度升高，法院對犯罪人之科刑有走向定期刑之趨勢。

2005 年刑法進行大規模的修正，刪除刑法第 56 條「連續犯」規定，將連續犯罪論以一罪，僅加重其刑至二分之一的規定刪除，且將自首「應」減刑之規定，修正為「得」減輕其刑。司法院於 2018 年頒布「刑事案件量刑及定執行刑參考要點」，建議法院在量刑時宜參酌「量刑資訊系統」及「量刑趨勢建議系統」，審酌實務上類似案件之平均刑度、最高刑度、最低刑度及量刑分布全貌，及審酌焦點團體對於各犯罪類型所建議之量刑因子及刑度區間，以排除裁量結果係因非理性之主觀因素所致之量刑歧異，並契合社會之法律感情。

(四) 犯罪矯正

嚇阻對矯治層面之影響，主要包括對犯罪危險性比較高的習慣犯予以選擇性監禁，給予長期監禁、隔離，並以較嚴厲之刑罰制度懲罰犯罪人。例如，鑑於犯罪人累再犯比率偏高，對治安維護造成影響，2006 年的刑法修正條文，對於假釋標準的修正即納入美國「三振法案」的精神，提高重罪三犯的假釋門檻；亦即，對曾犯最輕本刑五年以上有期徒刑重罪（如殺人、強盜、擄人勒贖等）的「累犯」，於假釋期間、受刑執行完畢或執行期間獲赦免，但又於五年內再犯重罪（即第三度犯案），將不得假釋。另外，此次刑法修正也取消針對性侵害犯三年為治療期限的規定，若再犯危險性經評估顯著未降低者，不得假釋。以上刑法修正，即是針對再犯危險性高之習慣犯罪人予以選擇性監禁，避免輕易予以假釋，即為特殊威嚇之具體應用實例。

(五) 死刑

最強烈的犯罪嚇阻策略屬死刑之執行，有關死刑之存廢一直以來都是熱烈討論之議題。

★酒後駕車之修法顯現嚇阻理論之應用

1975 年 7 月道路交通管理處罰條例的修正案，首次將酒駕納入管理；1996 年 12 月才明訂酒精濃度標準於道路交通安全規則中（呼氣酒精濃度超過 0.25mg/L 不能駕車）、大幅提高罰鍰（至 6,000 元以上、15,000 元以下）及吊扣、吊銷駕照處分。之後，1999 年在刑法的公共危險罪章中，增訂第 185-3 條酒後駕駛動力交通工具，應予處罰的法條；有關酒駕的處罰，除罰金的罰則外（並經歷 2007、2011 年兩度提高罰金至 20 萬元），並提高酒駕肇事致死或重傷的刑度，2013 年更因酒駕致死社會新聞事件影響，將超過 0.25mg/L 吐氣酒精濃度直接增訂入刑法中，導致違反道路交通管理的行政罰標準下修到 0.15mg/L。

因酒駕事件頻傳，2019 年繼續針對刑法第 185-3 條及道路交通管理處罰條例分別進行修正，前者增訂酒駕累犯的罰則，而後者除了提高汽機車駕駛人酒駕罰鍰，也增設酒駕累犯的累加制度、同車乘客共同責任、車輛沒入，以及強制酒駕累犯者加裝酒精鎖等規定。

 ★執行死刑之國際現況

根據國際特赦組織（Amnesty International）發布之「2020 全球死刑報告」指出，截至 2020 年 12 月底，全球「完全廢除死刑」的國家有 108 國（包括：澳洲、加拿大、丹麥、西班牙、英國）；「廢除普通犯罪死刑」，僅允許死刑應用在特殊犯罪之國家有 8 個（包括：巴西、智利、以色列）；保留普通犯罪死刑但過去十年未執行死刑之「實務上廢除死刑」之國家有 28 個（包括：阿爾及利亞、肯亞、摩洛哥）；另「保留死刑」則有 55 個國家（包括：美國、新加坡、沙烏地阿拉伯、台灣）。

死刑存廢之建議

參酌國際動向、相關研究結果，提出以下建議：

❶ 強化司法警政效能，加強社會治安維護：當民眾的被害恐懼感增加、對治安愈缺乏信心時，愈覺需要死刑之存在。因此，政府要展現維護治安的積極作為，以減少民眾疑慮與不安。

❷ 加強犯罪偵查品質，提升刑事鑑識能力，減少濫權追訴與誤判：死刑一旦執行即不可彌補及挽回，因此現階段要加強第一線執法人員之犯罪偵查品質，挹注資源提升刑事鑑識能力，以減少誤判造成之社會動盪。

❸ 死刑執行宜審慎，僅適用於最嚴重且無法平復民眾公憤之犯罪。

❹ 強化獄政管理與矯治工作：若朝向以無期徒刑取代死刑之政策做法邁進，獄政之大幅興革與強化長期刑受刑人之安全管理與矯治工作將刻不容緩。

❺ 加強修復式司法措施，減少民眾的痛楚：死刑的廢除運動及死刑的不執行，引發許多民眾與被害者家屬之激烈反應。為減少民眾的反彈，應秉持修復式司法精神，加強對被害者（家屬）之精神及物質補償，並尋求加害者獲被害者（家屬）之諒解。

第19章
犯罪矯正

●●●●●●●●●●●●●●●●●●●●● 章節體系架構 ▼

UNIT **19-1**　　犯罪矯正之哲學：功利懲罰模式

UNIT **19-2**　　犯罪矯正之哲學：矯治模式

UNIT **19-3**　　犯罪矯正之哲學：正義模式

UNIT **19-4**　　犯罪矯正管理模式：德州控制模式（一）

UNIT **19-5**　　犯罪矯正管理模式：德州控制模式（二）

UNIT **19-6**　　犯罪矯正管理模式：密西根責任模式

UNIT **19-7**　　犯罪矯正管理模式：加州共識模式

UNIT **19-8**　　暴力犯之處遇：處遇課程

UNIT **19-9**　　暴力犯之處遇：復歸準備

UNIT **19-10**　毒品犯之處遇

UNIT **19-11**　長刑期受刑人之處遇

UNIT **19-12**　女性受刑人之處遇

UNIT **19-1**
犯罪矯正之哲學：功利懲罰模式

據學者 Bartollas 之看法，功利懲罰模式、矯治模式及正義模式為犯罪矯正之三大主流哲學，這些模式各有其關切之焦點，且經常是固守己見、毫不讓步。值得注意的是此三種犯罪矯正哲學如搖擺的鐘錘，隨著思潮之更迭而可能相互變動更換。本單元先介紹功利懲罰模式。

(一) 內涵

學者大致認為功利懲罰具有應報、嚇阻、隔離，甚至陰謀之作用。

❶ **應報**：可說是最古老的懲罰思想，它的內涵並未隨著時間之轉移而有所改變，應報思潮之產生主要為對犯罪行為之嚴屬性及損害性所衍發之反應。其不僅強調犯罪人在道德上應受責難，同時亦認為不守法者應予適當之懲罰。換句話說，犯罪人之罪有應得及罪罰之成比率（相稱）為應報思想之核心要素。

❷ **嚇阻**：懲罰並不必然只侷限於對犯罪人危害之回應，其亦可著重於未來犯罪之危險性，理由不外乎許多人在採行犯罪行為前經常必須對行為之結果做估算。假如犯罪之利益大於被逮捕、懲罰之危險性，行為人極可能冒險一試。懲罰之作用即在於影響（嚇阻）這種對犯罪風險的認知，而使得潛在犯罪人認為犯罪之風險性高，且很可能是不值得的。雖然嚇阻之效果迄今仍然備受爭議（例如可能只有暫時的效果，甚至因犯罪類型而異），然而倡議者卻深信倘能在下列三項要素配合下，嚇阻仍將產生一定之效果。即刑罰迅速性（指犯罪與刑罰回應時間應縮短）、確定性（指觸法者將受到應有的懲罰）與嚴屬性。

❸ **隔離**：懲罰之另一項手段（作用）是隔離。隔離大體上係指藉著監禁（如自由刑）之使用，將犯罪人與社會隔離。支持者認為隔離政策之採行有助於減少犯罪者再度犯罪的機會。事實上，隔離之手段甚為民眾所歡迎，所謂眼不見為淨，一般民眾大多不願意與犯罪人住在一起，而情願將其隔離至看不到且較安全的監獄內。雖然如此，隔離政策之採行卻也引起爭議，尤其隔離可能面臨兩項挑戰，例如可能將犯罪者視為不會犯罪者；亦可能將不至於犯罪者預測為犯罪者。

❹ **懲罰是一項陰謀**：與傳統對懲罰之看法不同，激進派學者認為懲罰已為資本社會主義強權、資本家所利用，以達成社會控制與維護既得利益之用。Reiman 指出，監禁之使用，不僅可維護強權者之利益，同時亦可使一般民眾誤解為，只有那些中下階層者才是我們必須畏懼的人，間接的促使中下階層之人遭遇被控制的命運，而強權者則藉此穩固政權、賺取利益。

(二) 面臨之質疑與挑戰

功利懲罰倡議者認為各項懲罰措施之交互運用，有助於減少與嚇阻犯罪之發生，尤其刑罰之確定性與嚴屬性對於一般傳統犯罪仍深具威脅作用。事實上，支持前述看法之學者認為對犯罪行為之懲罰乃一公正、可行並具效率之抗制犯罪手段。

令人遺憾的，許多人士卻對於懲罰在抗制犯罪上之嚇阻成果感到懷疑。尤其犯罪率之居高不下，更對懲罰措施是一大諷刺。批評者更指出懲罰模式忽視了導致犯罪之社會結構因素；一味的懲罰除忽略了社會之不公平層面外，甚至替強權統治階層鋪路，作為維護其利益之用。這些缺點使得懲罰模式面臨諸多責難，遭到許多人道主義者之抨擊。

犯罪矯正之哲學

犯罪矯正之三大主流哲學

功利懲罰模式 （Utilitarian Punishment Model）	矯治模式 （Rehabilitation Model）	正義模式 （Justice Medel）

功利懲罰模式之內涵

應報	嚇阻	隔離	陰謀
強調犯罪人在道德上應受責難，同時亦認為不守法者應予適當之懲罰。	懲罰之作用在於影響行為人對犯罪風險的認知，使得潛在犯罪人認為犯罪之風險性高，且很可能是不值得的。	藉著監禁之使用，將犯罪人與社會隔離。支持者認為隔離政策之採行有助於減少犯罪者再度犯罪。	激進派學者認為懲罰已為資本社會主義強權、資本家所利用，以達成社會控制與維護既得利益之用。

功利懲罰模式面臨之質疑與挑戰

犯罪率居高不下，懲罰措施之嚇阻成果遭到懷疑

忽視了導致犯罪之社會結構因素

替強權統治層鋪路，做為維護其利益之用

UNIT *19-2*
犯罪矯正之哲學：矯治模式

圖解犯罪學

(一) 內涵

矯治模式之源起可回溯至希臘聖哲柏拉圖之改善中心的提議，即罪犯必須靜待其犯罪病況痊癒後，始取得獲取釋放的機會。矯治模式的興起和 19 世紀之臨床與行為科學的突飛猛進密切相關，而犯罪學研究領域的發展及醫藥科學的進步亦具有推波助瀾的作用。倡議者認為罪犯在政府有關單位的細心照顧之下，接受適當之處遇與治療，在行為態度與品性上獲得寶貴的成長與改善。

(二) 面臨之質疑與挑戰

1970 年代左右，矯治哲學面臨史無前例的挑戰。尤其是以 1974 年 Martinson 發表矯治處遇「完全無效」之震撼性聲明後，矯治成效乃引發一連串之爭論。矯治哲學面臨之批判包括：

❶ **矯治模式在理論及實務上存有鉅大缺陷**：矯治哲學之倡導者認為犯罪人之所以觸法乃因「生病」的結果，犯罪之症狀可經由各項矯治處遇措施而加以治療。然而許多證據顯示，大多數犯罪人並非病人，其病態亦往往是在相當理性的情況下顯現出來。MacNamara 亦指出，犯罪人甚至比許多非犯罪人更加正常。這些社會適應不良者大都經歷負面的社會化歷程，任何教育、職業訓練、醫藥或心理措施均不易改變犯罪人二十至三十年以上的反社會行為。其次，當前臨床與行為科學尚未發展出一套令人信服的人性處遇技術，以轉化犯罪人成為一守法的善良公民，犯罪的原因錯綜複雜，至今仍處於黑盒子狀態，醫療效果仍屬有限，缺乏具體之發展。

❷ **矯治模式根本行不通**：往昔犯罪矯正機構之權力結構分配至為明顯，管理者類似統治者，被管理者大都無任何人格尊嚴與地位。在此具強制權威性的機構內，矯治處遇顯然受到明顯的限制與阻礙。Hall 等學者即指出，在完全以戒護管理取向為重心，忽視受刑人需求之矯正環境內，受刑人很難改悔向上或行為上獲得實質的改進。且也有部分文獻資料指出，受刑人是否獲得矯正當局之釋放，常端賴於其參與各項矯治方案之熱忱與否。但受刑人可能虛偽、表面地接受任何處遇方案，俾以操縱、控制將來早日獲取假釋之機會。

❸ **矯治處遇無法獲取實證研究之證實**：Bailey 於審慎評估 100 件研究報告後指出，矯治處遇之效果並不理想。學者 Greenberg 之研究亦指出矯治處遇之最終結果總是令人沮喪。Ward 在加州矯正機構長達六年的研究顯示，處遇對於參與者有著負面的影響，因為他們比控制組成員對工作人員更具敵意；違反更多的監獄規則；違反假釋之頻率甚高；出獄後在極短的時間即再犯；在假釋期間違更嚴重的罪刑。雖然這些研究尚待進一步驗證，但其大致認為，投資無限的時間、精力與金錢在犯罪人身上是不值得的。蓋矯治處遇對於預防、降低及控制再犯而言是毫無能力的。

❹ **矯治本身造成實務工作之困境**：Von Hirsch 指出，在矯治哲學名詞之掩護下，許多處遇措施皆被合法化，診療人員之權力擴大，無形中造成許多無謂、過當的懲罰，而非基於善意矯治處遇。例如不少人員建議使用嫌惡制約、電擊療法、精神外科或行為矯治等技術「治療」病人即為一例。其次矯治處遇之施行亦可能引發更多非人性化的矯治過程，例如許多尚未治療痊癒之受刑人將被迫延長監禁時間，而面臨假釋之焦慮，這對受刑人而言是一項苦難。

矯治模式之內涵

在傳統以應報懲罰哲學為取向之同時，矯治哲學之竄起無疑是一項挑戰，其旋風瀰漫整個犯罪矯正實務並歷久不衰。例如我國監獄行刑法第1條之處遇方針：「為達監獄行刑矯治處遇之目的，促使受刑人改悔向上，培養其適應社會生活之能力，特制定本法。」即為明證。相對地，矯治哲學雖盛況空前，但在1960、1970年代的美國卻被揚棄並且遭致嚴厲評判。理由是大部分矯治處遇方案對於累（再）犯捉襟見肘，毫無能力加以防範。儘管如此，矯治模式之支持者近年來卻也不諱疾忌醫而勇敢接受評判與責難，並嘗試開發嶄新矯治方法與技術，以因應諸多新興犯罪類型的挑戰。

與矯治模式幾乎同步的是醫療模式（Medical Model），此套模式強調犯罪人乃因其在社會、心智及生理上具有缺陷的結果。倘透過適當的治療，將使這些社會適應不良者獲得實質成長與改善。

矯治模式之防禦及主張

儘管來自多方面的挑戰與責難，矯治哲學倡議者亦展開強烈反擊，而非消極的防禦其主張。其重要主張包括：

Martinson 指稱矯治處遇「完全無效」之主張與事實不相符	學者 Palmer 檢視 Martinson 之文章後發現，在其所謂「完全無效」之聲明中，許多研究仍存有正面之矯治效果，而並不是 Martinson 以偏概全之說法。簡言之，Palmer 認為 Martinson 致命性之主張具有許多矛盾，蓋許多處遇方案仍呈現有利的情況。學者 Gendreau 及 Ross 檢視出版於 1973 年至 1978 年之 96 項研究計畫發現，有 86% 仍屬成功的個案。換言之，適度規劃與執行之矯治處遇方案，對於預防犯罪及再犯仍具有相當的效力。
矯治處遇方案並未真正的被執行	學者 Halleck 及 Witte 指出，許多矯治計畫經常未被認真的執行，甚至方案常受時間之限制及品質的影響，而無法產生令人滿意之結果。其次，許多矯治計畫可能為戒護管理人員所阻擾，例如，許多戒護之規定而無法讓受刑人積極的參與處遇計畫，甚至隨意指派人員參與活動而非基於受刑人之需要。
犯罪矯治是刑罰機構之重要任務	我國學者林山田教授曾指出，「監獄就像是個洗衣場，將之洗淨洗白，不希望洗了半天卻洗壞了洗丟了，洗白之後，回到社會上須防止再度被染黑……」倡導矯治處遇之學者堅信，受刑人之矯治對於社會之安定具有正面之效果，倘不對犯罪人進行適當之處遇，被害人數目將遽增。
矯治處遇遠景甚佳	許多學者指出，今日之犯罪矯治事業已非往昔之「法庭煉鋼」，許多處遇方案已甚為周延、精進，並且已有令人鼓舞的結果。事實上，經由適當對象遴選與處遇之品質管制，矯治處遇是可行且充滿希望的。

UNIT *19-3*
犯罪矯正之哲學：正義模式

圖解犯罪學

(一) 內涵

正義模式之內涵可以由下列五點加以說明：

❶ **強調自由意志為犯罪之決定因素**：犯罪之啟動乃行為人自由抉擇的結果，而非受環境所支配，犯罪人必須對其行為負責。

❷ **倡議應報哲學**：應報為實現正義之基本支柱，倘使觸犯法律，任何人皆應被懲罰。

❸ **主張限制自由裁量權**：正義模式倡議認為刑事司法人員經常濫用其自由裁量權，導致犯罪人權益受損，因此主張對自由裁量權加以限制。

❹ **認為犯罪矯正處遇不切實際**：正義模式認為犯罪乃個人自由抉擇的結果，而非生病或受外界環境因素所支配，因此矯治處遇是不切實際的，而且矯治經常被濫用，產生許多不良副作用，而非良方。

❺ **避免對犯罪人過度之懲罰**：應秉持公平、合理的原則，使罪行與懲罰相稱（均等），進而使犯罪人有尊嚴地接受合適之懲罰。

(二) 面臨之質疑與挑戰

正義模式之主張雖具說服力，例如強調以適正程序法則（Due Process of Law）保障犯罪者之權力，減少刑事司法自由裁量之濫權，及犯罪人行為接受「恰當」懲罰等皆為其思想之核心。然而，與任何犯罪矯正哲學模式相同，其仍面臨諸多評判與挑戰。

❶ **公平、公正之應報懲罰難以實現**：法律之前，觸犯同一罪名之人須接受相同的懲罰，雖頗符合實現正義之需求，然而卻未考量犯罪之動機、心理與社會環境因素。也就是說，不公平的社會與獨特的個別因素，公平、公正之應報懲罰在執行上有其困難。

❷ **正義模式亦無法建立合乎理想之刑事司法體系**：正義模式雖以建立公平、合理之刑事司法體系為目標，然而許多措施卻適得其反。以美國為例，定期刑之使用雖使得罪犯無從逍遙法外，卻製造了另一更具壓制性之刑罰體系，甚至造成日後監獄人口擁擠之不良情況。

❸ **刑事司法自由裁量權並非罪惡**：正義模式強調為避免刑事司法人員裁量權之濫用，主張對其裁量權加以限制。然而刑事司法實務顯示，縮減體系某部分之自由裁量權，很可能導致其他自由裁量之擴大，因此限制自由裁量並不是恰當的。例如，限制警察權雖可減少其濫權，卻增加法院檢察官、法官之權責，濫權之機會亦因司法獨立辦案原則無法有效監督而增加。一般認為，合理的運用自由裁量權比加以限制更為重要。

❹ **正義模式之自願參與處遇方案措施很難在實務上運作**：正義模式強調對犯罪人應做最少的干預，處遇方案以受刑人志願參加為原則。雖然此觀點對於獄方之行政權限加以約束，且充分保障犯罪人之權益，然而在實務上卻面臨挑戰。例如在具強制性之監獄環境內，前項措施將使得管理階層備感困擾，甚至無法對受刑人做有效之管理。其次，雖宣稱志願之參與，受刑人為博取獄方好感，很可能偽裝志願參加。事實上，監獄社會學之研究顯示，受刑人之任何決定很可能係以獲取早日假釋為目標，但暗地裡是與獄方玩時間遊戲。

正義模式之內涵

強調自由意志為犯罪之決定因素	犯罪是行為人自由抉擇之結果,而非受環境所支配,犯罪人必須對其行為負責。
倡議應報哲學	為實現正義,任何人若觸犯法律,皆應被懲罰。
主張限制自由裁量權	濫用自由裁量權將導致犯罪人權益受損,因此應對自由裁量權加以限制。
認為犯罪矯正處遇不切實際	犯罪行為並非因為生病或受外界環境因素所支配,故矯治處遇是不切實際的。
避免對犯罪人過度之懲罰	罪行與懲罰應相稱、均等,使犯罪人接受合適之懲罰。

正義模式面臨之質疑與挑戰

公平、公正之應報懲罰難以實現	因為不公平的社會與獨特的個別因素,公平、公正之應報懲罰在執行上有其困難。
正義模式亦無法建立合乎理想之刑事司法體系	例如,定期刑之使用雖使得罪犯無從逍遙法外,卻製造了另一更具壓制性之刑罰體系,甚至造成日後監獄人口擁擠之不良情況。
刑事司法自由裁量權並非罪惡	刑事司法實務顯示,縮減體系某部分之自由裁量權,很可能導致其他自由裁量之擴大,而增加濫權之機會。
正義模式之自願參與處遇方案措施很難在實務上運作	例如,在具強制性之監獄環境內,處遇方案以受刑人志願參加之措施將使得管理階層備感困擾,甚至無法對受刑人做有效之管理。另外,受刑人可能會為博取獄方好感,而偽裝志願參加。

UNIT **19-4**
犯罪矯正管理模式：德州控制模式（一）

根據美國普林斯頓大學 John J. Dilulio, Jr. 教授之分類，獄政管理模式以美國為例，可區分為德州控制模式、密西根州責任模式及加州共識模式三大類，本單元先介紹德州控制模式。

(一) 沿革與發展

德州控制模式的創造者為 George Beto 博士，他曾經服務於伊利諾州假釋委員會，並且在美國刑事司法界異常地活躍。Beto 在擔任矯正局局長期間經常私訪各監獄，因此矯正工作同仁皆稱其為「Walking George」。對於 Beto 哲學影響最深者為著名之伊利諾州 Stateville 典獄長 Joseph Ragen。值得注意的是，Ragen 之管理哲學經常是安全取向的。Beto 借用其管理技術與經驗，成功地促使德州獄政體系不僅安全、有秩序並且有助於各項處遇之推動。Beto 特殊的社交手腕成功地穿越監獄的圍牆，且技巧地駕馭刑事司法其他部門。他不僅說服州長、議員、監獄委員會成員及新聞記者，並且促使州立法當局通過立法允許該獄政系統製造、銷售作業產品，無形中導致其作業蓬勃發展，受刑人自給自足有餘。Beto 之繼任者為 W. J. Esetlle，亦遵循控制模式之哲學，在其精心經營下，德州獄政體系因而更加靜肅、安全並且具處遇取向。另外 Estelle 更成功地拓展各項作業、農業，使財力上更形豐碩。

(二) 特徵與要素

德州矯正體系的結構瀰漫著濃厚監禁的氣氛；在監獄的四周可見醒目的崗哨與聳然的圍牆。受刑人穿著白色的囚衣，管理人員則著灰色的制服，顏色呈現強烈對比，秩序井然。值得注意的是，受刑人與管理人員接觸時往往態度和藹、聲音放低、不敢放肆。在此獄政體系內，受刑人尊稱管理人員為長官或主管，倘受刑人對管理人員不敬則很容易被懲罰。一般而言，管理人員常以是否合法評估事理，機構之資源及受刑人權利在此控制模式中明顯地受相當的限制。

德州控制模式為一強調嚴明紀律、服從性、工作與教育之矯正模式。在控制模式之管理下，不僅受刑人嚴守紀律，管理人員亦具使命感與團隊精神，對於該體系之歷史沿革與哲學更是瞭若指掌。各項教化和處遇工作皆正常運作，與戒護工作的衝突可稱微乎其微，囚情極為安定。受刑人倘觸犯監規時，移送獨居或酌予增加工作時數等處分，非常迅速並確實地被執行。對於遵守監規、默默的服刑者亦非常迅速地給予適當的獎賞。在實務上，德州控制模式對於獨居監禁及種種懲罰的運用，仍較其他獄政體系為少，惟對獎賞的運用在爭取受刑人遵循監規上，則產生獨特的功效。

總之，控制模式對於受刑人之行動嚴加監控，監規嚴加執行，每日課程極為緊湊與規律，懲罰迅速且確實，獎賞優渥，促使受刑人不敢違犯監規，防止受刑人形成幫派，屬安全取向之管理模式。惟仍提供作業、教育及其他各種處遇措施，監內各種行政措施以不妨礙受刑人參與各種矯治處遇所必須之行動與互動範圍為原則。

犯罪矯正之管理模式

```
                    獄政管理模式
         ┌──────────────┼──────────────┐
         ▼              ▼              ▼
   德州控制模式      密西根州責任模式     加州共識模式
   (Control Model)  (Responsibility Model)  (Consensual Model)
```

接收中心接受入監講習時，受刑人手冊內之規則

德州監獄受刑人手冊，要求其遵守	❶ 勿打架、威脅或勒索其他人。
	❷ 勿與其他受刑人發生性行為。
	❸ 勿對管教人員有不敬或傲慢之態度。
	❹ 未經允許，禁止擅離舍房、工場或其他指定地點。
	❺ 勿飲酒。
	❻ 勿偷竊。
	❼ 勿賭博。
	❽ 勿違背管教人員之命令。
	❾ 勿提供錯誤的訊息給管教人員，或企圖賄賂。
	❿ 勿偽造或改變通行證。
	⓫ 勿在未經許可的地區抽菸。
	⓬ 對管教人員之工作指派必須認真執行。

當受刑人被分配至新的部門時，他們得到更多類似之警告，尤其隸屬戒護管理之長官更將適時地傳達受刑人下列訊息：「各位目前正在德州矯正機構服刑，剛才發給大家的小冊子是最重要的文件，絕不可遺失，你有責任必須對其完全瞭解。假如各位需要就學、工作或者文康活動，我們都已有妥善安排，各位更可以享有縮短刑期的權益；服刑的最佳態度是莫管閒事，坐自己的牢，假如聽其他受刑人的話，你註定要倒楣，我保證你可能跟我一樣必須長久地住在監獄。現在你的親人、朋友正殷切地盼望著你，千萬不要讓他們失望，也不要讓自己失望，不要管閒事，坐自己的牢，你將高枕無憂，每項規定必須加以遵守。」

德州控制模式的善時制度

德州控制模式提供許多善時制度（Good Time），以協助人犯更生。例如在此獄政體系內，倘受刑人在工作及品性上有優良表現，每服刑 1 天可縮短 2 天的刑期，倘受刑人參加教育測驗之成績低於 50 分之層級，每週則必須被強迫參加一天的課程。在此體系內，受刑人在行為上有實質的進步，其獲得適度的獎勵是肯定的，但值得注意的是，倘受刑人觸犯監規，有關受刑人權益，如善時制度則有隨時喪失之可能。

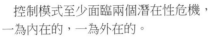

UNIT *19-5*
犯罪矯正管理模式：德州控制模式（二）

（三）面臨之挑戰

控制模式至少面臨兩個潛在性危機，一為內在的，一為外在的。

❶ 內在之危機（BT 制度）

BT（Build-Tender）制度乃受刑人經由獄政單位審慎的遴選，以協助管理人員處理各項勤務。此制度來自 Beto 之哲學，根據監獄社會學之研究，Beto 相信受刑人之間註定要有領導者的存在，因此監獄當局可以選拔適任之受刑人，給予一定之正式地位，運用他們防止具有攻擊性、嚴重暴力傾向之危險分子控制監獄。

很明顯地，當 BT 制度具效率時可避免如 Gresham Sykes 所指受刑人與管理人員勾結腐化之局面，BT 乃設計來防止監獄之生活品質為受刑人單一方面所決定。在 Beto 領導期間，BT 人員接受實質上的鼓勵與獎賞，而非僅指派較好的工作，不至於濫用特權以謀取非法利益，一旦此類受刑人有非法企圖，其迅速而確定之懲罰則是必然的。換言之，在 Beto 領導下，BT 制度可避免類似「Con-boss」制度下某些受刑人享有特權、濫用權力之情形。Beto 特別提及：「為避免造成 Con-boss 之不良情況，我們相當審慎地選拔 BT，所有對 BT 之任命必須經過調查分類主管或我國人之嚴密審核，光憑典獄長的一句話不可能即任命為 BT。」

Beto 之繼任者 Estelle 雖然表現尚佳，惟由於他沒有像 Beto 那樣神通廣大並具有吸引群眾之領導特質，因此中央集權之控制模式乃漸轉弱，至繼任者領導時，BT 制度已形成 Con-boss 制度，在此獄政體系內到處可見幫會成員猖獗、秩序混亂之場面。

❷ 外在之危機（政治的）

德州獄政體系之發展皆有賴州矯正委員會在政策、財源上之配合，過去 Beto 不僅得到具影響力議員的全力支持，同時也獲得其後之州長大力支持。惟在 Estelle 繼任的第二年，控制模式之鼎力支持者 Coffield 自州矯正委員會主席退休，民主黨籍 Clements, Jr. 擔任州長，由於政黨派系的不同，而任命許多自由派人士擔任矯正委員會成員，德州獄政體系控制模式乃逐漸動搖；加上新進許多受刑人控訴案件的發生，1980 年 William Wayne Justice 大法官乃下令全面改變德州控制模式實質的每一部分，最後更由於德州石油歉收，許多民眾期望減少預算，因此箭頭指向監獄，Estelle 未能獲得預算的支持乃黯然下台。其後之繼任者如 Procunier 嘗試以加州獄政體系共識模式之經驗管理，然而類似加州、德州矯正機構幫會、暴行等問題仍日漸充斥與惡化，Procunier 與 Estelle 相同，在 1985 年離開德州矯正局。

由上可知，政治之變革在德州獄政體系上產生巨大之影響，1983 年至 1986 年間獄政體系結構性的改變，間接造成監獄幫會暴行之惡化及生活品質之降低乃是不爭的事實，而未能獲得州議員、州長、矯正委員會委員及民眾的支持，正是德州控制模式沒落的要因。

德州控制模式之內涵

	沿革與發展
創始人	George Beto 博士，任矯正局長時常私訪各監獄，人稱「Walking George」。
發展	德州獄政體系不僅安全、有秩序並且有助於各項處遇之推動，更成功拓展各項作業、農業，使財力上更形豐碩。
	特徵與要素
結構	濃厚監禁氣氛，四週醒目的崗哨與聳然的圍牆。
受刑人	❶ 穿著白色囚衣，對管理人員態度和藹、不敢放肆。並尊稱管理人員為「長官」或「主管」。 ❷ 受刑人嚴守紀律，倘受刑人對管理人員不敬則很容易被懲罰。 ❸ 受刑人最重要的是安心服刑，莫管閒事。
管理人員	❶ 穿著灰色制服，與受刑人呈現強烈對比、秩序井然。 ❷ 管理人員常以是否合法評估事理。 ❸ 管理人員具使命感與團隊精神。
管理模式	❶ 各項教化和處遇工作皆正常運作，囚情安定。 ❷ 紀律嚴明，受刑人稍有逾越，多半將接受處罰。 ❸ 倘觸犯監規時，移送獨居或酌予增加工時等處份，非常明確被執行。 ❹ 對於遵守監規者，非常迅速給予適當的獎賞。 ❺ 善時制度：若在工作上及品性上有優良表現，每服刑 1 天可縮短 2 天刑期。但若受刑人觸犯監規，有關受刑人權益則有隨時喪失之可能。
	面臨之挑戰
內在之危機（BT 制度）	❶ BT 制度來自 Beto 之哲學，乃受刑人經由獄政單位審慎的遴選，以協助管理人員處理各項勤務。 ❷ 然而，至繼任者領導時，BT 制度已形成龍頭（Con-boss）制度，在此獄政體系內到處可見幫會成員猖獗、秩序混亂之場面。
外在之危機（政治性）	❶ 繼任州長由於政黨派系的不同，任命許多自由派人士擔任矯正委員會成員；德州獄政體系在政策、財源上未獲支持，控制模式乃逐漸動搖。 ❷ 新進受刑人控訴案件的發生，導致大法官下令全面改變德州控制模式實質的每一部分。 ❸ 因德州石油歉收，許多民眾期望減少預算，因此箭頭指向監獄。 ❹ 政治之變革在德州獄政體系上產生巨大之影響，間接造成監獄幫會暴行之惡化及生活品質之降低；而未能獲得州議員、州長、矯正委員會委員及民眾的支持，正是德州控制模式沒落的要因。

UNIT **19-6**
犯罪矯正管理模式：密西根責任模式

(一) 沿革與發展

密西根責任模式之主要創始者為 Perry M. Johnson。他曾任 Jackson 監獄典獄長，1972 年至 1984 年間擔任密西根矯正局局長。而與 Johnson 同為責任模式之最大貢獻者為 William Kime，他曾擔任教化規劃部門之副首長。與 Johnson 相同，Kime 為減少受刑人與管理人員間之衝突，而主張使用最低度安全管理監獄並降低軍事管理的層級。在此兩位領導者之前，密西根獄政體系由 Gus Horrison 經營了將近二十年，期間在安全分類上密西根有最為突出之表現，1958 年並建立了全國第一個真正的中度安全管理監獄。而責任模式在 Johnson 及 Kime 期間始正式施行。

(二) 特徵與要素

走入密西根矯正局，會對該局類似政府或商業大樓的建築感到驚訝，其室內建築頗具現代感，閱讀黏貼於牆壁的引導指南，即可迅速地瞭解方向，不至擔心迷路。在此獄政體系內，除非你曾參觀過，否則很難識別誰是管理人員或受刑人；即使花費相當多的時間停留在監獄內，仍然無法識別誰是主任管理員或一般管理員，因為管理人員並無特別的階章，他們大都穿著黑色的褲子及綠色或白色的飛行服，受刑人則大都著時髦、昂貴的衣服。他們經常替各級管理人員取各類綽號，倘管理人員是女性，則粗俗低級的字眼格外刺耳。在此密西根監獄裡，管理人員與受刑人必須經常密切地接觸，不像德州控制模式中管理人員與受刑人保持相當的距離，在此責任模式之獄政體系下，受刑人經常對管理人員嘻笑甚或諷刺，即使高級長官亦不例外，受刑人似乎比其他獄政系統更容易提出對管理人員的控訴。

(三) 危機

其主要危機為內在的，牽涉層面甚廣，不僅在於責任模式本身，行政上的缺失尤其至為明顯。責任模式似乎對於提升士氣並無多大助益，相反地，非常容易促使管理人員對機構本身產生憎惡。一般而言，管理人員對於受刑人可擁有許多私人財物及被允許經常地接見而感到沮喪與厭煩，蓋管理人員除必須花費更多的時間、精力實施搜檢工作，間接對受刑人之隱私造成傷害外，更衍發下列兩項危機：❶ 因受刑人易取得或隱匿違禁物品，致機構之安全面臨更多的考驗，更多之衝突及暴力不斷發生；❷ 此類寬鬆政策極易造成特權階級。許多受刑人奢侈浪費、穿著華麗、毫無被監禁之感覺，家境清寒者因此而產生自卑感，甚至以偷竊之方法以獲取財物或衣服，徒增機構管理之困擾。最後，由於人犯過度擁擠，導致嚴密之調查分類工作乃因而產生動搖。例如在不得已的情況下，必須將危險性高、具暴力傾向之分子移送至低度安全管理機構，間接衍發許多戒護安全問題。密西根責任模式走向腐敗時，其舍房走道簡直就像美國紐約市的 42 街一樣，形成類似社會學大師 Durkheim 所稱之無規範狀態。

密西根責任模式之內涵

	沿革與發展	
創始人	Perry M. Johnson 及 William Kime，兩位在位期間，責任模式正式實施。	
主張	為減少受刑人與管理人員間之衝突，而使用最低度安全管理監獄並降低軍事管理的層級。	
	特徵與要素	
結構	類似商業大樓的建築，室內建設築頗具現代感。	
受刑人	大多穿著時髦、昂貴的衣服，並替管理人員取各類綽號；經常對管理人員嘻笑或諷刺；比其他獄政系統更容易控訴管理人員。	
管理人員	並無特別的階章，很難識別管理人員與受刑人。	
	面臨之挑戰	

❶ 對於提升士氣並無多大助益，容易促使管理人員對機構本身產生憎惡。
❷ 受刑人易取得或隱匿違禁物品，致機構之安全面臨更多考驗，衝突及暴力不斷發生。
❸ 寬鬆政策造成特權階級，許多受刑人奢侈浪費，家境清寒者因自卑而偷竊。
❹ 人犯過度擁擠，導致嚴密之調查分類工作乃因而產生動搖。

密西根責任模式與德州控制模式之比較

德州控制模式	密西根責任模式
強調以行政措施嚴密控制受刑人，監內生活管理軍事化，每天經常實施點名、檢查等安全措施。	主張受刑人應對其行為負責，不強調對受刑人做太多的干預，非必要時不對受刑人加以隔離監禁，除非是最危險之分子，儘量給予受刑人最大的自由，尊重受刑人並期待他們有所回應，生活管理可謂非常寬鬆。
各監獄均為高度安全管理之監獄。	設有各類安全管理等級之監獄，依調查分類之結果，將受刑人移送至最適切的監獄。
強調遵守監規，違規者均依正式之方法處理。	主張並非每件違規都必須正式地予以處理，許多情況下，可以口頭訓誡方式替代懲罰。
嚴禁受刑人結合，隨時粉碎受刑人團體之形成。	絕不強調受刑人「莫管閒事，坐自己的牢」，不鼓勵受刑人彼此孤立，傾向於培養受刑人團體。
對受刑人之接見及其他權益常施予各種限制。	允許受刑人經常接見及其他權益，如電話聯絡、擁有私人財物等。
實施 BT 制，遴選受刑人協助管理人員處理各項事務。	實施舍監制，負責舍房事務，處理小紛爭及輔導其他受刑人。

密西根州長久以來有全國勢力最大之管理人員工會，基本上其成員極力抗拒責任模式之非軍事化體系：他們認為在此模式下，許多例行性之行政控制皆已喪失。尤其近年來，由於法院之干預、不斷上升的暴力、政治支持的浮動及人犯過度擁擠等情況接踵而至，因此密西根獄政體系不免內外交迫。美國司法部甚至認為密西根監獄瀰漫著種族衝突之傾向、暴力充斥，並且在適當程序上有很大的瑕疵，要求責任模式變革之聲浪乃日益高漲。

UNIT **19-7**
犯罪矯正管理模式：加州共識模式

圖解犯罪學

(一) 沿革與發展

嚴格來說，加州共識模式並沒有所謂「創始者」之說法，惟一般觸及加州獄政體系總不免提及兩人，一位是 Richard A. McGee，他是第二次大戰後加州矯正局之父；另一位是 Raymond Procunier，他是加州共識模式之代表人物，他在 1967 年至 1975 年間擔任加州矯正局局長的職務。Procunier 的哲學為：「假如你發現受刑人企圖逃脫，那你應立即開槍予以射擊；假如受刑人因事痛不欲生，你應伸出同情的雙手加以撫慰擁抱。」事實上，Procunier 強調控制的重要，他曾說：「沒有控制即沒有良好的處遇，許多受刑人希望較為強悍者管理監獄，他們不期望其他受刑人控制監獄。」Procunier 進一步指出，讓受刑人覺得你是很強悍的，但卻很公平，是獄政管理的原則。加州監獄內幫會之問題一向很嚴重，1960 年代後，益形猖獗。首先幫會之成員愈來愈年輕，勢力擴大並且夾雜著種族問題。其次，民眾之要求及法院之干預，使幫會問題更加惡化。Procunier 辭職以後，加州獄政體系產生更多由幫會衍發之暴力事件，Procunier 領導期間，許多典獄長則常為處理幫會問題之重要掮客。其後之矯正局長（Enomoto 及 Ruth Ruthen），並沒有特殊表現。1983 年 McCarthy 繼任矯正局局長，其致力於改善監獄幫會問題（如成立專案小組研究對策等）。實際上，McCarthy 力行改革之結果已初步發生功效，並促使加州獄政體系更加地專業化。

(二) 特徵與要素

進入加州矯正局，那是一座巨型的百貨大樓，並且可看到許多的顧客與銷售員（實際上，加州矯正局即為前著名之 J. C. Penny 百貨公司之所在地）。在加州矯正體系，管理人員大都著黃褐與綠色相間之制服，受刑人大都著牛仔褲及短袖衣，似顯散漫。受刑人與管理人員接觸時，常放肆地直稱其「先生」。換言之，加州共識模式與密西根大致相同，受刑人經常對管理人員諷刺，甚至提出各類之抱怨。

加州共識模式屬大雜燴，其嚴密之調查分類程序及設立處理受刑人訴願之專責機構與密西根頗為類似，然加州仍較為自由開放，例如該獄政體系允許受刑人蓄留任何型態之髮式及任何長度之頭髮。受刑人甚至可以公開地展現其刺青，即使其明顯地吸收其他受刑人加入其幫會。假如加州管理模式可稱得上有統一的中心原則，那就是獄政管理比較容易受到受刑人影響。加州管理人員大都同意受刑人隨時有能力控制監獄。因此如何爭取受刑人之合作乃成為共識模式之最重要課題，此類共識思想源自於加州獄政單位處理受刑人幫會問題時所面臨之冷酷事實。簡言之，加州共識模式乃德州控制模式及密西根責任模式之中間模式，惟此系統已逐漸呈現分立狀態，例如有些監獄傾向於控制模式之管理，另有些則傾向於責任模式。

(三) 缺失

加州共識模式不像德州或密西根獄政體系那樣具有獨特的矯正哲學與實務，因此對其管理哲學之批判似顯不易，惟加州共識模式內充滿著暴力幫會等問題，卻不容忽視，皆待獄政單位集思廣益，加以檢討改進。另共識模式似乎過於依賴受刑人之合作，凡此仍待審慎之持續評估。

加州共識模式之內涵

沿革與發展	
代表人物	加州矯正局之父 Richard A. McGee、加州共識模式之代表人物 Raymond Procunier。
主張	Procunier 強調控制的重要，讓受刑人覺得管理人員是很強悍的，但卻很公平，是獄政管理的原則。
特徵與要素	
結構	像一座巨型百貨大樓，其管理嚴謹程度介於德州控制模式與密西根責任模式之間。
受刑人	大多穿著牛仔褲及短袖衣，似顯散漫。與管理人員接觸時，常放肆地直稱「先生」。亦經常諷刺管理人員及提出各類抱怨。
管理人員	大多穿著黃褐與綠色相間之制服。
管理模式	❶ 允許受刑人蓄留任何型態之髮式及任何長度之頭髮。受刑人甚至可以公開展現其刺青，以吸收其他受刑人加入其幫會。 ❷ 獄政管理容易受到受刑人影響，管理人員大都同意受刑人隨時有能力控制監獄。 ❸ 管理人犯問題流於形式，如何爭取受刑人之合作乃成為最重要的課題。
面臨之挑戰	
❶ 暴力幫會問題嚴重而不容忽視，皆待獄政單位集思廣益，加以檢討改進。 ❷ 過於依賴受刑人之合作，凡此仍待審慎之持續評估。	

 ## 加州監獄中的幫會

在加州，獄政單位必須經常借重掮客遊說 4 至 6 個勢力甚大之幫會，以謀求監獄內受刑人之妥協與合作。其中以聖崑汀（San Quentin）及霍桑（Folsom）監獄內之幫會最為嚴重，許多幫會成員彼此在監獄內爭奪地盤，企圖控制違禁品（如麻醉品、私酒等）之銷售利益。換言之，在加州如何管理監獄即意味著如何對幫會做有效的掌握與控制，共識模式之倡導者認為控制幫會之最佳方法為展現戒護防護力並爭取受刑人之合作，單方面依靠控制模式或責任模式似乎註定要失敗的。

加州獄政體系內，各監獄管理間之差異似為探尋獄政缺失之重要指標。例如曾有受刑人自動要求移監至安全管理較為嚴密之監獄服刑，而不願待在較為自由對受刑人缺乏控制之監獄。因為部分受刑人認為在控制鬆散的監獄中，行動雖較為自由，惟隨時必須留意背後是否有人予以偷襲，相對地更缺乏安全感。此類問題並非單純，仍將衍發更多之戒護安全上的考量，其複雜情況頗值得進一步探究。

UNIT **19-8**
暴力犯之處遇：處遇課程

暴力犯之處遇方案於計畫期程內，先行篩選合適的受刑人，如再犯風險高且具有意願、剩餘刑期可配合課程且即將出獄者，並排除幫派組織犯罪、性侵、過失犯罪受刑人。針對篩選後的 12 至 15 名殺人、重傷害犯罪受刑人進行為期 3 個月的處遇方案。方案規劃內容共分為兩大類別：處遇課程與復歸準備，其中在處遇課程上又可分為必修課程、輔助課程與特殊課程。另外，亦針對受刑人即將出監做好融入社會的準備。希冀藉由兩類別的處遇方案來降低暴力犯罪受刑人復歸社會的阻礙，並減少其再犯風險，達到避免暴力犯罪再次產生的目標。

(一) 必修課程

❶ 藥物治療／營養調配：探討脂肪酸 Omega-3 是否能減少攻擊行為，預期脂肪酸 Omega-3 補充劑納入這些預防策略中不僅可以減少攻擊性，而且對於高危社區也可能具有成本效益。此外，犯罪人群也可能會因從飲食中補充脂肪酸 Omega-3 而受益，望能減少違反紀律的行為。

❷ 心理介入：透過認知行為處遇及家庭與生涯諮商等心理介入課程幫助犯罪人更瞭解自己，建立自我價值，幫助其順利復歸社會。

❸ 生命教育：台灣生命教育學會主張唯有真正體會生命意義與瞭解生活目的，才可能建構一個祥和與彼此包容、相互尊重的生活體系。瞭解生命意義的內涵，才能懂得尊重自己及別人；懂得尊重才能降低對立，減少傷害自己甚至是傷害他人的不幸事件。藉由讓犯罪人對自我生命與生活意義的瞭解，激發其個人對家人、朋友、社區的關懷，進而將犯罪人（社會）導引至「善」的方向發展。

(二) 輔助課程

❶ 宗教教誨：宗教可以洗滌人心並勸人為善，在宗教教誨的過程中為收容人講解教義，讓收容人在教化的過程中接受宗教的洗滌，且在老師的潛移默化之下改正其內在的惡性而建立正確的人生觀。

❷ 藝術處遇：台灣藝術治療學會認為藝術治療是一種結合創造性藝術表達和心理治療的助人專業。藝術治療工作者提供一個安全而完善的空間，與案主建立互信的治療關係，案主在治療關係中，透過藝術媒材，從事視覺心象的創造性藝術表達，藉此心象表達，反映與統整個人的發展、能力、人格、興趣、意念、潛意識與內心的情感狀態。在治療關係中的表達經驗和作品呈現出來的回饋，具有發展（成長）、預防、診斷和治療功能。個人情感、問題、潛能與潛意識在治療關係中被發掘與體悟，進而得以在治療關係中加以解決與處理，幫助個案達致自我瞭解、調和情緒、改善社會技能、提升行為管理和問題解決的能力，促進自我轉變與成長、人格統整及潛能發展。

(三) 特殊課程

台灣成癮學會認為成癮行為是一種身心靈失調且常合併精神病理現象。成癮行為不僅產生個人的健康問題，也產生家庭與社會的問題，尤其酒藥癮及毒品戕害國民健康，易衍生暴力與犯罪。鑒於藥酒癮可能是暴力犯罪發生的成因，藉由藥酒癮的介入治療，可以針對有藥酒癮的暴力犯罪人進行戒癮治療，以期出獄後能降低再犯機率。

犯罪矯正之處遇：風險－需求－回應度模式

加拿大學者 Andrews、Bonta 與 Gendreau 等人提出風險－需求－回應度模式（Risk-Need-Responsivity, RNR），此模式能夠明確識別犯罪者與犯罪有關的「犯罪基因需求」，並使用這些資訊將違法者與不同等級的治療和監督相匹配。RNR 模式之概念發源於 1980 年代，相關研究結果顯示，若能正確運用下述三項原則，將有助於減少犯罪人之再犯風險。

❶ 風險（Risk）原則：確認處遇標的，使處遇強度與風險高低相符。
❷ 需求（Need）原則：確認處遇內容，處遇應處理導致犯罪行為的需求。
❸ 回應度（Responsivity）原則：確認處遇方式，處遇方式應符合罪犯的特性。

| 靜態風險 | 動態需求 | 處遇匹配 | 服務與控制 | 矯治成效 |

風險		需求		回應度
Andrews 及 Bonta 指出「風險原則」是針對犯罪風險進行評估，以確保處於中等至高風險的罪犯得到密集的處遇，犯罪風險最重要的預測因素是過去的犯罪行為和反社會態度、信仰和犯罪同伴，並且物質濫用問題也是一個重要的風險因素。雖然精神疾病不是累犯的獨立危險因素，但由於具有高水準的犯罪基因需求（如：根深蒂固的犯罪信仰系統、貧困的就業歷史、缺乏教育等），因此患有精神障礙的犯罪者會處於較高的犯罪風險中。		RNR 模型認為應該針對罪犯「犯罪基因需求」進行個別化評估。		RNR 模型強調需要在罪犯處遇計畫中處理「回應度」，指的是影響罪犯參與實證治療的因素（如：解決動態風險因素／犯罪基因需求的服務）。回應度因素包括心理健康問題、特定處遇需求（如：文化、種族或宗教）、PTSD 或其他精神疾病治療需求，如果需求沒有得到解決，回應度因素可能會破壞罪犯對治療和監督的參與、持續和結果。因此，被評估為高風險的犯罪者應優先考慮提供密集處遇，且處遇需考慮與犯罪需求相匹配，以減少再犯並改善治療和監督的結果。

暴力犯之處遇：心理介入之課程

認知行為處遇	❶	認知重組：使暴力犯罪人洞察自身偏誤、主觀、不合邏輯、短視欠缺理性等負面思考型態，並加以辨識與導正。
	❷	社交技巧訓練：培養暴力犯罪者適切的溝通技巧，引導他們辨識促其感到社交困難之情境和因素，進而理解與人溝通呈現之語言、非語言、聲調等行為樣態，及留意其憤怒暴行的觸發點。學習妥適之社交行為（如放低音量、從他人立場去思考），以產生良好的溝通效果。
	❸	憤怒情緒管理：教導暴力犯罪者如何因應衝突與憤怒情境，做好具建設性的自我談話，尋求其他正面之替代行為方式，如適當的宣洩和鬆弛訓練。
家庭與生涯諮商		介入技巧包括連結與應用、轉化信念解構視框、清楚架構、幫助聯想覺察、真實讚美與一般化技巧、自我坦露以及鼓勵嘗試與意見提供等。將現在議題連結到過去經驗，將事件與經驗串連起來，不僅擴大對生活面向的覺察，也從過去成功經驗中看見問題解決的方法和資源。透過家庭與生涯諮商協助犯罪者轉變、調整自我懷疑以及不合用之信念，將自我角色責任與社會期許加以區分，轉變看待問題的視野，使犯罪者更有力量，也能提升解決問題的信心。

UNIT **19-9**
暴力犯之處遇：復歸準備

(一) 修復式司法

修復式司法是提供與犯罪有關的當事人對話的機會，藉以表達自己感受，修復犯罪造成的傷害，並共同處理犯罪後果的過程。使加害人認知其罪行造成的傷害，有機會向被害人真誠道歉及承擔賠償責任，以改善自己與被害人之關係，最後助其復歸社會。也讓被害人有機會描述其所經驗的犯罪過程、自身被害感受或親人被害之痛苦，並可直接詢問加害人關於犯罪事件的真相，減少因被害產生的恐懼與負面情緒，藉以療傷止痛、重新感受自己仍有掌握自己生活的能力，回歸正常生活（引自法務部）。

有別於一般的應報司法，修復式司法將焦點轉移至被害人、社區與對社區造成的損害，並關注於療癒創傷、復原破裂關係，主張最佳的改變方式便是在程序公正的前提下，修復犯罪對被害人與社區所造成的傷害。

於暴力犯罪受刑人接受處遇課程後，且願意承認自己犯下行為的過錯與具有向被害人致歉的悔意，藉由親筆撰寫書信向被害人、被害人家屬等致歉與懺悔。但犯罪被害人有可能並不願意再次想起被害經過或事件，因此書信並不會強制寄送給被害人抑或被害家屬，而是於其願意接受道歉時才會將書信轉交。

(二) 家庭連結

受刑人無論於在監抑或出監後，健全的家庭支持、陪伴都將對受刑人在復歸或減少再犯風險上具有不可抹滅的重要性。伴隨著受刑人身分的標籤為犯罪、道德不良與失敗者的汙名化印象，若無良善的處預措施來協助受刑人周遭接納、協助受刑人融入社會之中，則受刑人因挫折與無法穩定生活的結果將有可能導致再次犯罪。

援引實施家庭支持至機構內，並將受刑人與其最為親密的家庭重新抑或加強其雙邊連結。希冀透過家庭成員的陪伴與支持鼓勵，使暴力犯罪受刑人能感受到關懷、被需要的溫暖，進而減少其不良的想法並願意與社會進行接軌，融入機構外的生活。

邀請家屬一同參與並規劃辦理家庭活動，重建家庭功能，使收容人重新建立信心並去除個人心理標籤，協助更生人回歸家庭，修復關係。

(三) 預防復發

相較其他犯罪類型，暴力犯罪在刑期往往較長。因此暴力犯罪受刑人在出獄後，社會環境比起入監前恐有劇烈變化。若無適當的處遇協助，將有如高空墜下卻無網繩相扶而受到重傷。對於受刑人而言，不僅在監要給予生理、心理與認知上的處遇課程，協助其回歸家庭加強連結外，更要讓受刑人瞭解社會的現況與出監後的可諮詢資源。

在復歸社會的準備上，透過處遇課程教導受刑人影響變動較大的法律修訂，如酒駕標準的修改、酒駕連坐的罰則；生活上的變化，如手機 3G 的停用等等。讓受刑人在出監後能盡快融入社會之外，另一方面也讓受刑人瞭解在出監後碰到困難時可尋求協助的單位，如更生保護會或各 NGO 組織，讓受刑人瞭解出獄後並非被放棄的失敗者，而是等待重生的社會復歸者。

修復式司法的修復過程與目標

提供與犯罪有關的當事人對話的機會，藉以表達自身感受

⬇

使加害人有機會向被害人真誠道歉及承擔賠償責任，
讓被害人有機會減少因被害產生的恐懼與負面情緒

⬇

共同處理犯罪後果，一起修復犯罪造成的傷害

透過家庭連結協助受刑人復歸

受刑人身分的標籤為犯罪、
道德不良與失敗者，需要良善的
處預措施來協助受刑人融入社會

⬇

援引實施家庭支持至機構內，
將受刑人與其最為親密的家庭
重新或加強其雙邊連結

⬇

透過家庭成員的陪伴與
支持鼓勵，使受刑人重新建立
信心並去除個人心理標籤，
並願意與社會進行接軌

UNIT 19-10
毒品犯之處遇

圖解犯罪學

　　毒品受刑人在台灣除近 28,000 名外，其再犯比例亦甚高，根據法務部 2020 年毒品案件統計分析內容所指，毒品罪受刑人出獄後有高達 36.6% 將再犯毒品罪，且有逾九成為兩年內再犯。毒品犯一再地出入矯正機關，不僅造成矯正機關人滿為患，連帶影響矯正成效，更是嚴重浪費我國司法資源。除此之外，毒品濫用問題更是衍生出許多社會、治安與公共衛生問題。因此，如何有效提升毒品犯於矯正機關內之處遇成效，幫助毒品犯逐步擺脫毒癮之糾纏，成為一項艱困但重要的議題。

　　鑒於國內各監獄的毒品犯輔導處遇方案較為零散，包括各項心理輔導、宗教戒毒及志工宣講等，未完全臻於實證科學化及系統化，缺乏核心輔導處遇課程，致累再犯關鍵因子未能積極有效介入，毒品再犯情況居高不下，法務部矯正署決定實施嶄新毒品犯處遇方案，此方案名稱為「科學實證毒品犯處遇方案」。在正式實施前，由筆者及戴伸峰教授先在台灣台中監獄試辦二次各 3 個月，總計為 16 週，每週 2.5 小時之課程，邀請 10 名藥物濫用輔導與治療專家參加授課，主要內容包括毒品危害及法律責任、衛生教育與愛滋防治、正確使用藥物、醫療戒治諮詢等課程，同時安排「戒毒者降低毒品渴求與非理性信念等心理健康、人際（家庭／友伴）關係的改善，以及強化職涯發展與財務管理」的團體課程。實施期間並進行戒癮需求調查及成效評估前後測，同時進行個案研討會 3 次及於期末實施計畫檢討會議 1 次，以提升整體戒治輔導處遇效能。

　　本方案後經法務部矯正署採用，並於 2017 年 9 月 12 日召開科學實證多元處遇專家諮詢會議，及調訓各犯罪矯正機構首長、教化科長後，配合新世代反毒策略之實施，於 10 月 25 日在法務部舉行記者招待會，決定在台灣啟動此科學實證之毒品犯矯正處遇方案，以 NIDA 所提出 13 處遇原則為基礎，規劃核心七大面向處遇課程，並強化矯正與衛政、勞政及社政四大面向之連結，達成終身離毒之目標，並於 2018 年 1 月 1 日開始正式實施。

　　依據美國國立藥物濫用研究所發表之「毒品犯成癮戒治處遇原則 ── 研究為導向之指引」，強調毒品犯之戒治原則必須是多面向，且周延之毒品犯處遇組成要素應涵蓋心理健康諮商、法律諮詢、家庭關係、職涯發展、財務管理、愛滋防治衛生教育、醫療諮詢等多重面向。另參考聯合國處遇平台（TREATNET）之藥物依賴處遇與照護服務品質管制準則及美國國立藥物濫用研究所對刑事司法案主提供之藥癮處遇 13 項原則，建構台灣科學實證之毒品犯處遇模式。

　　法務部矯正署為精進科學實證毒品犯處遇之成效，委託筆者、戴伸峰進行「科學實證毒品處遇模式實施成效評估與策進研究計畫」，透過 RE-AIM 分析模式進行三年之成效評估與策進，初步發現方案有助於案主提升自我瞭解、人際自信、自我效能、正念正向、出監適應與戒癮成功信心等。

科學實證之毒品犯處遇模式（法務部矯正署）

13項 治療原則

❶ 成癮是影響行為的腦部疾病
❷ 戒毒的治療需延伸至社區，並處理因吸毒衍生的相關問題
❸ 治療必須持續足夠長的時間
❹ 評估是治療的第一步
❺ 刑事司法人員需形成適合個案需求的個別化處遇
❻ 視復發為提供治療的機會
❼ 治療應針對與犯罪行為有關的因素
❽ 刑事司法監督應納入毒品犯的治療規劃，治療者應瞭解矯治監督要求
❾ 吸毒者重新進入社區很重要
❿ 獎勵和懲罰的平衡
⓫ 共同出現藥物濫用和精神健康問題的個案通常需要綜合治療方法
⓬ 成功戒毒者現身說法
⓭ 藥物濫用治療需涵蓋 HIV/AIDS、B/C 型肝炎、肺結核與其他傳染病的評估

7大面向 個案管理

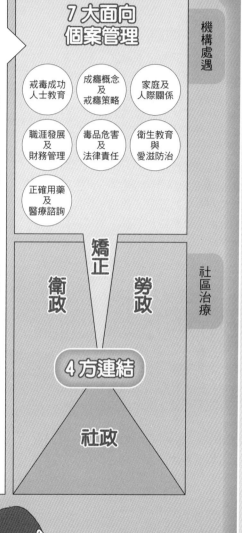

- 戒毒成功人士教育
- 成癮概念及戒癮策略
- 家庭及人際關係
- 職涯發展及財務管理
- 毒品危害及法律責任
- 衛生教育與愛滋防治
- 正確用藥及醫療諮詢

機構處遇

矯正

衛政　勞政

4方連結

社政

社區治療

UNIT 19-11
長刑期受刑人之處遇

圖解犯罪學

(一) 適應問題

長刑期受刑人日漸增加，面臨著許多適應上之問題，根據美國學者 Timothy Flanagan 之見解，長刑期受刑人無論在與外界之關係、監獄內之人際交往、墮落頹廢的恐懼、刑期終結不確定感及對監獄環境的無奈感上，皆呈現明顯的徵候。茲扼要敘述如下：

❶ **長期受刑人所面臨之一大生活考驗為與外界（如家庭、親戚、朋友）關係的斷絕**：長期監禁的結果使得原已建立之家庭社會關係皆面臨冰凍的命運，這對於接受嚴厲刑罰而亟需關愛之長刑期受刑人而言，無非是一大打擊。

❷ **長刑期受刑人在監獄內亦面臨發展人際關係的困境**：許多長刑期受刑人（尤其是年老者）根本無法認同那些短刑期且隨時可回到街頭享樂之犯罪者，徒然增加了其生活之孤寂。加上監獄各類型人犯流動頻繁且往往互相猜忌，使其無法與其他受刑人建立較為親密之朋友關係。

❸ **墮落、頹廢、失落感亦對長刑期受刑人構成鉅大威脅**：在長期無法對時間做有效的運用下，更覺得墮落、頹廢問題的嚴重性。換言之，在其他受刑人之刺激較量下，長刑期受刑人常有老化及心有餘而力不足之感。

❹ **釋放日期之不確定性往往對長刑期受刑人造成焦慮**：研究顯示此種焦慮不安在長刑期受刑人身上甚為明顯，對其身心有顯著的負面效應。

❺ **長刑期受刑人大都偏好穩定之服刑環境**：倘執行監獄在運作上缺乏明確的規定與遊戲的規則，對於長刑期受刑人而言，無疑是一項強烈焦慮的來源，因為生活在不可預知的情況下，很容易令人感到沮喪、不安。

(二) 處遇對策

研究顯示完善之處遇規劃非常有助於減輕其適應問題。學者 Timothy Flanagan 即曾指出強化長刑期受刑人生活適應之努力方向。他認為避免監禁蘊含之二度懲罰為處遇之重點。二度懲罰係指刑罰學者 Sykes 提出之監禁的痛楚，如自由的被剝奪、物質與受服務的剝削、異性關係之隔離、自主性與安全感之喪失等而言。Flanagan 建議對長刑期受刑人應擴大其自我決定的空間；創造受刑人尋求有意義生活的機會並增加受刑人與外界接觸之管道等。

學者 Mitchell 則認為下列做法有助於長刑期受刑人之生活適應與成長：

❶ 視長刑期受刑人為獨特之團體，但應將其與其他類型之受刑人融合在一起。

❷ 提供長刑期受刑人之生活指導與方向。

❸ 妥善設計可適當修正，並以充分運用監獄資源為目標之生涯計畫。

❹ 瞭解長刑期受刑人之分歧性。

❺ 戒護分類應具彈性。

Mitchell 進一步指出，如何激勵長刑期受刑人以較具建設性的方式運用服刑的時間，為前述方案成功的關鍵所在。

長刑期受刑人之適應問題

面臨與外界（如家庭、親戚、朋友）關係斷絕之生活考驗

在監獄內亦面臨發展人際關係的困境

墮落、頹廢、失落感亦對長刑期受刑人構成鉅大威脅

釋放日期之不確定性對長刑期受刑人造成焦慮

長刑期受刑人大都偏好穩定之服刑環境

長刑期受刑人之處遇對策

妥善設計生涯計畫

由於長刑期受刑人必須長時間地囚禁於監獄內，因此如何依據當前客觀之監獄環境（如資源運用情形）及受刑人之獨特需求，而設計出一套完善的生涯計畫似有必要。生涯計畫之內容除須配合受刑人之釋放期間而積極運用外，尤應著重於開啟受刑人參與各項公益活動之動機，俾得借重其專長。

施予特殊生活適應之處遇方案

加拿大一項縱貫型的研究顯示，管教人員早日對長刑期受刑人初入監時即施以特殊處遇之必須性，尤其著重於提升受刑人之人際遭遇的應對技巧（Coping Skills），及強化受刑人各項行為改變動機之處遇方案，非常有助於增強長刑期受刑人之生活適應。

擴大實施社會性處遇或參與監內各項決策及活動

除廣泛地提供當前之社會資訊外，必要時允許受刑人外出參與各項活動。研究顯示，長刑期之受刑人並非必然具有較高之違反紀律比率，即使受刑人真具有再犯之高度危險性而無法核准出監時，擴大其適用與眷屬同住之規定，允許各界人士之訪視、參觀，或鼓勵其參與監內各項決策與活動，亦不失為可行之替代方案。

UNIT 19-12
女性受刑人之處遇

圖解犯罪學

(一) 面臨之困境

女性犯罪人由於角色使然,加上許多行政措施之不足,因而使得其處遇面臨諸多難題,茲略述如下:

❶ 監獄女監之技能訓練往往偏重於簡單之習藝,如人造花、雨傘零件等,未充分考慮及就業市場的需要。在此情形下,女性受刑人極可能在出獄後欠缺職業技能,面臨就業之困難,降低其生存之空間。

❷ 由於傳統監獄對於女性受刑人各項處遇之忽略,女性受刑人無論在各項教育、康樂活動,甚至育嬰設備上皆顯有不足,這對於女性受刑人之保護、照顧,似嫌不足。

❸ 監獄行刑法第 12 條雖規定入監婦女請求攜帶子女者,得准許之,但以未滿3 歲者為限。於監內分娩之子女,也可適用,但仍然無法解決與其他年齡層子女分離之痛苦。

❹ 女性受刑人由於角色使然,在情緒遭受刺激下,很可能無法有效地接受各項處遇方案。其次,女性受刑人似較以自我為中心,較不關心別人,對於缺乏興趣之方案很可能興致缺缺,甚至逃避。

(二) 處遇對策

女性受刑人由於身心狀態之迥異,較獨特之處遇措施似有必要,茲分述如下:

❶ **徹底實施分監管教**:目前雖有三所女子監獄,但各監收容對象不論是受刑人或受戒治人,都以院檢管轄區為區分,未能實施分監管教。為強化教化與戒毒效果,確有必要依初累犯或刑期或犯罪類型等,徹底實施分監管教。

❷ **加強親子關係之維繫**:鑑於女性犯罪人對於子女溫情之維護甚於一切,因入監服刑使得其與子女之親密關係暫時面臨隔離的命運,因此處遇之重點為加強親子關係之維繫。各女監可考慮增加子女接見通信次數、開放週末與子女電話接見、設置兒童接見處或設置親子中心、經常舉辦懇親會、放寬與眷同住及返家探視之條件等,強化女性受刑人與子女(尤其是年幼子女)維繫良好之關係。

❸ **強化謀生自立能力**:處遇方案應以達成女受刑人在經濟上能夠自立、自持為目標。女性受刑人大都缺乏良好之工作技能,然而卻對其經濟概況甚為關心,因此如何加強適合市場需要,且符合其志趣之職業訓練,為處遇之重點。

❹ **依女性需求,實施特別處遇措施**:除各項處遇方案之水平不得低於男性受刑人之處遇外,應依女性受刑人特殊需求與醫護狀況而妥善規劃,諸如設置育嬰室、提供待產服務與親子諮商輔導課程、強化醫療照護機制等。

❺ **實施中間性處遇方案**:一般而言,女性受刑人犯罪罪質與型態不甚嚴重,對維護家庭及子女溫情甚於一切,準此,矯正政策似可對一些罪質不重之短刑期者,於執行一段期間後,實施中間性處遇方案(社區服務、電子監控、自宅監禁、震撼觀護等)代替機構性監禁,以減低因監禁對女性受刑人之衝擊,促其早日復歸社會生活。

❻ **隔離少數職業慣犯**:監獄社會學之研究指出,女子監獄內仍存有少數具犯罪傾向之職業、習慣性女犯罪人,除針對這些人施予獨特處遇方案外,必要時,應作適當之隔離,以避免犯罪惡習之傳染。

女性犯罪人由於在犯罪類型、層級、社會之角色期待及特殊之生理、心理需求與男性顯有差異,因此施以特殊處遇實有必要。目前先進國家已對女性受刑人在教育、職業訓練、文康活動、各項醫護保健及對其子女所做之照顧上作較專業化之服務。在邁向 21 世紀現代化矯正業務的同時,前述較專業化之處遇是一項試金石。

女性受刑人之處遇困境

女監之技能訓練偏重於簡單習藝，造成女性受刑人在出獄後欠缺職業技能、面臨就業困難，降低其生存空間	女性受刑人在各項教育、康樂活動，甚至育嬰設備上皆顯有不足
無法解決女性受刑人與其子女分離之痛苦	女性受刑人較可能無法有效接受各項處遇方案

女性受刑人之處遇對策

徹底實施分監管教	為強化教化與戒毒效果，有必要依初累犯、刑期或犯罪類型等，徹底實施分監管教。
加強親子關係之維繫	因入監服刑使得女性犯罪人與其子女之親密關係暫時面臨隔離之命運，考慮女性犯罪人對於子女溫情之維護甚於一切，因此處遇之重點為加強親子關係之維繫。
強化謀生自立能力	如何加強適合市場需要，且符合女受刑人志趣之職業訓練，以達成女受刑人在經濟上能夠自立、自持，為處遇之重點。
依女性需求，實施特別處遇措施	例如：設置育嬰室、提供待產服務與親子諮商輔導課程、強化醫療照護機制等。
實施中間性處遇方案	例如：社區服務、電子監控、自宅監禁、震撼觀護等，以減低因監禁對女性受刑人之衝擊，促其早日復歸社會生活。
隔離少數職業慣犯	為避免犯罪惡習之傳染，針對少數具犯罪傾向之職業、習慣性女犯罪人，應施予獨特處遇方案，必要時並作適當之隔離。

第 20 章
修復式司法

●●●●●●●●●●●●●●●●●●●●●●● 章節體系架構 ▼

UNIT **20-1** 修復式司法之意涵與目標

UNIT **20-2** 修復式司法之理論基礎

UNIT **20-3** 修復式司法之類型

UNIT **20-4** 修復式司法之效能與面臨之挑戰

UNIT 20-1
修復式司法之意涵與目標

(一) 起源

20 世紀末,當傳統刑事司法力量無法有效控制犯罪之際,澳洲學者 John Braithwaite 大肆倡導另類的刑事司法制度 —— 修復式司法之概念,逐漸受到各國學者的注意,更廣泛地應用至刑事司法實務中。事實上,自人類初具基本社會組織之際,即已具有融合加害人、被害人與社區等三方意見之類似修復式司法之調解制度,對當時社會穩定貢獻極鉅。

(二) 定義

修復式司法包含多種的方案與實務程序,不容易給予一個清楚的定義。根據學者 Zehr 的看法,修復式司法要求社會去重視被害者的傷害及需求,追究加害者的責任以彌補這些傷害,並讓被害者、加害人、社區共同參與療癒的過程。

修復式司法源於一種信念,亦即傳統的刑事司法系統幾乎沒有讓社區參與處理犯罪與不法行為的過程。傳統的刑事司法系統由官僚系統來管理,依賴強迫式的懲罰,給予加害者懲罰、烙印及恥辱,本質上對於加害人是有害的,並會降低加害人成為社會上有生產力成員的可能性。修復式司法的倡議者認為,社會需要的司法政策是讓被犯罪影響的所有個體(或團體)共同來修復傷害,包括被害者、社區及加害人。

從降低社會傷害的觀點來看,修復式司法的倡議者主張傳統懲罰的方式是失敗的;尤其,監獄中有很大部分的受刑人在釋放後很快再犯。甚至,有很多受刑人因為三振法案的規定,犯了相對輕微的犯罪而被判無期徒刑;有些收容人被判無期徒刑並不得假釋,本質上與死刑無異。

因此,Zehr 強調修復過程的核心價值在於尊重所有參與者,即便他們跟我們不一樣,甚至是我們的敵人。Zehr 認為,修復式司法是一套原則、哲學,提供大眾對於不法行為的一種替代性思考模式。修復式司法拒絕「懲罰」、「威嚇」及「監禁」的概念,而提倡「道歉」、「矯正」、「賠償」、「療癒」、「修復」及「整合」等概念。

(三) 目標

學者 Harris 提出評估一套修復司法實務的模式,除可檢視該制度之執行效能外,也可從中尋得修復式司法制度之六大目標,依序為:程序正義、圓滿結果、賦權充能、修復、再整合,以及情緒與社會復原。

(四) 應報式司法與修復式司法

傳統的應報式刑事司法制度之焦點為觸法的犯罪人,制裁的目的為嚇阻、報復、刑罰;而修復式刑事司法制度則將焦點轉移至被害人、社區與對社區造成之損害,目的為設法修復被害人與社區之損害,並改變犯罪人之行為。此兩種不同之司法制度,最大不同點應是被害人的角色與地位。傳統的應報式司法認定犯罪是違反社會或國家法律之行為,被害人與目擊證人的法律地位相同,犯罪基本上是對人與人際關係的侵害行為;而修復式司法則認為傷及被害人與社區之行為就是犯罪,主張最佳的改變方式就是修復犯罪對被害人與對社區造成的損害。

修復式司法之目標

程序正義	亦即「程序公正」，表示在修復司法的運作過程中，必須尊重所有參與者（或團體）的權利，包括基本人權與法律權利，以及所有參與者都一律平等地視為適法的意願。
圓滿結果	修復司法制度的運作必須達到的結果，亦即所有參與者（或團體）同意會議決議的解決方案，並且願意遵守行動計畫之規定。
賦權充能	針對被犯罪所影響的所有參與者（或團體），必須給予他們發聲的機會，充分反映出他們的需求，亦即提供被害人與犯罪人有適法的感受，讓每一參與者（或團體）在解決方案中都能有所參與。
修復	對所有參與者（或團體）因為犯罪所造成之傷害，給予修復，同時必須拒斥應報刑作為對該犯罪行為合法回應的方式。
再整合	修復司法為犯罪人與被害人尋求回歸社區的再整合機制，不對犯罪人加諸污名烙印，將其視為如同其他社區成員一般。
情緒與社會復原	修復司法制度的運作，必須充分顯現制度運作之結果，針對常伴隨犯罪行為所造成之情感傷害與社會傷害等，達成療癒的終極目標。

應報式司法與修復式司法理念之比較

應報式司法	修復式司法
犯罪是違反社會或國家法律之行為，是一個抽象的概念。	犯罪是侵害他人或社區之實質行為。
靠刑事司法制度控制犯罪。	犯罪控制轉由社區負責。
犯罪人之罪責由刑罰所決定。	視採取修復損害行動的責任來決定其罪責。
回應的焦點為犯罪人過去的行為。	回應焦點為犯罪人行為造成之損害結果，強調未來修復作為。
犯罪是個體應負責任之個別行為。	犯罪兼有個別與社會層面之責任。
以責難、罪過、過去（是他做的嗎？）為焦點。	以解決問題、責任義務、未來（他應該怎麼做？）為焦點。
刑罰是有效的： ❶ 靠刑罰嚇阻犯罪。 ❷ 藉刑罰以改變行為。	單靠刑罰並無法改變行為，且刑罰會瓦解社區和諧良善之關係。
被害人是司法處理過程之外圍角色。	被害人是解決犯罪問題過程之核心。
犯罪人常被界定為有缺陷之個體。	犯罪人被界定為恢復行動的能量。
強調對立的關係。	強調對話與協商。
以懲罰、嚇阻的方式，使之痛苦以預防再犯罪。	賠償是修復兩造的手段，也是和好、修復之目的。
社區立於邊線位置，由國家委任代理。	社區扮演修復過程之催化者。
依賴專家委任代理。	直接由參與者處理。

UNIT 20-2
修復式司法之理論基礎

圖解犯罪學

　　修復式司法的基本主張，係將犯罪與損害行為的回應措施，設定在修復個人與社會產生損害，同時也強調犯罪人回歸社會之需求。雖然有許多的理論支持修復式司法，其中最能闡明其要義者，當屬 Braithwaite 之明恥整合理論（Reintegrative Shaming Theory）。

　　Braithwaite 提出的明恥整合理論，核心概念為「羞恥」，係指當我們達不到自己或重要他人為我們設定的目標時，所擁有的感受。羞恥會讓人們相信自己是有缺陷的，自己是有問題的。羞恥是非正式社會控制的一種強而有力的工具。在那些認為犯罪不是羞恥的文化中的人們，他們不會把對於犯罪的厭惡內化，因為當他們犯罪被懲罰後，他們會認為自己是司法系統的被害者；相反地，因為犯罪感到羞恥的是被害者。

　　Braithwaite 把羞恥的概念區分成兩種：羞辱烙印及明恥整合。

(一) 羞辱烙印

　　係指一種貶低的過程，犯罪人被標視為邪惡的人，並被趕出社會。給予犯罪人烙印及貶低可能具有一般威嚇作用，會讓一般民眾害怕社會拒絕及公然羞辱而不敢犯罪。然而，從特別威嚇的觀點來看，羞辱烙印注定會失敗，被司法系統羞辱的人們，會透過加入同樣被拒絕、集體拒絕社會控制者所組成之次級文化，來「拒絕拒絕者」（reject the rejectors），進而可能造成更多的犯罪。

　　若是羞恥可以被良好地處理，人們會承認自己的錯誤、遭受他人對其之失望，並且願意去努力彌補自己的錯誤，此即為「羞恥管理」。然而，在某些個案，為了逃避羞恥的痛苦，他們會採取不適當的羞恥管理，一種將錯誤行為的責難轉移到他們的目標或他人的一種心理過程（例如轉移到他們可以主導、控制的對象上）。

(二) 明恥整合

　　Braithwaite 認為，透過明恥整合的政策，較可能達到犯罪控制的目標。犯罪人的惡行是不被認可的，但同時，犯罪人被塑造成可重新被社會接受的受人尊敬的人。當犯罪者開始理解並意識到他們的錯誤行為，並給予自己羞恥時，明恥整合的關鍵因素才會發生。要能整合，羞恥必須是簡短的、有控制的，然後接續原諒、道歉及懺悔的儀式。

　　總而言之，Braithwaite 認為，要預防犯罪的發生，社會必須鼓勵明恥整合。因為非正式社會控制比正式（司法）社會控制可能產生更大的效應，因此害怕個人羞恥可能比害怕法律制裁能產生更大的犯罪威嚇效果。明恥整合也可應用到特殊威嚇上，例如讓犯罪者與被害者見面，可讓其體驗羞恥，其家人或朋友也可陪同在旁，協助犯罪人的再整合。

明恥整合理論

核心概念
羞恥
（Shame）

羞辱烙印 （Stigmatization）	明恥整合 （Reintegration）

❶ 是一種貶低的過程，犯罪人被標視為邪惡的人，並被趕出社會。

❷ 被司法系統羞辱的人們，會透過加入同樣被拒絕之次級文化團體，進而可能造成更多的犯罪。

❶ 給予犯罪人被塑造成可重新被社會接受之人的機會。

❷ 犯罪者開始理解並意識到他們的錯誤行為，接續原諒、道歉及懺悔的儀式。

❸ 犯罪人在整合過程中修正自己，減少犯罪之再發生。

❶ 要預防犯罪的發生，社會必須鼓勵明恥整合。

❷ 非正式社會控制比正式（司法）社會控制可能產生更大的效應，害怕個人羞恥可能比害怕法律制裁能產生更大的犯罪威嚇效果。

❸ 在特殊威嚇上，例如透過讓犯罪者與被害者見面，可讓其體驗羞恥，其家人或朋友也可陪同在旁，協助犯罪人的再整合。

UNIT **20-3**
修復式司法之類型

圖解犯罪學

依據可達成目標及參與者涉入程度，修復式司法大致可分為完全修復司法、大部分修復司法及部分修復司法；部分修復司法又可依著重對象，分為被害者修復、社區關懷及加害者責任等。以下針對五項常見之修復式司法類型做簡要介紹：

❶ 被害者援助

被害者援助屬部分修復司法中被害者修復的一種。成為犯罪事件之被害者或倖存者往往是創傷性的經驗，且會對日常生活造成重大影響。該類型的修復式司法，著重於協助解決被害者或倖存者所面臨的困難，幫助其重新投入生活。

❷ 社區服務

社區服務屬部分修復司法中加害者責任的一種方式。基於修復式司法的理念，犯罪不僅對受害者造成傷害，亦對整個社區造成傷害。社區服務強調「負責」而非「懲罰」，主要目的是使犯罪人瞭解他們所犯下的錯誤，並有機會加以補償，從而協助其重新被社區所接納。

❸ 被害者－加害者調解

被害者－加害者調解屬大部分修復司法的一種，被害人及加害人將同時在場進行調解，並有一名訓練有素之主持人負責調解過程的進行，雙方的支持人員可能在場，但他們通常不參與討論，最終目標是對於如何修復傷害及達成正義取得一致的意見。該類型修復式司法只有在雙方當事人同意的情況下才會成為一種選擇，因此這整個過程均是雙方自願的，且必須確定被害者不會因見到加害者而受到進一步的傷害。被害者－加害者調解提供當事人有機會談論犯罪是如何發生，並表達自己的感受、關切或遺憾，透過對談，雙方能就如何修復傷害進行溝通，從而協商解決方案，一般而言，該類型調解具有較高的滿意度。

❹ 家族會議

家族會議與前者同樣提供被害者及加害者對話的機會，但本類型涉及更多參與者，例如雙方支持人員、相關專業人士、調解人（主持人）及調查人員，屬完全修復司法的一種。在家族會議中所有參與者均是自願的，在會議中，所有人均有機會談論犯罪，表達其感受與擔憂，並得到他們問題的回答，繼而討論犯罪者應如何修復傷害。

除參與人數區別外，該類型與被害者－加害者調解不同的是主持人所扮演的角色，由於參與人數眾多，家族會議中的主持人負責確保會議朝正確的方向討論，直到所有成員達成共識為止，具有更加舉足輕重的地位。

❺ 審判循環圈

屬於司法審判程序之一，因此主要參與人員除前述家族會議的人員外，也包含法官、檢察官、辯護人及有意參與之社區居民等。與前兩者相似，審判循環圈亦強調平等的參與及發言機會，但與前兩者不同的是，審判循環圈會研擬一套修復行動計畫，內容包含雙方進一步會談、犯罪人致歉及補償、社區服務、處遇或復歸計畫等，也可能包含入監服刑。

修復式司法之分類

完全修復司法	和平圈、家族會議、社區會議
大部分修復司法	被害者支持圈、被害者賠償、被害者─加害者調解、被害者除外會議、正向管束、療癒社區
部分修復司法	❶ 被害者修復：被害者服務、犯罪補償 ❷ 社區關懷：加害者家庭服務、家庭中心之社會工作 ❸ 加害者責任：社區服務、修復委員會、青年援助小組討論會、被害者警覺性訓練

常見之五項修復式司法類型

被害者援助 （Victim Assistance）	主要可分為刑事司法援助及個人情緒恢復兩方面，前者為服務對象提供刑事司法資源，以協助不熟悉法律的被害者或倖存者爭取自身合法權利；後者則由社區支持團體及心理健康服務介入，提供物理及心理資源，以協助人們自創傷狀態恢復，並重新投入生活。
社區服務 （Community Service）	通常由政府和非營利組織負責執行，值得注意的是，社區服務的成效向來存在較多爭議，如何衡量犯罪人對社區造成的傷害，以及社區服務是否能彌補這些傷害，會因犯罪類型及所執行的社區服務類型不同而有所差異，故負責規劃社區服務的刑事司法人員應對此格外慎重。
被害者─加害者調解 （Victim-Offender Mediation）	在我國，犯罪人出席此類型調解需由法院進行一定司法程序後才可參與，需注意的是，儘管原則上犯罪人有權決定是否參與，但若他們不嘗試調解，可能會面臨更嚴峻的結果。當然，此類型的其中一種好處是，這種做法能將正義交到最直接受犯罪影響的人手中，而不必全由國家公權力決定。
家族會議 （Family Group Conferencing）	家族會議脫胎自紐西蘭毛利人的 Whnau Conferences，這種會議在毛利人傳統中，被用於協助社會處理傷害他人的青少年，1989 年，紐西蘭通過《兒童、青少年暨其家庭法案》，隨後傳至澳洲及其他國家，成為新型態的修復式司法類型。
審判循環圈 （Sentencing Circles）	又稱為仲裁創建圈（Peacemaking Circles）或療癒循環圈（Healing Circles），主要目的除兼顧社區、被害人及加害人三者外，也期待參與會議的所有人能夠支持並協助履行該計畫。

UNIT **20-4**
修復式司法之效能與面臨之挑戰

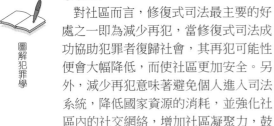

(一) 修復式司法的優點

❶ 社區

對社區而言，修復式司法最主要的好處之一即為減少再犯，當修復式司法成功協助犯罪者復歸社會，其再犯可能性便會大幅降低，而使社區更加安全。另外，減少再犯意味著避免個人進入司法系統，降低國家資源的消耗，並強化社區內的社交網絡，增加社區凝聚力，鼓勵居民更積極投入社區活動等。

❷ 被害者

當被害者有機會與加害者進行安全的對話時，他們會感到自己被賦予權力並投入這個過程，他們的需求得到承認，能夠表達自己的感受，並得到他們渴望的答案，而更好地從被害的創傷性經驗中復原，無論是物質上的財富，或心理上的安全感。

❸ 犯罪者

在修復式司法中，犯罪者有機會為自己的行為表達後悔及歉意，並能透過修復式司法的過程，對自己的行為進行適當補償及修正，並取得重新被社區接納的方法。而由於修復式司法基於自願與非強制的原則，因此犯罪者也更傾向於遵守他們所同意的協議，使處遇及復歸的成功率更高。

(二) 修復式司法之問題與挑戰

修復式司法存在兩個方面之議題，一為概念方面，一為執行方面。在概念方面，修復式司法將犯罪視為社區成員間關係的破裂，並以修復關係為主要目標，強調負責而非懲罰，若修復式司法的執行人員仍持傳統侵害他人利益者將受懲罰之觀點，自無法充分發揮修復式司法之內涵。另一方面，修復式司法允許犯下同樣罪刑的犯罪者以不同方式進行修復或補償，這可能違背傳統刑事司法的公平原則。再者，修復式司法方案也面臨犯罪人需求與被害人需求之平衡的問題，若是修復式司法方案主要聚焦在被害者的需求，則可能忽略犯罪人的需求，進而造成再犯可能性之增加。

在執行方面，社區參與是修復式司法重要的一環，但社區之定義如何，及何人有資格代表社區，均是修復式司法需面臨的一大難題。並且，目前修復式司法大多用於較不嚴重之財產犯罪，其是否能適用於嚴重之暴力犯罪的司法處理，仍有許多不同意見。

Levrant 等人指出，僅著墨於與被害人之短期互動的修復式司法方案，無法協助犯罪人學以利社會的行為方式。修復式司法的倡議者可能會錯誤地認為，相對短暫的公開羞辱可以改變根深蒂固的犯罪傾向，是不切實際的想法。Howard Zehr 在《修復式正義準則》中提出的幾大面向，包含受害者是否得到正義、犯罪者是否得到正義、被害者與犯罪者的關係是否得到修復、社區參與是否足夠，及是否正在解決未來可能的問題等，可以提供修復式正義成效評估之參考。

修復式司法面臨之問題與挑戰

概念方面的議題	
權利 與責任	傳統刑事司法強調保障個人權利，因而侵害他人利益者將受懲罰，但修復式司法將犯罪視為社區成員間關係的破裂，並以修復關係為主要目標，更強調負責而非懲罰，若修復式司法的執行人員仍持傳統觀點，自無法充分發揮修復式司法之內涵。
道德規範 與正義	一般認為刑法能夠顯彰社會認可之道德規範與價值觀，是社會整體正義的一種展現，但由於修復式司法著重於衝突的調解，其結果是否符合民眾所期待之正義；或者，我們是否需重新檢視道德規範與正義的內涵，仍是有待討論的議題。
公平	在傳統刑事司法中，通常以程序是否符合規定、是否有公開且一致的標準而定，但在修復式司法中，公平感更可能來自被害者與加害者雙方對調解規劃感到滿意。
正當程序	由於進入修復式司法的必要條件是必須認罪，這可能使無罪但無力自證的被告為避免更嚴重的法律後果，而選擇認罪並進入修復式司法。同樣地，儘管犯罪人原則上具有進入修復式司法的選擇權，但他們往往會為避免其他後果而同意調解，這樣的「選擇權」是否有瑕疵，亦是值得討論的議題。
平等	當加害人與被害人雙方出現權力分配不平均的情況時（例如公司與職員、父母與子女等），權力較小的一方是否能獲得其應得之補償；調解員是否傾向支持其中一方、持有種族或性別等歧視，而影響調解結果，亦是修復式司法應考慮的問題。
執行方面的議題	
參與者	社區參與是修復式司法重要的一環，但社區之定義如何，及何人有資格代表社區，均是修復式司法需面臨的一大難題。即便遴選出適當的社區代表達成協議，社區是否有能力協助履行協議內容，亦是需要考慮的問題。
適用 案件類型	修復式司法是否能適用於嚴重之暴力犯罪的司法處理，目前仍有許多不同意見，尤其是一些特殊犯罪類型。若欲將修復式司法應用於嚴重案件，需經過一段時間冗長且範疇廣泛的準備工作，人力物力是否充足是一大挑戰。
支持建構	修復式司法需要大量社區資源的投入，若欲將之擴大應用，取得公眾認同是必要的，基於修復式司法與傳統司法的差異，在爭取民眾認同及說服民眾方面，仍舊面臨許多困難，而對刑事司法體系而言，這樣的轉變亦帶來許多挑戰。
報復 的意圖	即便修復式司法著重關係修復，仍無法完全避免被害人懷有報復意圖。在修復式司法中，過去以犯罪人為中心之犯罪矯正體系可能被新的轉向司法制度所取代。然而，當目前以懲罰文化為主導的社會中，刑事司法系統的重點、資源的投注主要仍在識別、逮捕、處理、懲罰或治療犯罪人時，以被害人為中心的修復式司法能否順利推展、其表現為何，是需要考量的問題。
法網擴張	修復式司法的參與成員從加害人放寬到被害者、兩造雙方家屬、親友、社區代表、其他支持團體等，亦即將更多成員納入司法制度中。這一制度雖然賦予減輕傳統刑事司法體系個案負擔的期許，但也可能將更大的社會控制壓力加諸於本無相關的團體或個人。
短期效益	若忽略長期的處遇需求，修復式司法可能僅具有短期效益。犯罪問題的背後交雜著複雜的社會問題與長期的人際紛爭等原因，無法僅靠簡單的調解或是協商會議來解決。
成效評估	向來是修復式司法備受討論的議題，就目前結果而言，大多數不同類型的修復式司法均取得令人滿意的結果，但這究竟是自願參與造成的現象，或制度本身的成效，仍需更多研究進行評估。另外，關於修復式司法是否能降低再犯，目前研究較為缺乏，且結果較不一致，故此方面亦需更多評估。

第 **21** 章
再犯預測與再犯風險評估

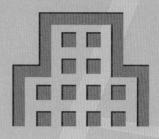

● 章節體系架構

UNIT 21-1　早期再犯預測之內涵與發展
UNIT 21-2　犯罪行為之風險因素
UNIT 21-3　犯罪行為再犯之靜態與動態因素
UNIT 21-4　再犯風險評估工具之效能

UNIT **21-1**
早期再犯預測之內涵與發展

徒刑之執行目的為促使受刑人改悔向上，適於社會生活為目的。然而法務統計資料亦顯示部分犯罪人出獄後仍面臨諸多社會適應問題而再犯，使得犯罪矯正成效受各方質疑。以下將探討犯罪人再犯之預測與風險評估主要內涵，並扼要介紹評量其再犯風險之工具與效能，希望強化其順利社會復歸，減少出獄後之再犯。

(一) 再犯預測之意涵

張甘妹在早期即對再犯預測進行研究，其指出再犯預測係指「運用統計學之技術，由多數犯罪者過去的生活經歷資料中，檢選與其陷於犯罪關聯性較大的重要因素若干，根據統計上各罪相關聯的程度，將其予以點數化，製成以得點之多寡表示犯罪可能率大小之關聯表（預測表），根據此關聯表以預測犯罪者將來陷於再犯之可能率」。

(二) 再犯預測之發展與相關研究

犯罪預測以美國學者 Healy、Warner、Hart 等之早期研究最早開始，後再加芝加哥大學 Burgess 及哈佛大學 Glueck 之持續研究始奠立基礎。張甘妹指出，「Burgess 曾調查假釋者之行狀，由犯罪者假釋前之生活歷程中選出 21 個犯罪因素，對於各因素給予若干點數，在依各假釋者就各所得點數之多寡，製成了其與假釋成敗之關聯表，以作假釋者之再犯預測。Glueck 夫婦則對矯正院 510 名男性假釋犯進行研究，選出 6 個因素製作再犯預測表，包括勤勞之習慣、犯罪之重度與次數、本犯以前之受刑經驗、收容前之受刑經驗、判決前之經濟責任、入獄時精神的異常性，並進行十年之追蹤研究，獲致重要成果。」

在台灣，張甘妹教授自 1964 年最早開始對台北監獄受刑人 200 名進行再犯預測研究，張甘妹以 1979 年出獄後至 1989 年 8 月止之期間內再犯之犯罪者 157 名及未再犯之犯罪者 160 名進行比較分析發現：年輕、初犯年齡愈早、多次犯罪前科、無專業技能等為受刑人再犯之重要因素。

此外，莊耀嘉以 1991 年減刑出獄 4,758 名為對象，追蹤其出獄後一年四個月之再犯情形，發現出獄人過去犯罪與服刑次數較多、初犯年齡較早、父母離異等因素與其再犯率有關。此大致為台灣早期再犯預測之重要發展。

再犯預測之意涵（張甘妹）

從犯罪者過去的生活經歷資料中，
檢選與其陷於犯罪關聯性較大的重要因素若干

運用統計學之技術，將各罪相關聯之程度予以點數化

製成以得點之多寡表示犯罪可能率大小之關聯表，
根據此表預測犯罪者將來陷於再犯之可能率

受刑人再犯之因素

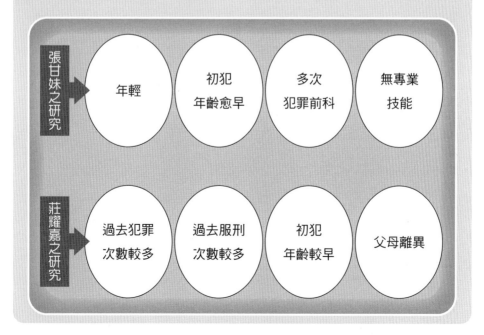

張甘妹之研究

年輕

初犯
年齡愈早

多次
犯罪前科

無專業
技能

莊耀嘉之研究

過去犯罪
次數較多

過去服刑
次數較多

初犯
年齡較早

父母離異

UNIT 21-2
犯罪行為之風險因素

犯罪行為之風險因素甚多，主要可包括下列四類：

(一) 個人風險因素

包括負面兒時經驗、暴力被害經驗、心理狀況異常、物質濫用（藥物、香菸、酒精等）、行為控制能力不良或年輕氣盛等。

(二) 家庭風險因素

包括父母疏於管教、親子關係不良、父母教育程度低落、家庭經濟狀況不佳、家長本身亦有藥物濫用或犯罪行為等情況或家庭失功能等。

(三) 社區風險因素

包括居住環境、醫療資源匱乏、就業機會流失、社區解組的鄰里、偏差同儕、幫派活動、社區活動參與狀況不佳等。

(四) 社會風險因素

包括快速社會變遷、嚴重貧富不均、社會缺乏法治或貪腐情況盛行、性別不平等及個人財產缺乏保障等。

學者 Gendreau、Goggin 與 Little 對 131 個於 1970 年 1 月至 1994 年 6 月發表之犯罪矯治成效與累（再）犯相關研究進行統合分析，發現犯罪者無法改變之素質因素如年紀輕、具犯罪紀錄、年紀輕時犯罪、家庭有犯罪歷史與紀錄、父母親教養型態與品質惡劣，家庭結構破碎、犯罪者智能不足、人種與社經地位低落等均與其是否累（再）犯密切相關。

陳玉書於 2004 年至 2011 年間追蹤 960 名受刑人假釋復歸社會後之再犯情況，並以客觀統計分析篩選出影響再犯的風險因素。其研究發現影響假釋再犯的主要因素，包含性別、初犯判決有罪年齡、曾被撤銷處分、竊盜前科、初再犯、婚姻狀況、家庭依附與偏差友儕等，而次要因素則包括入監前之教育程度、子女數、與配偶子女同住、有罪判決次數、罪名種類數、低自我控制、職業等級、工作穩定性、遊樂生活型態、負向因應和處遇期間違規行為等變項。另由楊冀華於 2000 年至 2014 年間追蹤 1,449 名接受司法處遇之毒品施用者發現，影響再犯之主要因素為性別、年齡、不良友伴、戒毒經驗。

犯罪行為之風險因素

個人風險因素
- 負面兒時經驗
- 暴力被害經驗
- 心理狀況異常
- 物質濫用
- 行為控制能力不良
- 年輕氣盛

家庭風險因素
- 父母疏於管教
- 親子關係不良
- 父母教育程度低落
- 家庭經濟狀況不佳
- 家長本身有物質濫用或犯罪行為
- 家庭失能

社區風險因素
- 居住環境
- 醫療資源匱乏
- 就業機會流失
- 社區解組
- 偏差同儕
- 幫派活動
- 社區活動參與狀況不佳

社會風險因素
- 社會快速變遷
- 貧富嚴重不均
- 缺乏法治
- 貪腐盛行
- 性別不平等
- 個人財產缺乏保障

UNIT *21-3*
犯罪行為再犯之靜態與動態因素

(一) 靜態因素

犯罪行為再犯之靜態因素係指不會隨時間變化的因素，如性別、犯罪歷史或初次遭逮捕的年齡、數量等。

學者 Craig 等人回顧性侵害文獻指出，「靜態風險因素」主要可區分為成長歷史因素、犯罪因素、臨床因素等項。

❶ **成長歷史因素**：如青少年性侵害紀錄、不良家庭背景、本身為性侵害之受害者等。

❷ **犯罪因素**：包括先前犯罪史、先前性犯罪判決紀錄、先前暴力犯罪判刑紀錄、遭受監禁之時間長短等。

❸ **臨床因素**：包括親密關係史、與社會疏離等。

在台灣研究較少再細分，常見之靜態風險因素包括性別、年輕、初犯年齡愈早、曾被撤銷處分、多次犯罪前科或服刑次數較多。

(二) 動態因素

動態再犯風險因素係指可變動調整的因素，例如犯罪態度和信仰、犯罪同伴、藥物濫用問題、就業、教育、家庭問題，以及缺乏親社會行為等。學者 Andrews 與 Bonta 則指出主要之再犯動態風險因素包括：❶ 反社會態度、信仰與價值觀；❷ 反社會行為型態；❸ 反社會同儕及友伴；❹ 反社會人格／氣質；❺ 家庭與婚姻之壓力源；❻ 藥物濫用；❼ 缺乏教育、就業之穩定性與成就感；❽ 缺乏正向之休閒娛樂活動。

英國政府監獄部門指出以下動態因素或稱「犯罪之需求」為再犯之重要因素：❶ 不穩定的住宿；❷ 缺乏就業；❸ 沒有積極的娛樂活動；❹ 人際關係不好；❺ 酒精濫用；❻ 濫用藥物；❼ 衝動和情緒控制力差；❽ 反社會同伴；❾ 支援犯罪的態度。

沈勝昂曾對性侵害犯罪加害人再犯動態危險評估量表進行探測，其發現再犯動態風險因素可再細分為以下二類：

❶ **穩定動態因素**：包括重要社會影響、依附缺憾、性的自我規範、對性侵害的態度立場、對於監控的配合、一般的自我規範。

❷ **急性動態因素**：包括接近被害者的機會、情緒崩潰、社會支持的崩解、敵意、藥物或酒精的濫用、被性占有的欲念或性幻想不斷、拒絕監控、獨特因素。

靜態再犯危險因子（楊士隆、張清豐）

楊士隆與張清豐以台北監獄、高雄監獄 1994 年及 1995 年假釋及出獄之性侵害受刑人 326 名進行研究，清查其再犯資料，平均追蹤 9 年 6 個月後，統計分析發現以下 8 個危險因子與其再犯密切相關：

❶ 前科總數。	❺ 本次判決是否包括有多種性侵害行為。
❷ 性侵害前科數。	❻ 被害者年齡。
❸ 性侵害累犯。	❼ 被害者性別是否有男性。
❹ 本次判決被害者人數。	❽ 被害者之中是否有陌生人。

靜態再犯危險評估量表（林明傑、董子毅）

林明傑與董子毅在台灣修訂開發之性罪犯再犯危險評估工具 —— 靜態危險因素（Static Factor）量表為例，其蒐集於 1994 年至 1996 年從台北及高雄監獄出獄之性罪犯共 423 位為樣本，填入由 RRASOR、Static-99 及 MnSOST-R 蒐集之危險因素且依據台灣資料現況而建立之 15 項因素量表初稿，追蹤至 2003 年 2 月查閱刑案資料註記以瞭解其有無再犯，平均追蹤期為 7.6 年。研究發現適用台灣地區的靜態危險評估量表 8 題，包括：

❶ 性犯行遭起訴加上判刑確定的次數。

❷ 過去被判刑確定之任何犯行次數。

❸ 在保護管束中又犯下性犯行。

❹ 該次性犯行中的「非性暴力行為」。

❺ 該次性犯行被害者有 13 歲至 15 歲少女且小加害人 5 歲以上。

❻ 該次性犯行被害者之性別。

❼ 該次性犯行的被害者人數。

❽ 預估出獄時的年齡。

曾昱哲等人在台灣桃園對性侵害者接受社區處遇後之動態再犯風險進行評估發現：兒童期曾有被性侵害之紀錄、犯案過程使用暴力、沒有固定休閒嗜好、仍對偏差性行為感到興奮等危險因素應予關注與即早預防。

林明傑等對 312 名毒品犯進行毒品再犯風險評估，指出自我效能、用藥渴求、對眼說自信與對眼能拒癮友之邀請用藥及正向休閒活動參與等，為重要之動態再犯風險評估面向。

UNIT 21-4
再犯風險評估工具之效能

(一) 風險評估工具

　　什麼才是優質的風險評估工具？大英國協政府指出如我們使用的風險評估工具有良好理論基礎，並提供可靠且有效的估計，即為優質之評估工具。英國司法部矯正認證和諮詢小組（CSAAP）的建議為風險評估工具的標準提供了支援。一個顯著的風險評估工具需具備以下組成要件：

❶ 明確說明工具及其與整體評估方法的契合度。

❷ 良好之理論基礎和可信賴的理由。

❸ 證明該工具已完成其目標功能。

❹ 致力於進行持續的研究和驗證，以確保目的適用性。

❺ 使用該工具的評估人員具有勝任的使用能力。

❻ 該工具的使用按預期實現。

(二) 再犯預測

　　學者 Farrington 和 Tarling 回顧再犯預測相關研究，指出再犯預測已逐漸成為犯罪學研究的重要一環。再犯風險評估之目的在於避免人為主觀偏見，以精準統計技術確認犯罪者再犯之危險因素，提供教化輔導與假釋之重要參考。進行危險評估人員須遵守風險、需求和回應原則。風險原則強調，介入／干預措施應與所評估的風險程度處於同一水準；需求和回應原則決定了所需提供治療／輔導的細節。在評估再犯的風險之後，重要的是要特別關注那些導致犯罪者陷入困境的需求領域，以適當地解決個案所遇到的問題，達成減少再犯之目標。

　　但值得注意的是，對於未來犯罪者是否再犯，目前之研究顯示較精準之統計模式，在受過專業訓練人員之指導下，其預測之準確率約達 70% 左右，但如加上與風險因素無關之指標及行為人之主觀判斷，其正確性即逐步降低，因此使用再犯風險評估工具時仍應注意其效能及謹慎周延運用。

優質風險評估工具需具備之要件

▶ 明確說明工具及其與整體評估方法的契合度。

▶ 良好之理論基礎和可信賴的理由。

▶ 證明該工具已完成其目標功能。

▶ 致力於進行持續的研究和驗證，以確保目的適用性。

▶ 使用該工具的評估人員具有勝任的使用能力。

▶ 該工具的使用按預期實現。

再犯風險評估之內涵

目的 ▶ 避免人為主觀偏見，以精準統計技術確認犯罪者再犯之危險因素，提供教化輔導與假釋之重要參考。

進行人員 ▶ 須遵守風險、需求和回應原則

▶ 風險原則：介入／干預措施應與所評估之風險程度處於同一水準。

▶ 需求、回應原則：決定所需提供治療／輔導之細節。

評估再犯的風險之後，要特別關注那些導致犯罪者陷入困境的需求領域，以適當地解決個案所遇到的問題，達成減少再犯之目標。

一、中文部分

中國時報（1995）。7月18日報導。

孔繁鐘譯（2007）。DSM-IV-TR 精神疾病診斷準則手冊。合記圖書出版社。

王玉珍、田秀蘭、朱惠瓊、葉寶玲（2011）。優勢中心取向生涯諮商之諮商歷程與
　　療效內涵探究。教育心理學報，第 42 卷第 4 期，頁 631-653。

王家駿、林明傑等譯（2001）。性罪犯的再犯預防療法。五南圖書。

王鐘鋒（2015）。新興合成大麻流行趨勢及檢驗技術發展現況。文載於 2015 年毒
　　品犯罪防制工作年報，頁 94。

台灣精神醫學會譯（2014）。DSM-5 精神疾病診斷準則手冊。合記圖書出版社。

甘添貴（1998）。犯罪除罪化與刑事政策，刊於罪與刑：林山田教授六十歲生日祝
　　賀論文集。五南圖書。

江漢光（1997）。犯罪與暴力的精神醫學觀。犯罪問題的因應：社會與科技層面之
　　探討研討會。行政院國家科學研究委員會。

吳芝儀（2000）。中輟學生的危機與轉機。濤石文化事業有限公司。

吳芝儀（2001）。不同類型犯罪者犯罪思考型態之研究。犯罪學期刊，第 7 卷，頁
　　171-212。

吳建昌（2000）。青少年暴力犯罪之成因：生物與精神因素。文載於蔡德輝、楊士
　　隆主編，青少年暴力行為：原因、類型與對策。中華民國犯罪協會印行。

呂榮泰譯（1985）。犯罪與精神醫學。中田修原著。開朗出版社。

李毓文（2005）。國中生的衝動性、心跳及違規行為之關係研究。國立中正大學犯
　　罪防治研究所碩士論文。

李璞良（1996）。異常快樂殺人。Ressler 等原著。台灣先智出版社。

沈勝昂、林明傑（2007）。變與不變：性侵害再犯「穩定動態危險因子」與「急性
　　動態危險因子」的關係。犯罪學期刊，第 10 卷第 2 期，頁 1-27。

周振峰（2018）。論內線交易罪重大消息公開之時點認定問題。東吳法律學報，第
　　30 卷第 1 期，頁 89-119。

周愫嫻（1997）。犯罪現況與社會經濟發展分析。犯罪問題的因應：社會與科技層
　　面之探討研討會。行政院國家科學研究委員會。

周煌智（1999）。性犯罪者的神經心理危險因子（I）。行政院國家科學委員會專題
　　研究成果報告。

周震歐（1973）。犯罪心理學。自印。

林山田（1972）。犯罪行為及其界線。刑事法雜誌，第 17 卷第 6 期，頁 1。

林山田（1976）。犯罪問題與刑事司法。台灣商務印書館。

林山田（1988）。刑法特論。三民書局。

林山田（1995）。刑法各罪論。台大法學院圖書部。

林山田、林東茂（1990）。犯罪學之發展史，文載於犯罪學。三民書局。

林山田、林東茂、林燦璋、賴擁連（2020）。犯罪學（修訂 6 版）。三民書局。

林天德（1993）。變態心理學。心理出版社。

林文隆（1993）。思覺失調症。文載於沈楚文等著，新編精神醫學。永大書局出版。

林玉財（1993）。智能不足。文載於沈楚文等著，新編精神醫學。永大書局出版。

圖解犯罪學

林宗義（1990）。精神醫學之路。稻鄉出版社。

林宜隆、黃讚松（2002）。網路使用問題分析與犯罪預防之探討。資訊、科技與社會學報，第 2 卷第 2 期，頁 95-114。

林明傑、曾姿雅（2020）。性侵害犯罪問題與防治對策。文載於楊士隆等著，暴力犯罪 —— 原因、類型與對策。五南圖書。

林明傑、董子毅（2005）。台灣性罪犯靜態再犯危險評估量表（TSOSRAS）之建立及其外在效度之研究。亞洲家庭暴力與性侵害期刊，第 1 卷第 1 期，頁 49-110。

林茂榮、楊士隆（2021）。監獄學：犯罪矯正原理與實務（修訂新版）。五南圖書。

林家興（1991）。藥物濫用與心理輔導。諮商與輔導，第 62 期。

林漢堂（1992）。濫用藥物問題之探討。警學叢刊，第 23 卷第 2 期。中央警官學校印行。

林憲（1983）。臨床精神醫學。茂昌圖書有限公司。

林憲、林信男（1987）。精神鑑定。橘井出版社。

法務部（1982）。青少年濫用藥物問題之研究。

邵慧綺（2005）。淺談智障者常接觸之法律課題。特殊教育季刊，第 97 期，頁 32-39。

邵慧綺（2009）。淺談智能障礙學生的法治教育。屏師特殊教育，第 17 期，頁 34-39。

侯友宜（2003）。性謀殺犯罪剖繪研究。犯罪學期刊，第 6 卷第 1 期，頁 129-148。

侯崇文（1999）。殺人事件中犯罪者與被害人關係研究。刑事政策與犯罪研究論文集（二），頁 23-60。法務部。

洪宜芳（2001）。少年暴力犯、少年非暴力犯及一般少年情緒商數之比較研究（未出版之碩士論文）。國立中正大學犯罪防治研究所。

紀慧文（1998）。十二個上班小姐的生涯故事：從娼女性之道德生涯研究。唐山出版社。

范世華（1993）。情感性精神疾病。文載於沈楚文等著，新編精神醫學。永大書局印行。

孫義雄（1996）。台灣地區賭博犯罪研究。中央警察大學出版社。

馬傳鎮（1983）。犯罪心理學。台灣警察專科學校印行。

高金桂（1984）。青少年濫用藥物與犯罪之研究。文景出版社。

張中勇（2002）。國際恐怖主義的演變與發展。戰略與國際研究季刊，第 4 卷第 1 期。

張文瑞（2004）。危機談判：警用實戰技巧。中央警察大學。

張本聖、徐儷瑜、黃君瑜、古黃守廉、曾幼涵譯（2017）。變態心理學（三版）。雙葉書廊有限公司。

張甘妹（1987）。再犯預測之研究。法務部。

張甘妹（1995）。犯罪學。自印。

張淑茹、劉慧玉譯（1998），Barrie Levy 著。約會暴力：從干預到教育，防範青少年虐待式。遠流出版。

張淑慧、曾平毅、廖有祿、陳金蓮（1998）。台灣地區縱火受刑人基本特性及類型分析。中央警察大學學報，第 33 期。中央警察大學行政警察研究所印行。

張清芳、游再順（1998）。汽車大盜瘋情話。台北日臻出版社。

張麗卿（1994）。刑事法學與精神醫學之整合。五南圖書。

莊耀嘉（1993）。犯罪理論與再犯預測 —— 以八十年減刑出獄人所做的貫時性研究。台北：法務部犯罪問題研究中心。

許春金（2017）。犯罪學。三民書局。

許春金、馬傳鎮（1994）。少年食用早餐習慣與偏差行為及價值觀關係之調查研究。台灣省政府糧食局委託。

許春金、楊士隆（1993）。社區與少年偏差行為，社區解組犯罪理論之實證研究。警政學報，第 23 期。中央警官學校警政研究所出版。

許福生（2017）。刑事政策學。元照出版。

郭戎晉（2007）。Gambling 2.0：美國「網路賭博」法制之研究 —— 兼論我國刑法對於網路賭博之評價。科技法學評論，第 5 卷第 2 期，頁 147-190。

陳火炎（1989）。台灣地區縱火調查之研究。中央警官學校消防學系。

陳巧雲、洪蘭（2005）。以檢視腦波型態探討衝動性暴力行為與大腦抑制機制。刑事法雜誌，第 49 期，頁 1-31。

陳玉書（2013）。再犯特性與風險因子之研究：以成年假釋人為例。刑事政策與犯罪研究論文集，頁 1-26。

陳玉書、簡惠露（2003）。再犯預測之研究：以成年受保護管束者為例。刑事政策與犯罪研究論文集，第 6 期。

陳明傳、駱平沂（2018），國土安全導論。五南圖書。

陳金蓮（1993）。縱火調查技術之研究。文笙書局。

陳金蓮（1994）。縱火問題之研究。警政學報，第 25 期。中央警官學校警政研究所出版。

陳順和（2015）。電信詐欺犯罪模式與防制對策之研究 —— 以通訊網路匯流為核心。國立中正大學犯罪防治研究所博士論文。

曾文星、徐靜（1995）。最新精神醫學。水牛出版社。

曾昱哲、董道興、陳珮恩、黃健、沈勝昂（2019）。桃園地區性侵害加害人接受社區處遇後之再犯風險評估與相關因子探討。犯罪學期刊，第 21 卷第 1 期，頁 66-99。

黃承章（2009）。憂鬱症受刑人在監處遇與適應情形之分析。國立台北大學犯罪學研究所碩士論文。

黃軍義（2002），縱火犯罪行為成因及防制對策之研究。法務部印行。

黃軍義（1995）。強姦犯罪之訪談研究。法務部印行。

黃軍義（1997）。強姦犯罪成因及相關問題之研究。法務部印行。

黃軍義、葉光輝（1998）。縱火犯罪行為之研究。法務部印行。

黃軍義、葉光輝（2001）。報復洩恨型縱火行為的動機與形成歷程。犯罪學期刊，第 8 期。

黃庭郁（2001）。中國時報 8 月 27 日報導。

黃富源（1992）。明恥整合理論一個整合、共通犯罪學理論的介紹與評估。警學叢刊，第 23 卷第 2 期。

圖解犯罪學

黃富源、黃徵男（1999）。性侵害加害人之特質與犯罪手法之研究。內政部性侵害防治委員會專題研究計畫。

楊士隆（1990）。情境犯預防之應用性與遠景。警政學報，第 17 期。中央警官學校警政研究所出版。

楊士隆（1995）。運用環境設計預防犯罪之探討。警學叢刊，第 25 卷第 4 期。中央警官學校印行。

楊士隆（1995）。監獄受刑人擁擠問題之實證研究。行政院國家科學委員會委託研究。

楊士隆（1997）。犯罪理論整合：一個犯罪理論建構策略之介紹與評析。警學叢刊，第 27 卷第 5 期。中央警察大學印行。

楊士隆（1997）。認知行為療法在強姦犯矯治上之應用。犯罪矯正期刊，創刊號。中華民國犯罪矯正協會出版。

楊士隆（1997）。認知處遇在暴力犯罪者矯治上之應用。法學叢刊，第 166 期。

楊士隆（1997）。竊盜犯罪：竊盜犯與犯罪預防之研究。五南圖書。

楊士隆（1998）。台灣地區少年殺人犯、暴力犯及非暴力犯犯罪危險因子之比較研究。國立中正大學學術研究計畫。

楊士隆（1998）。台灣地區殺人犯罪之研究。行政院國科會專題研究計畫。

楊士隆（1999）。青少年殺人犯罪問題與防治對策。法學叢刊，第 44 卷第 4 期，頁 90-103。

楊士隆（2018）。新興影響精神物質之全球現況、管制與挑戰。軍法專刊，第 64 卷第 2 期，頁 26-40。

楊士隆（2020）。犯罪心理學（八版）。五南圖書。

楊士隆（2021）。圖解犯罪心理學（修訂二版）。五南圖書。

楊士隆、王俸鋼（2015），獨狼式恐怖份子之特性、犯罪模式與防制對策。文載於楊士隆主編（2020），暴力犯罪：原因、類型與對策。五南圖書。

楊士隆、何明洲（2015）。竊盜犯罪防治：理論與實務。五南圖書。

楊士隆、吳芝儀等（2010）。認知行為處遇法在犯罪矯正上之應用。法務部矯正人員訓練所印行。

楊士隆、巫梓豪、李韻如（2019）。毒品犯再犯風險與矯治成效國際評估指標。刑事政策與犯罪研究論文集，第 23 期。

楊士隆、李志恒、謝右文（2018）。新興毒品趨勢調查與防治對策之研究。法務部司法官學院委託。

楊士隆、李思賢、朱日僑、李宗憲（2020）。藥物濫用、毒品與防治。五南圖書。

楊士隆、張清豐（2004）。性侵害犯罪再犯率及危險因子之研究。內政部。

楊士隆、許福生、鄭凱寶、顧以謙、陳瑞旻、鄭元皓、林世智（2017）。三、四級毒品裁罰與講習成效評估研究 —— 以新北市為例。藥物濫用防治，第 2 卷第 2 期，頁 1-45。

楊士隆、許福生、顧以謙、鄭凱寶、蘇婷亭（2016）。性侵害犯罪主要型態之犯罪模式 —— 以地方法院判決書分析為例。警學叢刊，第 46 卷第 4 期。中央警察大學印行。

楊士隆、陳巧雲、曾淑萍（2020）。暴力犯罪受刑人科學實證矯治與輔導方案 —— 生物、心理與社會復歸整合模式草案。國立中正大學犯罪研究中心。

楊士隆、曾淑萍（2012）。校園犯罪之預防，文載於校園犯罪與安全維護，楊士隆主編。五南圖書。

楊士隆、程敬閏、王中吟、郭人豪（2005）。台灣地區擄人勒贖犯罪模式之研究。執法新知論衡，第 1 卷第 1 期。

楊士隆、劉子瑄（2013），藥物濫用預防模式與國際預防準則之探討，刑事政策與犯罪研究論文集（16），法務部司法官學院印行。

楊士隆、鄭凱寶（2012）。大專院校校園詐欺犯罪問題與防制，海峽兩岸高校安全管理論壇。中國香港。

楊士隆、鄭凱寶（2017）。情境犯罪預防之應用：臺灣之經驗與案例。中國犯罪學學會年會研討會。

楊士隆、鄭凱寶（2018）。孤狼恐怖份子之國際現況、激進化歷程與防制對策。文載於楊士隆主編（2020），暴力犯罪：原因、類型與對策。五南圖書。

楊士隆、鄭瑞隆（2002）。台灣地區性侵害犯罪成因之實證調查研究。犯罪學期刊，第 9 期。中華民國犯罪學學會。

楊士隆、鄭瑞隆、張究安、林俊仁、許明慧、陳姿君（2009）。女性智障性侵被害情境與防治之研究。犯罪學期刊，第 12 卷第 2 期，頁 117-155。

楊士隆、戴伸峰（2020），科學實證毒品處遇模式實施成效評估與策進研究計畫，第 1 期，法務部矯正署委託。

楊士隆、戴伸峰（2021），科學實證毒品處遇模式實施成效評估與策進研究計畫，第 2 期，法務部矯正署委託。

楊士隆主編（2012）。校園犯罪與安全維護。五南圖書。

楊士隆主編（2024）。暴力犯罪：原因、型態與對策（修訂五版），五南圖書。

楊冀華（2017）。毒品施用者司法處遇效能之追蹤研究。中央警察大學犯罪防治研究所博士論文。中央警察大學。

詹德恩（2015）。恐怖主義犯罪問題與防治對策 —— 以洗錢防制為中心。文載於暴力犯罪：原因、類型與對策（三版）。五南圖書。

廖訓誠（1994）。縱火犯罪之研究。中央警官學校警政研究所碩士論文。

廖榮利（1993）。精神病理與社會工作。五南圖書。

趙居蓮譯（1995）。變態心理學。桂冠圖書公司。

劉志民（2015）。新精神活性物質問題。中國禁毒報。

樂羽嘉（2016）。普通人是如何變成恐怖分子。2018 年 12 月，取自：https://www.cw.com.tw/article/article.action?id=5076892

歐陽文貞。（2013）。DSM-5 認知障礙症簡介。DSM-5 通訊，第 3 卷第 2 期，頁 13-20。

蔡邦居（1998）。犯罪少年犯罪思考型態與偏差行為之研究。國立中正大學犯罪防治研究所碩士論文。

蔡俊章（2007）。擄人勒贖犯罪及其偵查預治策略之研究。犯罪學期刊，第 10 卷第 2 期，頁 145-194。

蔡德輝、楊士隆（2019）。犯罪學（修訂八版）。五南圖書。

蔡德輝、楊士隆（2023）。犯罪學（修訂九版）。五南圖書。

蔡德輝、楊士隆（2024）。少年犯罪：理論與實務（修訂八版）。五南圖書。

圖解犯罪學

衛生福利部食品藥物管理署（2017）。民國 97-106 年新興影響精神活性物質（NPS）在我國有檢出紀錄之品項。2018 年 4 月 12 日，取自：https://www.fda.gov.tw/upload/133/2018021314593237075.pdf

鄧煌發（2001）。國中生輟學成因及其與偏差行為相關性之研究（未出版之博士論文）。中央警察大學。

鄧煌發、李修安（2012）。犯罪預防。一品文化出版社。

鄭添成（2008）。大腦結構、執行控制功能與暴力犯罪行為關聯性之研究。國立中正大學犯罪防治研究所博士論文。

蕭開平（2017）。新興濫用物質致死案例（2001-2015），「新興影響精神物質因應策略研討會」，衛生福利部食品藥物管理署主辦，台大社科院－梁國樹國際會議廳。

蕭嘉興（2015）。六合彩賭博成因及簽賭模式之研究 —— 以嘉義縣個案為例（未出版之碩士論文）。國立中正大學犯罪防治研究所。

謝文彥（2002）。親密關係殺人犯罪之研究。中央警察大學犯罪防治研究所博士論文。

顧以謙（2016）。毒品使用及犯罪行為關聯性之研究 —— 以 P.E.S. 模式分析為例。國立中正大學犯罪防治研究所博士論文。

二、外文部分

Agnew, Robert (2014), Social Concern and Crime: Moving Beyond the Assumption of Simple Self-Interest, Criminology, 52 (1, 1-32).

Aichhorn, A. (1955). Wayward Youth (trans.). NY: Meridian Books.

Aind, R. W., and T. Yamamoto. (1966). Behavior Disorders of Childhood, Electroencephalography and Clinical Neurophysiology, 21: 148-156.

Akers, R. (1977). Deviant Behavior: A Social Learning Approach (2nd ed.). Bellmont, MA: Wadsworth.

Akers, R. L. (1985). Deviant behavior: A social learning approach (3rd ed.). Belmont, CA: Wadsworth.

Akers, R. L., Krohn, M. D., Lanza-Kaduce, L., and Radosevich, M. (1979). Social learning and deviant behavior: A specific test of a general theory . American Sociological Review, 44: 636-655.

Akers, Ronald L. (1973). Deviant Behavior: A Social Learning Approach. (1st ed.). Belmont. Cal: Wadsworth.

Akers, Ronald L. (1977). Deviant Behavior: A Social Learning Approach. (2nd ed.). Belmont.

Akers, Ronald L. (1998). Social Learning and Social Structure: a General Theory of Crime and Deviance. Boston: Northeastern University Press.

Alix, E. K. (1978). Ransom kidnapping in America, 1874-1974: The creation of a capital crime. Carbondale: Southern Illinois University Press.

Allison, J. A. and L. S. Wrightsman. (1993). Rape: The Misunderstood Crime. Newbury Park.

American Association on Mental Deficiency (AAMD) .(1973). Manual on terminology and classification in mental retardation (Rev. ed.). H. J. Grossman (ed.). Special Publication Series, No. 2, 11. Washington, D.C.

American Psychiatry Association. (1994). Diagnostic and statistical manual of mental disor- ders. Fourth Edition (DSM-IV). Washington, D.C.: APA.

American Psychiatry Association. (2000). Diagnostic and statistical manual of mental disorders. 4th Edition, Text Revision (DSM-IV-TR). Washington, D.C.: APA.

Andrews, D. A., and Bonta, J. (2010). The psychology of criminal conduct. Routledge.

Athens, Lonnie. (1997). Violent Criminal Acts and Actors Reviseited. University of IIlinois Press.

Bakker, Edwin and Beatrice de Graaf. (2011). Preventing Lone Wolf Terrorism: some CT Approaches Addressed, in: Perspectives on Terrorism, Vol. 5, Issue 5-6: 43.

Bancroft, J. (1983). Human Sexuality and its Problems. Edinburgh: Churchill-Livingstone.

Bandura, A. (1969). Principles of behavior modification. New York: Holt, Rinehar and Bandura, A. (1973). Aggression: A Social Learning Analysis. Englewood Cliffs. NJ: Pren- tice Hall.

Bandura, A. (1977). Social Learning Theory. Englewood Cliffs. NJ: Prentice Hall.

Baron, L. M. Sraus, and D. Jaffee. (1988). Legitimate violence, Violent atitudes, and rape: A test of the cultural spillover theory, in R. A. Prentky and V. L. Quinsey (eds.), Human sexual aggression: Current perspectives. New York: New York Academy of Science.

Bartollas, C. (1985). Correctional treatment: Theory and practice. Englewood Cliffs, NJ: Prentice-Hall.

Bates, Rodger A. (2012). Dancing with Wolves: Today's Lone Wolf Terrorists. Journal of Public and Professional Sociology 4, No. 1: 1-15.

Baumeister, R. F., L. Smart, and J. M. Boden. (1996). Relationship of threatened egotism to violence and aggression: the dark side of high-esteem, Psychological Review, 103(1): 5-33.

Bazemore, G., and Umbreit, M. (2001). A Comparison of Four Restorative Conferencing Models. Washington, D.C.: U. S. Department of Juvenile Justice and Delinquency Prevention.

Becker, G. S. (1968). Crime and Punishment: An Economic Approach, Journal of Political Economic, No. 77: 169-217.

Bergseth, K. J., and Bouffard, J. A. (2013). Examining the Effectiveness of a Restorative Justice Program for Various Types of Juvenile Offenders. International Journal of Offender Therapy and Comparative Criminology, 57 (9): 1054-1075.

Berman, Louis .(1938). New Creation in Human Beings. New York: Doubleday.

Blackburn, Ronald. (1993). The Psychology of Criminal Conduct: Theory, Research and practice. New York: John Wiley and Sons.

Blackburn, Ronald. (1996). Mentally Disordered Offenders, in Hollin, C. R. (ed), Working with Offenders: Psychological Practice in Offender Rehabilitation. Chichester: Wiley.

圖解犯罪學

Blalock, Hubert M. (1969) Theory Construction, Englewood Cliffs, NJ: Prentice Hall.

Blumberg, N. H. (1981). Arson Update: A review of the literature on firesetting. Bulletin of the American Adacemy of Psychiatry and the Law, 9: 255-265.

Bolz Jr, F., Dudonis, K. J., and Schulz, D. P. (1999). The Counterterrorism Handbook: Tactics, procedures, and techniques. CRC Press.

Bolz Jr, F., Dudonis, K. J., and Schulz, D. P. (2002). The Counterterrorism Handbook.

Bosick, S. J., and Fomby, P. (2018). Family Instability in Childhood and Criminal Offending During the Transition into Adulthood. American Behavioral Scientist, 62 (11): 1483-1504.

Bouffard, J., Cooper, M., and Bergseth, K. (2017). The Effectiveness of Various Restorative Justice Interventions on Recidivism Outcomes Among Juvenile Offenders. Youth Violence and Juvenile Justice, 15 (4): 465-480.

Braithwaite, John. (1989). Crime, Shame, and Reintegration. Cambridge: Cambridge University Press.

Brantingham, P. L. (1989). Crime Prevention: The North American Experience, The geographic of Crime, Edited by David J. Evans and David T. Herbert, Published by Routledge.

Brantingham, P. L. and Faust, F. L. (1976). A Conceptual Model of Crime Prevention. Crime and Delinquency, 22: 284-298.

Brodsky, S. L. (ed.) (1973). Psychologists in the Criminal Justice System. Urbana, IL: Uni- versity of Illinois Press.

Broidy, L., and Agnew, R. (1997). Gender and Crime: A General Strain Theory Perspective. Journal of Research in Crime and Delinquency, 34 (3): 275-306.

Brown, B. B., and I. Altman. (1981). Territoriality and Residential Crime: A Conceptual Framework, in Enviornmental Criminology, edited by P. J. Brantingham and P. L. Brantingham, Beverly Hills, Calif.: Sage.

Brown, Stephen E., Finn-Aage Esbensen and Gillbert Geis (1996). Criminology: Explain Crime and its context. Cincinnati OH: Anderson.

Browne, K., and Howells, K. (1996). Violent offenders. Working with offenders: Psychological practice in offender rehabilitation, 188-210.

Bumpass, E. R., F. D. Fagelman, and R. J. Rirx. (1983). Intervention with children who set.

Burgess, A. W. and L. L. Holmstrom. (1985). The Rape Trauma Syndrome, American Journal of Psychiatry, 131: 981-999.

Burgess, Robert L. and Ronald L. Akers. (1966). A Differential Association-Reinforcement Theory of Criminal Behavior, Social Problems, 14: 128-147.

Bursik, Robert J. (1989). Political Decisionmaking and Ecological Models of Delinquency: Conflict and Consensus, in Messner, S. F., M. D. Krohn, and A. E. Liska (Eds.), Theoretical Integration in the Study of Crime and Deviance: Problems and Prospects. Albany, NY: State University of New York Press, 105-117.

Bushman, B. J., Bonacci, A. M., Van Dijk, M., and Baumeister, R. F. (2003). Narcissism, Sexual Refusal, and Aggression: Testing A Narcissistic Reactance Model of Sexual Coercion. Journal of Personality and Social Psychology, 84 (5): 1027-1040.

Button, M., Lewis, C., Tapley, J. (2014). Not A Victimless Crime: The Impact of Fraud on Individual Victims and Their Families. Security Journal, 27: 36-54.

by Albert J. Resii. Jr., and Michael Tonry. The University of Chicago Press.

Byman, D. (2017). How to hunt a lone wolf: Countering terrorists who act on their own. Foreign Aff., 96.

Campedelli, G. M., Calderoni, F., Comunale, T., and Meneghini, C. (2019). Life-Course Criminal Trajectories of Mafia Members. Crime and Delinquency, 67 (1): 111-141.

Carson, Robert C., James N. Butcher, and James C. Coleman. (1988). Abnormal Psychology and Modern Life. Eight Edition, Harpercollins Publishers.

Centre for Justice and Reconciliation. (2015). Tutorial: Introduction to Restorative Justice. Retrieved August 13, 2021, from: http://restorativejustice.org/restorative-justice/about-restorative-justice/tutorial-intro-to-restorative-justice/#sthash.Mvq2H8gz.dpbs

Charney, F. L. (1979). Inpatient treatment programs, in W. H. Reid (ed.), the Psychopath: A comprehensive study of antisocial disorders and behaviors. New York: Brunner/Maz- wl.

Chin, V., and Dandurand, Y. (2012). Introductory handbook on the prevention of recidivism and the social reintegration of offenders. Criminal Justice Handbook Series), New York: United Nations.

Christian, J. (2011). Victimless Crime. In The Editors of Salem Press, Sociology Reference Gide: Analyzing Crime & Social Control. Pasadena: CA: Salem Press.

Christiansen, K. O. (1974). Seriousness of Criminalities and Concordance among Danish.

Clarke, R. (1983). Situational Crime Prevention: Its Theoretical Basis and Practical Scope. Crime and Justice: An Annual Review of Research, 4: 3-36.

Clarke, R. and D. Cornish. (1985) 'Modeling Offenders' Decisions: A Framework for Research and Policy', in T. Michael and N. Morris (eds) Crime and Justice. An Annual Review of Research, Vol. 6, pp. 147-185. Chicago, IL: The University of Chicago Press.

Clarke, R. V. (1980). Situational Crime Prevention: Theory and Practice. British Journal of Criminology, 20: 136-147.

Clarke, R. V. (1988). Guest Editor's introduction to the special issue on situational prevention, in Journal of Security Administration, 11: 4-7.

Clarke, R. V. (1992). Situational Crime Prevention: Successful Case Studies. New York: Herrow and Heston.

Clarke, R.V. (1997). Situational Crime Prevention: Successful Case Studies (2nd ed.). New York, NY: Harrow & Heston Publishers.

Clarke, R.V. and Eck, J.(2003). Theory for Practice in situational crime prevention. Classifying common police problems: A routine activity approach. Monsey, Ny Criminal Justice Press.

Clarke, R.V. and Homel, Ross.(1997). 'A Revised Classification of Situational Crime Prevention Technique,' in Crime Prevention and Crossroads, ad., Steven Lab, Cincinnati: Anderson: 4.

圖解犯罪學

Clinard, M. B., and Quinney, R. (1973). Criminal Behavior Systems. New York, NY: Holt, Rinehart, and Winston.

Clinical Approaches to Mentally Disordered Offender. Chichester: Wiley.

Cloward, Richard A. and Lloyd E. Ohlin. (1960). Delinquency and Opportunity. New York, NY: The Free Press.

Cohen, A. (1965). The Sociology of the Deviant Act: Anomie Theory and Beyond. American Sociological Review, 30 (1): 5-14.

Cohen, L. E., and Felson, M. (1979). Social Change and Crime Rate Trends: A Routine Activity Approach. American Sociological Review, 44 (4): 588-608.

Cohen, M. L., R. Garafalo, R. Boucher, and T. Seghorn .(1971). The psychology of rapists,Seminars in Psychiatry, 3: 307-227.

Colvin, M. (2000). Crime and Coercion: An Integrated Theory of Chronic Criminality. New York, NY: Palgrave MacMillan.

Copes, H., Kerley, K. R., Huff, R., Kane, J. (2010). Differentiating Identity Theft: An Exploratory Study of Victims Using A National Victimization Survey. Journal of Criminal Justice, 38: 1045-1052.

Cornish, D. and Clarke, R.(2003). 'Opportunities, Precipitators Criminal Decisions: A Reply to Worley's Critique of Situational Crime Prevention.' in Smith, M.J. & Cornish, D.B.(Eds.), Theory for Practice in Situational Crime Prevention: Crime Prevention Studies 16: 41-96. Monsey, NY: Criminal Justice Press.

Cornish, D. B. and Clarke, R. V. (eds.) (1986). The Reasoning Criminal, Rational Choice Perspectives on Offending. New York: Springer-Verlag.

Craft, M. (1976). Psychopathic disorders. Oxford Pergamon Press.

Croall, H. (2009). White Collar Crime, Consumers and Victimization. Crime, Law and Social Change, 51: 127-146.

Cumming, G. F., and McGrath, R. J. (2000). External supervision. Remaking relapse prevention with sex offenders. A sourcebook, 236-253.

D. Glasser (ed.). Handbook of Criminology. Chicago: Rand McNally.

D'Asaro, B. C. Grossback and C. Nigro (1975). Polyamine Levels in Jail Inmates, Journal of Orthmlecular Psychiatry, 4: 149-152.

Dalgaard-Nielsen, A. (2010). Violent Radicalization in Europe: What We Know and What We Do Not Know, Studies in Conflict and Terrorism, 33: 797-814.

Dalton, Katharina. (1978). Menstruation and Crime, in Leonard D. Saviz and Norman Johnston, Crime in society. New York: John Wildy & Sons.

Day, K. (1993). Crime and mental retardation: a review, in Howells. K. & C. R. Hollin (eds.),

De Li, S. (1999). Legal Sanctions and Youths' Status Achievement: A Longitudinal Study. Justice Quarterly, 16 (2): 377-401.

Decker, S. H. (1993). Exploring victim-offender relationships in homicide: The role of individual and event characteristics. Justice Quarterly, 10 (4): 585-612.

DeLisi, M., and Vaughn, M. G. (2008). The Gottfredson-Hirschi Critiques Revisited: Reconciling Self-Control Theory, Criminal Careers, and Career Criminals. International Journal of Offender Therapy and Comparative Criminology, 52 (5):

參考文獻

520-537.

Deloughery, Kathleen, Ryan D. King, and Victor Asal. (2013). "Understanding Lone-actor Terrorism: A Comparative Analysis with Violent Hate Crimes and Group-based Terrorism." Final Report to the Resilient Systems Division, Science and Technology Directorate, U.S. Department of Homeland Security. College Park, MD: START.

Denkowski, G. C. and K. M., Denkowski. (1985). The mentally retarded offender in the state prison system: identification, prevalence, adjustment, and rehabilitation, Criminal Justice and Behavior, 12: 55-70.

Dilulio Jr, J. J. (1987). Governing Prisons: A Comparative Study of Correctional. Management. New York: Free Press.

Dodge, M. A. (2020). Black Box Warning: The Marginalization of White-Collar Crime Victimization. Journal of White Collar and Corporate Crime, 1 (1): 24-33.

Dollard, J. C., L. Doo, N. Millen et al. (1939). Frustration and Aggression. New Haven: Yale University Press.

Donner, C. M., Marcum, C. D., Jennings, W. G., Higgins, G. E., and Banfield, J. (2014). Low Self-Control and Cybercrime: Exploring The Utility of the General Theory of Crime Beyond Digital Piracy. Computers in Human Behavior, 34: 165-172.

Donovan, J. E., and Jessor, R. (1985). Structure of Problem Behavior in Adolescence and Young Adulthood. Journal of Consulting and Clinical Psychology, 53 (6): 890-904.

Donovan, J. E., and Jessor, R. (2016). Problem Behavior Theory and the Problem Behavior Syndrome. In R. Jessor (ed.), The Origins and Development of Problem Behavior Theory: The Collected Works of Richard Jessor , pp. 89-109. Cham: Springer International Publishing.

Dubuque, Iowa: WM. C. Brown Company Publishers.

Elliott, D. S., Huizinga, D., and Ageton, S. S. (1985). Explaining Delinquency and Drug Use. Beverly Hills, CA: Sage Publications.

Ellis, A. (1979). The sex offender, in Hans Toch (eds.), Psychology of Crime and Criminal Justice. Waveland Press Inc.

Ellis, L. (1982). Empathy: A factor in antisocial behavior, Journal of Abnormal Child Psychology, 2: 123-233.

Ellis, L. (1987). Relationships of criminality and psychpathy with eight other apparent behavioural manifestations of sub-optimal arousal personality and individual Differences, 8: 905-925.

Epps, Kevin .(1996). Sex Offenders, in Hollin, C. R. (ed). Working with Offenders: Psychological Practice in Offender Rehabilitation. Chichester: Wiley.

Fagan, A. A., and Wright, E. M. (2012). The Effects of Neighborhood Context on Youth Violence and Delinquency: Does Gender Matter? Youth Violence and Juvenile Justice, 10 (1): 64-82.

Farnworth, Margaret .(1989), Theory Integration versus model building, in Messner, S. F., M. D. Krohn, and A. E. Liska (Eds.), Theoretical Integration in the Study of Crime and Deviance: Problems and Prospects. Albany, NY: State University of New York Press, 93-100.

Farrington, D. P. (1995). The development of offending and antisocial behaviour from childhood: Key findings from the Cambridge Study in Delinquent Development. Journal of Child psychology and psychiatry, 6 (36): 929-964.

Farrington, D. P., and Loeber, R. (1999). Transatlantic Replicability of Risk Factors in The Development of Delinquency. In P. Cohen, C. Slomkowski, & L. N. Robins (Eds.), Historical and Geographical Influences on Psychopathology, 299-329. Mahwah, NJ: Lawrence Erlbaum Associates.

Fazel, S., and Danesh, J. (2002). Serious mental disorder in 23000 prisoners: a systematic review of 62 surveys. Lancet (London, England), 359 (9306): 545-550.

Fazel, S., Singh, J. P., Doll, H., and Grann, M. (2012). Use of risk assessment instruments to predict violence and antisocial behaviour in 73 samples involving 24 827 people: systematic review and meta-analysis. Bmj, 345.

Finkelhor, D. (2000). Kidnaping of juveniles: Patterns from NIBRS. US Department of Justice, Office of Justice Programs, Office of Juvenile Justice and Delinquency Prevention.

Fishbein, Diana H. (1990). Biological Perspectives in Criminology, Criminology, Vol. 28. Number 1. February.

Forrest, W., Hay, C., Widdowson, A. O., and Rocque, M. (2019). Development of Impulsivity and Risk-Seeking: Implications for The Dimensionality and Stability of Self-Control. Criminology, 57 (3): 512-543.

Fox, James A. and Jack Levin. (1985). Mass Murder. New York: Plenum Press.

Freud, Sigmund .(1963). An Outline of Psychoanalysis. trans, James Strachey. New York: Norton.

Furby, L., M. R. Weinrott, and L. Blackshaw. (1989). Sex offender recidivism: A review, Psychological Bullein, 105: 3-30.

Gallagher, B. J. III. (1987). The Sociology of Mental Illness (2nd ed.). Englewood Cliffs, NJ: Prentice Hall.

Gendreau, P., Little, T., and Goggin, C. (1996). A meta-analysis of the predictors of adult offender recidivism: What works!. Criminology, 34 (4): 575-608.

Gibbs, J. (1975). Crime, Punishment and Deterrence. New York Elsevier.

Glaser, Barney G. and Anselm L. Strauss. (1967), The Discovery of Grounded Theory, Glueck, S., and Glueck, E. (1940). Juvenile Delinquents Grown Up. New York, NY: Commonwealth Fund.

Goetting, A. (1995). Homicide in families and other special populations. Springer Publishing Co.

Goldstein, P. J. (1985). The Drugs/Violence Nexus: A Tripartite Conceptual Framework. Journal of Drug Issues, 15: 493-506.

Grabosky, P. N. (1998). Technology & Crime Control. Canberra: Australian Institute of Criminology.

Grant, J. E., and Odlaug, B. L. (2008). Kleptomania: Clinical Characteristics and Treatment. Brazilian Journal of Psychiatry [online], 30 (1): S11-S15.

參考文獻

Green, S. P. (2006). Lying, Cheating, and Stealing: A Moral Theory of White-Collar Crime. London: Oxford University Press.

Groth, A. N. (1979). Men who rape: The psychology of the offender. New York: Plenum.

Groves,W. B.and M. J. Lynch. (1990), "Reconciling Structural and Subjective Approaches to the study of Crime." Journal of Research in Crime and Delinquency, 27: 301-319

Gunderson, J. (1974). Management of manic States: the problem of firesetting, Psychiatry, 37: 137-146.

Hacker, F., and Hacker, F. (1976). Crusaders, criminals, crazies: Terror and terrorism in our time. New York: Norton.

Hagan, F. E. (2017). Research Methods in Criminal Justice and Criminology (10th ed). New York, NY: Pearson.

Heitmeyer, W. (1989). Jugend auf dem Weg nach rechts. Gewerkschaftliche Monatshefte, 40: 549-560.

Heitmeyer, W. (2002). Rechtsextremistische Gewalt. Internationales Handbuch der Gewaltforschung, 501-546.

Henn, E. A., M. Herjanic, and R. H. Vander pear (1976). Forensic Psychiatry: Diagnosis of criminal responsibility, The Journal of Nervous and Mental Disease, 162: 423-429.

Hickey, Eric W. (1991). Serial Murders and Their Victims. Pacific Grove: Brooks/Cde Pub- lishing Company.

Hindelang, M. J., Gottfredson, M. R., and Garofalo, J. (1978). Victims of Personal Crime: An Empirical Foundation for A Theory of Personal Victimization. Cambridge, MA: Ballinger Publishing Company.

Hippchen, L. (1978). Ecologic Biochemical Approaches to Treatment of Delinquests and Criminals. New York: Von Nostrand Reinhold.

Hirschi, T. and M. J. Hindelang .(1977). Intelligence and Delinquency: a revisionist review, American Sociological Review, 42: 571-587.

Hirschi, Travis. (1969). Causes of Delinquency. Berkely: University of California Press.

Hirschi, Travis. (1979). "Separate and unequal is better," Journal of Research in Crime and Delinquency, 16: 34-38.

Hirschi,T. (1969). Causes of Delinquency: A Control Theory of Delinquency. England, UK: Routledge.

Hirtenlehner, H., and Baier, D. (2019). Self-Control and Offending in Late Adulthood. Investigating Self-Control's Interaction with Opportunities and Criminal Associations in Advanced Age. Journal of Criminal Justice, 60 (C): 117-129.

Hollin, Cive R. (1989). Psychology and Crime: An Introduction to Criminological Psychology. New York: Routledge.

Holmes, R. M. and Stephen T. Holmes. (1996). Profiling Violent Crimes: An Investigative Tool. Thousand Oaks, CA: Sage.

Holmes, Ronald M. and James De Burger. (1988). Serial Murder. Newbury Park, CA: Sage Publications.

圖解犯罪學

Holt, T. J., Leukfeldt, R., and van de Weijer, S. (2020). An Examination of Motivation and Routine Activity Theory to Account for Cyberattacks Against Dutch Web Sites. Criminal Justice and Behavior, 47 (4): 487-505.

Howells, K. (1982). Mental disorder and violent behaviour. In: Feldman, P., ed. Developments in the study of criminal behaviour. 2: 163-200. Chichester: Wiley; Hutchings, Barry and Sarnoff A. Mednick. (1977). Criminalities in Adoptees and Their Adoptive and Biological Parents: A Pilot Study, in Mednick and Christiasen (eds.), Biosocial Bases of Criminal Behavior. Gardner Press, New York.

Irwin, John. (1970). The Felon. University of California Press.

Jackson, Howard F. (1994). Assessment of Fire-Setters, in Marry Mc Murran & John Hodge (eds.), The assessment of criminal behaviours of clients in Secure Settings. Jassia Kingsley Publishers.

Jacobs, B. A. (2010), Deterrence and Deterrability. Criminology, 48 (2): 417-441.

Jacobs, P.A, Brunton, M., Melville, R. P., Mcclemont, W. F. MCCLEMONT. (1965). Aggressive Behaviour, Mental Sub-normality and the XYY Male. Nature 208: 1351-1352.

Jaffe, J. H., Babor, T. F., and Fishbein, D. H. (1988). Alcoholics, aggression and antisocial personality. Journal of Studies on Alcohol, 49 (3): 211-218.

James, M. P., and Carcach, C. (1997). Homicide in Australia 1989-96. Canberra: Australian Institute of Criminology.

Jeffery, C. R. (1959). Pioneers in Criminology: The Historical Development of Criminology. The Journal of Criminal Law & Criminology, 50 (1): 3-19.

Jeffery, C. R. (1965). Criminal Behavior and Learning Theory, Journal of Criminal Law, Criminology, and Polics Science, 56: 294-300.

Jeffery, C. R. (1977). Crime prevention through environmental design ,Vol. 524. California: Sage Publications.

Jeffery, C. R. (1990). Criminology: An Interdisciplinary Approach. Englewood Cliffs, NJ: Prentice Hall.

Kafrey, D. (1980). Playing with matches: Children and fire, in D., Canter (ed.), Fire and human behavior. Chicheser, England: Wiley.

Kamorowski, J., Schreuder, M., de Ruiter, C., Jelicic, M., & Ask, K. (2018). Risk assessment tools and criminal reoffending: Does bias determine who is "high risk"?. In-Mind Magazine (English Edition), 9 (38).

Kanz, K. M. (2016). Mediated and Moderated Effects of Violent Media Consumption on Youth Violence. European Journal of Criminology,13 (2): 149-168.

Kennedy, J. L. D., Tuliao, A. P., Flower, K. N., Tibbs, J. J., & McChargue, D. E. (2019). Long-Term Effectiveness of a Brief Restorative Justice Intervention. International Journal of Offender Therapy and Comparative Criminology, 63 (1): 3-17.

Keppel, R. D., and Weis, J. G. (1994). Time and distance as solvability factors in murder cases. Journal of Forensic Science, 39 (2): 386-401.

Khosrokhavar, F. (2014). Radicalisation. Éditions de la Maison des sciences de l'homme.

Kim, J., and McCarthy, W. J. (2006). School-Level Contextual Influences on Smoking and Drinking Among Asian and Pacific Islander Adolescents. Drug and Alcohol Dependence, 84 (1): 56-68.

Kingston, B., Regoli, B. and Hewitt, J. D. (2003). The Theory of Differential Oppression: A Developmental-ecological Explanation of Adolescent Problem Behavior. Critical Criminology, 11: 237-260.

Kirk, D.S. (2012). Residential Change as A Turning Point in The Life Course of Crime: Desistance or Temporary Cessation? Criminology, 50 (2): 329-358. Klockars, C. B. (1979), The Contemporary Crises of Marxist Criminology. Criminology, 16 (4): 477-515.

Kohlberg, Lawrence (1969). Stages in the development of Moral Thought and Action. New York: Holt, Rinehart and Winston.

Kornhauser, Ruth R. (1978), Social Sources of Delinquency. Chicago: University of Chicago Press, 28.

Kretschmer, Ernest. (1925). Physique and Character. English translation of second edition by W. J. H. Sprott. London.

Kurki, L. (2000). Restorative and Community Justice in the United States. In M. Tonry (Ed.), Crime and Justice: A Review of Research , 27: 235-303. Chicago, IL: University of Chicago Press.

Lab, Steven P. (1992). Crime Prevention: Approaches, Practice and Evaluations. 2nd Edition. Anderson Publishing Co..

Lambert, N. M. (1988). Adolescent outcomes for hyperactive children: perspectives on general and specific patterns of childhood risk for adolescent educational, social and mental health problems. American Psychologist, 43: 786-799.

Latessa, E. J., and Lovins, B. (2010). The role of offender risk assessment: A policy maker guide. Victims and Offenders, 5 (3): 203-219.

Laub, J. H., and Sampson, R. J. (1993). Turning Points in The Life Course: Why Change Matters to The Study of Crime. Criminology, 31 (3): 301-325.

Laub, J. H., and Sampson, R. J. (2003). Shared Beginnings, Divergent Lives: Delinquent Boys to Age 70. Cambridge, MA: Harvard University Press.

Lawson, W. K. (1984). Depression and crime: a discursive approach, in M Craft and A. Craft (eds.), Mentally Abnormal Offenders. London: Bailliere Tindall.

Lejins, Peter. (1967). The Field of Prevention, in Amos, W. and Wellford, C.(Eds.), Delinquency Prevention: Theory and Practive, Englewood Cliffs, New Jersey: Prentice-Hall.

Lemert, E. M. (1995). Secondary Deviance and Role Conceptions. In N. J. Herman (Ed.), Deviance: A symbolic interactionist approach , 111-117. Lanham, MD: General Hall.

Levrant, S., Cullen, F. T., Fulton, B., and Wozniak, J. F. (1999). Reconsidering Restorative Justice: The Corruption of Benevolence Revisited? Crime & Delinquency, 45 (1): 3-27.

Lewis C. E., L. Robins, and J. Rice .(1985). Association of alcoholism with antisocial

圖解犯罪學

personality in urban men, J. Nerv. Ment Dis., 173 (3): 166-174.

Liska, Allen E.,Marvin D. Krohn, and Steven F. Messner (1989), "Strategies and Requisites for Theoretical Integration in the Study of Crime and Deviance, " in Messner, S. F., M. D. Krohn, and A. E. Liska (eds.), Theoretical Integration in the Study of Crime and Deviance: Problems and Prospects. Albany, NY: State University of New York Press, 1-19

Listokin, Y. (2006). Crime and (with a Lag) Punishment: Equitable Sentencing and the Implications of Discounting. American Criminal Law Review, 44 (1): 15-140.

Livingstone, N., Macdonald, G., and Carr, N. (2013). Restorative Justice Conferencing for Reducing Recidivism in Young Offenders (Aged 7 To 21). The Cochrane Database of Systematic Reviews, 2013 (2), CD008898.

Loeber, R., Wung, P., Keenan, K., Giroux, B., Stouthamer-Loeber, M., Van Kammen, W. B., and Maugham, B. (1993). Developmental Pathways in Disruptive Child Behavior. Development and psychopathology, 5 (1-2): 103-133.

Lombroso, C. and W. Ferrero. (1968). The Female Offender. New York: Philosophical Library.

Lonsdale, D. and S. P. Shamberger. (1980). Red cell transketolase as an indicator of nutritional deficiency, American Journal of Clinical Nutrition, 33: 205-211.

Luckenbill, David F. (1977). Criminal Homicides as a Situated Transaction. Social Problems, 25: 176-186.

Lunde, D. T. (1976). Murder and Madness. San Francisco: San Francisco Book Co.

Lynch, J. P. (1987). Routine Activity and Victimization at Work. Journal of Quantitative Criminology, 3 (4): 283-300.

Marcus Felson and Ronald V. Clarke. (1993). Ransom Kidnapping in Sardinia, Subcultural Theory, and Rational Choice. Routine Activity and Rational Choice: Advances in Criminological Theory, 5: 179-199.

Mark. Hamm and Ramon Spaaij. (2015). Lone Wolf Terrorism in America: Using Knowledge of Radicalization Pathways to Forge Prevention Strategies. Final Report, U.S. Department of Justice.

Martinson, R. (1974). What works?-Questions and answers about prison reform. The public interest, 35: 22.

Matsueda,Ross L and Karen Heimer (1987), "Race, Family Structure, and Delinquency." American Sociological Review, 52: 826-840.

Maurer, David W. (1940). The Big Con: The Story of the Confidence Men and the Confidence Game. Indianapolis: Bobbs-Merrill.

McCaghy, C. H., and Capron, T. A. (1994). Deviant Behavior: Crime, Conflict, and Interest Groups (3rd ed). New York, NY: Macmillan College Publishing Co.

McCord, William and Joan McCord. (1964). The psychopath: An essay on the criminal mind. New York: Van Norsand Reinhold.

McMurran, Marry. (1996). Alcohol. Drugs and Criminal Behavior, in Hollin. C. R. (ed.), Working with Offenders: Psychological Practice in Offender Rehabilitation. Chichester: Wiley.

參考文獻

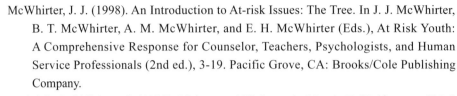

圖解犯罪學

McWhirter, J. J. (1998). An Introduction to At-risk Issues: The Tree. In J. J. McWhirter, B. T. McWhirter, A. M. McWhirter, and E. H. McWhirter (Eds.), At Risk Youth: A Comprehensive Response for Counselor, Teachers, Psychologists, and Human Service Professionals (2nd ed.), 3-19. Pacific Grove, CA: Brooks/Cole Publishing Company.

Mednick, Sarbiff A. et al. (1982). Biology and Violence, in Marvin E. Wolfgang and Neil Alan Weiner (eds.), Criminal Violence. Sage, Beverly Hills. Cal.

Megargee, E. (1966). Undercontrolled and Overxontrolled Personality Types in Extreme Antisocial Aggression. Psychological Monographs: General and Applied, 80: 1-29.

Messner, Steven F. (1989). Economic Discriminalization and Societal Homicide Rates: Further Evidence of the Cost of Inequality. American sociological Review, 54: 579-611.

Messner, Steven F. and Kenneth Tardiff. (1986). Economic Inequality and Levels of Homicide: An Analysis of Urban Neighborhoods, Criminology, 214: 297-317.

Moghaddam, F. M. (2005). The Staircase to Terrorism: A Psychological Exploration. American Psychologist, 60 (2): 161-169.

Moran, R. (1978). Biomedical research and the politics of crime control: A historical perspective, Contemporary Crisis, 2: 335-357.

Morris, N., and Hawkins, G. (1970). The Honest Politician's Guide to Crime Control. Chicago, IL: The University of Chicago Press.

Morton, J. H., R. G. Addition., L. Hunt and J. J. Sullivan (1953). A Clinical Study of Premenstrual Tension, American Journal of Obstetrica and Gynecology, 65: 1182-1191.

Mouzos, J. (2000). Homicidal encounters: A study of homicide in Australia 1989-1999. Canberra: Australian Institute of Criminology.

Mouzos, J., and Muller, D. (2001). Solvability factors of homicide in Australia: an exploratory analysis. Trends and issues in crime and criminal justice, 216: 1-6.

Muisener, P. P. (1994). Understanding and Treating Adolescent Substance Abuse. Thousand Oaks, CA: Sage Publications.

Mungas, D. (1983). An empirical analysis of specific syndromes of violent behavior, Journal of Nervous and Mental Disease, 171: 354-361.

Nagin, D. S., and Snodgrass, G. M. (2013). The effect of incarceration on re-offending: Evidence from a natural experiment in Pennsylvania. Journal of Quantitative Criminology, 29 (4): 601-642.

Nagin, D.S., and Pogarsky, G. (2003). An Experimental Investigation of Deterrence: Cheating, Self-Serving Bias, and Impulsivity. Criminology, 41 (1): 167-194.

Naudé C. M. B. (1985). The Field of Crime Prevention, in Criminology: Study Guide 1 for KRM205-E (Crime Prevention). University of South Africa.

Newman, O. (1972). Defensible Space: Crime Prevention through Urban Design. New York: Macmillan.

Paternoster, R., and Brame, R. (1997). Multiple Routes to Delinquency? A Test of Developmental and General Theories of Crime. Criminology, 35 (1): 49-84.

Philaretou, A. (2005). Sexuality and the Internet. Journal of Sex Research, 42: 180-181.

Piaget, J. (1932). The Moral Judgement of the Child. London: Kegan Paul.

Piquero, A. R., Farrington, D. P., Nagin, D. S., & Moffitt, T. E. (2010). Trajectories of offending and their relation to life failure in late middle age: Findings from the Cambridge Study in Delinquent Development. Journal of Research in Crime and Delinquency, 47(2): 151-173.

Piquero, N. L. (2018). White-Collar Crime Is Crime: Victims Hurt Just the Same. Criminology & Public Policy, 17: 595-600.

Pogarsky, G., and Piquero, A. R. (2003). Can Punishment Encourage Offending? Investigating the "Resetting" Effect. Journal of Research in Crime and Delinquency, 40 (1): 95-120.

Poland, J. M. (1988). Understanding terrorism: Groups, strategies, and responses. Englewood Cliffs: Prentice Hall.

Poland, J. M., and McCrystle, M. J. (1999). Practical, tactical, and legal perspectives of terrorism and hostage-taking (No. 9). Edwin Mellen Press.

Polk, K. (1994). When men kill: Scenarios of masculine violence. Cambridge University Press.

Prentky, Robert. (1995). A Rationale for the Treatment of Sex Offenders: Pro Bono Publico, in J. McGuire (ed.), What Works: Reducing Reoffending-Guidelines from Research and Practice. John Wiley & Sons.

Price, M., and Dalgleish, J. (2010). Cyberbullying: Experiences, Impacts and Coping Strategies as Described by Australian Young People. Youth Studies Australia, 29 (2): 51-59.

Pursley, R. D. (1994). Introduction to Criminal Justice. New York: Macmillan Publishing Company.

Quinney, R. (1980). Class, State, and Crime (2nd ed.). New York, NY: Longman.

Quinney, R., and Wildeman, J. (1977). The Problem of Crime: A Critical Introduction to Criminology. New York, NY: Harper & Row.

Rabin, Albert I. (1979). The antisocial personality-psychopathy and Sociopathy, in Psychology of Crime and Criminal Justice, Edited by Hans Toch. Waveland Press. Inc.

Rain, A. (1993). The Psychopathology of Crime. Academic Press Inc. San Diego.

Reckless, W. C. (1961). A New Theory of Delinquency And Crime. Federal Probation, 25: 42-46.

Regoli, R., and Hewitt, J. (2001). Differential Oppression Theory. Encyclopedia of Criminology and Deviant Behavior, 1: 131-133.

Reingle, J. M., Jennings, W. G., & Maldonado-Molina, M. M. (2012). Risk and protective factors for trajectories of violent delinquency among a nationally representative sample of early adolescents. Youth Violence and Juvenile Justice, 10 (3): 261-277.

Revised by Thomas J. Bernard. New York: Oxford University Press.

參考文獻

Riedel, M. Field. (1991). Stranger Violence: A theorical Inquire. Manuscript.

Riedel, M., and Rinehart, T. A. (1996). Murder clearances and missing data. Journal of Crime and Justice, 19 (2): 83-102.

Robins, L. N. et al. (1984). Lifetime prevalence of specific Psychiatric disorders in three Sites. Arch. Gen. Psych., 41: 949-58,

Robins, L. N., and Wish, E. (1977). Childhood Deviance as A Developmental Process: A Study of 223 Urban Black Men from Birth to 18. Social Forces, 56 (2): 448-473.

Rochester Youth Development Study, Thornberry, T. P., Lizotte, A. J., Krohn, M. D., Farnworth, M., & Jang, S. J. (1991). Testing interactional theory: An examination of reciprocal causal relationships among family, school, and delinquency. Journal of Criminal Law and Criminology, 3-35.

Rojek, D. G. and J. L.William. (1993). Interracial Vs. Intraracial Offenders in Terms of the Victim/Offender Relationship, in A. V. Wilson, Homicide: the Victiml Offender Connection. Anderson Publishing Co.

Ross, R. R. and E. A. Fabiano. (1985). Time to think: A Cognitive Model of Delinquency Prevention and Offender Rehabilitation. Johnson City, Tenn: Institute of Social Sciences and Arts.

Rowe, David and D. Wayne Osgood. (1984). Heredity and Sociological Theories of Delinquency: A Reconsideration, American Sociological Review, 49: 526-540.

Santamour, Miles and Bernadette West .(1977). The Mentally Retarded Offender and Corrections. Washington. D. C.: Government Printing Office.

Santtila, Pekka and Jaana Haapasalo. (1997). Neurological and Psychological Risk Factors Among Young Homicidal, Violent, and Nonviolent Offenders in Finland. Homicide Studies, 1 (3): 234-253.

Satterfield, J. H. (1978). 'The hyperactive child syndrome: a precursor of adult psychopathy?' In: Hare, R. D. and Schalling, D. (Eds), Psychopathic Behaviour. Approaches to Research, 329-346. John Wiley, Chichester.

Schlapp, Max G. and Edward H. Smith. (1928). The New Criminology. New York: Boni & Liveright.

Schmid, A. P. (2013). Radicalisation, De-Radicalisation, Counter-Radicalisation: A Conceptual Discussion and Literature Review. International Centre for Counter-Terrorism-The Hague.

Schur, E. (1965). Crimes Without Victims: Deviant Behavior and Public Policy. Englewood Cliffs, NJ : Prentice Hall.

Schur, E. M., and Bedau, H. A. (1974). Victimless Crimes: Two Sides of a Controversy. Englewood Cliffs, NJ : Prentice-Hall.

Scully, D. (1990). Understanding Sexual Violence: a Study of Convicted Rapists. Boston: Unwin Hyman.

Sellin, T. (1938). Culture Conflict and Crime. American Journal of Sociology, 44 (1): 97-103.

圖解犯罪學

Sellin, T. (1980). Culture Conflict and Crime. in S. H. Traub and C. B. Little (eds.), Theories of Deviance (2nd ed.), 58-68. Itasca, IL: F. E. Peacock Publishers.

Sellin, Thorsten and Marvin Wolfgang. (1964). The Measurement of Delinquency. New York: Wiley.

Serin, R., and Brown, S. (1996, September). Strategies for enhancing the treatment of violent offenders. In Forum on Corrections Research, 8: 45-48. Correctional Service of Canada.

Shah, S. A. and L. H. Roth. (1974). Biological and Psychological factors in Criminalities, in

Shapiro, A. (1969). Delinquent and disturbed behavior within the field of mental deficiency, in A. V. S. De Rueck and R. Porter (eds.), The Mentally Abormal Offender. London: J. & A. Churchill.

Shaw, C. R. (1966). The Jack-Roller: A Delinquent Boy's Own Story. Chicago, IL: University of Chicago Press.

Shaw, C. R., and McKay, H. D. (1942). Juvenile delinquency and urban areas. Chicago, IL: University of Chicago Press.

Sheldon, William H. (1949). The Varieties of Delinquent Youth: An Introduction to Constitu- tional Psychiatry. New York: Harper & Bros.

Sherman, Lawrence W. and Richard A. Berk. (1984), "The Specific Deterrent Effects of Arrest for Domestic Assault." American Sociological Review, 49: 261-272.

Shillito, M. R. (2019). Untangling The 'Dark Web': An Emerging Technological Challenge for The Criminal Law. Information & Communications Technology Law, 28 (2): 186-207.

Shoemaker,Donald, J. (1990) Theories of Delinquency: An Examination of Explanations.

Siegel, L. J. (2015). Criminology: Theories, patterns, and typologies. Cengage Learning.

Siegel, L. J. (2018). Criminology (13th Edition). Belmont, CA: Thomson Wadsworth.

Siegel, Larry J. (2006). Criminology. 6th Edition. West Publishing Company.

Siegel, Larry J. (2018). Criminology. 8th Edition. West Publishing Company.

Silverman, R. A., and Kennedy, L. W. (1993). Deadly deeds: murder in Canadá. Scarborough, Ont.: Nelson Canada.

Simon, L. M. J. (1999). Social Bond and Criminal Record History of Acquaintance and Stranger Violent Offenders. Journal of Crime and Justice, 22 (1): 131-152.

Skinner, B. F. (1938). The Behavior of Organisms. New York: Appleton-Century-Crofts.

Skinner, B. F. (1953). Science and Human Behavior. New York: Macmillan.

Snow, C. P. (1961). Either-or. Prfressive, 25: 24-25.

Sobol, J. J. (1995). Victim characteristics and behavioral attributes in criminal homicide: A case study in Buffalo, 1922-1993. Paper presented at the annual meeting of the American Society of Criminology. Boston.

Stitt, B. Grant and David J. Giacopassi. (1992). Trends in the connectivity of theory and research in Criminology. The criminologist, 17: 1, 3-6.

Sullivan, R. F. (1973). The economics of crime: An introduction to the literature.

Surette, R. (2013). Cause or Catalyst: The Interaction of Real World and Media Crime Models. American Journal of Criminal Justice, 38: 392-409.

参考文献

Sutherland, E. H. (1983). White-Collar Crime: The Uncut Version. New Heaven, CT: Yale University Press.

Sutherland, E. H., Cressey, D. R., and Luckenbill, D. F. (1992). Principles of Criminology. Lanham, MD: General Hall.

Sutherland, Edwin H. (1937). The Professional Thief. Chicago: University of Chicago Press.

Sutker, P. B., R. P. Archer, and D. G. Kilpatrick. (1979). Sociopathy and antisocial behavior: Theory and Treatment, in Turner. S. M., K. S. Calhoun, and H. E. Adams (eds.), Handbook of clinical behavior therapy. New York: Wiley.

Sykes, G. (1958/2007). The Society of Captives: A Study of a Maximum Security Prison. Princeton, NJ: Princeton University Press.

Sykes, G. M., and Matza, D. (1957). Techniques of Neutralization: A Theory of Delinquency. American Sociological Review, 22 (6): 664-670.

Symantec Corporation. (2019). 2019 Internet Security Threat Report. Retrieved July 25, 2021, from: https://docs.broadcom.com/doc/istr-24-2019-en.

Taylor, D. S., Bogdan, R., and DeVault, M. (2015). Introduction to Qualitative Research Methods: A Guidebook and Resource. New York, NY: Wiley.

Taylor, Ralph B. and Stephen Gottfredson. (1986). Environmental Design,Crime, and Prevention: An Examination of Community Dynamics, in Community and Crime, Edited.

Tcherni, M., Davies, A., Lopes, G., and Lizotte, A. (2016) The Dark Figure of Online Property Crime: Is Cyberspace Hiding a Crime Wave? Justice Quarterly, 33 (5): 890-911.

Thomas, Charles W. and John R. Hepbur. (1983). Crime, Criminal Law and Criminolgy.

Thornberry, T. P. (1987). Toward An Interactional Theory of Delinquency. Criminology, 25 (4): 863-892.

Thornberry, T. P., and Krohn, M. D. (2019). Interactional Theory. In D. P. Farrington, L. Kazemian, and A. R. Piquero (Eds.), The Oxford Handbook of Developmental and Life-Course Criminology, 248-271. New York, NY: Oxford University Press.

Thornberry, T. P., and Lizotte, A. J. (2003). Causes and Consequences of Delinquency: Findings From The Rochester Youth Development Survey. In T. P. Thornberry & M. D. Krohn (eds.), Taking Stock of Delinquency: An Overview of Findings from Contemporary Longitudinal Studies, 11-46. New York, NY: Kluwer Academic/ Plemun Publishers.

Thornberry,Terrence P. (1989), Reflections on the Advantages and Disadvantages of Theoretical Integration., in Messner, S. F., M. D. Krohn, and A. E. Liska (eds.), Theoretical Integration in the Study of Crime and Deviance: Problems and Prospects. Albany, NY: State University of New York Press.

Tittle, C. R., and Grasmick, H. G. (1997). Criminal Behavior and Age: A Test of Three Provocative Hypotheses. The Journal of Criminal Law and Criminology, 88 (1): 309-342.

圖解犯罪學

Toch, H. (1969). Violent men: An inquiry into the psychology of violence. American Psychological Association.

Turk, A. T. (1969). Criminality and Legal Order. Chicago, IL: Rand McNally.

Twins, in Roger, Hood (ed.). Crime, Criminology, and Public Policy. The Free Press: New York.

U. S. Deartmentt of Justice .(1988). Report to the nation on crime and justice. Washington. D.C.: U.S. Department of Justice.

Uggen, C. (1999). Ex-Offenders and the Conformist Alternative: A Job Quality Model of Work and Crime. Social Problems, 46 (1): 127-151.

Umbreit, M. S., and Armour, M. P. (2011). Restorative Justice and Dialogue: Impact, Opportunities, and Challenges in the Global Community. Washington University Journal of Law & Policy, 36: 65-89.

Unger, J. B., Ritt-Olson, A., Soto, D. W., and Baezconde-Garbanati, L. (2009). Parent-Child Acculturation Discrepancies as a Risk Factor for Substance Use among Hispanic Adolescents in Southern California. Journal of Immigrant Minority Health, 11: 149-157.

Uniform Crime Reports. (1996). Crime in the United States 1995. Federal Bureau of Investigation U.S. Department of Justice Washington, D.C.

United Nations Office on Drugs and Crime (UNODC). (2020). World Drug Report 2020 (United Nations publication, Sales No. E.20.XI.6).

UNODC (2013). New Psychoactive Substances, World Drug Campaign, https://www.unodc.org/documents/drugs/printmaterials2013/NPS_leaflet; http://www.emcdda.eu/publications/2015/new-psychoactive-substances/WDC13_NPS_leaflet_EN_LORES.pdf.

UNODC (2016). Council Decision. 2005/387/JHA.

UNODC (2018). New Psychoactive Substances: Legal Responses, from the World Wide Web: https://www.unodc.org/LSS/Page/NPS/LegalResponses.

Valdimarsdóttir, M., and Bernburg, J. G. (2014). Community Disadvantage, Parental Network, and Commitment to Social Norms: Multilevel Study of Self-reported Delinquency in Iceland. Journal of Research in Crime and Delinquency, 52 (2): 213-244.

Van Der Vorst, H., Engels, R. C. M. E., Meeus, W., Deković, M. and Van Leeuwe, J. (2005). The Role of Alcohol-Specific Socialization in Adolescents' Drinking Behaviour. Addiction, 100 (10): 1464-1476.

Van Gundy, K. T., Stracuzzi, N. F., Rebellon, C. J., Tucker, C. J., and Cohn, E. S. (2011). Perceived Community Cohesion and the Stress Process in Youth. Rural Sociology, 76, 293-318.

Van Hazebroek, B. C., Blokland, A. A., Wermink, H. T., De Keijser, J. W., Popma, A., & Van Domburgh, L. (2019). Delinquent development among early-onset offenders: Identifying and characterizing trajectories based on frequency across types of offending. Criminal Justice and Behavior, 46 (11): 1542-1565.

Vazsonyi, A. T., and Crosswhite, J. M. (2004). A Test of Gottfredson and Hirschi's General

Theory of Crime in African American Adolescents. Journal of Research in Crime and Delinquency, 41 (4): 407-432.

Vazsonyi, A. T., Pickering, L. E., Junger, M., and Hessing, D. (2001). An Empirical Test of A General Theory of Crime: A Four-Nation Comparative Study of Self-Control and The Prediction of Deviance. Journal of Research in Crime and Delinquency, 38 (2): 91-131.

Vazsonyi, A. T., Wittekind, J. E. C., Belliston, L. M., and Van Loh, T. D. (2004). Extending The General Theory of Crime to "The East:" Low Self-Control in Japanese Late Adolescents. Journal of Quantitative Criminology, 20 (3): 189-216.

Villaume, A. C. (2005). "Life Without Parole" and "Virtual Life Sentences": Death Sentences by Any Other Name. Contemporary Justice Review, 8 (3): 265-277.

Void, G. B. (1973). Group Conflict Theory as Explanation of Crime. In R. S. Denisoff and C. H. McCaght (eds.), Deviance, Conflict and Criminality, 77-78. Chicago, IL: Rand McNally.

Vold, George B. and Thomas J. Bernard. (1986). Theoretical Criminology. 3rd ed.

Vreeland, R. G. and B. M. Levin .(1980). Psychological aspects of firesetting, in D. Caner (ed.), Fires and Human Behavior. Chichester. England Wiley.

Walker, M. B. (1992). The Psychology of Gambling. New York, NY: Pergamon Press.

Walker, Samuel. (1989). Sense and Nonsense about crime. California: Brooks/Cole.

Wall, D. S. (2005). The Internet as A Conduit for Criminal Activity. In A. Pattavina, (ed.), Information Technology and the Criminal Justice System , 77-98. Thousand Oaks, CA: Sage Publications.

Wall, D. S. (2007). Hunting Shooting, and Phishing: New Cybercrime Challenges for Cybercanadians in The 21st Century. The ECCLES Centre for American Studies.

Wallace, A. (1986). Homicide: The Social Reality. Sydney: Bureau of Research and Criminal Statistics of New South Wales.

Walters, G. D. (1990). The criminal lifestyle: patterns of serious Criminal conduct. Newbury Park. Calif.: Sage Publications.

Weisburd, D., and Schlegel, K. (1992). Returning to the Mainstream. In K. Schlegel and D. Weisburd (Ed.), White Collar Crime Reconsidered, 352-365. Boston, MA: Northeastern University Press.

Weisburd, D., Waring, E., and Chayet, E. (1995). Specific Deterrence in a Sample of Offenders Convicted of White Collar Crimes. Criminology, 33 (4): 587-607.

Wellford, C., and Cronin, J. (2000). Clearing up homicide clearance rates. National Institute of Justice Journal, 243: 1-7.

Wellford, C., and Cronin, J. (1999). An analysis of variables affecting the clearance of homicides: A mutistate study, 37. Washington, D.C. : Justice Research and Statistics Association.

West, D. J. (1965). Murder followed by Suicide. London: Heinemann.

West, D. J. (1988). Psychological Contributions to Criminology, British Journal of

Criminology, Vol. 28, No. 2, Spring.

West, D. J. and D. P. Farrinngton. (1973). Who Becomes Delinquent? London: Heinemann Educational.

White, H. R. (1990). The Drug Use-Delinquency Connection in Adolescence. In R. Weisheit (Ed.), Drugs, Crime and the Criminal Justice System. Cincinnati, OH: Anderson Publishing Co.

Whytes,W. F. (1943). Street Corner Society. Chicago, IL: University of Chicago Press.

Wikstrom, P. H. (1991). Cross-national comparisons and context specific trends in Criminal Homicide, Journal of Crime and Justice, 1: 71-96.

Wilkinson, P., and Research Institute for the Study of Conflict and Terrorism. (1990). Terrorist targets and tactics: new risks to world order (No. 236). Research Institute for the Study of Conflict and Terrorism.

Williams, D. (1969). Neural Factors Related to Habitual Agression-Consideration of Differences Between Habitual Aggressives and Others who Have Committed Crimes of Violence. Brain, 92: 503-520.

Wilson, J. Q., and Herrnstein, R. J. (1985). Crime and Human Nature. New York, NY: Simon & Schuster.

Witkin, H. A. (1978). XYY and Criminality, in L. D. Savitz and N. Johnston. Crime in Society. John Wiley & Sons. Ins.

Wolfgang, M. E. (1977). Delinquency in A Birth Cohort. Chicago, IL: University of Chicago Press.

Wolfgang, M. E. and F. Ferracuti (1967). The Subculture of Violence. Beverly Hills: Sage.

Wolfgang, M. E., Figlio, R. M., and Sellin, T. (1987). Delinquency in A Birth Cohort. Chicago, IL: Chicago, IL: University of Chicago Press.

Wolfgang, M. E., Thornberry, T. P., and Figlio, R. M. (1987). From Boy to Man, From Delinquency to Crime. Chicago, IL: University of Chicago Press.

Wolfgang, Marvin E. (1958). Patterns in Criminal Homicide. New York: Wiley.

Wolford, M. R. (1972). Some attitudinal. Psychological and sociological characteristics of incarcerated arsonists, Fire and Arson Investigator, 1: 8-13.

Wood, P. B. (2007). Exploring the Positive Punishment Effect Among Incarcerated Adult Offenders. American Journal of Criminal Justice, 31 (2): 8-22.

Woodward, M. (1955). The role of low intelligence in delinquency, British Journal of Delinquency, 6: 281-303.

World Health Organization. (1964). WHO Expert Committee on Addiction Producing Drugs: 13th Peport. # 23. Geneva: author.

Yar, M. (2006). Cybercrime and Society. Thousand Oaks, CA: Sage Publications.

Yochelson, S and S. E. Samenow. (1976). The Criminal Personality, Vol.1: A Profile for Change. New York: Jason Aronsen.

Zahn, Margaret A. (1990). Intervention Strategies to Reduce Homicide, in Weiner. Neil Alan. Margaret A. Zahn. and Rita J. Sagi (eds.), Violence: Patterns, Causes, and Public Policy. Harcort Brace Javanovich. Inc.

Zehr, H. (1990). Changing Lenses: A New Focus for Crime and Justice. Scottsdale, PA: Herald Press.

參考文獻

Zehr, H. (2002). The Little Book of Restorative Justice. Intercourse, PA: Good Books.

Zimring, Franklin E. and Gordon Hawkins. (1997). Crime is not the Problem-Lethal Violence in American. New York: Oxford.

Zuckerman, M. (1979). Sensation Seeking: Beyond The Optimal Level of Arousal. Hillsdale, NJ: Erlbaum.

Zuriff, G. E. (1985). Behaviorism: A Conceptual Reconstruction. New York: Columbia University Press.

三、網路資料

黃國彥（2000a）。**調查研究**。2021 年 7 月 20 日，取自：http://terms.naer.edu.tw/detail/1314123/

黃國彥（2000b）。**觀察研究法**。2021 年 7 月 20 日，取自：http://terms.naer.edu.tw/detail/1315781/

國際特赦組織台灣分會（2015）。**保護性工作者人權的政策 Q&A**。2021 年 8 月 27 日，取自 https://www.amnesty.tw/news/1932。

NIDA. (2012, December 1). Principles of Drug Addiction Treatment: A Research-Based Guide 3rd Edition). Retrieved from https://www.drugabuse.gov/publications/principles-drug-addictiontreatment-research-based-guide-third-edition.

Amnesty International. (2021). *Amnesty International Global Report: Death Sentences and Executions 2020.* Retrieved July 12, 2021 from https://www.amnesty.org/download/Documents/ACT5037602021ENGLISH.PDF.

NIDA. (2014, April 18). Principles of Drug Abuse Treatment for Criminal Justice Populations - AResearch-Based Guide. Retrieved from https://www.drugabuse.gov/publications/principles-drugabuse-treatment-criminal-justice-populations-research-based-guide.

http://www.gio.gov.tw/info/ publish/2000adv/921113.htm.

https://www.moj.gov.tw/2204/2205/2323/2354/2388/2389/2390/8941/post.

https://info-radical.org/en/radicalization/recognizing-violent-radicalization/.

http://www.phpb.gov.tw/mk/html/c-c4-c7.htm.

http://ksbo.kmph.gov.tw/ksbo_page_16.htm.

https://www.165.gov.tw/list_fraud.aspx?page=1.

https://www.165.gov.tw/news.aspx?id=1298.

https://www.165.gov.tw/fraud.aspx?id=242/243/244.

https://www.thetimes.co.uk/article/obama-lone-wolf-terror-attack-biggest-concern-k66mbqrm2qp.

https://www.unodc.org/LSS/SubstanceGroup/GroupsDashboard?testType=NPS.

圖解犯罪學

國家圖書館出版品預行編目資料

圖解犯罪學 / 楊士隆, 曾淑萍編著.
--二版.--臺北市：五南圖書出版股份有限公司,
　　2025.01
　　　　面；　公分.
ISBN 978-626-393-861-8(平裝)
1.CST: 犯罪學
548.5　　　　　　　　　　　113015836

1QKD

圖解犯罪學

編 著 者 ― 楊士隆(312)、曾淑萍

編輯主編 ― 劉靜芬

責任編輯 ― 呂伊真

文字編輯 ― 吳肇恩

封面設計 ― 姚孝慈

出 版 者 ― 五南圖書出版股份有限公司

發 行 人 ― 楊榮川

總 經 理 ― 楊士清

總 編 輯 ― 楊秀麗

地　　　址：106 台北市大安區和平東路二段339號4樓

電　　　話：(02)2705-5066

網　　　址：https://www.wunan.com.tw

電子郵件：wunan@wunan.com.tw

劃撥帳號：０１０６８９５３

戶　　　名：五南圖書出版股份有限公司

法律顧問　林勝安律師

出版日期　2023 年 2 月初版一刷
　　　　　2025 年 1 月二版一刷

定　　　價　新臺幣 420 元

經典永恆・名著常在

五十週年的獻禮——經典名著文庫

五南，五十年了，半個世紀，人生旅程的一大半，走過來了。

思索著，邁向百年的未來歷程，能為知識界、文化學術界作些什麼？

在速食文化的生態下，有什麼值得讓人雋永品味的？

歷代經典・當今名著，經過時間的洗禮，千錘百鍊，流傳至今，光芒耀人；

不僅使我們能領悟前人的智慧，同時也增深加廣我們思考的深度與視野。

我們決心投入巨資，有計畫的系統梳選，成立「經典名著文庫」，

希望收入古今中外思想性的、充滿睿智與獨見的經典、名著。

這是一項理想性的、永續性的巨大出版工程。

不在意讀者的眾寡，只考慮它的學術價值，力求完整展現先哲思想的軌跡；

為知識界開啟一片智慧之窗，營造一座百花綻放的世界文明公園，

任君邀遊、取菁吸蜜、嘉惠學子！